W0244560

Wieland Wagner

DAS ERBE DES TENNOS

WIELAND WAGNER

DAS ERBE DES TENNOS

Die geheimnisvollste
Monarchie der Welt
und das Ringen
um Japans Zukunft

Deutsche Verlags-Anstalt

Der Verlag behält sich die Verwertung der urheberrechtlich geschützten Inhalte dieses Werkes für Zwecke des Text- und Data-Minings nach § 44 b UrhG ausdrücklich vor. Jegliche unbefugte Nutzung ist hiermit ausgeschlossen.

FSC www.fsc.org MIX Papier | Fördert gute Waldnutzung FSC® C014496

Penguin Random House Verlagsgruppe FSC® N001967

1. Auflage
Copyright © 2023 Deutsche Verlags-Anstalt, München,
in der Penguin Random House Verlagsgruppe GmbH,
Neumarkter Straße 28, 81673 München
und SPIEGEL-Verlag Rudolf Augstein GmbH & Co.KG,
Ericusspitze 1, 20457 Hamburg
Umschlaggestaltung: Hafen Werbeagentur gsk GmbH, Hamburg
Umschlagmotiv: © plainpicture / Daniel Hischer; Shutterstock / mapman
Reproduktion: Lorenz + Zeller GmbH, Inning a. Ammersee
Satz, Druck und Bindung: GGP Media GmbH, Pößneck
Printed in Germany

ISBN 978-3-421-07009-8

www.dva.de

INHALT

III. Akihito, der Krisentherapeut

IV. Das Leid der Prinzessinnen

Ausblick: Der letzte Kaiser?

EINLEITUNG: »DER TENNO UND ICH«

Kaiser Hirohito betrat seine Ehrenloge, er nahm Platz auf einem hohen Lehnstuhl und blickte in die voll besetzte Sumo-Arena in Tokio. Er war 85 Jahre alt, in der Realität wirkte er noch kleiner und greisenhafter als auf Fotos oder im Fernsehen. Mit einem Ruck beugte er seinen schmächtigen Oberkörper vor, offensichtlich, um den Ringkampf besser verfolgen zu können, der gerade im Gange war. In der Mitte der Halle, auf einem Rund aus festgestampftem Lehm, prallten zwei Sumo-Kämpfer aufeinander. Bisweilen sah es aus, als würden sich ihre halb nackten Leiber ineinander verkeilen, für Sekunden verharrten sie regungslos wie eine einzige fleischige Masse – bis es einen Ruck gab und es einem von ihnen schließlich gelang, den anderen aus dem Ring zu hieven. Der Verlierer taumelte den johlenden Zuschauern vor die Füße; der Sieger verneigte sich würdevoll.

Der Kaiser applaudierte in seiner Loge. Dazu beugte er sich wieder leicht nach vorn, reckte die Hände fast über den Kopf und schlug sie mit kurzen, zuckenden Bewegungen aufeinander. Dann schaute er sich den nächsten Zweikampf an.

Das war an einem schwülheißen Sonntag im September 1986. Neben mir saß ein befreundeter japanischer Historiker; er hatte die hoch begehrten Tickets für die Sumo-Arena Wochen vorher ergattert und mich eingeladen. Es war der erste Sumo-Wettkampf, den ich in Tokio erlebte. Und es war das erste Mal, dass ich den Kaiser aus der Nähe sah, schräg von der Seite, auf gleicher Höhe. Bisweilen ertappte ich mich dabei, dass ich ihn fast aufmerksamer beobachtete als die Sumo-Ringer.

Kaiser Hirohito beim Sumo-Ringkampf. Der kulturell bedeutsame Kampfsport ist eng mit der Monarchie verbunden.

Ich lebte damals schon seit über einem Jahr in Tokio, ich beherrschte die Landessprache in Wort und Schrift, doch je tiefer ich in die japanische Kultur eintauchte, desto rätselhafter kam mir vieles vor. Ich war Doktorand der Geschichte und forschte über Japans frühe Außenpolitik ab Mitte des 19. Jahrhunderts – das war die Zeit, in der Japan sich gegenüber der Welt öffnete, nach über 200 Jahren der sogenannten Abschließung, als Reaktion auf die Drohgebärden amerikanischer Kanonenboote. Hirohitos Großvater, der »Meiji«-Kaiser, hatte in jener Zeit eine herausragende Rolle gespielt, er begegnete mir häufig in historischen Abhandlungen und Dokumenten. Er diente der heimischen Machtelite, der Kriegerkaste der Samurai, als Symbol, um die innerlich zerrissene und von außen bedrohte Nation zu einen und aufzurüsten – ideologisch, wirtschaftlich und militärisch. Die damaligen Staatsmänner holten den erst 15-jährigen Monarchen aus Kyoto, der verschlafenen Kaiserstadt, in das politische Zentrum nach Tokio.

Der Tenno, wie der Kaiser in Japan genannt wird – auf Deutsch: der »Erhabene des Himmels« oder der »Herrscher des Himmels« –, war politisch eine Marionette. Aber seine Institution, die Monarchie, war seit jeher ein wirksames Instrument in den Händen der politisch Mächtigen.

Das Kaiserhaus ist die älteste Dynastie der Welt, und auch die geheimnisvollste: Heimischen Mythen zufolge wurde sie vor über 2680 Jahren gegründet. Der Tenno stammt angeblich von der Sonnengöttin Amaterasu ab. Im Zuge der Öffnung des Landes Mitte des 19. Jahrhunderts wurde er von den politischen Führern gleichsam noch einmal neu entdeckt, er sollte die Nation spirituell zusammenschweißen.

Im Namen des Tennos überzog das aufstrebende Japan das übrige Asien dann mit zahlreichen Kriegen. Die konkreten Anlässe waren jeweils verschieden, aber eines hatten diese Kriege gemeinsam: Sie dienten der Obrigkeit stets auch dazu, von inneren Spannungen abzulenken, die die rasende Modernisierung in der zutiefst traditionellen Gesellschaft hervorgerufen hatte. Den Höhepunkt Japans militärischer Aufholjagd bildete am 7. Dezember 1941 dann der Überraschungsangriff auf Pearl Harbor, den Stützpunkt der amerikanischen Pazifikflotte in Hawaii. Damit begann der Zweite Weltkrieg in Asien.

Und Tenno Hirohito, der mir hier in der lärmenden Sumo-Halle schräg gegenübersaß, hatte den Befehl zu diesem Angriff erteilt, er war aktiv beteiligt gewesen an seiner strategischen Planung. Japan war damals aufgepeitscht vom Nationalismus. Der Kaiser wurde als Gott verehrt, Millionen Untertanen zogen für ihn in die Schlachten. Am Ende musste er jedoch die demütigende Niederlage des Kaiserreiches verkünden, in einer legendären Radioansprache vom 15. August 1945. Ein Jahr später entsagte er auf Druck der amerikanischen Besatzer de facto seiner Göttlichkeit.

Um sein eigenes Überleben und das der Monarchie zu sichern, blieb Hirohito damals nichts anderes übrig, als eine demokratische und pazifistische Verfassung zu akzeptieren, die Japan von den USA praktisch diktiert wurde. Der übergroße Tenno war darin zum »Symbol des Staates und der Einheit des Volkes« geschrumpft.

Und nun, über viereinhalb Jahrzehnte später, saß der einstige Gott immer noch auf dem sogenannten Chrysanthementhron. Er war zu seiner Zeit der am längsten amtierende Monarch. Nur die britische Königin Elizabeth II., die 2022 ihr 70. Thronjubiläum feierte und einige Monate danach verstarb, sollte seinen Rekord um eine Dekade übertreffen. In den 1980er-Jahren wirkte Hirohito wie das Überbleibsel einer vergangenen, vergessenen Epoche. Doch der Eindruck täuschte. Denn er repräsentierte ein Land, das gerade wieder einmal dabei war, die Welt anzugreifen, diesmal allerdings auf dem Feld der Wirtschaft. Und das hatte nicht zuletzt mit strategischen Weichenstellungen zu tun, an denen Hirohito auch nach dem Krieg noch beteiligt gewesen war – und zwar viel aktiver, als das von den Landsleuten seinerzeit wahrgenommen wurde. Und nun, Mitte der Achtzigerjahre, befand Japan sich auf dem Höhepunkt seines Wiederaufstiegs: Es war die zweitgrößte Volkswirtschaft der Welt und damit die »Nummer eins« in Asien.

Heimische Firmen eroberten die Weltmärkte mit Videorekordern, Halbleitern, Computern; im Ausland kauften sie Hotels, Filmstudios und Fabriken. Das Land schien im Geld zu schwimmen. Auch meine japanischen Kommilitonen an der Uni spekulierten nebenbei an der Tokioter Aktienbörse. Ich hörte ihren Gesprächen nur staunend zu. Mein Stipendium reichte damals kaum, um die Miete für meine Wohnung zu bezahlen.

Allerlei Fragen schossen mir durch den Kopf, als ich nun den greisen Tenno beobachtete. Ich kam aus der Bundesrepublik Deutschland, einem Land, das – wenn auch mit erheblicher Verzögerung – daranging, seine jüngere Vergangenheit aufzuarbeiten. Im Jahr zuvor hatte Bundespräsident Richard von Weizsäcker in seiner Rede zum 40. Jahrestag des Endes des Zweiten Weltkrieges in Europa erklärt, die deutsche Kapitulation am 8. Mai 1945 sei ein »Tag der Befreiung« gewesen. In Japan spürte ich dagegen eine andere Stimmung. Hier sprach man verschämt vom »Kriegsende«, wenn die Nation jährlich am 15. August der Niederlage gedachte. Der Tenno und seine tiefe persönliche Verstrickung in den Krieg waren ein Thema, das öffentlich nicht diskutiert wurde. Hirohito hatte sich nach 1945 als Friedenskaiser neu erfunden, und damit schien das düstere Kapitel für die Japanerinnen und Japaner offiziell abgeschlossen.

Der Zweite Weltkrieg war für viele im Land nur eine Episode in einer Ewigkeit, die nach einem eigenen, japanischen Zeitmaß berechnet wurde. Der Kaiser als Institution überdauerte praktisch alle historischen Brüche und Zäsuren, er verkörperte die Identität des Inselvolkes, seine mythischen Ursprünge und eben all das, was es heißt, japanisch zu sein. Das Erbe des Tennos prägt so auch die Gegenwart und das Ringen um Japans Zukunft.

Was war dagegen schon die von den amerikanischen Siegern aufgezwungene und von der japanischen Obrigkeit auffallend lustlos verwaltete Demokratie? Sie ähnelte einem jener kunstvoll verpackten Mitbringsel, wie man sie in Japan bei privaten Einladungen überreicht: Die Gastgeber bedanken sich höflich, aber packen das Geschenk in Anwesenheit des Gastes nicht aus. Auf diese Weise wahrt man gegenseitig das Gesicht, falls das Geschenk nicht den Erwartungen entspricht.

Der japanische Kaiser ist kein normales Staatsoberhaupt. Er verkörpert eine Idee, er ist die Summe dessen, was die Japanerinnen und Japaner in ihm sehen und sehen wollen. Und zu dieser Vielschichtigkeit eines lebenden Symbols gehörte eben auch, dass der greise Hirohito, der mit seiner runden Brille auf mich wirkte wie der sprichwörtliche zerstreute Professor, sich fast schon überschwänglich für Sumo-Ringer begeisterte. Das war weniger merkwürdig, als es mir auf den ersten Blick vorkam, tatsächlich gehörte es zum Job eines Tennos: Schon im 8. Jahrhundert fanden am Kaiserhof Sumo-Wettbewerbe statt. Es ging dabei stets um mehr als Sport und Unterhaltung. Die Rituale der Sumo-Ringer stammen aus dem heimischen »Shinto«, dem »Weg der Götter« – dabei handelt es sich um eine Art Naturreligion. Die Kämpfe dienten ursprünglich dazu, reiche Ernten zu erbitten und die Gottheiten zu besänftigen. Und so besitzen das Kaiserhaus und der Kampfsport Sumo gemeinsame kulturelle und religiöse Wurzeln. Denn der Tenno übt neben seiner Rolle als »Symbol des Staates« auch die Funktion des ranghöchsten Shinto-Priesters aus. An einem eigenen Shinto-Schrein auf seinem Palastgrundstück in Tokio betet er für Frieden und Wohlstand des Landes – gemäß der Nachkriegsverfassung tut er dies heutzutage allerdings nur noch privat.

Japan verwirrt westliche Beobachter immer wieder durch krasse Widersprüche. Je intensiver man sich mit dem Land beschäftigt, desto mehr Fragen wirft es auf: Das sture Beharren auf der Tradition prägt den Alltag ebenso wie die hemmungslose Besessenheit mit dem Fortschritt. Das konnte ich auch in meiner Nachbarschaft in Tokio beobachten, die sich während meines Studienaufenthalts rasend schnell veränderte: Morgens, wenn ich zur Uni ging, sah ich oft, wie Bulldozer begannen, einige der unzähligen alten Holzhäuser abzureißen. Abends, auf dem Nachhauseweg, waren da meist nur noch leer geräumte Flächen. Und schon einige Tage später wuchsen neue Gebäude in die Höhe und füllten die Baulücken.

Bei allem Wandel spürt man aber stets auch, dass Japan eine Insel ist und eine kulturelle Welt für sich bleibt. Darin unterscheidet es sich insbesondere vom Nachbarn China, der Volksrepublik, die in der Kulturrevolution große Teile ihrer Geschichte mutwillig zerstört hat, und zwar nicht nur Statuen und Baudenkmäler, sondern auch das dazugehörige historische Bewusstsein. Chinesische Städte sehen heutzutage fast alle gleich entseelt aus, erst abgerissen und dann wiederaufgebaut von Funktionären einer Partei, die sich kommunistisch nennt, aber mit staatskapitalistischen Methoden herrscht.

Dagegen hat Japan die eigene Kultur trotz aller Modernisierung bewahrt. Und je mehr ich in den folgenden Jahren versuchte, diese äußerlich verwestlichte, innerlich aber oft noch geradezu altertümliche Gesellschaft zu begreifen, desto häufiger stieß ich auf das Kaiserhaus, seine Geschichte und seine zentrale Bedeutung für Japan. In dieser Institution bewahrt sich – sozusagen in Reinkultur – vieles von dem, was Japan zu Japan macht.

Mir wurde klar: Wenn ich Japan und seine Gesellschaft verstehen wollte, musste ich versuchen, das Kaiserhaus zu verstehen. Das Kaiserhaus bildet die einzigartige Kulisse für die Geschichte, die dieses Buch erzählen will. Sie hat mich dann auch später als Asien-Korrespondent für den SPIEGEL stets fasziniert. Die folgenden Seiten handeln davon, wie Japan, eine stark ritualisierte Gesellschaft, gerade auch dank des Kaiserhauses mit den Krisen und Katastrophen der Gegenwart fertigwird. Der Tenno hält das Land zusammen. Er ist das bedeutsamste Bindeglied dieser Nation, die auf den ersten Blick oft viel geschlossener wirkt als westliche Gesellschaften.

Nachdem Tenno Hirohito 1946 seiner Göttlichkeit entsagen musste, fiel Japan zwar in ein spirituelles Vakuum, aber Wirtschaftswachstum und Massenkonsum wurden praktisch zu Ersatzreligionen. Doch auch in Zeiten der allgemeinen Verunsicherung wirkte und wirkt der jeweilige Kaiser oft noch als geistiger Pol. Das vermag er weniger durch große Reden, wie westliche Staatsoberhäupter sie gern halten, sondern durch bescheidene, symbolträchtige Gesten, wie sie zum Beispiel der ehemalige Kaiser Akihito wagte, als er 1995 vor Erdbebenopfern in Kobe niederkniete. Oder wie der derzeitige Tenno Naruhito sie ausführte, als er 2021 indirekt und behutsam seine Besorgnis darüber signalisierte, dass die heiß umstrittenen Olympischen Spiele von Tokio inmitten der Coronapandemie stattfanden. Wie gut der Tenno daran tat, auf Distanz zu den Organisatoren der Spiele zu gehen, zeigte sich später dann auch aus anderem Grund: Die Staatsanwaltschaft in Tokio ermittelte gegen zahlreiche Beteiligte wegen des Verdachts auf Korruption.

Der Tenno, so machtlos er auch ist, kann durchaus ein moralisches Gegengewicht bilden zu einer politischen Kultur, in der kaum um Ideen gestritten wird, sondern vor allem um die Verteilung finanzieller und wirtschaftlicher Pfründe. Zugleich lässt sich aber auch eine andere Entwicklung beobachten: Das Kaiserhaus ist mehr und mehr dabei, seine Funktion als nationaler Integrationsfaktor und gemeinschaftsstiftendes Element einzubüßen. Das Attentat auf den früheren Premier Shinzo Abe, das am 8. Juli 2022 Japan und die übrige Welt schockierte, ist ein indirekter Beleg dafür. Der Mord lässt sich auch mit der Hoffnungslosigkeit erklären, unter der viele Menschen in Japan leiden. Geschäftstüchtige Sekten nutzen die wachsenden Ängste der Bürgerinnen und Bürger um die Zukunft aus; sie versuchen, die Lücke zu füllen, die der Tenno nach dem Krieg hinterließ, indem er sich praktisch zum normalen Menschen erklärte. Gegen den Einfluss eines dieser Kulte, den japanischen Ableger der südkoreanischen Moon-Sekte, lehnte sich Abes mutmaßlicher Attentäter auf. Seine Tat ist selbstverständlich durch nichts zu rechtfertigen. Aber sie wirft ein Licht auf die Kehrseite einer Gesellschaft, die hohen Wert auf kollektive Harmonie legt und deshalb Einzelne oft ausgrenzt und in die Verzweiflung treibt.

Japan wandelt sich, auf vielen Ebenen bröckelt der traditionelle Zusammenhalt. Man kann diese Entwicklung positiv deuten – als Zeichen wachsender Vielfalt. Oder negativ – als sich vertiefende gesellschaftliche Spaltung. So oder so stellt sich die Frage: Wie lange kann der heutige Kaiser die japanische Gesellschaft mit seiner Institution noch zusammenhalten?

Der Tenno lebt auf dem Palastgrundstück mitten in Tokio, in einem dicht bewachsenen Grün, umgeben von Wassergräben und Mauern. Der Hof erscheint als eine exotische Welt für sich. Je mehr man jedoch über dieses spezielle Biotop erfährt, desto deutlicher wird: Der Kaiser und seine Familie ringen mit ähnlichen, oft sehr alltäglichen Herausforderungen wie die übrige Gesellschaft: der Vergreisung der Bevölkerung, der Diskriminierung von Frauen

»Nijubashi«, die ikonische Brücke, die zum Kaiserpalast führt. Sie bildet den Hauptzugang zu dem grün bewachsenen Areal mitten in Tokio.

und dem zunehmenden Zerfall des sozialen Zusammenhalts. Auch Hofadlige sind Produkte ihrer Zeit – nur mit einem Unterschied, dass sie zusätzlich mit dem Widerspruch fertigwerden müssen, der zwischen der musealen Aura des Hofes und der modernen Außenwelt klafft.

Man kann die Kaiserfamilie mit einer seltenen Art vergleichen, denn auch sie ist vom Aussterben bedroht, im wahrsten Sinne des Wortes. Dem Tenno wird das blaublütige Personal knapp, es wird nicht genügend Nachwuchs geboren. Ob die Monarchie in ihrer gegenwärtigen Form überlebt, dürfte davon abhängen, ob Japan sich dazu durchringt, die weibliche Thronfolge einzuführen. Konservative Politiker widersetzen sich einer solchen Reform. Hinter den Kulissen ist in Tokio schon längst ein Machtkampf im Gange. Dabei geht es nicht nur um das Kaiserhaus und darum, ob Frauen auf den Thron dürfen oder ob dieses Recht weiter ausschließlich Männern vorbehalten bleiben soll. Es geht auch darum, wie Japan sich grundsätzlich begreift, was für eine Gesellschaft es überhaupt sein will.

Als Korrespondent habe ich über zahlreiche Ereignisse berichtet, von denen dieses Buch handelt – eben über die Nachwuchssorgen bei Hof, aber auch über die Abdankung von Tenno Akihito und über den Neubeginn unter seinem Sohn Naruhito. In jüngster Zeit habe ich, oft staunend, verfolgt, wie die Debatte über die Heirat von Prinzessin Mako die Gemüter in Japan erhitzt hat. Die Nichte des heutigen Kaisers beharrte auf ihrer Liebe zu ihrem bürgerlichen Studienfreund – gegen alle Widerstände des Hofes und der Öffentlichkeit. Damit stürzte sie das Kaiserhaus in eine Krise, die tief reicht und unterschwellig fortwirkt. Hinter der jahrelangen Aufregung um Mako verbarg sich ein Konflikt, der auch die übrige Gesellschaft immer öfter entzweit: der Konflikt zwischen dem Wunsch nach individueller Selbstverwirklichung, der gerade jüngere Japanerinnen und Japaner zunehmend antreibt – und den Ansprüchen, die eine oft noch traditionell eingestellte Umgebung erhebt.

Auch deshalb beginnt dieses Buch in der Gegenwart, mit Naruhito, dem 126. Kaiser. Er sitzt seit 2019 auf dem Thron. Er begann seine Regentschaft mit Elan und gab sich volksnah, um seine Institution relevant zu halten und modern erscheinen zu lassen. Doch dann bremste ihn die Coronapandemie aus und machte ihn zeitweise fast zu einem Gefangenen hinter den Mauern des Palastes. Noch 2022 verzichtete Naruhito auf den traditionellen Urlaub mit seiner Familie in Nasu, der kaiserlichen Sommerresidenz nördlich von Tokio. Erst im Herbst des Jahres wagte er sich erstmals seit Beginn der Pandemie wieder aus Tokio heraus Er reiste zur Trauerfeier für die britische Königin Elizabeth II. und machte damit zugleich eine Ausnahme von dem in Japan geltenden Brauch, dass ein Tenno nicht an Trauerfeiern teilnimmt. Danach besuchte er auch wieder einzelne Regionen seines Landes, obschon er dabei extrem vorsichtig blieb. Mitte März 2023, als die Regierung in Tokio ihre Empfehlung zum Tragen von Masken fast vollständig aufhob, trug Naruhito sie zunächst weiter. Die durch die Coronakrise erzwungene Unsichtbarkeit des Tennos kam einigen konservativen Politikern durchaus gelegen. Denn sie sähen es grundsätzlich gerne, wenn der Tenno sich stärker auf seine höfischen Pflichten beschränken würde. Ein Kaiser, der seinen Landsleuten unerreichbar weit entrückt ist, lässt sich leichter für politische Zwecke manipulieren, ähnlich wie es bis zum Ende des Zweiten Weltkriegs in der japanischen Politik üblich war.

Der unfreiwillige Rückzug des Kaisers in den Palast lenkte die Aufmerksamkeit allerdings auch verstärkt darauf, was er dort eigentlich so macht und was in den folgenden Kapiteln beschrieben werden soll. Es ist eine Welt für sich, die da mitten in Tokio existiert, in einer der modernsten Städte der Welt. Viele der kultischen Handlungen, die der Tenno vollführt, gehen zurück auf uralte höfische Traditionen. Ein eindrucksvolles Beispiel dafür ist das jährliche Vortragen von Gedichten unter kaiserlicher Schirmherrschaft, ein Ritual, das an kirchliche Liturgien erinnert. Der Kaiser selbst spricht dabei kein Wort.

Der Tenno darf sich politisch nicht äußern, auch nicht über die Zukunft der eigenen Institution, der Monarchie. Aber dafür kommuniziert er eben mit symbolischen Gesten. Neuerdings schiebt er beispielsweise seine Tochter Aiko auffällig stark in den Vordergrund. Viele Landsleute sähen die Prinzessin gerne als künftige Kaiserin – wenn die Politik sich denn bewegte und die weibliche Thronfolge einführte.

Eine Eigenschaft des Kaiserhauses – und das stellte auch eine Herausforderung beim Schreiben dieses Buches dar – besteht darin, dass sich Gegenwart und Geschichte nie ganz trennen lassen. Fast alles, was der Tenno und die Mitglieder seiner Familie sagen

Tenno Naruhito, Kaiserin Masako und Tochter Aiko mit Kokons aus der kaiserlichen Seidenraupenzucht.

oder tun – oder gerade nicht sagen oder tun –, kann man nur einigermaßen verstehen, wenn man sich auf eine Zeitreise einlässt, die zu den mythischen Anfängen der Dynastie zurückführt. Sie startet im zweiten Kapitel mit der kaiserlichen Urahnin, der Sonnengöttin Amaterasu, und endet im selben Kapitel mit Hirohito, dem einstigen Kriegskaiser, den ich beim Sumo erlebte.

Hirohito starb Anfang 1989. Seine Ägide trug ironischerweise den Namen »Showa« – »Leuchtender Friede«. Das Ende dieser Ära fiel mit dem Beginn von Japans wirtschaftlichem Abstieg zusammen: Ende 1989 fing die sogenannte »Bubble«, die überhitzte Konjunktur auf den Aktien- und Immobilienmärkten, an zu platzen. Dieses zeitliche Zusammentreffen war natürlich ein Zufall – so wie es auch ein Zufall war, dass die dann folgende Ära von Hirohitos Sohn, Kaiser Akihito, von ungewöhnlich vielen Krisen und Katastrophen geprägt und auf die Probe gestellt wurde. Man denke nur an die Reaktorkatastrophe von Fukushima am 11. März 2011, ausgelöst durch ein verheerendes Erdbeben und den folgenden Tsunami, der weite Teile Nordostjapans verwüstete und rund 20 000 Menschen das Leben kostete. In jenen Tagen des kollektiven Traumas war es Tenno Akihito, der den Landsleuten Mut zusprach. Gleichzeitig sah Akihito sich als Hüter der pazifistischen Verfassung. Im Rahmen seiner eng umrissenen Kompetenzen stemmte er sich Bestrebungen entgegen, die Nachkriegsdemokratie zurückzudrehen. Von diesem anfangs oft unterschätzten, dann aber höchst verehrten Kaiser handelt das dritte Kapitel.

Das vierte und letzte Kapitel erzählt vom traurigen Schicksal der Frauen am Hof. Es beginnt mit Masako, der heutigen Kaisergattin, die aus dem Bürgertum stammt und vor ihrer Einheirat in den Hof eine Karriere als Diplomatin begonnen hatte. In ihrer Zeit als Kronprinzessin wurde sie gemobbt, weil sie der Nation nicht den ersehnten männlichen Thronfolger schenkte. Darüber wurde sie seelisch krank. Bis heute ist sie nicht vollständig genesen, ihr Zustand wird vom Hof vieldeutig als »Anpassungsstörung« umschrieben. Das Kapitel endet mit Mako, ebenjener jungen Prinzessin, die vom Volk angefeindet wurde, weil sie darauf beharrte, ihren bürgerlichen Freund zu heiraten und mit ihm in New York zu leben.

Makos Schicksal wirft auch Fragen für die Zukunft der Monarchie auf: Wird ihr jüngerer Bruder, der mögliche künftige Thronfolger, Hisahito, eine Partnerin finden, die bereit ist, in die frauenfeindliche Welt des Hofes einzuheiraten? Mit einem Ausblick auf das vermutlich ganz andere Japan, das es unter einem Tenno Hisahito geben könnte, endet dieses Buch.

Wer über das japanische Kaiserhaus schreibt, stößt auf eine unüberwindbare Hürde: Der Tenno ist kein Chef einer normalen Behörde oder einer Firma, den ein Journalist einfach anrufen und zum Gespräch bitten könnte. Der Tenno gewährt keine Interviews. Manchmal äußert er sich zwar auf Pressekonferenzen, beispielsweise aus Anlass seines Geburtstags. Doch das sind sozusagen Begegnungen der dritten Art. Der Tenno antwortet dann dem Club der beim Kaiserlichen Hofamt exklusiv akkreditierten Reporter, die für große heimische Zeitungen und Fernsehsender arbeiten. Ihre Fragen müssen sie vorher einreichen.

Dazu muss man wissen: Fast alle japanischen Institutionen – von der Polizei über die Wirtschaftsverbände bis eben zum Kaiserhaus – haben eigene Reporterclubs. Die Journalisten arbeiten mit den Beamten, Politikern oder Wirtschaftsbossen, über die sie berichten, meist unter demselben Dach. Auf diese Weise bekommen sie vieles mit, auch vieles, worüber sie aus Rücksicht auf ihre Quellen nicht berichten. Einigen Kollegen und Kolleginnen des Hofreporter-Clubs, die ich über die Jahre kennenlernte, verdanke ich wertvolle Hinweise. Und über einige andere hätte ich am liebsten Geschichten geschrieben. Denn in ihrer oft devoten Haltung wirken sie mitunter fast höfischer als die Höflinge, über die sie berichten. Gleichwohl: Manchmal sagen der Tenno und die Prinzen und

Kaiserliche Familie zu Zeiten von Tenno Akihito (Mitte) mit Masako, Naruhito, Michiko, Akishino, Hisahito, Kiko (von links). Dahinter: Mako, Aiko, Kako.

Prinzessinnen bei diesen ritualisierten Pressekonferenzen Dinge, die ganz Japan aufhorchen lassen – das zeigte sich eindrucksvoll, als der damalige Kronprinz Naruhito, der heutige Tenno, seine Frau Masako gegen das Mobbing durch Hofbeamte in Schutz nahm. Die Abschriften der meisten höfischen Pressekonferenzen, Verlautbarungen, aber auch Videoaufzeichnungen und viele andere wertvolle Informationen kann man auf der Webseite des Kaiserlichen Hofamtes abrufen; von diesem Quellenfundus hat auch meine Recherche profitiert.[1]

Aber es ändert nichts: Man kann die kaiserliche Familie nicht in ihren Gemächern beobachten, sondern nur bei öffentlichen Auftritten, wie die meisten Japanerinnen und Japaner eben auch. Einmal hatte ich das Glück, den damaligen Kronprinzen Naruhito und seine Frau Masako aus wenigen Metern Entfernung zu sehen, als sie die Olympischen Winterspiele 1998 in Nagano besuchten. Ein anderes Mal kam ich Tenno Akihito und Kaiserin Michiko unerwartet nahe, als sie 2009 auf dem Palastgrundstück einem kleinen Blaskonzert zu ihrem 50. Hochzeitstag lauschten.

Um die Distanz zu den handelnden Personen zumindest ein bisschen zu überbrücken, recherchierte ich frühzeitig und umfangreich im Umfeld des Hofes; ich traf andere Adlige, ehemalige Schulfreunde des Kaisers sowie Hofbeamte. Manche von ihnen sind inzwischen verstorben. Im Herbst 1999 gelang es mir, Prinz Takamado, den Cousin des damaligen Tennos Akihito, zu interviewen. Seine Kaiserliche Hoheit, wie ich ihn anredete, empfing mich in seiner Residenz im Tokioter Stadtteil Akasaka, in einem streng bewachten Areal, in dem auch der Kronprinz und andere Verwandte des Kaisers noch heute ihre Palais haben. Ein Butler servierte Kaffee und Sahnetörtchen. Dann waren wir allein, der Prinz und ich. Wir plauderten zunächst über dies und jenes, und schließlich fragte er mich höflich, ob ich mir nicht Notizen machen wolle, was ich natürlich tat.

Takamado war damals 44 Jahre alt, er war die Nummer sieben in der Thronfolge, und im Gegensatz zum Kronprinzen und zum Tenno lebte er relativ frei. Gleichwohl war ich erstaunt, wie offenherzig er sich auch zu kritischen Fragen äußerte, insbesondere über den Umgang des Kaiserhauses mit Japans Kriegsvergangenheit.[2] Ich hoffte, diesen freundlichen und weltoffenen Prinzen noch öfter zu treffen, doch drei Jahre später verstarb er plötzlich und viel zu jung. Er war beim Squash-Training in der kanadischen Botschaft in Tokio zusammengebrochen.

Im Lauf der Zeit habe ich noch einige Eingeweihte aus dem Umfeld des Hofes getroffen, die mir halfen, das Kaiserhaus und seine Rolle für Japan besser einzuordnen: Der Journalist Akira Hashimoto, ein einstiger Schulkamerad des damaligen Kaisers Akihito, erzählte mir eine Geschichte, die ich zwar schon kannte, aber noch nie von einem Beteiligten gehört hatte: Sie handelte davon, wie der Tenno, Hashimoto und andere Mitschüler einst einen unerlaubten Ausflug auf die Ginza, das Vergnügungsviertel Tokios, unternommen hatten. Hashimoto pflegte nach wie vor die Freundschaft zum Kaiser. Er berichtete mir auch, wie rechte Politiker einst eine Korea-Reise von Akihito verhindert hätten – Akihito war damals noch der Kronprinz – und wie äußerst vorsichtig er in politischen Fragen agieren müsse. Ein weiterer langjähriger Wegbegleiter des Ex-Tennos empfing mich bei sich zu Hause im vornehmen Tokioter Stadtteil Jiyugaoka: Mototsugu Akashi war 90 Jahre alt, er beschrieb lebhaft, wie er und Akihito sich einst beim Reitsport vergnügten. Später, als Manager beim Autokonzern Nissan, führte Akashi dann die streng geheime Mission aus, einen Leichenwagen für Kaiser Hirohito bauen zu lassen – noch zu dessen Lebzeiten. Indes war die Freundschaft von Akashi und Akihito bei unserem Treffen getrübt: Akashi, ein eingefleischter Monarchist, nahm dem Ex-Kaiser übel, dass dieser die Prinzen und Prinzessinnen nicht konsequent zum Selbstverzicht erzogen habe. In diesem Versäumnis sah er die Hauptursache für den Wirbel um Mako, die junge Prinzessin, die darauf bestanden hatte, ihren bürgerlichen Freund zu heiraten.

Mit Minoru Hamao, einem ehemaligen Hauslehrer des heutigen Tennos, verabredete ich mich an einem Sonntagabend vor Jahren in Tokio. Er ging bereits am Stock und war für unser Treffen eigens von seinem Alterssitz auf dem Lande in die Hauptstadt gekommen. Von ihm erfuhr ich, wie unfrei die kaiserliche Familie in Wahrheit lebt. Im Alltag würden sie von den Beamten des Kaiserlichen Hofamtes gegängelt, erzählte er: »Sie verhindern alles Neue, sie klammern sich an Präzedenzfälle.« Nachdem Prinzessin Masako, die heutige Kaiserin, bei ihrer Hochzeits-Pressekonferenz einige Sekunden länger gesprochen habe als der Kronprinz, sei sie dafür intern heftig kritisiert worden.

Allerdings gab es bei Hof auch Beamte, die sich für eine größere Volksnähe des Kaiserhauses einsetzten. Einer hieß Isao Abe, ein anderer Yoshio Karita, beide dienten eine Zeit lang als Zeremonienmeister. Der eine empfing mich in einem Tokioter Hotel, der andere im Kaiserlichen Hofamt. Wertvolle Einblicke über höfische Gebräuche und Rituale gewährte man mir auch im Kasumi Kaikan, einem exklusiven Club in Tokio, in dem sich ehemalige Adlige und deren Nachkommen treffen.[3] Die Mitglieder verloren ihre Adelsprivilegien nach dem Krieg. Aber sie halten dem Kaiserhaus weiterhin die Treue und helfen mit ihrem Wissen, höfisches Brauchtum zu bewahren – beispielsweise beim Kemari, einem Fußballspiel, das einst von Aristokraten gespielt wurde.

Ein ungewöhnlich schillernder Abkömmling des einstigen Hofadels ist Tsuneyasu Takeda. Er ist ein Ururenkel des »Meiji«-Tennos und erläuterte mir im Frühjahr 2023 in seinem Tokioter Büro seine konservativen Vorstellungen über die Zukunft des Kaiserhauses. Er lehnt Forderungen ab, den Nachwuchsmangel bei Hof durch Einführung der weiblichen Thronfolge zu lösen. Er plädiert vielmehr dafür, männlichen Nachkommen des Ex-Adels die Rückkehr an den Hof zu ermöglichen – zum Beispiel durch Adoption. Er selbst dürfte dafür indes kaum infrage kommen. Wegen seiner oft kontroversen Äußerungen, in Büchern, im Internet und in Vorträgen, mangelt es ihm an der aristokratischen Zurückhaltung, die von Höflingen erwartet wird.

Diese und andere Begegnungen konnten den direkten Zugang zum Hof natürlich nicht ersetzen – und sie sollten es auch nicht. Denn ich hegte nie die Illusion, einen Insiderbericht über die Monarchie verfassen zu können. Was ich in meinen Gesprächen über den kaiserlichen Alltag erfuhr, kam mir oft erstaunlich banal vor. Und es war eben nicht das, was ich mit diesem Buch versuchen möchte: zu zeigen, was die Kaiserfamilie und die Monarchie für das heutige Japan und seine Gesellschaft bedeuten.

Herausgekommen ist dabei eine zugegebenermaßen subjektive Sicht der Dinge. Dafür war ich selbstverständlich auch auf die Forschungen und Recherchen vieler anderer Fachleute angewiesen. Über die Jahre habe ich unzählige Artikel und Bücher über die japanische Dynastie gelesen, einige davon sind in der Auswahlbibliografie aufgeführt. Die Literatur über das Kaiserhaus, vor allem in japanischer Sprache, lässt sich kaum noch überblicken. Wer sich mit dem Kaiserhaus beschäftigt, profitiert davon, dass Japan seit dem Ableben von Ex-Tenno Hirohito zunehmend offener über diese Institution spricht – zumindest außerhalb der traditionellen Medien. In den vergangenen Jahren sind zudem einige Tagebücher und Notizen von Weggefährten des Tennos oder andere Dokumente neu ans Licht gekommen; oft lieferten sie neue Erkenntnisse oder bestätigten Zusammenhänge, die zuvor nur vermutet werden konnten.

Ein Japaner, der auf eigene, künstlerische Weise über das Kaiserhaus reflektierte, war der berühmte Schriftsteller Yukio Mishima: Auch aus Protest gegen die Entgöttlichung des Kaisers in der Konsumgesellschaft der Nachkriegszeit brachte er sich 1970 auf spektakuläre Weise um, durch Seppuku, rituellen Selbstmord. Von ihm wird im zweiten Kapitel die Rede sein. Dieser Mishima kritisierte das Kaisertum einst als »Tennosystem der Wochenmagazine«.[4] Damit hatte er durchaus recht: Bis heute prägen heimische Gazetten wesentlich das Bild, das sich viele Landsleute vom Kaiserhaus machen. Gleichzeitig treiben die Magazine Mitglieder der kaiserlichen Familie oft regelrecht vor sich her. Nervös und vermutlich genervt verfolgen die Adligen, was Woche für Woche über sie geschrieben wird.

Vor Jahren, als ich – ausnahmsweise in der Businessclass – von Shanghai nach Tokio flog, entdeckte ich ein paar Sitze weiter Hisashi Owada, den Vater der heutigen Kaiserin. Er hatte einen Stapel bunter Magazine auf dem Schoß, die er hektisch durchblätterte. Soweit ich erkennen konnte, waren auch Frauenzeitschriften darunter. Ich hatte den Eindruck, dass er systematisch nach Artikeln über seine Tochter suchte, die damals Kronprinzessin war und insbesondere auch von den Medien gemobbt wurde. Owada war ein Spitzenbeamter des Außenministeriums, später stieg er zum Präsidenten des Internationalen Gerichtshofs in Den Haag auf. Hätte seine Tochter nicht ins Kaiserhaus eingeheiratet, hätte er sich vermutlich eine vergnüglichere Reiselektüre gegönnt.

Nicht alles, was die Gazetten schreiben, darf man glauben. Doch mitunter enthüllen sie, was große Zeitungen und Fernsehsender mit Rücksicht auf den Kaiserhof nicht zu berichten wagen. Und letztlich sind sie es oft, die nationale Debatten über das Kaiserhaus anstoßen. Die Magazine und ihre zahllosen Hofgeschichten sind daher sowohl eine Quelle als auch ein Gegenstand dieses Buches.

Nicht zu vernachlässigen ist auch die Rolle des Internets und der sozialen Medien. Mitte der Achtzigerjahre, als ich beobachtete, wie Hirohito den Sumo-Ringern applaudierte, spielte der Cyberspace noch keine Rolle. Die traditionellen Medien, mit denen der Palast bisweilen mehr oder weniger geheime Stillhalteabkommen vereinbart, beispielsweise über die Brautsuche eines Kronprinzen, besaßen praktisch ein Monopol auf die Berichterstattung. Heutzutage aber bieten die sozialen Medien allen Japanerinnen und Japanern die Möglichkeit, ihre Stimmen zu erheben. Dabei wird die Tonlage gegenüber dem Kaiserhaus zunehmend schriller.

Das liegt auch an Leuten wie Kei Kubota, einem Youtuber, den ich interviewt habe und der im ersten Kapitel zu Wort kommt. Er lebt mittlerweile davon, dass Internetnutzer sich für das Kaiserhaus interessieren. Für viele von ihnen sind Prinzessinnen und Prinzen staatlich bezahlte Maskottchen, auf die sie ihre Sehnsüchte projizieren. Nur: Wenn die Träume platzen, weil Prinzessinnen und Prinzen sich als normale Menschen entpuppen, dann kann Ehrfurcht leicht in Abneigung umschlagen. Wie eben im Fall von

Prinzessin Mako, bei deren Wahl eines Bräutigams viele Landsleute meinten, mitreden zu dürfen.

Als Korrespondent habe ich immer wieder Gelegenheiten genutzt, unterschiedliche Menschen, die ich aus irgendeinem anderen Grund interviewte, auch nach ihrer Meinung über das Kaiserhaus zu fragen. Eine von ihnen heißt mit Vornamen Chikako, sie arbeitet bei einer Firma, die in Tokio unterirdische Wasserrohre verlegt. Ich traf sie erstmals vor fast zweieinhalb Jahrzehnten; damals recherchierte ich eine Geschichte über die Takarazuka-Truppe, eine Theaterrevue, in der auch männliche Rollen ausschließlich von Frauen gespielt werden. Chikako war nicht nur eine leidenschaftliche Anhängerin dieser Revue, sie begeisterte sich auch für alles, was mit der kaiserlichen Familie zu tun hatte. Dazu sei sie über ihre Mutter gekommen, erzählte sie, denn die sei etwa genauso alt wie Ex-Kaiserin Michiko und fühle sich aus diesem Grund zur Monarchie hingezogen. Die Kontinuität und das Identifikationspotenzial, das Chikako, ihre Mutter und andere Japanerinnen und Japaner mit der Kaiserfamilie verbinden, fasste sie so zusammen: »Unsere Regierungschefs kommen und gehen, aber der Kaiser ist immer für uns da.«

Im Laufe der Jahrzehnte habe ich mich mit Chikako dann regelmäßig über aktuelle Ereignisse im Kaiserhaus ausgetauscht, auch als ich für den SPIEGEL in China und Indien stationiert war. Und jedes Mal schien ihr Enthusiasmus für den Tenno und seine Familie, den sie anfangs bekundet hatte, ein wenig mehr der Enttäuschung gewichen zu sein. Oft hatte sie in Wochenmagazinen oder im Internet wieder etwas über angebliche Skandale im Kaiserhaus gelesen, was ihre Illusionen über die höfische Traumwelt zerstörte. Dann fragte sie ungläubig: »Was? So etwas machen die?« Oder: »So etwas haben die all die Jahre über getrieben?«

Zwar hängt Chikako heute noch aus alter Treue dem Kaiserhaus an. Bei ihren drei Kindern, zwei Söhnen und einer Tochter, die inzwischen erwachsen sind, sei das allerdings anders: »Denen ist das Kaiserhaus völlig egal.« Als sie mir davon berichtete, bemühte sie sich, gelassen zu klingen. Doch in ihrer Stimme konnte ich ein fatalistisches Bedauern ausmachen, wie bei einem Menschen, der etwas Liebgewonnenes für immer verliert.

Hirohito, der einstige Gottkaiser, schaffte es nach dem verlorenen Zweiten Weltkrieg, den Untergang der Monarchie abzuwenden, indem er sich sozusagen zum Menschen erklärte. So wurde er zu jemandem, dem man in der Sumo-Arena von Tokio erstaunlich nahe kommen konnte. Seither erscheinen auch andere Mitglieder der kaiserlichen Familie für die Landsleute etwas nahbarer, bisweilen gar auf eine Weise, die sie von Bürgerlichen kaum noch unterscheidbar macht. Die wachsende Gleichgültigkeit, mit der gerade jüngere Landsleute der ältesten Monarchie der Welt begegnen, könnte dieser Institution auf Dauer noch gefährlicher werden als ihre eigenen familiären Nachwuchssorgen. Und das wiederum dürfte dann auch für das Selbstverständnis der Nation tiefgreifende Folgen haben.

I.
DER ONLINE-KAISER

Naruhitos Mahl mit den Göttern

Langsam, mit tastenden Schritten betrat Kaiser Naruhito den heiligen Schrein. Er trug ein weißes Gewand mit einer langen Schleppe, sein Kopf war mit einer Art Krone aus schwarzem Stoff bedeckt. Über ihn hielten Diener einen Baldachin aus geflochtenem Stroh. Es war gegen halb sieben abends, es war dunkel und kalt hier im Park des Kaiserpalastes in der Mitte von Tokio. Die

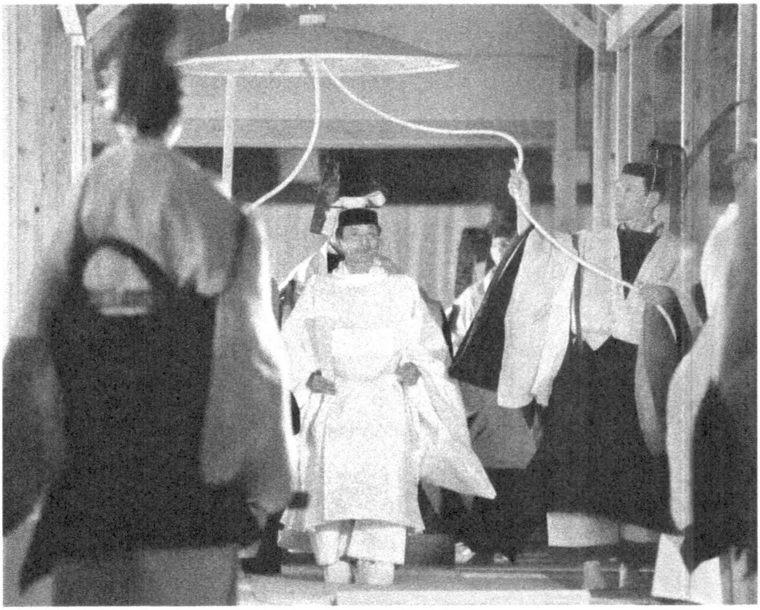

Tenno Naruhito begibt sich zum Mahl mit den Göttern, dem spirituellen Höhepunkt seiner Thronbesteigung.

umliegende Megacity mit ihren etwa 37 Millionen Einwohnern, wenn man Randgebiete dazuzählt, schien Welten entfernt. Gedämpft drang das Rauschen des Straßenverkehrs herüber; hin und wieder heulten Sirenen von Krankenwagen auf. Doch hier, in dem weitläufigen Grün, umgeben von breiten Wassergräben und hohen Festungsmauern, schien es, als habe jemand die Uhr um viele Jahrhunderte zurückgedreht.

Es war die Nacht vom 14. auf den 15. November 2019; die älteste Monarchie der Welt feierte den spirituellen Höhepunkt der Thronbesteigung des 126. Kaisers – des »Tennos«, wie sie ihn in Japan nennen, des »Erhabenen des Himmels«. Im trüben Licht der Fackeln konnte man Naruhito nur schemenhaft erkennen. Dann verschwand er ganz im Inneren des Heiligtums, dem wichtigsten von an die 40 hölzernen Schreinen, die hier errichtet worden waren. Dort, in einem winzigen hinteren Raum, sollte er die Götter empfangen, allen voran die Sonnengöttin Amaterasu, die Urahnin des Kaiserhauses.

Wie dieses religiöse Ritual im Einzelnen ablief, durften außer dem Tenno nur noch zwei Schreindienerinnen wissen, die ihm dort assistierten. Selbst seiner Gemahlin Masako, die den Titel »Kaiserin« (»Kogo«) trägt, war es nicht erlaubt, das Innere des Heiligtums zu betreten. Sie musste während der Zeremonie in einem Nebenschrein warten. Auch sie trug ein altertümliches weißes Gewand und eine ebenso altertümlich hochfrisierte Haartracht. Über 500 Ehrengäste, allen voran der Premier und die übrigen Spitzen des Staates, verfolgten das Geschehen aus huldvoller Distanz. Sie saßen draußen in offenen Zelten, von wo sie wenig mitbekamen – außer den schrägen Klängen der sakralen Musik.

Tenno Naruhito war zu diesem Zeitpunkt bereits über ein halbes Jahr im Amt, nachdem sein Vater Akihito aus Altersgründen abgedankt hatte – als erster Kaiser seit über 200 Jahren. Zahlreiche Rituale zu seiner Thronbesteigung hatte der Neue in den Monaten davor schon hinter sich gebracht. Er hatte die Insignien seiner kaiserlichen Herrschaft entgegengenommen, die Kopie eines Schwertes sowie ein Krummjuwel. Das dritte Symbol kaiserlicher Macht war ein Bronzespiegel, der als Kopie im Palastschrein aufbewahrt wird. Die drei Gegenstände sollen dem Kaisergeschlecht einst von der Sonnengöttin anvertraut worden sein, sie versinnbildlichen die Tugenden eines Monarchen: Mut, Klugheit, Güte.

Und nun zelebrierte Naruhito also den spirituellen Höhepunkt dieser schier endlosen Thronbesteigung, das »Daijosai«. Denn der japanische Kaiser ist nicht nur ein Monarch im politischen Sinne. Er ist auch der ranghöchste Priester des »Shinto«, der heimischen Naturreligion, des »Weges der Götter«. Sein Großvater Hirohito wurde bis zum Ende des verlorenen Zweiten Weltkriegs noch selbst als Gott verehrt. Auf Druck der amerikanischen Besatzer musste er zwar seiner Göttlichkeit entsagen, doch wie er halten auch seine Nachfolger an ihrem Palastschrein nach wie vor shintoistische Riten ab, wenn auch nur »privat«.

Doch was heißt schon »privat« am Kaiserhof? Eigens für den Thronwechsel hatten Handwerker die riesige Schreinanlage in monatelanger Arbeit errichtet. Sie befand sich im östlichen Teil des kaiserlichen Gartens, der normalerweise für Besucher zugänglich ist, aber in diesen besonderen Tagen gesperrt war. Die Kosten von umgerechnet über 20 Millionen Euro trugen letztlich die Steuerzahler.[1] Nach den Feiern wurde der Komplex wieder abgerissen. Die Zeremonie lief so ab wie seit dem frühen 9. Jahrhundert überliefert. Auch auf Details hatte man geachtet: Der Tenno ging durch ein Spalier altertümlich gekleideter Bogenschützen, die sich Köcher mit Pfeilen auf die Rücken gebunden hatten und Schwerter trugen. Heute wird der Monarch zwar nicht mehr mit Pfeil und Bogen beschützt, sondern von an die tausend modern bewaffneten Palastpolizisten bewacht, die der nationalen Polizei unterstellt sind. Doch aus dem besonderen Anlass hatte man einige von ihnen und auch anderes kaiserliches Personal in die historischen Gewänder gesteckt. Ein bisschen erinnerte die Atmosphäre an ein Freilichtmuseum, wo für die Besucher längst vergangene Zeiten zum Leben erweckt werden.

Selbst für Japanerinnen und Japaner war die Zeremonie nicht leicht zu verstehen, so entkoppelt war sie vom modernen Alltag, so fremdartig mutete sie an. In den Tagen davor hatten Fernsehsender Experten in ihre Studios geladen, die erklären sollten, wie sich die geheimnisvollen Rituale im Inneren des Heiligtums vermutlich abspielen würden: Demnach würde der neue Tenno zuerst seinen Körper reinigen. Dann würde er sich in einen Schrein zurückziehen, der den Osten des Landes symbolisierte. In der Mitte des kleinen Raumes würde eine Art Bett für die Urahnin des Kaiserhauses, die Sonnengöttin Amaterasu, und alle übrigen Shinto-Götter aufgestellt werden. Links davon würde der Tenno Platz nehmen. Mit zwei besonderen Essstäbchen, so wurde es berichtet, kredenzte er den Göttern dann etwa anderthalb Stunden lang traditionelle Speisen, wie Reis, Hirse und Fisch; auch Sake (Reiswein) schenkte er ihnen ein. Anschließend, heißt es, bat er sie um Wohlstand und Frieden für das Land sowie um Schutz vor Katastrophen. Zum Schluss aß er selbst von den Speisen und trank vom Sake.

An dieser Stelle hält man als westlicher Erdenbewohner des 21. Jahrhunderts unwillkürlich inne und fragt sich vielleicht, wie es sein kann, dass der höchste Repräsentant eines führenden Industrielandes nach seiner Amtsübernahme nichts Wichtigeres zu tun hat, als eine Art spiritistische Sitzung mit seinen göttlichen Urahnen abzuhalten? Ein kaiserliches *Dinner for One* sozusagen?

Doch genauso war es. Denn in dieser Zeremonie offenbarte sich das Wesen des japanischen Kaisertums, das Selbstverständnis, welches es über alle Epochen hinweg bewahrt hat und durch das es sich von westlichen Monarchien unterscheidet. Durch das gemeinsame Mahl wurde der Tenno angeblich der Tugend der Götter teilhaftig. Fast konnte man glauben, dass er selbst einer der ihren werden sollte. Auf jeden Fall erhielt er durch die Zeremonie seine Legitimität als »Erhabener des Himmels«. Und so fremd, wie man glauben konnte, war das für die Landsleute dann auch wieder nicht. Denn in vielen japanischen Haushalten stehen auch heute noch buddhistische Totenschreine, vor denen die Menschen täglich für ihre Ahnen beten, mit ihnen sprechen, ihnen von Freud und Leid berichten, sie um Rat fragen und ihnen deren Lieblingsspeisen und -getränke hinstellen.

Nach der ersten Zeremonie wiederholte Naruhito das Ritual in einem weiteren Schrein, der den Westen des Landes symbolisieren sollte. Am folgenden Morgen gegen halb vier war das »Daijosai« zu Ende. Kurz danach sah man den Tenno, wie er sich, in Anzug und Krawatte gekleidet, in seiner Limousine in die kaiserliche Residenz zurückfahren ließ. Naruhito war nun gleichsam in das 21. Jahrhundert zurückgekehrt. Wäre er, ein kurz gewachsener Mann, allein zu Fuß durch Tokio spaziert, dann wäre er kaum aufgefallen. Aber er war eben der Tenno.

Naruhito ist der modernste Kaiser, den Japan je hatte, und der erste, der nicht kurz nach der Geburt von seinen Eltern getrennt wurde, sondern bei ihnen aufwuchs. Er wurde nicht von einer Amme gestillt, sondern von seiner eigenen Mutter, der Ex-Kaiserin Michiko, die als erste Bürgerliche in die höfische Familie einheiratete. In seiner Freizeit spielt Naruhito Bratsche, joggt, wandert in den Bergen, fährt Ski und betreibt noch einige andere Sportarten. Er ist hochgebildet. Schon mit zwölf Jahren wurde er von ausgewählten Professoren unterrichtet, zum Beispiel über die Gespräche des Konfuzius, des klassischen chinesischen Philosophen.[2] Als erster Thronfolger schloss Naruhito ein Hochschulstudium ab, in Geschichte. Anders als seine Vorgänger lernte er nicht nur am Gakushuin, der ehemaligen Adelsschule in Tokio, sondern studierte auch über zwei Jahre in Oxford. So wurde er zum Experten für his-

In Oxford durfte Naruhito vieles, was für ihn in Tokio undenkbar gewesen wäre – wie mit dem Fahrrad durch die Stadt zu radeln.

torische Wasserstraßen – im Studium befasste er sich mit dem Transportwesen auf der Themse im 18. Jahrhundert.

Der Aufenthalt in England hat Naruhito geprägt, wie er in einem Büchlein über diese Zeit schreibt.[3] Zum ersten Mal im Leben habe er damals selbst seine Wäsche in einer Waschmaschine gewaschen und dabei eine kleine Überschwemmung mit Seifenschaum verursacht. Auch seine Hemden bügelte Naruhito selbst. In Oxford war ihm überdies manches erlaubt, was sich für einen Kronprinzen in Japan nicht gehört. So lief er in Jeans durch die Straßen, fuhr mit dem Fahrrad und ging allein einkaufen. Er besuchte auch Pubs und Discos. Und was japanische Reporter noch heute fast aus der Fassung bringt: Er hängte ein Poster von Brooke Shields an der Wand seines Zimmers auf. Später begegnete er der US-Schauspielerin sogar einmal in den USA – ein amerikanischer Studienfreund hatte das Treffen für ihn arrangiert.

Kurzum: Fern der Heimat durfte Naruhito immer wieder mal ausprobieren, wie es ist, ein ganz normaler Mensch zu sein. Außerhalb des goldenen Käfigs konnte er durchatmen – und das machte ihm sichtlich Spaß. Bei einem Bummel durch Kopenhagen, nur zwei Jahre vor seiner Thronbesteigung, ließ er sich bereitwillig zu einem Selfie mit Passanten auffordern. Das Bild zeigt den Kronprinzen ganz locker; im offenen gestreiften Hemd; mit einem breiten Lächeln auf den Lippen; auf Tuchfühlung mit »Normalsterblichen«. In der fernen Heimat staunten die Hofberichterstatter darüber sehr. Plötzlich lernten sie ihren Thronfolger anders kennen, von seiner zwanglosen Seite, gleichsam durch westliche Augen. Allerdings wäre in Tokio deshalb niemand auf die Idee gekommen, nun sogleich eine Lockerung des steifen Protokolls am Kaiserhof zu fordern. Ausland war Ausland, und Japan war Japan.

Japan ist ein Land der Widersprüche, und das Kaiserhaus lebt sie so krass vor wie keine andere Institution des Landes. Japan ist die drittgrößte Volkswirtschaft der Welt, bekannt und oft bewundert für seine Hightech-Exporte und einen geradezu besessenen Fortschrittsglauben. Nach der Niederlage im Zweiten Weltkrieg diktierten die amerikanischen Besatzer dem Kaiserreich eine moderne Verfassung. Seither hat Japan formal alles, was auch westliche Demokratien kennzeichnet: freie Wahlen, Meinungsfreiheit, unabhängige Gerichte, Gleichberechtigung der Geschlechter – auch wenn diese Errungenschaften teilweise nur auf dem Papier stehen und im Leben der Menschen oft keine große Rolle spielen. Aber im Zuge des globalen Wettkampfs der Systeme zwischen dem Westen und autoritären Staaten wie China und Russland wird Japan gerade auch von der deutschen Außenpolitik verstärkt als sogenannter »Wertepartner« umworben – erst recht seit dem Ukrainekrieg. Das macht geostrategisch Sinn. Bei aller Freundschaft darf man aber nicht vergessen: Über dem vom Westen formal übernommenen demokratischen System thront noch immer eine Monarchie, die der Legende nach vor über 2680 Jahren von einem Urururenkel der Sonnengöttin gegründet wurde.

Das Kaiserhaus beruft sich auf eine fantastisch anmutende, oft geradezu bühnenreife Gründungsgeschichte. Derartiges bietet keine zweite Dynastie auf der Welt ihren Untertanen, wie das zweite Kapitel zeigen wird. Das Kaiserhaus leitet seine Existenz von Mythen und Gebräuchen ab, die über die Jahre immer wieder neu belebt und teilweise auch neu erfunden wurden – zuletzt im 19. Jahrhundert, als Japan sich nach über 200 Jahren der Abschließung gegenüber der Welt öffnete. Das Kaiserhaus bewahrt dadurch zutiefst vordemokratische Denkstrukturen, die nach wie vor auch den Alltag der übrigen Gesellschaft beeinflussen und aus westlicher Sicht oft befremdlich wirken.

Auch wenn Naruhito vergleichsweise freizügig aufgewachsen ist, in Tokio residiert er hinter hohen Mauern. Erst wohnte er im Palais des Kronprinzen im Tokioter Stadtteil Akasaka – dort lebten er, Kaiserin Masako, Tochter Aiko und ihr Hund Yuri auch nach der Thronbesteigung zunächst weiter. Im Herbst 2021 zogen sie dann in die renovierte Residenz des Kaisers, die in der Nähe des Palastes auf dem kaiserlichen Grundstück in Tokio liegt. Hier sind der Tenno und seine Verwandten besonderen Regeln unterworfen, den Regeln der Verfassung und des kaiserlichen Hofgesetzes, die sie praktisch zum Eigentum des Staates machen.

Anders als normale Landsleute darf sich der Tenno politisch nicht äußern. Bevor er eine Rede hält, muss er sie vom Regierungskabinett absegnen lassen. Er und die übrigen Prinzen und Prinzessinnen dürfen auch nicht wählen gehen. Sie besitzen keine Reisepässe; sie können nicht einfach ins Flugzeug steigen und in den Urlaub fliegen. Sie dürfen keine Besitztümer empfangen oder ihrerseits verschenken, ohne dass das Parlament dies zuvor genehmigt – das besagt zumindest Artikel 8 der japanischen Verfassung. Und wenn sie heiraten möchten oder gar auf die Idee kommen, sich scheiden zu lassen, ist auch das nicht ohne Weiteres möglich.

Vor allem Frauen führen bei Hof ein Leben zweiter Klasse: Wenn Prinzessinnen einen Nicht-Adligen heiraten, verlieren sie ihre Titel, müssen den Hof verlassen und ins Bürgertum absteigen. Für Prinzen gilt das zwar nicht, aber auch sie leben unter Einschränkungen, die für normale Japaner unvorstellbar sind. So dürfen sie nicht einfach heiraten, wen sie mögen. Vielmehr müssen sie die Wahl ihrer Braut offiziell absegnen lassen – von einem zehnköpfigen Gremium, dem der Regierungschef vorsitzt und dem unter anderen zwei Hofadlige angehören sowie die Präsidenten der beiden Kammern des Parlaments und der Chef des Obersten Gerichts.[4] Das sind nicht unbedingt die Leute, mit denen man normalerweise Liebesdinge besprechen möchte.

Es gibt Tage und Wochen im Alltag der Nation, an denen man wenig davon mitbekommt, dass es einen Tenno gibt. Der französische Philosoph Roland Barthes brachte dieses Phänomen auf den

Punkt, als er Tokio in den Sechzigerjahren erkundete und – fasziniert von der Exotik der fernöstlichen Kultur – schrieb, die japanische Hauptstadt offenbare »ein kostbares Paradox (...) sie besitzt durchaus ein Zentrum, aber dieses Zentrum ist leer«. Die Stadt, so Barthes, kreise um einen verbotenen, indifferenten Ort, »einen Wohnsitz, den ein Kaiser bewohnt, welchen man nie zu Gesicht bekommt, also buchstäblich ein Unbekannter«.[5]

Ganz so ließ sich das zwar schon damals nicht mehr behaupten. Selbstverständlich wussten alle Japanerinnen und Japaner, wer der Tenno war. Was der Philosoph aber wohl sagen wollte und womit er durchaus recht hatte: Der Kaiserhof, diese grüne Insel mitten im grauen Häusermeer von Tokio, ist eine Welt für sich, ein Dornröschen-Reich der besonderen Art. Die räumliche Distanz zwischen Tenno und Volk hatte die Obrigkeit ab der zweiten Hälfte des 19. Jahrhunderts nach und nach bewusst erzeugt: Auf Veranlassung des Staatsmannes Hirobumi Ito wurde ein riesiger Paradeplatz vor dem Palastgelände geschaffen – dafür wurden zahlreiche Gebäude abgerissen.[6] Auch nach dem Zweiten Weltkrieg war es lange untersagt, rund um das kaiserliche Grundstück hohe Gebäude zu errichten, von denen man auf den Tenno hätte herabblicken können. Als eine Versicherung 1965 vis-à-vis dem Palast ein Hochhaus mit 30 Etagen bauen wollte, prangerten Kritiker das Vorhaben als »respektlos« gegenüber dem Kaiser an. Es gab besorgte Anfragen im Parlament. Schließlich wurde das geplante Gebäude fünf Stockwerke niedriger gebaut. In den vergangenen Jahren verschwand das Hochhaus fast in einem Dschungel aus immer höher wachsenden Wolkenkratzern – bis 2029 soll es durch einen viel höheren Neubau ersetzt werden.[7] Es ist ein Beispiel dafür, wie sich die Sichtachsen zwischen dem Kaiserhaus und dem Volk mit der Zeit verschoben haben. Heute blicken die einstigen Untertanen eher auf das Palastgrundstück herab – wie auf ein Gehege für eine bedrohte Spezies.

Aber noch existieren der Tenno und seine Familie in ihrer abgeschirmten Welt. Der Monarch ist de facto unantastbar, auch im praktischen Sinne: Sein Antlitz wird nicht auf Münzen geprägt oder auf Geldscheine gedruckt – anders als in europäischen Monarchien wie Großbritannien. Das Volk soll das kaiserliche Bildnis nicht mit schmutzigen Händen berühren.[8] Früher sprach man vom sogenannten Chrysanthemenvorhang, hinter dem sich die japanische Monarchie verbarg – in Anlehnung an die Blume, die das kaiserliche Wappen schmückt. Heute ist der Schleier oft unsichtbar, der Kaiser und Volk trennt, aber er ist stets vorhanden. Außer zu formellen Auftritten bekommt man vom Tenno vergleichsweise wenig mit. Wenn das Fernsehen ihn und seine Familie in ihrer exklusiven Umgebung zeigt, zum Beispiel anlässlich von Geburtstagen, dann geschieht das meist ohne Ton. Gemeinsam sitzt die kaiserliche Familie dann auf dem Sofa, blättert angestrengt in Bildbänden oder bewundert Porzellanvasen. Wenn man sich diese steifen Inszenierungen anschaut, versteht man, dass rund ein Viertel der Bevölkerung sich laut Umfragen nicht mehr für das Kaiserhaus interessiert. Vor allem jüngeren Japanerinnen und Japanern ist es zunehmend egal.[9] Denn mit ihren alltäglichen Sorgen hat das Leben im Palast wenig zu tun. Allerdings begegnet man vor den Toren des Palastes auch den kaisertreuen Bürgerinnen und Bürgern, die dort unermüdlich ausharren, um einen kurzen Blick auf die Tenno-Gattin oder eine der Prinzessinnen zu erhaschen. Oft handelt es sich bei diesen royalen Fans um Frauen mittleren Alters. Sobald ihre adligen Idole in dunklen Limousinen vorbeifahren, recken die Wartenden ihre Smartphones in die Höhe und knipsen drauflos; manche kreischen dabei vor Aufregung. Der japanische Regisseur Ryosuke Hashiguchi lässt einen dieser weiblichen Fans in dem Film *Koibito-tachi* (auf Deutsch: »Liebespaare«) auftreten.[10] Einfühlsam erzählt er, wie die Frau gerade auch mithilfe des Kaiserhauses aus ihrem tristen Ehealltag zu entfliehen versucht.

Wenn ein Tenno wechselt oder wenn das Land in eine Krise oder Katastrophe stürzt, rückt er jedoch plötzlich wieder ins kollektive Bewusstsein der ganzen Nation. Dann kann man den Eindruck gewinnen, dass der Tenno der Einzige ist, der Japan noch einigermaßen zusammenhält. So war es nach dem atomaren Super-GAU von Fukushima 2011 und auch fünf Jahre später, als der damalige Tenno Akihito den Wunsch verkündete, abzudanken. In solchen Situationen tragen die Medien die kaiserliche Botschaft in jedes Wohnzimmer; ein Heer von Kommentatoren und Experten wird dann aufgeboten, um die Worte und die damit verbundenen Wünsche des Tennos zu deuten und zu vertiefen. Das funktioniert gut in dieser Gesellschaft, die traditionell auf Harmonie setzt und sich leicht von oben mobilisieren lässt. Dann ist das 125-Millionen-Volk sozusagen bei sich. Dann besinnt es sich auf seine nationale Identität, auf die mythischen Ursprünge und die viel beschworene Kontinuität der Geschichte, die der Tenno verkörpert und die Japan angeblich einzigartig macht auf der Welt.

Laut der japanischen Verfassung von 1947 ist der Tenno kein Staatsoberhaupt, sondern das »Symbol des Staates und der Einheit des Volkes«. Tatsächlich aber erfüllt er viele Aufgaben eines normalen Staatsoberhauptes: Er eröffnet die Sitzungsperioden des Parlaments. Er nimmt die Verbeugungen von Ministern entgegen, wenn sie ihre Ernennungsurkunden erhalten – allerdings nicht direkt aus seiner Hand, sondern aus der des Premiers. Er unterzeichnet Hunderte von Gesetzen und Verordnungen mit sorgfältigen Pinselstrichen und drückt auch sein kaiserliches Siegel auf einige davon. Er verleiht Orden, er empfängt neu akkreditierte ausländische Botschafter, die er zu diesem Zweck auch heute noch mit kaiserlichen Pferdekutschen vom Bahnhof Tokio abholen lässt; und er bewirtet Staatsgäste.

Und doch kann man den Tenno nicht einfach mit den Monarchen oder Präsidenten anderer Länder vergleichen. Als Nachfahre der Sonnengöttin verkörpert er praktisch Japan selbst. Der Mythos der ungebrochenen Linie der kaiserlichen Dynastie, des Yamato-Clans, hat bislang alle Krisen und historischen Umbrüche überdauert – zuletzt die Niederlage von 1945. Seither wechselten sich in Tokio rund drei Dutzend Premierminister ab – die meisten davon hat die Welt längst vergessen; denn kaum einer von ihnen hat Dinge getan oder gesagt, die die Menschheit nachhaltig beeindruckt hätten. Im Tenno aber, diesem Nachfahren eines Clans von Priester-Kaisern, sehen viele Landsleute nach wie vor so etwas wie die personifizierte Zeitlosigkeit. Das ewig Gültige. Eine Instanz, die alle politischen Systeme überdauert; die auf beruhigende Weise stets da ist, um bei den Göttern für das Wohl der Nation zu bitten. Eine Art Oberpriester, der die Japanerinnen und Japaner durch seine bloße Existenz im Grunde aber auch zu Untertanen macht – und ihnen den Ansporn nimmt, selbst Verantwortung zu übernehmen, wie man es von mündigen Bürgerinnen und Bürgern in einer Demokratie erwarten könnte.

Der Kaiser bildet also den ruhenden Pol einer Gesellschaft, die sich sonst dem Pragmatismus hingibt. Fragt man Japanerinnen oder Japaner, welcher Religion sie sich zugehörig fühlen, hört man oft die Antwort: keiner.[11] Tatsächlich bedienen sie sich aber erstaunlich freizügig aus dem Angebot der verschiedenen Heilslehren, sie suchen darin weniger die Glaubensinhalte, sondern das Glückbringende: Für viele Menschen in Japan ist es normal, sich christlich trauen zu lassen – fast jedes Luxushotel hat dafür eine eigene Kapelle, die man mieten kann, inklusive einem christlichen Priester im Talar und dem über Lautsprecher abgespielten Hochzeitsmarsch aus Wagners *Lohengrin*. Oft gehen dieselben Paare mit ihren Kindern dann später zu einem Shinto-Schrein, um den Schutz der Götter zu erbitten – solche Zeremonien finden statt, wenn die Kinder drei, fünf und sieben Jahre alt geworden sind. Und für Trauerfeiern und Bestattungen nimmt man dann überwiegend die ausgesprochen teuren Dienste buddhistischer Priester in Anspruch.

Über all dieser verwirrenden religiösen Vielfalt thront eine Instanz, die das Volk letztlich vereint: der Tenno. Er bildet die Spitze einer Gesellschaft, die großen Wert darauf legt, dass Einzelne nicht aus ihrer hierarchisch definierten Rolle fallen – selbst Regierungschefs und Firmenbosse. Die »Luft lesen« nennt man in Japan die Fähigkeit, die Wünsche und Absichten der Umgebung intuitiv zu erfassen und sich in das harmonische Ganze zu fügen. Diese Kollektivmentalität unterscheide das Land vom christlich geprägten Westen, erklärt der heimische Rechtswissenschaftler Naoki Sato.[12] In Japan habe sich die Trennung zwischen »Individuum« und »Gesellschaft« nie eindeutig herausgebildet. Bei den in der Verfassung verbürgten universellen Menschenrechten handele es sich um ein fremdes Konzept, das im japanischen Alltag nicht wirklich gelebt werde. Als Richtschnur des Verhaltens gelte vielmehr, was die Allgemeinheit als schicklich empfinde. Dafür verwendet man in Japan ebenfalls zahlreiche Begriffe, wie zum Beispiel »Sekentei«. Man hört ihn oft, wenn Eltern ihre Kinder ermahnen, auf »Ansehen« oder »Anstand« zu achten. Nicht von abstrakten universellen Werten soll die oder der Einzelne sich leiten lassen, sondern davon, was sich gehört, was die Umgebung jeweils richtig oder falsch findet. Diese Rücksicht auf die Gemeinschaft führt der Experte Sato auf die Existenz des Tennos zurück: »Mit ihm wird die Allgemeinheit praktisch eins.« Den kollektiven Geist, der den Alltag durchzieht, empfinden viele in Japan keineswegs als Zwang. Im Gegenteil: Sie fühlen sich in der Gruppe geborgen und oft dort erst richtig frei.[13]

Wenn man diesen Gedanken zu Ende denkt, ist der heutige Tenno Naruhito praktisch die Essenz dessen, was es heißt, japanisch zu sein. Zugegeben, das sind ziemlich viele Erwartungen, die da auf einen einzelnen Menschen gerichtet werden. Fast möchte man sagen, der Tenno ist für die Nation das Maß aller Dinge, denn sie berechnet sogar die Zeit nach ihm: Als Naruhito den Thron bestieg, begann im Land offiziell eine neue kaiserliche Ära, sie heißt »Reiwa«, was man mit »schöne Harmonie« übersetzen kann. Gelehrte wählten die beiden Schriftzeichen für »Reiwa« im Auftrag der Regierung aus einer klassischen Gedichtsammlung, dem *Manyoshu*, der »Sammlung der zehntausend Blätter«, aus. Mit »Reiwa« datiert man vor allem amtliche Schriftstücke. Mit dem Beginn von Naruhitos neuer Ägide am 1. Mai 2019 schrieben sie in Japan also das Jahr Reiwa 1. Und am 1. Januar 2024 beginnt in Japan das Jahr Reiwa 6.

Vor dem offiziellen Kalenderwechsel herrschte im Land eine gespannte Erwartung wie sonst nur vor Neujahr, dem wichtigsten japanischen Feiertag. Die Medien fachten das Fieber an. Neue Vorsätze und Vorhaben wurden verkündet. Und lästige Kapitel der Vergangenheit wurden noch schnell zu den Akten gelegt, wie in einem shintoistischen Reinigungsritual, um unbeschwert in die neue Ära aufbrechen zu können: So ließ die Regierung 13 im Vorjahr zum Tode verurteilte führende Mitglieder der Aum-Sekte hinrichten, die 1995 einen Giftgasanschlag auf die Tokioter U-Bahn verübt hatten. Als versöhnliches Zeichen des Neuanfangs trat aber auch eine Amnestie in Kraft: Sie galt für rund 550 000 Landsleute, die sich weniger schlimmer Vergehen schuldig gemacht hatten, wie Wahlbetrug und Verkehrsdelikte.

Was im Festrausch indes oft vergessen wurde: Der neue Tenno hat ein undankbares Erbe angetreten. Die Dynastie steckt in einer strukturellen Krise – ohne männlichen Thronfolger droht sie im wahrsten Sinne des Wortes auszusterben. Das adlige Personal geht dem Tenno zunehmend aus; es wird älter und älter – wie das übrige Japan.[14] Naruhito wurde 1960 geboren. Dass er nicht mehr der Jüngste ist, sollte der Nation im Herbst 2022 schlagartig bewusst werden, als der Hof mitteilte, dass der Tenno sich einer Kernspintomografie unterziehen müsse. Bei Bluttests habe man erhöhte

Werte für das prostataspezifische Antigen (PSA) festgestellt. Es handele sich um einen »etwas besorgniserregenden Trend«, hieß es zunächst.[15] Mit der Untersuchung wollte man ausschließen, dass Naruhito an einer ernsten Krankheit litt. Schließlich stellte sich heraus, dass die Prostata des Kaisers vergrößert war, es aber keinen Grund für akute Besorgnis gab. Aber solche Mitteilungen des Hofes lenken die Aufmerksamkeit stets auch auf die Thronfolge und ihre zunehmenden Unwägbarkeiten.

Wie dünn die Personaldecke des Kaiserhauses geworden ist, fiel bei den Festessen anlässlich der Thronbesteigung auf. Links und rechts vom Tenno, wo einst eine Phalanx von prunkvoll gekleideten Prinzessinnen und Prinzen aufmarschiert war, sah es jetzt ziemlich überschaubar aus. Angeführt wurde die Prozession der Prinzen und Prinzessinnen vom fünf Jahre jüngeren Bruder des Tennos, Prinz Akishino. Er trägt auch den Namen Fumihito und wurde ein Jahr darauf zum Kronprinzen ernannt. Er ist also die Nummer eins in der japanischen Thronfolge, die aktuell nur männliche Erben antreten können. Die Nummer zwei wurde 2006 geboren und geht noch zur Schule: Prinz Hisahito, der Sohn von Kronprinz Akishino und der einzige Neffe des Tennos. Hisahito ist der Hoffnungsträger der Dynastie, aber manche sorgen sich bereits, dass er der letzte Kaiser werden könnte. Zwar gibt es noch einen dritten Thronanwärter, Prinz Hitachi, ein Onkel des Tennos. Er kommt aber aufgrund seines fortgeschrittenen Alters und seines gesundheitlichen Zustands nur theoretisch als Nachfolger in Betracht, denn er ist Ende achtzig und muss im Rollstuhl geschoben werden.

Einschließlich des abgedankten Kaisers Akihito waren Anfang 2023 nur noch fünf Männer der kaiserlichen Familie als potenzielle Thronanwärter übrig. Die Frauen, allen voran Prinzessin Aiko, die Tochter des Tennos, sind eben von der Thronfolge ausgeschlossen. Es sei denn, Japans Politiker wagen das bislang Undenkbare und führen in absehbarer Zeit die weibliche Thronfolge ein.

Auch sonst muss der Tenno um die Zukunft seines Hauses bangen, dessen Mythos nach und nach verblasst. Den Aristokraten fällt es zunehmend schwer, sich so abgehoben zu inszenieren, wie konservative Politiker, traditionsverliebte Landsleute und ein Heer von Hofreportern es von ihnen erwarten. Insofern ergeht es dem Hof wie der übrigen Gesellschaft: Denn auch immer weniger bürgerliche Japanerinnen und Japaner sind bereit, sich aufzuopfern für ihre Familie, ihre Firma, ihre Nachbarschaft – so wie dies einst als selbstverständlich galt.

Tenno Naruhito musste schon als Kronprinz erfahren, wie tief die Kluft zwischen seinem eigenen modernen Bewusstsein und den archaischen Anforderungen des Hofes klafft. Seine Ehe mit der bürgerlichen Masako wurde zunächst nur daran gemessen, ob und wie schnell sie einen männlichen Thronfolger hervorbrachte. Als dann mit Prinzessin Aiko kein Junge, sondern ein Mädchen zur Welt kam, geriet das Paar unter den gnadenlosen Druck von Hof und Öffentlichkeit.

Vor allem Masako hatte zu leiden. Die Ex-Diplomatin, die international aufwuchs und an den Universitäten Harvard und Oxford studierte, erkrankte seelisch und physisch. Der Hof sprach verklausuliert von einer »Anpassungsstörung«. Nach wie vor ist Masako nicht völlig genesen und kann ihre royalen Verpflichtungen nur zum Teil wahrnehmen. Als sie und Kaiser Naruhito im September 2022 zu den Trauerfeierlichkeiten für die britische Königin Elizabeth II. nach London reisten, blieb sie zeitweise allein im Hotel zurück, um sich auszuruhen. Dabei hatten sich viele in Japan ein Comeback ihrer Kaiserin auf dem internationalen Parkett erhofft. Doch Tenno Naruhito zeigte sich schon »erleichtert« darüber, dass er und Masako diese Reise überhaupt hatten gemeinsam antreten können. Er bat die Landsleute, an Masakos Genesung auch künftig »warmherzigen Anteil« zu nehmen.[16] Auch beim ersten Staatsbesuch des Kaiserpaares in Indonesien im Juni 2023 nahm Masako aus Rücksicht auf ihre Gesundheit nicht an allen Programmpunkten teil.

Mit Blick auf den Nachwuchsmangel erwog die Regierung bereits um 2006 die Einführung der weiblichen Thronfolge. Naruhito und Masako konnten sich damals fast schon als Eltern der künftigen Kaiserin betrachten. Doch als dann Naruhitos jüngerer Bruder und dessen Frau unverhofft einen Sohn bekamen, wurden die Pläne für die weibliche Thronfolge eilig wieder zu den Akten gelegt. Aus Sicht der Regierung ging es bei der Frage der Thronfolge um hohe Staatspolitik. Für das Kronprinzenpaar war das Ganze aber ein persönliches Drama. Man kann nur vermuten, welche seelischen Verletzungen das Hin und Her um die dann abgesagte Reform bei Naruhito und Masako hinterlassen haben. Das Paar geriet danach längere Zeit ins Abseits, am Hof und in der Öffentlichkeit.

Nur widerstrebend nimmt Japan zur Kenntnis, dass seine Prinzen und Prinzessinnen keine Heiligen sind, sondern Menschen mit oft ziemlich alltäglichen Wünschen und Sorgen. Daran hat auch die Demokratisierung unter den US-Besatzern nach dem Zweiten Weltkrieg nur bedingt etwas geändert. Der 2019 abgetretene Kaiser Akihito war ein Produkt des damaligen Neuanfangs. Er gab sich so volksnah wie keiner seiner Vorgänger. Aber verglichen mit europäischen Monarchen lebte auch er in einer anderen Welt. Das konnte man an jedem Neujahr spüren, wenn er sich dem Volk auf der kugelsicher verglasten Veranda seines Palastes zeigte und ihm zuwinkte, so nah und doch so unerreichbar fern. Und für die Distanz gibt es Gründe – man kennt das ähnlich aus Großbritannien oder den Niederlanden: Wenn eine Monarchie zu stark verbürgerlicht, droht sie das Geheimnisvolle zu verlieren – ihr Alleinstellungsmerkmal und letztlich ihre Daseinsberechtigung.

Wie leicht die kaiserliche Aura verblassen kann, zeigte sich auf dramatische Weise, als die junge Prinzessin Mako, eine Nichte des

Tenno Naruhito (Mitte) und Familie auf der Veranda des Palastes: Zu Neujahr und an seinen Geburtstagen grüßt er hier das Volk.

jetzigen Tennos, auf ihrer Heirat mit ihrem bürgerlichen Studienfreund beharrte. Ihr Auserwählter missfiel vielen im Volk. Dafür gab es Gründe, über die im Einzelnen noch zu sprechen sein wird. Für sich genommen waren sie aber nicht entscheidend. Was viele Landsleute störte, war der Umstand, dass die bildhübsche Prinzessin sich mit jemandem einließ, der einer von ihnen war. Dass eine höfische Lichtfigur sich gleichsam herabbegab in die triste Schattenwelt des kleinbürgerlichen Alltags, wo ihr Glanz dann unweigerlich erlosch. Das Liebesdrama stürzte den Hof in eine Krise, von der Historiker vielleicht eines Tages sagen werden, sie habe den Anfang vom Untergang des Kaiserhauses markiert.

Doch was wäre Japan ohne die Monarchie? Wer oder was könnte dem Land stattdessen Stabilität verleihen, in einer bewegten Zeit, in der auch sonst kaum noch etwas selbstverständlich erscheint?

Klar, nicht nur Japan, auch die übrige Welt macht enorme Umbrüche durch. Doch in Japan hat schon früher begonnen, was anderen Nationen erst seit Kurzem als existenzbedrohend bewusst wird. Hier lässt sich der Prototyp des industriellen Abstiegs im fortgeschrittenen Stadium besichtigen, der inzwischen auch Länder wie Deutschland erfasst hat.[17] Den Wohlstand, den es durch die Aufholjagd nach dem Zweiten Weltkrieg im Eiltempo errang, büßt es nun fast so schnell wieder ein. Der Hauptgrund dafür ist die extreme Veralterung der Bevölkerung mit all ihren Folgen – von den Pflegekosten bis zum Personalmangel. Einst zählte die Mehrheit der japanischen Bevölkerung zur Mittelschicht, doch nun wird die Kluft zwischen Arm und Reich größer und größer. Die Menschen arbeiten immer länger. Zu lange und zu stur klammerte Japan sich an sein überkommenes Wachstumsmodell, die industrielle Massenproduktion von Autos, Kühlschränken, Fernsehern. Aus der sogenannten »Japan-Blase«, der geplatzten Hochkonjunktur der späten Achtziger- und frühen Neunzigerjahre, zog das Land nicht die nötigen Konsequenzen. Statt sich neu zu erfinden, als kleines feines Hightech-Labor der Welt, machte es zu lange weiter wie zuvor.

Zudem wurde Japan von ungewöhnlich vielen Katastrophen heimgesucht: Der Super-GAU von Fukushima 2011 hinterließ ein tiefes Trauma. Auch der Klimawandel trifft Japan mit besonderer Wucht, er verschärft die Verheerungen durch die Taifune, die mehrmals im Jahr über den Archipel hinwegstürmen. In Atami, einem beliebten Küstenresort südwestlich von Tokio, wurde 2021 gar ein Ortsteil durch Starkregen praktisch Richtung Meer gespült.

Hinzu kommt die Furcht der Japaner und Japanerinnen vor einem Krieg. In seiner ostasiatischen Nachbarschaft sieht Japan sich fast nur von potenziellen Feinden umgeben. Sollte China seine lang gehegten Pläne wahr machen und versuchen, Taiwan zu erobern, würde auch Japan unweigerlich in einen Krieg hineingezogen werden. Nordkorea weckt mit seinen atomaren Drohgebärden gerade im Land der Atombombenabwürfe von Hiroshima und

Nagasaki abgrundtiefe Ängste. Und seit Beginn des Ukrainekriegs im Frühjahr 2022 fürchtet sich auch Japan verstärkt vor Russland, mit dem es ohnehin um vier Inseln an seiner Nordgrenze streitet, die Moskau seit Ende des Zweiten Weltkriegs besetzt hält.

Es ist folglich kein Wunder, dass die Nation sich um die Zukunft sorgt. Das Vertrauen in die Politiker – in Japan sind das fast nur Männer – ist seit jeher gering. Viele Abgeordnete haben ihre Mandate von Vätern oder Großvätern praktisch geerbt, sie leben in ihrer eigenen elitären Politblase, in Nagatacho, wie das Regierungsviertel in Tokio heißt. Sie scheren sich wenig um Ideologien, sondern vor allem um die Interessen von Klientelgruppen, von Branchen, Berufsverbänden oder religiösen Vereinigungen, deren Mitglieder bei Wahlen traditionell für ihre jeweiligen politischen Fürsprecher stimmen – auch wenn die alten Loyalitäten teilweise zu bröckeln beginnen. Viele Landsleute fühlen sich in diesem System kaum noch repräsentiert; bei der Oberhauswahl 2022 blieb rund die Hälfte der Wählerinnen und Wähler der Abstimmung fern.[18]

Gewiss, Japan beeindruckt westliche Besucher zu Recht mit seinen ausgesucht höflichen Menschen, mit penibler Sauberkeit und einer perfektionistischen Dienstleistungsindustrie. Von dem Ärger, den Ängsten und der Aggressivität, die westliche Demokratien zunehmend zersetzen, spürt man hier wenig. Im Vergleich zu Großbritannien und seinem Brexit oder dem Dauerstresstest der amerikanischen Demokratie durch Donald Trump und seine Anhänger blieb Japan gefeit vor politischen Umwälzungen. Einen Aufstand wie den Sturm auf das Kapitol in Washington am 6. Januar 2021 kann man sich in Tokio nicht vorstellen. Statt in Protesten versinkt das Land in kollektiver Schicksalsergebenheit – und das lässt sich eben auch damit erklären, dass Japan den Tenno hat.

Freilich gibt es auch in Japan Politiker, die angesichts des Durcheinanders in der Welt mit simplen Antworten locken. Sie finden sich vor allem in der Liberaldemokratischen Partei (LDP), die seit 1955 mit nur kurzen Unterbrechungen fast ständig regiert. Die LDP ist – anders als der Name vermuten lässt – eine überwiegend konservative Partei, die oft auch als reaktionär eingestuft werden muss. Ihre einflussreichste Figur war Shinzo Abe, der langjährige Premier. Er verhieß seinen Landsleuten die Rückkehr zu einem »schönen Japan«, wie der Titel seines wichtigsten Buches lautete. Er verklärte die Zeit vor 1945 nostalgisch und zog den Verdacht auf sich, die Nachkriegsdemokratie aushöhlen zu wollen. Abe ist eng mit der jüngsten Geschichte des Kaiserhauses verbunden. Er hatte mit der Monarchie eigene Pläne: Er versuchte sie zu instrumentalisieren, um Japan wieder zu alter Größe zu führen.

Doch dann fiel Abe einem schockierenden Attentat zum Opfer. Am 8. Juli 2022, kurz vor der Oberhauswahl, wurde er bei einem Wahlkampfauftritt in der westjapanischen Stadt Nara mit einem vom Täter selbst gebastelten Gewehr von hinten erschossen. Der mutmaßliche Mörder war ein 41-jähriger ehemaliger Marinesoldat ohne Anstellung, der sich mit Gelegenheitsjobs durchschlug. Er zählt zur sogenannten »verlorenen Generation«, für die das einstige Versprechen auf lebenslange Festanstellung und automatische Beförderung nach Alter längst nicht mehr galt. Mit seiner Tat zielte er laut eigenen Aussagen nicht in erster Linie auf den Ex-Premier. Vielmehr handelte er aus Hass auf den japanischen Ableger eines südkoreanischen Kults, der landläufig als Moon-Sekte bezeichnet wird und weltweit durch seine Massenhochzeiten bekannt geworden ist.

Die Sekte nennt sich heute »Familienföderation für Weltfrieden und Vereinigung«. In Japan kam sie in Verruf, weil sie Gläubige aggressiv dazu drängte, irrwitzig überteuerte Devotionalien zu kaufen oder große Teile ihrer Vermögen zu spenden. Abe und viele Parteifreunde störte das nicht, sie benutzten die Sekte als zuverlässiges Wählerreservoir. Die Vorgeschichte des Attentats reicht rund drei Jahrzehnte zurück und offenbart das Bild einer Gesellschaft, in der Verzweifelte oft nur noch einen Ausweg sehen: Sie erliegen den Verheißungen geschäftstüchtiger Gurus. Denn diese versuchen auf geschickte Weise, das spirituelle Vakuum zu füllen, das in der japanischen Gesellschaft entstanden ist, seit der Kriegskaiser Hirohito 1946 seiner Göttlichkeit entsagte.

Auch die Mutter von Abes mutmaßlichem Attentäter schloss sich der Sekte an; seit den Neunzigerjahren spendete sie ihr viel Geld und trieb ihre Familie dadurch in den Bankrott. Da der Täter keine Gelegenheit fand, sich direkt an der Sekte zu rächen, nahm er schließlich Abe ins Visier. Er erschoss den Ex-Premier, weil er ihm zufolge »im wirklichen Leben der einflussreichste Sympathisant« der Sekte war.

Mit Abe verlor Japan den Vorkämpfer für ein Projekt, das für die regierende LDP zu einer Art Parteiraison geworden ist: die Revision der pazifistischen Nachkriegsverfassung. Dass fast die gesamte politische Elite eines führenden Industrielandes die geltende Verfassung ablehnt, das ist erstaunlich. Doch weil die japanische Verfassung 1946 von den USA praktisch diktiert wurde, gilt sie vielen in Tokio noch heute als Dokument der schmählichen Kriegsniederlage. Abes rechte Anhängerschaft führt sein Vermächtnis nun fort. Sie will den Artikel 9 der Verfassung ändern, dem zufolge Japan »für alle Zeiten auf den Krieg als souveränes Recht der Nation« verzichtet. Die bislang defensiv ausgerichteten sogenannten Selbstverteidigungsstreitkräfte sollen zu einer regulären Streitmacht aufgewertet werden.

Angesichts wachsender Ängste vor China, Russland und Nordkorea findet dieses Projekt auch in Teilen der japanischen Opposition immer mehr Anhänger. Einigen Revisionisten in der Regierungspartei geht es langfristig aber um mehr: Sie wollen auch den Tenno wieder als Staatsoberhaupt einsetzen. Das hieße indes nicht, dass der Monarch dann politisch etwas zu sagen bekäme. Ginge es nach den selbst ernannten Kaisertreuen, sollte der Tenno sich vielmehr noch tiefer in seinen Palast zurückziehen. Dort sollte er sich auf seine Aufgaben als Priester beschränken und bei den Göttern um Frieden und Wohlstand bitten. Unter Verfassungsjuristen macht sich indes die Befürchtung breit, dass Politiker dann willkürlich im Namen des entrückten Monarchen schalten und walten könnten – wie einst die Militärs, die Japan unter Ex-Kaiser Hirohito in den Pazifischen Krieg führten.

Das Kaiserhaus steht so im Zentrum einer komplizierten politischen Machtprobe, die oft nur verdeckt ausgetragen wird. Tabus umhüllen den Tenno und seine Institution. Wer sich öffentlich zu Wort meldet, riskiert, Hass auf sich zu ziehen – vor allem von ultrarechten Gruppierungen, die sich lautstark zu Hütern der Monarchie aufschwingen. Die Debatte über das Kaiserhaus wird daher oft auf Nebenschauplätzen ausgetragen. Etwa, wenn öffentlich darüber gestritten wird, wen eine Prinzessin heiraten dürfe oder auf welche Schule ein Prinz gehen sollte. Letzten Endes aber geht es dabei immer auch um Gegenwart und Zukunft des Landes – und um unterschiedliche Vorstellungen darüber.

Gleichwohl könnte man fragen, warum der Streit um die Verfassung für das Kaiserhaus überhaupt von Belang ist. Für eine Institution, die doch schon seit Jahrtausenden besteht?

Die Antwort hängt mit Hirohito zusammen, dem Kriegskaiser. Er traf nach der Niederlage 1945 eine inoffizielle Abmachung mit den amerikanischen Siegern. Vereinfacht kann man sie so zusammenfassen: Hirohito durfte auf dem Thron bleiben, aber im Gegenzug musste er akzeptieren, dass seine Untertanen zu Demokratie und Pazifismus umerzogen wurden. Aus dem kriegerischen Volk der Samurai wurden kritiklose Konsumenten, die in der Freizeit mit ihren Familien Schlange standen, um Eintrittskarten für das Tokyo Disneyland zu ergattern. Auch Hirohitos eigener Sohn, Ex-Kaiser Akihito, war ein Produkt dieser kollektiven Umerziehung. Der Pazifismus wurde für Japan nach 1945 praktisch ein Teil der japanischen DNA.

Akihito trieb den Wandel dann später auch als Tenno mit voran. Er sah sich als Hüter der Verfassung. In einem Japan, das den Frieden als Wert an sich hochhielt, fand das Kaiserhaus nach Ansicht von Akihito zu seiner historischen Bestimmung zurück. Akihito verwies darauf, dass das Kaiserhaus sich die längste Zeit seiner Geschichte nicht kriegerischen Dingen gewidmet habe, sondern der Kultur und der Wissenschaft. Kurz: Der Pazifismus bot dem Kaiserhaus den idealen Rahmen, um die eigene Institution über die Niederlage hinwegzuretten. In diesem Sinn erzog Akihito auch seinen Sohn, den heutigen Tenno Naruhito. Er sorgte dafür, dass Naruhito früh die Ursachen des Pazifischen Krieges studierte.[19] Und auch Naruhito hat längst klargemacht, dass er ähnlich denkt wie sein Vater.[20]

Gewiss, als »pazifistisch« im engen Sinn des Wortes kann man Japan heute kaum noch bezeichnen. Das Land leistet sich eine der größten und modernsten Armeen der Welt, auch wenn diese offiziell unter der Bezeichnung »Selbstverteidigungsstreitkräfte« firmiert. Angesichts der Spannungen in Ostasien und auch als Reaktion auf den Ukrainekrieg rüstet Japan jedoch kräftig auf. Wenn ein Tenno heute von »Frieden« spricht, distanziert er sich daher nicht unbedingt von der aktuellen Verteidigungspolitik, sondern vor allem vom verbohrten Militarismus der Vorkriegszeit. Damals war der Throninhaber zugleich der Oberbefehlshaber der Streitkräfte; führende Prinzen waren als hohe Offiziere in den Krieg verwickelt. Heute wäre es dagegen undenkbar, dass sie in Militäruniformen auftreten, wie es beispielsweise in der britischen Königsfamilie üblich ist. Indem der Kaiser sich von der kriegerischen Vergangenheit distanziert, unterscheidet er sich von vielen Politikern der regierenden LDP, wie eben dem ermordeten Ex-Premier Abe.

Doch bei Naruhitos Thronbesteigung im Jahr 2019 erging es dem Kaiser zunächst wie jedem neuen Amtsinhaber: Er musste sich erst einmal den Respekt seiner Landsleute erwerben. Er musste die Bedeutung seiner Institution neu unter Beweis stellen, auch indem er versuchte, eigene Akzente zu setzen – soweit dies einem Kaiser in den Grenzen von Tradition und Verfassung möglich ist. Daher wollte er durch das Land reisen und sich dem Volk zeigen. Aber dann kam alles ganz anders, und Naruhito sah sich plötzlich auf sich selbst zurückgeworfen, gefangen in der Abgeschiedenheit seines Palastes.

Das Schweigen des Tennos

Tenno Naruhito kniete im Reisfeld, das hinter seinem Palast auf dem kaiserlichen Grundstück mitten in Tokio lag. Mit einer Sichel schnitt er ein Büschel ab, aus welchem die reifen Ähren gelb hervorleuchteten. Er legte es in einen Korb, den ihm ein Bediensteter mit einer tiefen Verbeugung hinhielt. Dann bückte er sich wieder und schnitt das nächste Reisbüschel ab. Die Haare hingen ihm in die Stirn; über ihm brannte die Sonne des schwülheißen japanischen Spätsommers. Naruhito trug ein langärmeliges weißes Hemd mit offenem Kragen, eine graue Hose und schwarze Gummistiefel. Auf demselben Feld hatte er im Frühjahr die Setzlinge in den Schlamm gedrückt, mit bloßen Händen. Den Reis, den er jetzt erntete, wollte er der Sonnengöttin Amaterasu und den übrigen göttlichen Ahnen opfern – im Rahmen der religiösen Zeremonien, die er regelmäßig in seinem Palastschrein abhält.

Das Ritual auf dem kaiserlichen Reisfeld wurde Mitte September 2020 vom Fernsehen ausgestrahlt, wie üblich ohne Ton. Es war eine seltene Gelegenheit für die Landsleute, ihren neuen Kaiser zu sehen. Naruhito war zu diesem Zeitpunkt fast anderthalb Jahre im Amt. Und anfangs waren er und seine Frau Masako einer Reihe von Aktivitäten nachgegangen. Sie bemühten sich, dem »Volk nah zu sein«, wie Naruhito es bei seiner Thronbesteigung angekündigt hatte. Sie reisten zunächst in die Region um die westjapanische Stadt Nagoya, wo sie einen Baum pflanzten. In Tokio besuchten sie einen Kindergarten, der Tenno spielte gut gelaunt ein Kaufmannsspiel mit den Kleinen. Mit Spielgeld kaufte er von einem Mädchen eine Melone, die auf ein Stück Papier gemalt war. Anschließend fuhr das Kaiserpaar in eine Gegend in Nordostjapan, die von einem Taifun heimgesucht worden war. Anders als viele befürchtet hatten, schien Masako trotz ihres Gesundheitszustands in der Lage, die Aufgaben einer Tenno-Gattin zu erfüllen. Doch dann fielen die Hoffnungen auf ein offenes, zeitgemäßes Kaiserhaus mit einem Schlag in sich zusammen – schuld daran war die Coronakrise.

Im Frühjahr 2020 erfasste die Pandemie auch Japan. Von der Diamond Princess, einem Kreuzfahrtschiff, das im Hafen von Yokohama lag, gingen beunruhigende Bilder um die Welt. Hunderte Passagiere infizierten sich mit dem Covid-19-Virus, einige starben. Zwar breitete sich die Pandemie in Japan anfangs weniger rasant aus als in anderen Ländern. Dies lag daran, dass die Menschen in Japan schon in Kindergärten und Schulen dazu erzogen werden, sich und andere in der Grippesaison mit Masken zu schützen, sich die Hände zu waschen und Abstand zu halten. Lange bevor die Regierung den Coronanotstand ausrief, ergriffen Haushalte, Firmen und Betriebe von sich aus Schutzmaßnahmen.

Auch der Kaiserhof schaltete in den Krisenmodus. Die Feierlichkeiten zum Geburtstag des Tennos am 23. Februar 2020 wurden abgesagt. Die kaiserliche Familie begab sich stattdessen in die Selbstisolation. Der Geburtstag des Tennos ist eigentlich ein nationaler Feiertag, normalerweise bietet er neben Neujahr eine der seltenen Gelegenheiten, bei der normale Bürgerinnen und Bürger das Palastareal betreten dürfen, um dem Kaiser und seiner Familie zuzujubeln. Aus diesem Anlass stehen die ersten Besucher an diesem Tag sonst schon frühmorgens auf dem weiten Vorplatz des Palastes an. In Gruppen von einigen Tausenden, diszipliniert und mit gemächlichen Schritten überqueren sie dann die historische Steinbrücke, die über einen Wassergraben führt. Anschließend gehen sie durch ein mächtiges Tor und betreten das kaiserliche Grundstück. Dabei herrscht eine andächtige Stimmung, man hört nur, wie der Kies unter unzähligen Schuhsohlen knirscht. Vor dem Palast reihen sich die Besucher dann auf und warten, dass der Kaiser und seine Familie auf der Veranda des Palastes erscheinen. Üblicherweise spricht der Kaiser ein paar Dankesworte und winkt. Am selben Tag wiederholt er den Auftritt dann noch mehrmals.

Dieses Ritual der gegenseitigen Selbstvergewisserung beeindruckt durch unvergleichliche Schlichtheit. Der Palast mit seiner minimalistischen Architektur liefert dazu die passende Kulisse. Der einstöckige Bau, eine Stahlbetonkonstruktion mit leicht geschwungenen Kupferdächern, wurde 1968 fertiggestellt, als Ersatz für ein Gebäude aus dem 19. Jahrhundert, das im Krieg zerstört wurde.

Doch im Frühjahr 2020 und auch in den beiden Jahren danach fiel diese beliebte Begegnung zwischen Monarch und Volk eben aus. In dieser Zeit wurde es plötzlich still um den Tenno. Die Coronapandemie bremste Naruhito regelrecht aus. Die Regierung ordnete an, alle Schulen im Land zu schließen. Ein langes, nervenzehrendes Hin und Her von mehr oder weniger konsequenten Lockdowns und Lockerungen begann. Für den Tenno bedeutete dies, dass sein übliches Programm – Reisen durchs Land, Grußworte bei Sportveranstaltungen oder Empfänge bei Hof – bis auf Weiteres nicht mehr stattfinden konnte.

Auf nationale Krisen reagiert das Kaiserhaus traditionell, indem es sich aus Solidarität mit dem Volk in Verzicht übt, sozusagen reflexartig. Undenkbar wäre es, dass Prinzen oder Prinzessinnen inmitten einer nationalen Katastrophe in den Urlaub fliegen – wie es sich beispielsweise die niederländische Königsfamilie während der Coronapandemie mit ihrer Reise in ein griechisches Feriendomizil herausnahm. Bereits nach Naruhitos Thronbesteigung hatte der Hof eine Parade verschoben, bei der das Kaiserpaar im offenen Auto durch Tokio fahren sollte. Der Grund war ein verheerender Taifun, der weite Landstriche heimgesucht hatte.

Doch jetzt, in der Coronakrise, stellte sich die Lage für den Tenno schwieriger dar als sonst: In der übrigen Welt wandten sich

Monarchen, Präsidenten und Premiers reihenweise über das Fernsehen an ihre Landsleute und sprachen ihnen Mut zu. In Japan wurde ausführlich darüber berichtet. Auch Queen Elizabeth II. rief die Briten in einer seltenen TV-Botschaft auf, durchzuhalten: »Zusammen werden wir uns dieser Krankheit entgegenstellen«, erklärte die weit über 90-Jährige. »Wenn wir vereint und geschlossen bleiben, werden wir sie überwinden.«[21]

In Japan warteten die Menschen dagegen vergeblich auf eine Botschaft ihres neuen Tennos. Was sollte Naruhito tun? Tatsächlich gab es zwei historische Vorbilder, denen er hätte folgen können: Am 15. August 1945 hatte sich sein Großvater Hirohito über Radio an das Volk gewandt und den Krieg beendet. Damals hörten die Japanerinnen und Japaner zum ersten Mal die Stimme ihres Monarchen. Viele weinten – nicht nur über die Niederlage, sondern auch vor Ergriffenheit darüber, dass der göttliche Tenno zum Volk gesprochen hatte. Auch nach der Reaktorkatastrophe von Fukushima im März 2011 wandte sich der damalige Tenno Akihito an die Nation, erstmals per Videobotschaft.

Naruhito aber schwieg. Traute er sich nicht, gleich zu Beginn seiner Ägide das stärkste Mittel eines Kaisers einzusetzen und sich mit einer Ansprache an das Volk zu wenden?

Wäre das Kaiserhaus eine Firma, hätte Naruhito sich mit seiner Presseabteilung darüber beraten können. Doch der Tenno hatte nur das Kaiserliche Hofamt, eine Behörde, die dem Kabinett untersteht und die Verwaltung am Laufen halten soll. Das *Kunaicho*, wie das Hofamt auf Japanisch heißt, fällt einem als Erstes ins Auge, wenn man von außen auf das kaiserliche Grundstück schaut; es befindet sich in einem abweisenden, beigen Betonklotz aus den Dreißigerjahren, gleich neben dem Palast. Bei Kriegsende arbeiteten hier noch 6200 Menschen, viele waren selbst adelig und hatten ihre Posten von ihren Vorfahren geerbt.[22] Das war zwar eine Vetternwirtschaft der exklusiven Art, aber sie hatte den Vorteil, dass die Beamten sich mit den Sorgen und Nöten der kaiserlichen Familie auskannten und ihr selbstbewusst Ratschläge erteilen konnten. Heute hat das *Kunaicho* nur noch etwa 1070 Beamte. Die Spitzenposten werden an mausgraue Elitebürokraten vergeben; sie stammen aus Ressorts, die das *Kunaicho* als ihre Pfründe betrachten: So kommt der derzeitige Chef aus der Polizeibehörde, sein Vorgänger arbeitete sich im Ministerium für regionale Selbstverwaltung empor, das es inzwischen nicht mehr gibt. Das Hofamt ist der Inbegriff der japanischen Bürokratie. Zwar haben die Beamten den Mitgliedern der kaiserlichen Familie keine Weisungen zu erteilen; sie befinden nicht etwa darüber, welche Prinzessin oder welcher Prinz sich in der Öffentlichkeit zeigen darf. So sei das nicht, sagte einst Prinz Takamado, ein inzwischen verstorbener Neffe von Ex-Kaiser Hirohito, auch wenn viele Leute dies glaubten. »Das Hofamt ist zwar naturgemäß schwerfällig und neigt zu konservativer Zurückhaltung, aber es hat sich auf die Rolle eines Sekretärs zu beschränken, der uns bei unserer Arbeit unterstützt.«[23] Man kann einzelnen Beamten sicherlich unterstellen, dass sie dem Kaiser und seiner Familie gewissenhaft dienen wollen. Doch mutige Initiativen sind nicht ihre Sache; im Zweifel verschanzen sie sich hinter einem Bollwerk aus Bedenken und Präzedenzfällen.

Naruhito machte schon als Kronprinz seine Erfahrungen mit dem Hofamt: Als er in den Achtzigerjahren begann, nach einer Braut Ausschau zu halten, lief dieser Prozess äußerst zäh und langwierig ab. Das lag daran, dass ein Thronfolger nicht auf eigene Faust losziehen kann, um Frauen kennenzulernen. Auch darf er sie nicht einfach zum Date einladen. Er ist darauf angewiesen, dass Beamte des Hofamts ihm Gelegenheiten verschaffen, geeignete Kandidatinnen zu treffen. Die Beamten wurden im Fall von Naruhito indes viel zu spät aktiv und stellten sich zudem auch noch ungeschickt an. Zahlreiche Namen von Heiratskandidatinnen tauchten damals in den Medien auf und wurden wieder verworfen, nachdem Zeitungen und Klatschblätter über sie hergezogen waren – oft mit peinlichen Folgen für die betroffenen Frauen und ihre Familien.

Daher könnte man verstehen, wenn Naruhito in der Coronakrise nicht das Hofamt um Rat gefragt hätte, was er tun sollte. Doch die Zeit drängte. Immer mehr Landsleute litten unter der Pandemie und ihren sozialen und wirtschaftlichen Folgen. Als erster Prominenter starb der heimische Komiker Ken Shimura an dem Virus, wodurch die Krise für Japan ein Gesicht erhielt. Shimura war schon siebzig, aber er hatte stets kerngesund ausgesehen und war allgegenwärtig. Nach seinem Tod verbreitete sich Angst in der Bevölkerung. In den Vergnügungsvierteln von Tokio wurden die Neonlichter gedimmt; die sonst überfüllten Pendlerzüge leerten sich gespenstisch; die Menschen zogen sich in ihre beengten Wohnungen zurück, wo viele vereinsamten.

Und erstmals seit elf Jahren nahmen sich wieder mehr Menschen das Leben – bei Selbstmorden liegt Japan unter den führenden Industrieländern ohnehin mit an der Spitze. Der traurige Anstieg von Suiziden betraf vor allem Frauen.[24] In Japan arbeiten sie häufig ohne feste Anstellung oder in Teilzeit. In Krisen werden sie als Erste gefeuert; auf ihnen lasten zudem oft auch Hausarbeit und Pflege von Angehörigen. Von ihrer Obrigkeit fühlten sich die Menschen im Stich gelassen, auch weil diese die Bevölkerung lange kaum auf Covid-19 testen ließ.

Umso mehr fiel die Abwesenheit des neuen Tennos auf. Im Nachhinein muss man Naruhitos Schweigen als Fehler bezeichnen. Er verpasste die Chance, sich gleich zum Auftakt seiner Ägide als Hüter der Nation zu bewähren. Stattdessen brach eine ungewöhnliche Debatte aus. Sie wurde zwar respektvoll geführt, wie üblich, wenn es um den Kaiser geht. Aber die kritischen Untertöne ließen sich nicht überhören. »Warum schweigen der Tenno und Kaiserin Masako?«, fragte das Magazin *Bungei Shunju*.[25] Und im

Konkurrenzblatt *Ronza* warf ein Kulturkritiker die Frage auf, ob die damalige Regierung unter Shinzo Abe den Tenno etwa daran hindere, zur Nation zu sprechen.[26]

Tatsächlich drängte sich der Eindruck auf, dass Naruhito den Premier nicht durch eine eigene kaiserliche Botschaft brüskieren wollte. Premier Abe hatte den neuen Tenno gleichsam unter seine Fittiche genommen und benahm sich, als sei er dessen Mentor. Nach der Abdankung von Naruhitos liberalem Vater, Ex-Kaiser Akihito, sah der Premier in Naruhito offenbar seine Chance, das Kaiserhaus im Sinne seiner nationalistischen Linie neu auszurichten – und es zurück in eine eher introvertierte Monarchie zu verwandeln, die sich politisch leichter manipulieren ließ. Schon im Zuge der Thronbesteigung fiel auf, dass Abe darauf bestand, den Landsleuten den Namen der neuen kaiserlichen Ära »Reiwa« persönlich zu erläutern. In der Bezeichnung »Reiwa«, so der Premier, drücke sich die Hoffnung aus, dass »die Menschen sich auf schöne Weise mit ihren Herzen aufeinander zubewegen«.[27]

Abe wurde sicher auch von seiner Eitelkeit getrieben. Er hörte sich an, als habe er sich den Ära-Namen selbst ausgedacht – sozusagen als Teil seiner erzkonservativen Agenda, aus Japan wieder ein »schönes Land« zu machen.[28] In Japan kommuniziert man oft mit Zeichen und Symbolen, seltener mit großen Worten. Viele Beobachter sahen daher ein politisches Signal darin, dass die Schriftzeichen für den Ära-Namen »Reiwa« aus einer japanischen Gedichtsammlung entnommen worden waren – statt aus der klassischen chinesischen Literatur, wie bei früheren Kaiserwechseln. Auf jeden Fall schlachtete der Premier den Kaiserwechsel und die Vorfreude darauf politisch für sich aus, und diese Strategie ging zunächst auf: Die Beliebtheit des Kabinetts kletterte nach oben.

Dagegen hatten frühere Premiers darauf geachtet, den Eindruck zu vermeiden, sie würden den Tenno für ihre Zwecke missbrauchen. Doch Abe scheute sich nicht, das politische Tabu zu brechen.

Er benutzte den Tenno als eine Art Faustpfand, auch als er den damaligen US-Präsidenten Trump persönlich zu einem Japanbesuch einlud. Dabei beeindruckte er Trump, indem er ihm von der angeblich ungebrochenen Linie der Kaiserdynastie vorschwärmte. Der Umworbene berichtete Reportern darüber später so: Abe habe ihm gesagt, Naruhitos Ernennung zum Tenno sei »ungefähr 100-mal größer« als der Super Bowl der American-Football-Liga. »Ich bin dabei, wenn das so ist«, frohlockte Trump, »ich bin dabei.«[29]

Im Mai 2019 empfingen Naruhito und Masako dann Trump und dessen Frau Melania als ihre ersten Staatsgäste in Tokio. Der Besuch wurde zwar ein Erfolg, und das war vor allem der Kaisergattin zu verdanken. Nach Jahren der Isolation konnte die gelernte Diplomatin beim Staatsbankett im Palast wieder ihre Fremdsprachenkenntnisse unter Beweis stellen. Ihr Tischnachbar Trump war sichtlich beeindruckt, er zeigte sich von seiner charmanten Seite, lächelte über das ganze Gesicht und prostete Masako zu.

Ansonsten aber drängelte Premier Abe sich in den Vordergrund – als wäre er der Regisseur der höfischen Inszenierung. Auch ein Krönungsfest im Herbst 2019 mit Tausenden Menschen auf dem Vorplatz des Palastes lief so ab, als habe der Premier das Drehbuch geschrieben. Das Ganze erinnerte an Siegesfeiern der Kriegszeit. Über eine gigantische Leinwand flimmerte ein Video, in dem die mythischen Ursprünge des Landes beschworen wurden. Zum Schluss schrie die Menge mehrfach »Banzai« – »Zehntausend Jahre«. Es hörte sich fast an, als würden sie den Tenno wieder als Gott verehren. Naruhito und seine Frau schwenkten dazu rote Lampions. Sie sahen nicht aus wie göttliche Wesen, sondern wie zwei Marionetten der Politiker.

Die Cyber-Monarchie

Und dann war Naruhito mit einem Mal auf sich gestellt. Die Coronapandemie beschränkte ihn auf seine Residenz in Tokio, sie wurde für ihn zum höfischen Homeoffice. Er empfing kaum noch Gäste persönlich – höchstens mal den Chef des medizinischen Krisenstabs der Regierung oder andere Experten, die ihm über die Entwicklung der Lage berichteten. Das Kaiserpaar saß dann gemeinsam an einem riesigen Tisch und trug vorbildlich Gesichtsmasken. In sicherem Abstand zu ihnen stand dann ein kleinerer Tisch für den Vortragenden, der beim Sprechen ebenfalls eine Maske trug. Diese Treffen, mit denen der Tenno seine Sorge um die Pandemie zum Ausdruck bringen wollte, waren indes kein Ersatz für eine Ansprache an das Volk. Erst zu Neujahr 2021 sollte das Kaiserpaar sich schließlich mit einer gemeinsamen Videobotschaft an die Nation wenden – statt des traditionellen Auftritts auf der Veranda des Palastes. Aber das war viel zu spät.

Naruhito entschwebte im Laufe der Pandemie zunehmend in höfische Sphären, er wirkte so entrückt von der Welt, wie sich das selbst die sturtsten Wächter des Kaiserhauses nicht hatten erträumen können. Wie er wohl selbst über seine Isolation dachte? Im Grunde erging es ihm nicht anders als manchen seiner Vorfahren, die einst abgeschieden in ihrem Palast in der alten Kaiserstadt Kyoto gelebt hatten. Die Ironie dabei war, dass Naruhito drei Jahre zuvor, noch vor seiner Thronbesteigung, selbst darüber gesprochen hatte, wie Japans Kaiser einst zu Zeiten von Seuchen und Hungersnöten für das Volk gebetet hätten.[30] In ihrem Palast schrieben sie dann stapelweise buddhistische Sutras ab und ließen diese in Tempeln und Schreinen aushängen. Einer dieser kaiserlichen Vorfahren, der Naruhito besonders beeindruckt hatte, hieß Gonara.

Er regierte im 16. Jahrhundert und war so verarmt, dass ihm jahrelang das nötige Geld fehlte, um seine Thronbesteigung zu feiern. Dieser Tenno fügte an eine der von ihm abgeschriebenen Sutras einen Nachtrag an, in dem er beklagte, wie es seinem Herzen schmerze, dass er dem Volk nicht unmittelbar seine Barmherzigkeit erweisen könne.

Dass Naruhito sich auf einen Vorgänger bezog, der fast ein halbes Jahrtausend vor ihm gelebt hatte, zeigte, in welch endlos langen Zeiträumen man bei Hof denkt und wie die Geschichte der Dynastie stets die flüchtige Gegenwart überlagert. Und nun, inmitten einer globalen Pandemie, befand Naruhito sich in einer ähnlichen Lage wie einst sein Urahn, Tenno Gonara: Er war gefangen in der Ohnmacht eines betenden Priesterkaisers.

Freilich war es nicht so, dass Naruhito in seiner Isolation überhaupt nichts zu tun gehabt hätte. Das ganze Jahr über hatte er an seinem Palastschrein viele religiöse Rituale zu zelebrieren, meist unter Ausschluss der Öffentlichkeit. Der Schrein ist ein shintoistisches Heiligtum und bildet, zwischen hohen Bäumen versteckt, das spirituelle Zentrum des kaiserlichen Grundstückes. Die Priester, Dienerinnen und Diener, die dort arbeiten, werden offiziell aus der Privatschatulle des Kaisers bezahlt. Kaum irgendwo sonst in Tokio dürfte man der modernen Welt so fern sein wie an diesem heiligen, geheimnisumwitterten Ort. Normale Japanerinnen und Japaner haben dort keinen Zutritt. Der Komplex besteht aus drei einzelnen Schreinen, die nebeneinanderliegen. Das mittlere und größte Gebäude ist der Sonnengöttin Amaterasu geweiht, das rechte den übrigen Göttern, das linke den kaiserlichen Vorfahren. Hier beten der Tenno und seine Familie zu festlichen Anlässen, wie Neujahr, Frühlingsanfang und Erntedankfest. Hier »berichten«, wie man auf Japanisch tatsächlich sagt, neue Tennos den Göttern und Ahnen, wenn sie den Thron besteigen oder andere wichtige Ereignisse zu vermelden haben. Und hier heirateten Naruhito und

Masako, wie zuvor auch Ex-Kaiser Akihito und seine Frau Michiko.

Die Liste an jährlich zu feiernden Ritualen, mit denen der kaiserliche Kalender gefüllt ist, ist unfassbar lang.[31] Sie beginnt am 1. Januar frühmorgens, wenn der Tenno oft bei eisiger Kälte am Schrein zu den Göttern betet, und setzt sich dann fort mit Totengedenkfeiern für die kaiserlichen Ahnen – angefangen von Kaiser Jimmu, dem mythischen Gründer der Nation, bis hin zu Kaiser Hirohito, der 1989 verstarb. Die heiligen Handlungen verlangen dem Tenno einiges an körperlicher Ausdauer ab. Er hockt dann schon mal zwei Stunden lang mit untergeschlagenen Beinen auf geflochtenen Strohmatten, den sogenannten Tatamis. Das war lange die vorherrschende Sitzweise in Japan, als die Menschen in ihren Häusern praktisch noch auf dem Fußboden lebten. Heute sitzen sie überwiegend auf Stühlen und an Tischen, gerade auch der Tenno, der bei sich zu Hause, in seiner Residenz auf dem Grundstück des Kaiserpalastes, einen westlicheren Lebensstil pflegt als viele seiner Landsleute. Aber um sich für die ermüdende Haltung im Schneidersitz abzuhärten, soll Ex-Kaiser Akihito privat, beim abendlichen Fernsehen, oft auf dem Boden gehockt haben.[32]

Wie es im kaiserlichen Schrein genau zugeht, erfuhr die Öffentlichkeit erst vor einigen Jahren von der ehemaligen Schreindienerin Asako Takaya. Sie lebte und arbeitete dort 57 Jahre lang – tagein, tagaus und auch an Wochenenden.[33] Sie war die Letzte, die dem Tenno so lange diente, und veröffentlichte 2017 ein Buch über ihr außergewöhnliches Leben, bevor sie im darauffolgenden Jahr verstarb. Sein ganzes Leben in den Dienst des Palastes zu stellen und sich sozusagen für das Kaisertum zu opfern, das kann man von heutigen Japanerinnen nicht mehr verlangen. Inzwischen wechseln Takayas Nachfolgerinnen jeweils nach einigen Jahren. Ihr Arbeitsalltag bleibt jedoch rigoros, beginnt frühmorgens und besteht aus einer Vielzahl von Riten. Die Dienerinnen und auch einige männliche Kollegen müssen die Glocken für tote Tennos läuten und ihnen täglich frischen Reis opfern. Dafür müssen sie sich selbst jedes Mal höchst aufwendigen Reinigungen unterziehen. Wenn sie versehentlich ihre Kleidung berühren, müssen sie sich sofort die Hände waschen. Wenn Dienerinnen ihre Menstruation haben und daher dem Shintokult zufolge als unrein gelten, dürfen sie das Heiligtum nicht betreten. Auch müssen sie dann von speziellem Geschirr essen und spezielle Kleidung tragen.

Die strengen Reinheitsvorschriften am Schrein gelten gleichermaßen für weibliche Hofadlige. Wenn sie ihre Periode haben – bei Hof bezeichnet man das als »make« –, dürfen Prinzessinnen nicht an shintoistischen Riten teilnehmen. Aber auch sonst müssen sie sich penibel reinigen, bevor sie Schreinriten beiwohnen. Dabei handelt es sich um eine umständliche und demütigende Prozedur. Die Prinzessinnen müssen sich dafür vor ihren Dienerinnen entkleiden. Für die psychisch angeschlagene Masako könne dies mit ein Grund dafür gewesen sein, dass sie den Schreinriten jahrelang fernblieb, vermutete eine heimische Frauenzeitschrift.[34]

Selbst wenn der Tenno sein kaiserliches Grundstück nie verließe, würde es für ihn dort also nie ganz langweilig werden. Außer den Shinto-Riten begeht er noch zahlreiche weitere Feste. Sie stammen oft aus den Blütezeiten, als die Höflinge sich vor allem den schönen Künsten widmeten. Einer der kulturellen Höhepunkte bei Hof ist das gemeinsame Vortragen von Gedichten unter Schirmherrschaft des Kaisers. Es findet jedes Jahr im Januar statt und gilt einer traditionellen heimischen Gedichtform, die »Waka« genannt wird. Dazu lädt der Tenno in den Kiefersaal, eine der Haupthallen des Palastes. Diesen Raum darf man sich indes nicht als Prunksaal vorstellen, wie die Säle in Versailles oder auf Schloss Herrenchiemsee. Der Kiefersaal beeindruckt vielmehr durch betonte Schmucklosigkeit.

Die Atmosphäre der Gedichtlesung erinnert an Liturgien in christlichen Kirchen. In feierlicher Prozession ziehen das Kaiserpaar, die Prinzen und Prinzessinnen in den Saal ein.[35] Man hört nur den Widerhall ihrer Schritte auf dem hölzernen Parkett, ansonsten herrscht andächtige Stille. Ausschließlich ausgewählte Gäste sind zu dieser Veranstaltung zugelassen. Niemand hält eine Begrüßungsrede, niemand flüstert, niemand lacht, niemand applaudiert. Die Beteiligten verständigen sich nur mit unauffälligen Blicken. Der Kaiser und die Prinzen tragen Fracks, die Prinzessinnen altmodisch lange westliche Hofgarderobe. Selbst mitten in der Coronapandemie fiel diese wichtige Gedichtlesung nicht aus, sie wurde nur um einige Wochen verschoben.

Sobald das Kaiserpaar seine Ehrenplätze eingenommen hat, vor einem violetten Paravent, setzen sich ein Kämmerer und eine Hofdame von beiden Enden des Saales aus mit abgewinkelten Schritten in Bewegung. Auf hoch erhobenen Händen tragen sie Tabletts

Die traditionelle Gedichtlesung im Kiefersaal des Palastes zählt zu den kulturellen Höhepunkten des höfischen Kalenders. Im Januar 2019 fand sie zum letzten Mal in Anwesenheit des damaligen Kaisers Akihito und seiner Gemahlin Michiko statt.

vor sich her, auf denen – kunstvoll gefaltet – jeweils die Gedichte liegen, die der Kaiser und seine Frau höchstpersönlich für diesen Anlass verfasst haben. Unter tiefen Verbeugungen werden die Tabletts den Majestäten auf die Tische gelegt. Dann bewegen sich die Bediensteten etwa drei Schritte rückwärts, verbeugen sich erneut und schreiten zurück an ihre Positionen. Den würdevollen Rückwärtsgang beherrschen alle bei Hof in Perfektion. Auch im übrigen Japan praktiziert man diese Kunst bisweilen noch, etwa wenn Beamte die Dienstzimmer von Vorgesetzten verlassen. Es gilt als unhöflich, Höhergestellten den Rücken zuzuwenden und einfach so aus der Tür zu gehen.

Nach weiteren rituellen Handbewegungen und Verbeugungen beginnt dann die Lesung. Jedes Jahr wird ein anderes Thema für die Gedichte vorgegeben, welches der Tenno aus Vorschlägen von Experten auswählt.[36] 2021 lautete das Thema »Frucht«, 2022 »Fenster«, 2023 »Freund«. Auch normale Bürgerinnen und Bürger dürfen ihre Werke einsenden, unter Tausenden werden die zehn besten ausgewählt und dann von Spezialisten vorgetragen – diese haben ihre Kunst von Vorfahren geerbt, sie gehören dem »Kasumi Kaikan« an, dem exklusiven Club der ehemaligen Adligen in Tokio. Da die Veranstaltung zu Ehren des Tennos stattfindet, breiten die Vorleser die Manuskripte so vor sich aus, dass der Text in der Richtung des Monarchen liegt. Sie selbst müssen ihn also verkehrt herum lesen. Dabei intonieren sie die Gedichte in einem eigentümlichen Singsang, bei dem sie die Töne dehnen und eine gefühlte Ewigkeit lang halten.

Auf dem Höhepunkt der Veranstaltung tragen sie dann das Gedicht des Tennos vor: Ein Hofdiener hebt es zuvor unter erneuten Verbeugungen vom Tisch des Tennos empor, geht dann wieder rückwärts und trägt das Papier zu den Vortragenden, vor denen er es sorgfältig ausbreitet. Das Ganze läuft wie in Zeitlupe ab. Wenn die Gedichte des Kaisers und seiner Gemahlin verlesen werden, erhebt sich der Saal, nur der Tenno bleibt sitzen.

Naruhito drückte mit seinem Gedicht für das Jahr 2022 den Wunsch aus, dass die Pandemie vorübergehen möge. Frei übersetzt klang es so:

»Solange unsere Kontakte mit der Welt
schwierig bleiben,
hoffe ich aufrichtig auf den Tag,
an dem sich das Fenster zur Welt öffnet.«[37]

In gedruckter Form liest sich das schnell, und der Inhalt mag nicht besonders anspruchsvoll klingen, erst recht in deutscher Übersetzung. Doch als das Gedicht im Palast intoniert wurde, entfaltete es seine eigentümliche poetische Wirkung. Die Rezitatoren benötigten mehrere Minuten, um es in ihrem gedehnten Singsang vorzutragen, der dann jeweils lang nachhallte. Es hörte sich an, als riefen sie die Botschaft des Tennos weit in das ganze Land hinaus. Als beklagte hier ein einsamer, betrübter Monarch seine unfreiwillige Abkapselung vom Volk. In den Fernsehnachrichten wurde dieser Teil der höfischen Veranstaltung an diesem Tag dann mehrmals ausgestrahlt.

Japanische Hofbeobachter beziehen sich gerne auf höfische Gedichte, wenn sie darüber mutmaßen, was der Kaiser und einzelne Familienmitglieder wohl so denken und fühlen. Denn tatsächlich weiß man sonst ausgesprochen wenig über ihr persönliches Befinden. In ihrer Freizeit beschäftigen sie sich offiziell mit unverfänglichen Themen, die das Kaiserhaus als Hort von Bildung und Gelehrsamkeit ausweisen sollen. Auf keinen Fall dürfen die Hobbys des Tennos und seiner Familie Anlass für Kontroversen liefern. Feuchtfröhliche Partys auf Luxusjachten, Reisen mit Privatflugzeugen oder Spritztouren mit Sportwagen, wie sie vom europäischen Hofadel überliefert werden, ziemen sich nicht für die Kaiserfamilie.

Auch in der Freizeit hat ein Tenno über allem irdisch Verfänglichen zu stehen. Naruhitos Studiengebiet, historische Wasserwege, erfüllt dieses Kriterium perfekt. Mittlerweile hat er Fragen des Wassers, und was damit so alles zusammenhängt, zu seinem Lebensthema gemacht; von 2007 bis 2015 war er Ehrenpräsident des Beraterkreises für Wasser- und Sanitärversorgung der Vereinten Nationen. Auch sein jüngerer Bruder, Kronprinz Akishino, hat ein Hobby, das man als höfisch korrekt bezeichnen kann. Er beschäftigt sich mit Hühnern, hat über sie promoviert und gilt überdies als Fachmann für Welse. Der abgedankte Kaiser Akihito ist ein international anerkannter Experte für Grundeln, eine Meerestierart, zu der er auch seit seiner Abdankung regelmäßig in einem Labor auf dem Palastgrundstück forscht. Auch Ex-Kaiser Hirohito beschäftigte sich einst mit der Meeresbiologie.

Gerade in der Coronakrise bemühte Naruhito sich, dem Anspruch des Kaiserhauses als Förderer der Wissenschaften gerecht zu werden. Mithilfe anerkannter Experten informierte er sich über die verschiedenen Aspekte der Pandemie; dabei ließ er sich filmen, er wirkte geradezu beflissen. Doch was er von den Fachleuten erfuhr, dürfte ihn betrübt haben: Das Gesundheitssystem seines überalterten Landes stieß immer wieder an die Grenzen seiner Kapazitäten, die Intensivstationen wurden schnell voll. Für infizierte Patienten gab es oft keine Krankenhausbetten, viele starben zu Hause, ohne Betreuung.

Der Tenno musste erkennen, dass eine Rückkehr zur Normalität auf lange Zeit nicht möglich sein würde. Stattdessen begann er, seine Reisen durch das Land virtuell zu absolvieren. Ob bei einem Video-Termin mit dem Roten Kreuz oder beim Besuch eines Kulturfestivals in Südwestjapan: Überall erschienen der Tenno und seine Frau nur noch digital, auf riesigen Leinwänden. Man sah sie dann meist an dem großen, weiß gedeckten Tisch in ihrer Residenz sitzen. Bis weit ins Jahr 2022 wohnten sie nur wenigen ausgewählten Terminen direkt bei, wie dem Gedenken für die Toten des Zweiten Weltkriegs am 15. August. Erst ab Oktober 2022 besuchte das Kaiserpaar wieder Veranstaltungen außerhalb von Tokio. Auch ihre Tochter, Prinzessin Aiko, nahm lange nur online an Vorlesungen ihrer Universität teil; erst im April 2023 kehrte sie auf den Campus zurück.

Das Kaiserhaus verwandelte sich zeitweise in eine regelrechte Cyber-Monarchie. Die virtuellen Auftritte der kaiserlichen Familie wirkten bisweilen bizarr. Anfang Juni 2022 nahmen Naruhito und Masako an einem Baumpflanz-Festival teil, zum zweiten Mal per Videoschalte.[38] Diese Veranstaltung findet seit 1950 jedes Jahr in einer anderen Präfektur statt, diesmal war die Stadt Koka im westjapanischen Shiga an der Reihe. Das Festival sollte die Menschen ursprünglich anspornen, im Krieg gerodete Wälder wieder aufzuforsten. Den Höhepunkt bildet jedes Mal eine Zeremonie, bei der das Kaiserpaar gemeinsam mit anderen Teilnehmenden feierlich Bäume pflanzt.

Doch da sie eben per Video zugeschaltet waren, stellte sich für das Kaiserpaar die Frage, wie es die Pflanzzeremonie bewerkstelligen sollte. Naruhito und Masako fanden eine Lösung: Vor dem Eingang der kaiserlichen Residenz in Tokio ließen sie mehrere Holztröge mit Erde aufstellen, darin pflanzten sie Zedern, Zypressen und andere Bäumchen. Die Setzlinge sollten später in das über 400 Kilometer entfernte Koka transportiert und dort endgültig in die Erde gepflanzt werden. Es dürften die Bäume mit dem höchsten CO_2-Abdruck in Japan sein.

Viele Landsleute fragten sich, wann der Tenno sich jemals wieder direkt in die Nähe des Volkes begeben würde. Oder ob er eines Tages nur noch virtuell durch das Land reisen würde, womöglich als Hologramm, wie die schwedische Popband ABBA, die sich auf Konzerten inzwischen durch verjüngte Avatare vertreten lässt. Gewiss, für die nach wie vor nicht ganz genesene Masako haben

Online-Veranstaltungen und Fernschalten Vorteile. Sie kann ihre Pflichten als Kaisergattin wahrnehmen, ohne sich körperlich zu strapazieren. Doch je länger der Tenno den Menschen von Bildschirmen aus zuwinkte, umso mehr riskierte er, sich und sein Kaiserhaus überflüssig zu machen.

Mit seiner wissenschaftlich fundierten Vorsicht unterschied sich der Tenno auf jeden Fall von der Unbekümmertheit vieler Politiker. Immer wieder weckten sie Hoffnungen auf baldige Lockerungen oder ein Ende der Pandemie. Mitten in einer der vielen Infektionswellen ermunterten sie die Landsleute mit einer staatlich subventionierten Rabatt-Aktion, durch das Land zu reisen, in Restaurants zu gehen und in Hotels zu übernachten. Und gegen die Bedenken von Virologen und gegen Widerstände in der Bevölkerung lud die Regierung die Welt dann zu den Olympischen Sommerspielen von Tokio ein. Der Kontrast zwischen dem Kaiserhof und der Regierungszentrale war unübersehbar. Doch schließlich brach der Tenno sein Schweigen. Er wagte eine Kraftprobe mit der Regierung und meldete sich auf ungewöhnliche Weise zu Wort, sozusagen im Namen des Volkes.

Das kaiserliche Machtwort

In Tokio hatte der Premier gewechselt. Yoshihide Suga, der rund acht Jahre lang als Chefsekretär des Kabinetts gedient hatte, war nun der neue Amtsinhaber. Er galt als grauer Strippenzieher, der innerhalb und außerhalb der Regierung gefürchtet war. Suga hatte mit Wissenschaft wenig im Sinn, sein Studium hatte er einst abgebrochen und sich dann als Sekretär eines Abgeordneten zum Berufspolitiker hochgedient. Er beherrschte ein System, in dem es nicht auf Charisma oder rednerische Brillanz ankommt, sondern auf die richtigen Beziehungen. Als Premier sorgte Suga gleich zu Beginn für eine Kontroverse, weil er sich weigerte, anerkannte Professorinnen und Professoren in die heimische Akademie der Wissenschaften zu berufen – obwohl diese von den zuständigen Gremien nominiert worden waren. Die Berufung war normalerweise ein Routineakt, doch Suga wollte sich offensichtlich bei den Betroffenen rächen – sie hatten einige Jahre zuvor gegen ein neues Sicherheitsgesetz protestiert, das dem Militär die Beteiligung an Kampfeinsätzen im Ausland ermöglichte. Ein Sturm der Entrüstung brach los. Viele Akademiker sahen die Freiheit von Forschung und Lehre in Gefahr. Das aber war Suga egal. Und ebenso stur zog er wenig später die Olympischen Spiele von Tokio durch.[39]

Das sportliche Megaevent sollte ursprünglich 2020 stattfinden, war dann aber wegen der Coronapandemie um ein Jahr verschoben worden. Seit Jahren hatte Sugas Vorgänger Abe das Land auf die Spiele eingestimmt. Abe eiferte in diesem Punkt seinem Großvater nach, dem Nachkriegspremier Nobusuke Kishi. Der hatte Olympia 1964 erstmals nach Tokio geholt; er war damals der ranghöchste Berater des olympischen Bewerbungskomitees. Mit den Spielen feierte das im Krieg besiegte Japan unter den Augen der

Welt seinen wirtschaftlichen Wiederaufstieg. Und nun, im Jahr 2021, wollte die Regierung die Nation nach dem einstigen Erfolgsrezept erneut auf ein gemeinsames Ziel einschwören und ein zweites Wirtschaftswunder anstoßen. Es ging um viel Einfluss und viel Geld für die beteiligten Politiker, Sportmanager und Sponsoren.

Olympische Spiele sagen eine Menge über ein Land aus. Wie unter einem Brennglas offenbaren sie die aktuelle politische und wirtschaftliche Lage und die gesellschaftliche Befindlichkeit. Das war 1936 so in Berlin, als sich das sogenannte »Dritte Reich« mit einer Propaganda-Show feierte. Vier Jahre später, 1940, hätten die Spiele dann erstmals in Tokio stattfinden sollen. Japans militaristische Führer wollten sie nutzen, um vor aller Welt die 2600-Jahr-Feier der Reichsgründung durch den mythischen Tenno Jimmu zu zelebrieren. Auf diese Weise wollten sie auch den Herrschaftsanspruch des Kaiserreiches über ganz Asien demonstrieren. Doch der aufziehende Zweite Weltkrieg durchkreuzte diese Pläne – »Tokio 1940« fiel aus. Stattdessen feierte die Nation dann später mit »Tokio 1964« ihr Comeback. Die Nachbarländer Südkorea und China eiferten diesem Beispiel nach: »Seoul 1988« symbolisierte nicht nur das koreanische Wirtschaftswunder, sondern leitete – anders als von den Organisatoren beabsichtigt – auch das Ende der Militärdiktatur ein. Und mit »Peking 2008« feierte sich dann China als aufstrebende Supermacht und zerstörte in der westlichen Welt zugleich manche Illusionen über die friedliche Koexistenz mit dem Reich der Mitte.

Auch mit den ursprünglich für 2020 vorgesehenen Olympischen Spielen in Tokio sollte Japan sich einigen Politikern zufolge eigentlich seiner Identität neu vergewissern. Dem Tenno hatten die Planer dabei eine herausragende Rolle zugedacht: Er war der Schirmherr der Spiele. Und wenn es nach besagten Politikern gegangen wäre, hätte sich das Kaiserhaus bereits im Zuge der olympischen Bewerbung aktiv für Tokio einsetzen sollen. Als Geste des guten Willens ließ der Hof sich schließlich dazu herab, 2013 eine Prinzessin zur Tagung des Internationalen Olympischen Komitees in Buenos Aires zu schicken. Dort beeindruckte sie Premier Abe damit, wie elegant sie von ausländischen Sportfunktionären Handküsse entgegennahm. »Gewöhnliche Menschen können das nicht«, sagte er später.[40] Auch dank der aristokratischen Mithilfe erhielt Tokio dann den Zuschlag für die Ausrichtung der Spiele. Heimische Kritiker sahen im Auftritt der Prinzessin indes eine problematische Instrumentalisierung des Kaiserhauses durch die Politik.

An den Schulen in Tokio wurde Kindern und Jugendlichen die Olympiabegeisterung schon Jahre vor den Spielen beigebracht: »Den Geist wecken, gemeinsam zu leben, sich gegenseitig zu helfen«, lautete die Devise der olympischen Massenpädagogik. Der olympische Fackellauf startete dann in Fukushima, dem Ort des Super-GAUs von 2011. Die Regierung wollte damit beweisen, dass die strahlende Reaktorruine »unter Kontrolle« sei, wie Premier Abe schon bei der olympischen Bewerbung in Buenos Aires kühn behauptet hatte. In Wahrheit ist bis heute ungewiss, ob die Reaktoren je vollständig abgewrackt und entsorgt werden können.

Entlang der Route des Fackellaufs sah man anfangs viele Fähnchen schwenkende Kinder in Schuluniformen. Doch schließlich zwang die Coronapandemie die Organisatoren, den Lauf weitgehend ohne Zuschauer fortzuführen. Hinzu kam, dass sich in der Bevölkerung wachsender Widerstand gegen die Spiele regte. Eltern und Lehrer protestierten dagegen, dass ihre Kinder für Jubelveranstaltungen mobilisiert werden sollten. In Tokio gingen Olympia-Gegner auf die Straßen. Umfragen zufolge lehnte es die Mehrheit der Japanerinnen und Japaner ab, das Event inmitten einer Pandemie abzuhalten.

Mit einem Mal zeigte sich so, dass die japanische Gesellschaft längst individualistischer und vielfältiger geworden war, als manche Politiker glauben machen wollten. Eine Reihe von Peinlichkeiten im Vorfeld brachte die Olympischen Spiele zusätzlich ins Zwielicht. Führende Funktionäre mussten zurücktreten, nachdem sie mit frauenfeindlichen und anderen diskriminierenden Äußerungen zitiert worden waren. Plötzlich debattierte die Nation über die Benachteiligung von Frauen und Minderheiten. Doch Premier Suga beschwor weiter die Harmonie, er wollte die Spiele auf keinen Fall absagen. »Gerade jetzt, wo wir uns mit der Coronakrise großen Schwierigkeiten gegenübersehen, kann die Welt eins werden«,[41] befand er. Ihm zufolge solle von Tokio das Signal ausgehen, »dass die Menschheit durch Anstrengung und Weisheit Krisen überwinden kann«.

Viele Landsleute jedoch befürchteten das Gegenteil. Ausgerechnet Japan fiel in der Pandemie durch schwerfälliges Krisenmanagement auf. Das Hightech-Land schaffte es nicht, einen eigenen Impfstoff gegen Covid-19 zu entwickeln; die Bevölkerung wurde viel später geimpft als in Europa und den USA. Als die Volksrepublik China dann anbot, ihren eigenen Impfstoff für die olympischen Athleten zur Verfügung zu stellen, empfanden das viele in Japan als Demütigung.

Die Stimmung in Tokio war deshalb gereizt. Der Streit um das Für und Wider der Spiele entwickelte sich zu einem Glaubenskampf. Ex-Premier Abe warf den Olympia-Gegnern vor, »antijapanisch« zu sein.[42] Die Stimmung erinnerte ein bisschen an die letzten Tage des Zweiten Weltkriegs, als Militärs und Politiker darüber stritten, ob das Land kapitulieren sollte oder nicht. »Dabei handelt es sich um eine sehr japanische Mentalität«, schilderte der Soziologe Kenichi Shimamura damals die Lage. »Was beschlossen wurde, muss zu Ende geführt werden; niemand will Verantwortung übernehmen und gefallene Entscheidungen infrage stellen.«[43] Aus Sicht des Experten gab es keinen Politiker, der die zerstrittene Nation wieder hätte zusammenführen können. In dieser vertrackten Situation rückte umso mehr jene Person in den Blickpunkt, die in Japan die »Einheit des Staates und des Volkes« symbolisiert und eigentlich über allen Kontroversen stehen sollte: der Tenno.

Naruhito befand sich in einer heiklen Situation. Dass er die Schirmherrschaft über die Spiele übernommen hatte und sie nun feierlich eröffnen sollte, entsprach zwar der Tradition. Sein Großvater Hirohito hatte diese Aufgabe 1964 ebenfalls ausgeübt. Doch diesmal sollte Naruhito eine Veranstaltung mit seiner Anwesenheit krönen, die Virologen aufgrund der Pandemie äußerst kritisch sahen. Ausgerechnet der Tenno, der seit Ausbruch der Coronakrise ein Beispiel der Vorsicht zu geben versuchte, riskierte nun, als verantwortungslos dazustehen. Zwar sollte das olympische Event nur mehr in Form von Geisterspielen stattfinden. Gleichwohl wurden nach wie vor Zehntausende Menschen in Tokio erwartet – Sportler, Funktionäre, Journalisten, Sicherheitskräfte, freiwillige Helfer. Der Tenno befand sich in einem Dilemma: Sollte er die Regierung öffentlich kritisieren? Dann hätte er eine Verfassungskrise riskiert. Aber konnte er den wachsenden Unmut im Volk einfach ignorieren?

Naruhito blieb zunächst nichts anderes übrig, als zuzuhören. Ende Juni 2021 empfing er den Premier zu einer Audienz. Was Suga ihm in ihren vertraulichen Gesprächen über die Vorbereitungen der Spiele erläuterte, kann man nur vermuten. Der Premier dürfte dem Kaiser aber mitgeteilt haben, dass man ausländische Besucher nicht einreisen lassen werde. Auch heimische Zuschauer würden nur in begrenzter Zahl dabei sein. Die Rede war von maximal 10 000 Zuschauern pro Stadion. Das wären immer noch sehr viele Menschen gewesen inmitten einer Pandemie. Aber auf Zuschauer ganz verzichten wollte Suga auf keinen Fall.[44]

Was der Premier dem Tenno berichtete, muss diesen zutiefst beunruhigt haben. Welche Ironie: Auf der einen Seite saß hier der Nachfahre einer uralten Dynastie, der sich unermüdlich von Experten mit neuesten wissenschaftlichen Fakten über die Pandemie auf dem Laufenden halten ließ. Auf der anderen Seite saß der Regierungschef eines Hightech-Landes, der sich um Wissenschaft wenig scherte und in der Öffentlichkeit gebetsmühlenhaft immer dieselbe Formel wiederholte: »Sorgenfrei und sicher« würden die Spiele ablaufen – »anshin, anzen«, wie Suga auf Japanisch sagte.

Zwei Tage später explodierte in Tokio eine politische Bombe, und das Epizentrum lag an einem höchst ungewöhnlichen Ort: dem Kaiserlichen Hofamt. Dort gab der Chef der Behörde, Yasuhiko Nishimura, eine Pressekonferenz. Normalerweise informierte er bei solchen Terminen über kaiserliche Feste und andere harmlose Themen. Doch nun betätigte sich ausgerechnet dieser blasse Beamte als selbstbewusstes Sprachrohr des Tennos. Er sagte, er habe den Eindruck, dass Seine Majestät »extrem besorgt« sei über die aktuelle Lage der Covid-19-Infektionen.[45] Dabei benutzte er das Wort »Haisatsu« – einen altmodischen Begriff, der vorwiegend bei Hof oder im Schriftjapanischen verwendet wird und mit »respektvolle Vermutung« übersetzt werden kann. Der Beamte gab zwar an, er habe nicht direkt vom Tenno vernommen, dass dieser besorgt sei. Aber er gewinne diesen Eindruck, wenn er mit dem Tenno spreche.[46]

Für das politische Tokio gab es keinen Zweifel: Der Tenno höchstpersönlich tat hier seine Besorgnis kund, wenn auch nur indirekt, indem er seinen ranghöchsten Palastbeamten als Sprachrohr nutzte – um so nicht selbst die Verantwortung übernehmen zu müssen. Ein Hofbeamter, auch wenn er noch so hoch in der Hierarchie rangiert, hätte nie gewagt, von sich aus öffentlich über die Gefühle des Tennos zu mutmaßen.

Was die staunende Nation hier erlebte, war eine Lehrstunde in kaiserlicher Öffentlichkeitsarbeit. Es handelte sich nicht etwa um eine anonyme Verlautbarung, die verschämt durch den Chrysanthemenvorhang geflüstert wurde. Vielmehr zückte Naruhito kaum verhohlen eine der schärfsten Waffen der kaiserlichen PR, um sein

Unbehagen zum Ausdruck zu bringen. Viel zu lange hatte er zu Beginn der Coronakrise gezögert, ob und wie er seine Solidarität mit dem Volk bekunden sollte. Nun aber mischte er sich ein: Er ließ seinen Beamten bis an die Grenzen der Verfassung gehen – und einige Politiker sahen dadurch das Tabu verletzt, das dem Hof politische Einmischungen verbietet. Auf Twitter und anderen sozialen Medien wurde der Kaiser dagegen fast wie ein Volksheld gefeiert. Hier verglichen die Japanerinnen und Japaner sein Machtwort gar mit der legendären Radioansprache, mit der sein Großvater Hirohito 1945 den Krieg beendet hatte.

Naruhito hatte endlich seine Rolle gefunden, er war auf dem Thron angekommen. Er hatte den Politikern gezeigt, dass er seinen eigenen Willen besaß – und dass sie ihn nicht unterschätzen durften.

Was der Tenno damals nicht ahnen konnte: Ein Jahr später sollte in Tokio ein gigantischer olympischer Korruptionsskandal auffliegen. Führende Unternehmer wurden verdächtigt, illegale Kartellabsprachen getroffen und Olympia-Manager bestochen zu haben, um die Spiele sponsern zu dürfen. Naruhito konnte im Nachhinein froh sein, dass er zu diesem Event rechtzeitig auf Distanz gegangen war. Allerdings bewegte er sich auf schmalem Grat. Denn seine Intervention barg auch Risiken für das Kaiserhaus – und für die Demokratie insgesamt. Ein Tenno bezieht seine Autorität dadurch, dass er über der tagespolitischen Debatte schwebt. Doch jetzt erhielt Naruhito vor allem Beifall von liberalen und linken Kritikern der Regierung und von Gegnern der Olympischen Spiele. Das konservative Lager aber, das die Kaisertreue sonst für sich gepachtet zu haben scheint, reagierte auffällig wortkarg.

Vor dem Zweiten Weltkrieg wäre ein Premier mit seinem Kabinett vermutlich geschlossen zurückgetreten, wenn er den Unmut des Tennos auf sich gezogen hätte. Doch Naruhito war eben kein

Gott mehr. Hinzu kam, dass er erst seit zwei Jahren auf dem Thron saß. Premier Suga zeigte sich unbeeindruckt von der Intervention des Kaisers und tat die Äußerung des Palastbeamten als dessen Privatmeinung ab. Vermutlich war dem Premier die Meinung des Tennos tatsächlich egal. Suga fehlte offensichtlich der Respekt vor dem Kaiserhaus, denn er war ein Machtmensch, der die Institution in erster Linie als Touristenattraktion sah, wie das Magazin *Bunshun* unter Berufung auf Eingeweihte berichtete.[47]

Schon seit einigen Jahren strebte die japanische Regierung danach, Japan zu einem gigantischen Themenpark für ausländische Touristen zu machen. Die Olympischen Spiele waren als Antriebsmotor dieser Strategie gedacht. Der Tourismus sollte zur neuen heimischen Wachstumsindustrie werden – als Ersatz für die Massenproduktion von Autos, Computern und Halbleitern, die größtenteils ins billigere Ausland abgewandert war. Vor allem aus dem benachbarten China und Südkorea lockte Japan erfolgreich Millionen Touristen an. Im Zuge der Kampagne wollte man verstärkt das kulturelle Erbe vermarkten, das man in den Jahren des Wirtschaftswunders oft vernachlässigt hatte: alte Tempel, Kabuki-Theater, Sumo-Wettkämpfe – und eben auch das Kaiserhaus. Aus Sicht der Politiker in Tokio waren das alles Aktivposten, die Japan für Ausländer anziehend machten. Am liebsten hätte der Premier den Tenno vermutlich gedrängt, gleich seinen Palast für zahlende Besucher zu öffnen, wie die britische Königsfamilie dies mit dem Buckingham-Palast in London vorgemacht hat. So weit wollte der Hof zwar nicht gehen, aber mittlerweile hat er angekündigt, den östlichen Teil des Palastgartens, der für die Öffentlichkeit an den meisten Tagen des Jahres zugänglich ist, aufzuwerten: Ein dort befindliches Museum für Kunstschätze aus kaiserlichem Besitz soll bedeutend erweitert werden. Außerdem – und damit wagt das Kaiserhaus tatsächlich etwas Neues – soll in dem Park ein großes Café entstehen.[48]

Obwohl Premier Suga wenig Respekt vor dem Tenno zeigte und dessen Institution vor allem mit den Augen eines Tourismusmanagers zu betrachten schien, konnte er die kaum verhüllte kaiserliche Mahnung nicht einfach ignorieren. Der Kaiser hatte immerhin klargemacht, dass er nicht geneigt war, die Verantwortung zu übernehmen, falls die Olympischen Spiele eine neue Welle von Infektionen auslösten. Mit seinem Einspruch dürfte Naruhito letztlich entscheidend dazu beigetragen haben, dass die Spiele dann fast ohne Zuschauer stattfanden.

Und noch eine Änderung setzte der Tenno mit Blick auf die Pandemie durch: Als er die Spiele offiziell eröffnete, in einem fast menschenleeren Stadion, wich er von der traditionellen Grußformel ab, die sein Großvater 1964 benutzt hatte. Er sagte nicht, dass er die Olympischen Spiele »feiere«, sondern nur, dass er ihrer »gedenke«. Heimische Medien berichteten ausführlich über die Änderung des Wortlauts und über die Verhandlungen, die dazu im Vorfeld zwischen dem Palast und den Organisatoren der Spiele nötig gewesen waren. In westliche Sprachen übersetzt, fiel die geänderte Formulierung zwar kaum ins Gewicht. Doch für einen Monarchen, der sich traditionell durch rätselhafte Rituale, Gesten und Gedichte mitteilt, war das keine bloße Wortklauberei. Der Tenno hatte auf seine eigene, zutiefst höfische Art ein Machtwort gesprochen.

Zu der olympischen Eröffnungsfeier erschien Naruhito dann allein, ohne seine Frau. Auch das konnte als Demonstration kaiserlicher Vorsicht verstanden werden. Mit auf der Ehrentribüne saßen der Premier und die Gouverneurin von Tokio, denen dann ein peinliches Missgeschick unterlief. Als der Tenno sein Grußwort begann, blieben die Politiker einen Augenblick zu lang auf ihren Plätzen sitzen. Am längsten brauchte der Premier, bis er sich endlich erhob. Aus dem Internet schallten ihm daraufhin Häme und Kritik entgegen. Auf Twitter wurde er gar der »Majestätsbeleidigung«

bezichtigt. Ob der Tenno sich über diese Unterstützung aus dem Netz gefreut hat, kann man allerdings bezweifeln. Wollte er seine Dynastie vor dem drohenden Aussterben bewahren, war er auf das Wohlwollen der Politiker angewiesen. Denn von ihnen hängt es ab, ob Japan die nötigen Reformen einleitet, um die Thronfolge langfristig zu sichern. Und ob somit eines Tages vielleicht doch noch der Wunsch vieler Landsleute erfüllt wird, Naruhitos Tochter Aiko den Weg auf den Thron zu ebnen.

Kaiserin der Herzen

Ihren Ehrentag im Dezember 2021 begann Prinzessin Aiko mit einem Besuch am Schrein des Palastes. Dort teilte die Tochter des Tennos den Göttern und kaiserlichen Ahnen mit, dass sie wenige Tage zuvor 20 Jahre alt geworden war. Danach begab sie sich in den Palast und machte ihren Eltern die Aufwartung. Der Tenno verlieh ihr den höchsten höfischen Orden, den weibliche Mitglieder der Kaiserfamilie erhalten können. Dann stellte Aiko sich vor dem Eingang des Palastes den Fotografen und Kameraleuten und lächelte. Sie trug eine lange weiße Seidenrobe, auf ihrem schwarzen Haar funkelte ein Diadem. Über ihre Hände hatte sie weiße Handschuhe gestreift, damit umklammerte sie einen zusammengeklappten Fächer. Abends nahm sie mit ihren Eltern die Glückwünsche des Hofadels und der Spitzen des Staates entgegen. Als Erster gratulierte ihr der inzwischen neue Premier, Fumio Kishida, der wie sein Vorgänger Suga der Partei LDP angehörte.

Prinzessin Aiko war nun offiziell erwachsen, durfte fortan an Empfängen und Banketten teilnehmen und im Auftrag des Kaisers repräsentative Aufgaben wahrnehmen, beispielsweise Grußworte auf Sportfesten, Wohltätigkeitsveranstaltungen und dergleichen überbringen. Zunächst aber wollte sie sich weiter ihrem Studium der japanischen Literatur an der Gakushuin-Universität widmen, der ehemaligen Adelsschule in Tokio.

Aiko ist das einzige Kind des Tennos. Wäre sie keine Prinzessin, sondern ein Prinz, würde sie in einigen Jahren auch feierlich zum Kronprinzen ernannt werden, zum ersten Anwärter auf die Nachfolge des Tennos. Doch Aiko war eben kein Mann, sie war eine Frau und somit per Geschlecht von der Thronfolge ausgeschlossen. Sobald sie einen Bürgerlichen heiratete, würde sie den Hof

Prinzessin Aiko, wenige Tage nach ihrem 20. Geburtstag. Sie gilt bei Hof seither als »erwachsen« und darf an Empfängen und anderen Zeremonien teilnehmen.

verlassen müssen. So war es vor ihr schon anderen Prinzessinnen ergangen.

Jahrzehntelang hatte die Nation gleichgültig zugeschaut, wie das Kaiserhaus personell ausdünnte. Doch erst jetzt, zu ihrem 20. Geburtstag, schien vielen im Land bewusst zu werden, dass die Monarchie existenziell bedroht war. Und plötzlich sahen sie Aiko mit anderen Augen. Gewiss, bereits als die Prinzessin klein war, war sie für kurze Zeit als künftige Kaiserin gehandelt worden. Damals, im Jahr 2005, hatte Japan die Hoffnung auf männlichen Nachwuchs bei Hof so gut wie aufgegeben. Die Regierung plante eine Reform, um die weibliche Thronfolge zuzulassen. Doch dann kam eben im Haus von Naruhitos jüngerem Bruder unerwartet ein Junge zur Welt, Prinz Hisahito. Und die Regierung gab ihre Reformüberlegungen stillschweigend wieder auf.

Aiko wurde damals also praktisch degradiert, sie stieg ab von einer potenziellen Kaiserin zu einer einfachen Prinzessin. Die Medien berichteten danach kaum noch über sie, und wenn, dann oft negativ. Aiko galt als scheu. In den Klatschgeschichten der Gazetten wurde sie fast schon als verhaltensgestört beschrieben. Als Teenager magerte sie zeitweise ab, was Vermutungen schürte, dass sie unter Essstörungen litt. Zwar bewies sie früh Talent und Können, etwa als sie 2014 im Orchester des Gakushuin, der einstigen Adeligenschule, Cello spielte, darunter »Pomp and Circumstances« von Edward Elgar – gemeinsam mit ihrem Vater, dem Bratschisten. Doch erst jetzt, mit ihrem Übertritt ins Erwachsenenalter, schien Japan diese andere, gescheite und auf ihre Weise attraktive Prinzessin Aiko neu zu entdecken.

Äußerlich hatte sie sich sichtbar gewandelt. Sie trat perfekt geschminkt auf. Ihre einst leicht hervorstehenden Eckzähne hatte sie offensichtlich richten lassen. Aiko präsentierte sich als selbstbewusste, intelligente junge Frau und schien die ideale jugendliche Zukunft zu verkörpern, die der Hof sich so sehr wünschte. In den sozialen Medien konnten die Nutzerinnen und Nutzer ihre Begeisterung kaum zurückhalten: »Ist sie nicht hübsch geworden?«, las man dort häufig.[49] Aiko wurde sogar mit Kaiserin Jito verglichen, die im 7. Jahrhundert auf dem Tenno-Thron gesessen und politische Reformen vorangetrieben hatte. Insgesamt gab es in Japan einst acht Kaiserinnen – allerdings hatten die meisten zunächst nur als Platzhalterinnen fungiert, so lange, bis die jeweiligen männlichen Erbfolger alt genug waren, um den Thron zu besteigen.

Plötzlich also entdeckte die Nation, was sie an Aiko besaß – aber voraussichtlich schon in einigen Jahren wieder verlieren würde. Aiko wurde für viele zu einer Kaiserin der Herzen. Inwieweit ihr Imagewandel vom Hof gezielt inszeniert wurde, darüber wurde in Tokio gerätselt. Vermutlich kam es dem Tenno gelegen, dass Aiko die Landsleute von der Krise ablenkte, in die seine Nichte Mako das Kaiserhaus mit ihrer kontroversen Hochzeit gestürzt hatte. Eine Art Aiko-Boom ergriff die Medien. Die Prinzessin entzückte eine Nation, die sonst fast nur düstere Nachrichten serviert bekam – von steigenden Preisen bis zu stagnierenden Löhnen. Zwar versprach Kishida – er war bereits der dritte Premier in Naruhitos junger Ägide – dem Land einen »neuen Kapitalismus«. Doch das war nicht viel mehr als ein schöner Slogan.[50]

Das Aiko-Fieber wurde zusätzlich angefacht durch ihre erste Pressekonferenz, die sie im März 2022 abhielt. Die Prinzessin empfing in einem Saal ihres Elternhauses, der kaiserlichen Residenz. Sie stand vor einem breiten Fenster, dessen Papierschiebetüren zugeschoben waren. Sie trug ein blassgrünes Kostüm, dazu eine Perlenkette um den Hals. Die Hofreporter erhoben sich respektvoll von ihren Plätzen. Die meisten von ihnen waren Männer in dunklen Anzügen; sie verneigten sich wie auf Kommando vor Ihrer Kaiserlichen Hoheit.

Als Erstes tat Aiko, was man von Mitgliedern der Kaiserfamilie stets erwartet, egal bei welchem Anlass: Sie sprach den Opfern der jüngsten Naturkatastrophe ihr Mitgefühl aus – diesmal handelte es sich um ein Erdbeben. Dann beantwortete sie Fragen. Wie üblich hatten die Reporter diese vorher schriftlich eingereicht. Überraschungen waren folglich nicht zu erwarten, und als die Prinzessin antwortete, klangen ihre Worte fast wie auswendig gelernt. Sie und ihre Berater wollten offenbar kein Risiko eingehen. Gleichwohl äußerte sich hier eine junge Frau, die sich erkennbar Gedanken gemacht hatte über das Kaiserhaus und die Geschichte ihres Landes.

Aiko sprach in ganzen Sätzen, was man bei Japanerinnen und Japanern in ihrem Alter eher selten erlebt. Die meisten werden dazu erzogen, sich einzufügen und nicht durch eigene Meinungen aufzufallen. Aber Aiko? Sie plapperte nicht nur irgendetwas daher, sondern versuchte, der ehrwürdigen Institution gerecht zu werden, die sie hier vertrat. Sie erzählte, wie sie von klein auf beobachtet habe, wie ihre Eltern und Großeltern stets »dem Volk nahe« gewesen seien.[51] »Das Kaiserhaus erfüllt seine Aufgaben, indem es stets das Glück des Volkes erbittet und Freud und Leid mit dem Volk teilt.« Darin sehe sie die fundamentale Aufgabe des Kaiserhauses. Als Beispiel verwies sie auf Besuche der Kaiserfamilie in Katastrophengebieten. Auch sie fühle sich der Volksnähe verpflichtet, die das Kaiserhaus pflegt. Auf die kriegerische Vergangenheit ihres Landes ging sie ebenfalls ein. Sie erwähnte, wie sie als Schülerin einst Hiroshima besucht hatte. Das dortige Friedensgedächtnismuseum, in dem die grausamen Folgen des amerikanischen Atombombenabwurfs vom 6. August 1945 dokumentiert sind, hatte sie tief beeindruckt. »Auch jetzt erinnere ich mich genau an den Anblick, der so schrecklich war, dass ich mir am liebsten die Augen zugehalten hätte«, sagte sie. Zum Angriffskrieg gegen die Ukraine, den Russland einige Wochen zuvor begonnen hatte, wurde sie ebenso befragt. Als Antwort zitierte sie ihren Vater, den Tenno, der unlängst seine Hoffnung auf Frieden in der Welt ausgedrückt hatte. Dies sei auch ihre eigene Position.

Mit ihrer Friedensliebe setzte sich Prinzessin Aiko indirekt von den martialischen Äußerungen ab, die man zunehmend aus der Regierungspartei vernahm. Führende Politiker nutzten die russische Invasion, um lang gehegte Aufrüstungspläne voranzutreiben. Sie drängten darauf, den Selbstverteidigungsstreitkräften Präventivschläge gegen feindliche Raketenbasen zu ermöglichen – auch wenn sie mit Rücksicht auf die Verfassung nur von einem »Gegenangriffs-Potenzial« sprachen. Ende 2022 setzte die Regierung diese Forderungen dann mit einem Kabinettsbeschluss um. Sie kündigte an, den Verteidigungsetat bis 2027 praktisch zu verdoppeln. Für den Ruf nach mehr Waffen gab es nachvollziehbare Gründe. Aber er klang auch beunruhigend. Denn viele der Politiker, die ihn erhoben, weigerten sich oft hartnäckig, japanische Kriegsverbrechen im Zweiten Weltkrieg als solche zu benennen.

Aikos Mediendebüt wirkte fast wie eine Bewerbung für den Thron. Und dann zeigte sie sich auch noch von ihrer humorvollen Seite, zumindest soweit sich das für die Tochter eines Tennos schickt. Auf die Frage, was ihre persönlichen Stärken seien, antwortete sie mit einem aristokratischen Lächeln, dass sie die Fähigkeit besitze, zu jeder Zeit und an jedem Ort einzuschlafen. Auch berichtete sie, wie sie in ihrer Jugend mit ihren Eltern an der Pazifikküste bei Tokio versucht habe, zu dritt auf einem Surfbrett zu hocken – und wie alle drei dabei ins Wasser gefallen seien. All das ließ Aiko menschlich und sympathisch erscheinen, und eine Frage rückte mehr und mehr in den Vordergrund: Warum eigentlich sollte sie nicht eines Tages den Thron besteigen dürfen?

Theoretisch hatte die Prinzessin immer noch Chancen, ihren Vater als Tenno zu beerben. Erstmals seit langer Zeit befasste sich die Regierung 2021 wieder mit der Stellung der Frauen bei Hof. Den Anstoß dafür hatte Aikos Großvater, Ex-Kaiser Akihito, ursprünglich mit seiner Abdankung gegeben. Akihito selbst wird bisweilen der Wunsch nachgesagt, seine Enkelin eines Tages als Tenno sehen zu wollen.[52] Auch ihr Vater Naruhito schloss diese Möglichkeit zumindest nicht aus, als sie noch klein war. Im Jahr 2005 sagte er: »Egal welche Position die Zukunft für sie bereithält, mein Wunsch ist, dass sie sich als Individuum prächtig entwickelt.«[53]

Umfragen zufolge ist die überwiegende Mehrheit der Japanerinnen und Japaner dafür, Frauen den Zugang zum Thron zu ermöglichen.[54] Doch die Widerstände in der Politik sind gewaltig. Die Frage der weiblichen Thronfolge entwickelte sich im Herbst 2021 auch zum Streitthema in einem internen Wahlkampf, den die Regierungspartei um das Amt des Premiers austrug. Der später ermordete Ex-Premier Abe verlangte damals, dass die Kandidierenden sich ausdrücklich zum »Schutz der kaiserlichen Linie« verpflichten müssten.[55] Gemeint war die Bewahrung der männlichen Thronfolge. Zwar könnte man einwenden, dass das Kaiserhaus sich doch auf eine Frau als Urahnin beruft: die Sonnengöttin Amaterasu. Aber in der Regierungspartei können sich viele nur einen Mann als Kaiser vorstellen. Auch der dann gewählte Premier Kishida sprach sich gegen die Einführung der weiblichen Thronfolge aus.

Im Januar 2022 legte Kishida dem Parlament Vorschläge für eine Reform des kaiserlichen Hofgesetzes vor. Die Regierung hatte das Papier von einem externen Gremium erarbeiten lassen – von dessen Mitgliedern war kaum jemand zuvor als Experte oder Expertin für das Kaiserhaus aufgefallen. Sie drückten sich davor, Stellung zu der eigentlichen Überlebensfrage der Dynastie, der weiblichen Thronfolge, zu beziehen. Dazu sei die Zeit »noch nicht reif«, hieß es. Im Klartext bedeutete das: Bis auf Weiteres setzte die Regierung ausschließlich auf den Neffen des Tennos, den zu diesem Zeitpunkt 15-jährigen Prinzen Hisahito. Mit ihm wollte sie die männliche Thronfolge sichern.

Statt Frauen den Weg auf den Thron zu ebnen, stellte das Beratergremium andere Lösungen zur Diskussion, um den Exodus der Frauen aus dem Kaiserhaus zu stoppen. So sollten Prinzessinnen künftig auch dann ihre Adelsprivilegien behalten und bei Hof bleiben dürfen, wenn sie Bürgerliche heirateten. Überdies empfahl das Gremium, alte Adelsfamilien, die nach dem Zweiten Weltkrieg ihre Privilegien verloren hatten, sozusagen wiederzubeleben, zumindest teilweise. Genauer gesagt: Männliche Nachfahren des Ex-Adels sollten entweder die Möglichkeit erhalten, sich von Mitgliedern der Kaiserfamilie adoptieren zu lassen. Oder sie sollten generell wieder in den Hofadel aufgenommen werden. Dafür sollten indes nur solche Männer in Betracht kommen, die in väterlicher Linie vom Hofadel abstammten – nicht etwa über ihre Mütter.

Die Wiederbelebung des männlichen Adels war ein Herzensanliegen der Traditionalisten in der Regierungspartei. Eine Gruppe um den Abgeordneten Shigeharu Aoyama – sie nannte sich »Vereinigung für den Schutz der Würde und des nationalen Interesses Japans« – hatte bereits im Herbst 2019 dafür plädiert, männlichen Nachfahren des Ex-Adels die Rückkehr an den Hof zu ermöglichen.[56] Doch die Idee stieß auf Widerspruch. Kritiker warnten vor einem Vorstoß gegen das Prinzip der Gleichheit von Mann und Frau, das in der Verfassung verankert ist. Und überhaupt: Junge Männer erneut zu adeln, die als Bürgerliche außerhalb des Kaiserhauses aufgewachsen waren und höfische Traditionen oft nur noch aus den Erzählungen ihrer Großeltern kannten? Nur weil sie männlich waren und weil blaues Blut durch ihre Adern floss? Würde eine moderne Gesellschaft ein personell derart aufgestocktes Kaiserhaus überhaupt respektieren? Das klang ein bisschen so, als würde die deutsche Bundesregierung den Nachkommen der Hohenzollern plötzlich wieder eine herausragende Rolle in der Berliner Republik einräumen wollen.

Doch die selbst ernannten Traditionshüter meinten es ernst. Sie hofften, dass auch Prinzessin Aiko eines Tages einen Ex-Adligen heiraten würde und dem Hof so erhalten bliebe. Was hielten Aiko und ihre Eltern wohl von all den Vorschlägen? Für ihre Meinung schien sich niemand zu interessieren.

Die kniffligsten Fragen lauteten indes: Welche männlichen Nachfahren des Ex-Adels kämen überhaupt in Betracht für eine Adoption in die kaiserliche Familie oder generell für die erneute Aufnahme in den Hofadel? Und welcher modern aufgewachsene junge Japaner wäre bereit, seine bürgerlichen Freiheiten gegen das streng geregelte Leben eines Höflings zu tauschen?

Potenzielle Interessenten mussten damit rechnen, dass sie und ihre Familien von den Medien in die Mangel genommen werden würden – inklusive der Veröffentlichung aller möglicher intimen Details, wie Vermögensverhältnissen und früheren Bekanntschaften. Denn in Japan sitzt die Angst vor Hochstaplern tief. So war

2003 ein falscher Prinz mit seiner Frau spektakulär aufgeflogen. Er hatte sich als unehelicher Sohn des jüngeren Bruders von Ex-Kaiser Hirohito ausgegeben. Zu seiner angeblichen Hochzeit luden er und eine Komplizin über 300 Gäste nach Tokio ein. Dazu muss man wissen, dass Hochzeitsgäste in Japan üppige Geldgeschenke mitbringen. Der falsche Prinz und seine Braut präsentierten sich in traditionellen Hofgewändern; er wechselte im Verlauf der Feier dann in eine ordenbehangene Generalsuniform des einstigen kaiserlichen Heeres. Viele Prominente, darunter ein Rocksänger und ein Komiker, ließen sich von dem aristokratischen Glanz blenden. Doch das Paar flog auf und wurde später wegen Betrugs zu Gefängnisstrafen verurteilt.

Wenn japanische Medien nach möglichen Kandidaten für die Wiederbelebung des Ex-Adels Ausschau halten, greifen sie schon mal auf Begriffe zurück, die man sonst aus der Pferdezucht kennt. Von »Vollblütern« ist dann die Rede oder von »Rassehengsten«.[57] Doch die Auswahl an Ex-Adligen, die auf entsprechend edle Stammbäume verweisen könnten, ist spärlich. In den Medien werden vor allem zwei Brüder gehandelt, die für eine Einheirat ins Kaiserhaus infrage kämen; beide sind unter dreißig. Ihr Vater heißt Masanori Kaya, er stammt von einem früheren Prinzengeschlecht ab und ging einst mit Tenno Naruhito zur Schule. Er arbeitete unter anderem bei einer Bank, später wechselte er ins Kaiserliche Hofamt. Allerdings soll Naruhito zu seiner Zeit als Kronprinz verhindert haben, dass der einstige Schulfreund ihm als Kämmerer zugeteilt wurde.[58] Kaya selbst soll eine mögliche Einheirat seiner Söhne in den Hofadel vor Jahren ausgeschlossen haben. Sie seien »normale Jungen«, die mit der Spielkonsole Playstation aufgewachsen seien.[59]

Der ewige Zweitgeborene

Ob die angepeilten Gesetzesänderungen vom Parlament beschlossen werden, war im Sommer 2023 noch unklar, als dieses Buch geschrieben wurde. Langfristig bleibt die Zukunft des Kaiserhauses unsicher, sie hängt derzeit vor allem vom jüngeren Bruder des Tennos ab sowie von dessen Sohn. Beide sind, realistisch betrachtet, die Einzigen, die dem Tenno nachfolgen könnten. Prinz Akishino wurde im November 2020, kurz vor seinem 55. Geburtstag, feierlich zum Kronprinzen ernannt. Die Feierlichkeiten fanden im Kiefersaal des Palastes statt. Es handelte sich um einen jener Anlässe, bei denen schon optisch deutlich wird, wie beliebig der Hof in seiner jüngeren Geschichte uralte japanische und ostasiatische Traditionen mit europäischen Anleihen vermischt hat.

Akishino trat respektvoll vor seinen Bruder, den Tenno, der dann die Ernennung zum Kronprinzen verlas. Beide trugen archaische Hofgewänder, Naruhito in Kupferrot, der Farbe, die die Sonne symbolisiert, wenn sie am höchsten steht, und die allein dem Tenno vorbehalten ist. Akishinos Gewand leuchtete ockerorange. Dann bestieg der frisch ernannte Kronprinz eine Kutsche, ein Gefährt, das mit heimischer Tradition ursprünglich wenig zu tun hat. Auf dem Bock saßen drei Kutscher in goldbetressten Livreen, sie und ihr Fahrzeug hätten auch in einen Spielfilm über die Habsburg-Kaiserin Sissi gepasst. Akishino ließ sich von ihnen zum Palastschrein chauffieren, wo er zu den Göttern und Ahnen betete. Bei einer weiteren Zeremonie am Abend traten der Tenno, der Kronprinz und die Gäste dann wieder in westlicher Festgarderobe auf. Ein ständiges An-, Aus- und Umkleiden – damit vergeht bei Hof ein großer Teil des Lebens.

Die Kronprinzen-Ernennung wirkte überhaupt etwas seltsam.

Normalerweise kürt ein Tenno den eigenen Sohn oder einen männlichen Enkel zum Thronerben.[60] Akishino aber war eben der Bruder des Tennos, er war nur fünf Jahre jünger. Es ist unwahrscheinlich, dass er ihm je auf den Thron folgen wird. »Wenn mein Bruder achtzig ist«, soll Akishino einmal gesagt haben, »bin ich Mitte siebzig.«[61] Dann aber wolle er den Thron nicht mehr besteigen. Dass er sich nicht als normalen Kronprinzen sieht und innerlich mit dieser Stellung hadert, brachte er auch dadurch zum Ausdruck, dass er statt der üblichen japanischen Bezeichnung für »Kronprinz« (»Kotaishi«) einen anders klingenden Titel (»Koshi«) annahm. Aber das änderte nichts an der Funktion, die er fortan am Hof auszuüben hatte: Er muss als Reserve bereitstehen, falls dem Tenno etwas zustoßen sollte – zumindest so lange, bis der eigentliche Hoffnungsträger, Prinz Hisahito, das Erwachsenenalter erreicht hat.

Doch wer ist dieser Kronprinz Akishino? Früher war er bisweilen als Konkurrent zu seinem älteren Bruder gehandelt worden. Seit jeher fiel es ihm schwer, sich in der Rolle des ewigen Zweitgeborenen zurechtzufinden, der dem Älteren den Vortritt überlassen muss. Und in einem Punkt konnte er sich dem Tenno tatsächlich überlegen fühlen – zumindest, wenn man die Welt in der Logik dynastischer Stammbäume betrachtet: Akishino – und nicht der Tenno – hatte den ersehnten männlichen Thronfolger gezeugt, der 2006 zur Welt gekommen war. Damit war er derjenige, der das Überleben der Dynastie vorerst gesichert hatte. Und ihm oblag es auch, seinen Sohn zum künftigen Tenno zu erziehen. Dem Hause Akishino, so hatte es nach der Geburt des Thronfolgers eine Zeit lang ausgesehen, gehörte die Zukunft.

In Wahrheit aber befand Akishino sich in einer Lage, die einen intelligenten und ehrgeizigen Menschen kaum befriedigen kann. Er war ein japanischer Prinz Harry, der ewige Zweite, der Reservespieler, der wohl nie zum Einsatz kommen wird. Als Jugendlicher, so erzählt man sich in Tokio, soll er mit dem Gedanken gespielt haben, den Hof zu verlassen. Doch anders als sein britisches Pendant und dessen amerikanische Frau Meghan gingen Akishino und seine Gattin Kiko nicht in die USA, um das royale Leben hinter sich zu lassen. Sie blieben am Kaiserhof und fügten sich eisern in ihre Nebenrollen.

Als Akishino jung war, hatte der Part des Zweitgeborenen für ihn durchaus Vorteile gehabt: Er wurde weniger streng erzogen als Naruhito, der Thronfolger. Er durfte sich gewisse Freiheiten herausnehmen. Akishino putzte sich gern wie ein Popstar heraus, trug einen Mittelscheitel, ließ sich einen Oberlippenbart wachsen und spielte Gitarre. Er galt quasi als der Playboy der kaiserlichen Familie, zeigte sich cool und oft mit Sonnenbrille. Er fuhr einen gelben VW Käfer mit aufgemotzter Kühlerhaube, was Aufsehen erregte in einem Land, in dem damals kaum Importautos fuhren. Und später, nachdem er relativ früh ergraut war, ließ Akishino sich die Haare dunkel färben – wodurch er von einem Tag auf den anderen wieder Jahrzehnte jünger aussah.

Anders als sein älterer Bruder, der lange brauchte, um mithilfe von Hofbeamten eine Braut zu finden, verkehrte Akishino relativ ungezwungen mit dem anderen Geschlecht. Seine Frau Kiko, die Tochter eines Wirtschaftsprofessors, lernte er an der Uni kennen. Um ihre Hand soll er angehalten haben, als beide an einer Verkehrsampel warteten. Ihre Verlobung wurde nur einige Monate nach der Bestattung von Kaiser Hirohito bekannt gegeben, obwohl der Palast offiziell noch trauerte und viele Firmen und Organisationen aus Respekt vor dem Verstorbenen Veranstaltungen absagten.[62] Dass Akishino sich über die Trauerperiode hinwegsetzte, werfen ihm Traditionalisten noch heute vor.[63] Später wurde er kritisiert, weil er nach Thailand reiste, um biologische Forschungen zu betreiben – statt im Palast in Tokio an einem Bankett für US-Präsident Bill Clinton teilzunehmen.[64] Eine Zeit lang wurde spekuliert, ob er eine Geliebte in Thailand hätte – was allerdings dementiert wurde.[65]

Vieles von dem, was über Akishino gemunkelt wurde, schien übertrieben. Als Zweitgeborener bot er jedoch ein unwiderstehliches Objekt für Hofreporter, die ihrer Leserschaft unablässig neuen Stoff liefern müssen – über einen Clan, über den es in Wahrheit oft nichts Weltbewegendes zu vermelden gibt. Aber dann stieg Akishino zum Publikumshelden auf, weil er und seine Frau der Nation den ersehnten männlichen Thronfolger bescherten. Sie wurden als Musterfamilie hochgejubelt. Und zeitweise wurde gar spekuliert, ob nicht Akishino der geeignete künftige Tenno wäre – anstelle von Naruhito, der damals gerade ausgiebig kritisiert wurde.[66]

Den Menschen, der sich hinter dem Prinzen Akishino verbirgt, kennen indes nur wenige Freunde und Bekannte. Einer, der sein Vertrauen gewann, war der Journalist Keiji Emori, dessen Frau mit Akishinos Gattin Kiko seit Jahrzehnten eng befreundet ist. Über diese Verbindung erhielt Emori exklusiven Zugang zu dem Prinzen, wie er sonst kaum gewährt wird vom Kaiserhaus. Der Insider stieg auf diese Weise selbst zu einer Medienpersönlichkeit auf und profilierte sich als verständnisvoller Akishino-Erklärer. Im Frühjahr 2022 brachte er sein zweites Buch über den Prinzen heraus.[67] Es erregte vor allem deshalb Aufsehen, weil Akishino sich darin erstmals ausführlich zur strittigen Heirat seiner Tochter Mako mit ihrem bürgerlichen Studienfreund äußerte.

Das Buch gewährt überdies seltene Einblicke in das Leben des Kronprinzen. Zwischen den Zeilen lässt sich so eine Persönlichkeit erkennen, die innerlich hin- und hergerissen scheint und unter ihrer Doppelrolle leidet: Privat möchte Akishino der Familienvater sein und der hochkarätige Hühner- und Welsforscher. In den Augen der Öffentlichkeit aber ist und bleibt er stets der Höfling, der vom Volk finanziell ausgehalten wird. Hinter der aristokratischen Fassade verbirgt sich ein Mann, der etwas verschroben und innerlich vereinsamt wirkt. Einer, der Sätze über sich sagt wie: »Wenn ich noch einmal geboren würde, dann lieber nicht als Mensch, sondern als Schaf.«[68] Dann könne er von morgens bis abends in Ruhe Gras kauen, das würde ihm gefallen. Seine Residenz in Tokio hat Akishino mit exotischen Souvenirs dekoriert, darunter ausgestopfte Vögel und eine große Skulptur einer Bärin mit ihrem Kind.[69] Als der befreundete Journalist den Prinzen nach dem Sinn dieser Interieurs fragte, antwortete dieser: Die Dinge würden ihm helfen, mit seinen Gästen leichter ins Gespräch zu kommen. Denn er sei »scheu und ungeschickt im gesellschaftlichen Umgang«.[70]

Aber Prinz Akishino hat auch eine andere Seite. Er kann durchaus selbstbewusst auftreten und Dinge ansprechen, die man von anderen Mitgliedern der kaiserlichen Familie so nicht hört. So beschwerte er sich vor Hofreportern, dass in den Medien und im Internet Falsches über ihn und seine Familie behauptet werde.[71] Die Medienschelte kam bei den Adressaten nicht gut an. Sie sind gewohnt, dass der Tenno-Clan geduldig über sich ergehen lässt, was über ihn geschrieben oder gesagt wird. Auch dass Prinzen oder Prinzessinnen vor Gericht ziehen und Medien verklagen, wie britische Royals das schon mal tun, kommt in Japan nicht vor. Zwar listet das Hofamt auf seiner Webseite Medienberichte auf, mit denen es nicht einverstanden ist.[72] Doch wer schaut dort schon nach? Am besten wäre es, wenn die kaiserliche Familie sich dem Volk »nicht indirekt, sondern direkt« mitteilen würde, sagte Kronprinz Akishino im November 2022. Für denkbar halte er auch, dass sich Hofadlige über persönliche Accounts auf sozialen Medien äußerten. Er selbst werde das aber »wahrscheinlich nicht tun«.[73]

Tatsächlich richtete das Kaiserliche Hofamt im April 2023 erstmals eine Presseabteilung ein. Im Vergleich zum britischen Königshaus, das längst auf Twitter, Facebook & Co. aktiv ist, hat man in Tokio in dieser Hinsicht viel nachzuholen. Man müsse sich »zum richtigen Zeitpunkt und für die Öffentlichkeit leicht verständlich«

mitteilen, hatte Tenno Naruhito zuvor erklärt.[74] Dabei dürfte er auch an seinen Bruder Akishino und dessen Familie gedacht haben. Vor allem sie müssen ihr Image aufpolieren, denn seit dem Kaiserwechsel 2019 haben sie bei den Landsleuten an Beliebtheit eingebüßt. In den sozialen Medien wurden sie als Egoisten beschimpft, die auf Kosten der Steuerzahler leben und sich nicht um deren Wünsche scheren. Anlass für Kritik bot vor allem Akishinos älteste Tochter, die im Oktober 2021 gegen den Willen vieler Landsleute ihren bürgerlichen Freund heiratete und mit ihm nach New York zog. Der Kronprinz und seine Familie sahen sich einer Protestkampagne ausgesetzt, die beispiellos war für das Kaiserhaus.

Akishino versuchte dagegenzuhalten, wohl auch mit dem Buch des befreundeten Journalisten. Doch damit bewirkte er das Gegenteil. Konkurrierende Reporter empörten sich, dass der Kronprinz, der doch über den Dingen stehen sollte, einem ihrer Kollegen zu einem »Scoop« verholfen hatte. Auch der Tenno habe sein »Missfallen« über das »beispiellose Buch« geäußert.[75] Er sei vorab nicht über die Publikation informiert worden. Und was ihn besonders störe, sei, dass ausgerechnet Akishino die Medien für sich einspanne, obwohl er deren Berichterstattung zuvor doch getadelt habe. Einige Kritiker gingen noch weiter: Daran, dass Akishino sich auf das fragwürdige Buchprojekt eingelassen habe, erkenne man, dass er überhaupt nicht ernsthaft vorhabe, eines Tages selbst den Thron zu besteigen.[76]

Für Akishino war die ganze Debatte heikel. Sie nahm geradezu gehässige Züge an, als der Kronprinz mit seiner Frau Kiko im Mai 2023 als Abgesandter des Tennos zur Krönung von Charles III. nach London reiste. Viele Landsleute kritisierten im Internet – und angeblich auch in zahlreichen Telefonaten und E-Mails an das Kaiserliche Hofamt –, dass die beiden Japan in London vertraten – und nicht der Tenno oder die beliebte Aiko.[77] Zunehmend wurden auch Zweifel laut, ob Kronprinz Akishino überhaupt die nötige

Kompetenz besaß, seinen Sohn, Prinz Hisahito, zum künftigen Tenno zu erziehen.

Einer, der besonders laut gegen Akishino agitierte, war ein Mann aus dem Volk. Er hieß Kei Kubota, war Mitte vierzig, arbeitete als Webdesigner und betrieb auf Youtube den »Kei Channel«. Dort plauderte er regelmäßig über so allerlei, was Fans des Kaiserhauses interessiert. Auch er ärgerte sich über die Hochzeit von Prinzessin Mako mit ihrem bürgerlichen Freund und nutzte seinen Einfluss im Netz, um die Empörung darüber anzufachen. Seiner Meinung nach hätte die Regierung die Heirat verhindern müssen. Als das nicht passierte, rief er sein Publikum auf, auf die Straßen von Tokio zu gehen und zu demonstrieren. Viele folgten dem Aufruf, vor allem Frauen mittleren Alters. Verhindern konnte der Youtuber die Ehe zwar nicht, aber er hatte seine Lebensaufgabe gefunden. Er gab seinen Job auf und agitierte fortan vollberuflich für die Rettung der Monarchie – oder was er darunter verstand. Als größtes Übel betrachtete er Kronprinz Akishino – dieser verkörperte für ihn den drohenden Niedergang des Kaiserhauses.

Konkrete Vorwürfe konnte der Youtuber indes kaum gegen den Kronprinzen vorbringen: Akishino absolvierte penibel alle aufwendigen Riten, die ein neu ernannter Kronprinz über sich ergehen lassen muss. Er pilgerte mit seiner Frau nach Ise, dem Schrein der Sonnengöttin in Westjapan. Er fuhr zur Stadt Kashihara und betete am Mausoleum des mythischen Kaisers Jimmu. Er fuhr nach Kyoto und betete an den Gräbern weiterer Ex-Kaiser. Er fuhr an den Stadtrand von Tokio und betete am Grab seines Großvaters Hirohito. Und schließlich besuchte er auch noch Tenno Naruhito und den abgedankten Tenno Akihito und erstattete beiden jeweils Bericht über seine Pilgertour.

In einem Detail wich Akishinos Antrittsreise aber von der kaiserlichen Tradition ab: Er und seine Frau reisten nicht mit dem Zug, wie sonst üblich. Stattdessen legten sie die rund 800 Kilometer lange Strecke im Auto zurück. Mit Rücksicht auf die Coronapandemie wolle der Prinz vermeiden, dass es an Bahnhöfen zu Menschenaufläufen komme, hieß es. Doch diese Begründung nahmen Kritiker ihm nicht ab; sie argwöhnten, er benutze das Auto vor allem, um Protesten gegen sich und seine Familie aus dem Weg zu gehen.[78]

Der Kronprinz konnte es seinen Gegnern einfach nicht recht machen. Mal hieß es, er lasse sein Palais für ein Vielfaches dessen renovieren, was vergleichbare Bauarbeiten an der Tenno-Residenz gekostet hätten. Dann wurde ihm und Prinzessin Kiko vorgeworfen, sie seien in einem Hotel abgestiegen, in dem kurz vorher oder nachher auch die Verkaufsausstellung eines Unterwäscheherstellers stattgefunden habe. Das vermeintlich Anstößige daran: Eine Verwandte von Prinzessin Kiko arbeitete angeblich als Designerin für den Hersteller – wodurch das Prinzenpaar dann indirekt in die Nähe bürgerlicher Geschäftsaktivitäten geraten wäre. Ein anderes Mal zitierten Magazine anonyme Hofexperten, die sich über die Umstände aufregten, unter denen Akishinos Sohn, der Thronanwärter Hisahito, in eine Eliteoberschule in Tokio aufgenommen worden sei. In skandalerprobten europäischen Königshäusern wie dem britischen oder dem spanischen hätte man sich über die japanische Aufgeregtheit vermutlich amüsiert. In Tokio aber gelten nach wie vor fast übermenschliche Maßstäbe dafür, was sich für eine Monarchie im 21. Jahrhundert gehört – oder eben nicht.

Der Youtuber Kubota sagte, ihm sei es egal, ob an den Gerüchten über den Kronprinzen und dessen Familie etwas dran sei. Ihn störe bereits die Tatsache, dass sie in den Klatschmagazinen überhaupt für Gesprächsstoff sorgten. Um die Institution des Tennos zu retten, sehe er nur einen Ausweg: »Die Thronfolge, wie sie derzeit vorgesehen ist, muss neu festgelegt werden.« Akishino und dessen Sohn Hisahito dürften ihm zufolge nicht Tenno werden.

Um das Kaiserhaus zu reformieren, ließ der Youtuber dann gar eine politische Vereinigung registrieren, mit der er im Juli 2022 zur Oberhauswahl antrat. Sie trug den umständlichen Namen: »Vereinigung, um mit dem weiblichen Tenno ein glückliches Japan zu verwirklichen«. Kubota und seine Mitstreitenden wollten Prinzessin Aiko zur Anwärterin für den Thron aufbauen – anstelle von Kronprinz Akishino und dessen Sohn. Mithilfe von Aiko hoffte Kubota, Japan zu retten. »Würde sie als Thronanwärterin eingesetzt, könnte das Kaiserhaus wieder die ›Einheit des Volkes‹ symbolisieren – wie es in der Verfassung steht«, meinte er und skizzierte damit sogleich seine Wahlkampfkampagne. Im Rahmen dieser stellte er sich mit einem Megafon vor Bahnhöfe und rief sich die Stimme heiser. Aber es half alles nichts, am Ende erhielt er gerade mal 0,3 Prozent der Stimmen. Sein Scheitern zeigte nicht nur, dass es in Japan fast unmöglich ist, außerhalb der etablierten Parteien in die Politik einzusteigen. Denn das System begünstigt Parteien, die wenig über Sachfragen streiten, sondern die Interessen ihrer Stammklientel – Berufsverbände, Vereine, religiöse Sekten – vertreten und diese Gruppen geschlossen an die Urnen bringen. Sein Scheitern zeigte auch, dass sich mit dem Thronfolge-Thema im heutigen Japan kaum Wählende mobilisieren lassen.

Was mag Tenno Naruhito wohl über den Youtuber und sein Anliegen denken? Höchstwahrscheinlich hat man ihm von Kubota berichtet, wenn er sich nicht gar selbst dessen Videos anschaut. Hält er ihn für einen Unterstützer oder für einen Querulanten? Nimmt er ihn überhaupt ernst – er, der Tenno, der anlässlich seiner Thronbesteigung mit der Sonnengöttin Amaterasu speiste, im Licht der Fackeln und zum Klang der priesterlichen Gesänge? Dass Leute wie Kubota sich über die Monarchie ihre Gedanken machen, kann man zwar als Fortschritt für die Demokratie werten. Doch richtig freuen kann Naruhito sich über diesen Rückhalt nicht. Dass immer mehr Landsleute glauben, er und seine Tochter

Aiko bräuchten ihre Hilfe, und dass sie dafür zunehmend auch Grenzen des Respekts überschreiten, ist ein Zeichen dafür, wie stark das Kaiserhaus dabei ist, die Aura des Erhabenen zu verlieren. Und das könnte dieser urjapanischen Institution auf Dauer durchaus gefährlich werden.

II.
DER AUFTRAG DER SONNENGÖTTIN

Mythische Ursprünge

Die dem Tenno zugeschriebene Aura des »Erhabenen« und seine Rolle als »Herrscher des Himmels« begründet das japanische Kaiserhaus seit alters mit seiner angeblich direkten Abstammung von der Sonnengöttin Amaterasu. Der Legende nach entsandte sie einst ihren Enkel Ninigi aus dem Götterhimmel auf die Erde, ins »Mittelland der Schilfgefilde«. Das waren die japanischen Inseln, die zuvor von einem Götterpaar, Izanagi und seiner Gattin Izanami, erschaffen worden waren. Die beiden hatten der Erzählung nach von einer Himmelsbrücke ins Meer hinabgeschaut und mit einem Juwelenspeer in der salzigen Brühe gerührt. Die Tropfen, die von der Speerspitze fielen, verdichteten sich dann zu Land und formten so die japanischen Inseln. Als Izanagi sich später wusch, wurde aus seinem linken Auge die Sonnengöttin Amaterasu geboren – seine Nachfolgerin und damit höchste göttliche Autorität.[1]

Und diese Sonnengöttin beauftragte nun ihren Enkel Ninigi damit, sich die Erde untertan zu machen. Dem Mythos zufolge sagte sie: »Dieses Land der eintausendfünfhundert herbstlichen frischen Ähren des Schilfgefildes ist die Region, welche meine Nachkommen als Herrscher beherrschen sollen. Gehe du, mein souveräner erlauchter Enkel, hin und regiere es! Möge das Blühen und Gedeihen der himmlischen Dynastie wie Himmel und Erde ohne Ende dauern!«[2] Als Insignien seiner Herrschaft gab sie ihrem Enkel Spiegel, Schwert und Krummjuwel mit auf den Weg.

So beginnt, grob verkürzt, der japanische Schöpfungsmythos, der die Herkunft der ältesten Monarchie der Welt – und damit auch des heutigen Tennos – in einer Linie von der Sonnengöttin ableitet. Ninigi, der Götter-Enkel, stieg demnach durch die Wolken herab auf den Takachiho, einen Berg im heutigen Kyushu, der südwestlichsten Hauptinsel des Landes. Von dort aus brach dann viele Jahre später ein Urenkel von Ninigi nach Nordosten auf, um die Yamato-Ebene, das Gebiet um die heutige Stadt Nara in der gleichnamigen Präfektur in Westjapan, zu erobern. Das geschah angeblich um 660 vor unserer Zeitrechnung.[3] Ninigis Urenkel hieß Jimmu und war den Mythen zufolge Japans erster menschlicher Kaiser. Sein Feldzug dauerte lange, Jimmu hatte viele Kämpfe zu bestehen und Hindernisse zu überwinden, konnte sich dabei aber stets auf die Hilfe der Götter verlassen. Mit ihrer Unterstützung erreichte er die Yamato-Ebene, sozusagen das gelobte Land. Dort, in Kashihara, ließ er sich nieder und baute sich einen Palast.

Nachlesen kann man das alles in zwei berühmten Chroniken. Die älteste heißt *Kojiki*, wegen ihres religiösen Charakters wird sie auch als »Bibel« des Shinto, des japanischen Natur- und zeitweiligen Nationalkultes, bezeichnet.[4] Die andere, acht Jahre später abgeschlossene, *Nihon Shoki*, hebt stärker auf historische Ereignisse ab. Beide wurden im frühen 8. Jahrhundert aufgezeichnet. In Auftrag gegeben wurden die Chroniken von damaligen Tennos; sie wollten auf diese Weise die Legitimität ihrer Dynastie untermauern.

Historiker bezweifeln vieles an diesen Mythen. Dass der Ur-Kaiser Jimmu gelebt haben soll, kann man getrost ins Reich der Dichtung verweisen. Seine tatsächliche Existenz konnte nie nachgewiesen werden.[5] Aber im kollektiven japanischen Bewusstsein erweist sich die Fiktion bis heute mächtiger als die Fakten; von den Politikern in Tokio würde kaum jemand wagen, die Figur des Jimmu zu hinterfragen. Denn ohne ihn geriete die Erzählung von der ältesten Monarchie der Welt und ihrer durchgängig männlichen Linie ins

Wanken. Auch viele der unmittelbaren Nachfolger des Ur-Kaisers ähneln schon wegen ihrer unglaublich langen Lebenszeiten eher Fabelwesen als realen Personen. So soll Suinin, der elfte Tenno, gar 141 Jahre alt geworden sein, was selbst unter heutigen Gegebenheiten übermenschlich lang und wenig realistisch erscheint.[6]

Der Stammbaum der heutigen Kaiserfamilie wurde erst nach der Öffnung Japans im 19. Jahrhundert offiziell erstellt, dabei spielten politische Gesichtspunkte eine herausragende Rolle. Noch 1926 strich man einzelne Tennos aus der amtlichen Liste, darunter Kaiserin Jingu, die im 3. Jahrhundert geherrscht haben soll und einst wegen ihrer angeblichen Invasionen auf die koreanische Halbinsel gerühmt wurde.[7] Gleichwohl: Als Institution hat das Kaiserhaus erstaunlich lange überdauert – noch mindestens tausend Jahre, nachdem es seine politische Macht verlor. Archäologische Funde deuten darauf hin, dass die japanischen Inseln ursprünglich vor allem durch Einwanderer vom asiatischen Festland besiedelt wurden, die von der koreanischen Halbinsel und Gebieten nördlich davon kamen.[8] Durch seine Insellage war Japan vor militärischen Eroberungen indes relativ geschützt – das dürfte mit ein Grund für die Langlebigkeit der Monarchie sein.

Der erste Kaiser, der mit hoher Wahrscheinlichkeit existierte, war Nintoku; er lebte von 313 bis 399.[9] Seit seiner Regentschaft gelang es dem Yamato-Clan nach und nach, seine Herrschaft gegenüber anderen Sippen zu festigen. Damals kontrollierte der mächtigste Clan nur ein überschaubares Gebiet in und um die jeweilige Hauptstadt. Als Nation gab es Japan noch nicht. Der Landesname »Nihon« – »Land der aufgehenden Sonne« – sollte sich erst ab Ende des 7. Jahrhunderts allmählich durchsetzen. Auch der Herrschertitel »Tenno« lässt sich erst ab dieser Zeit urkundlich nachweisen; er wurde dann nachträglich auch auf frühere Herrscher angewandt.[10] Ihre Legitimation beruhte also auf ihrer von der Sonnengöttin abgeleiteten Herkunft. Der kaiserliche Palast diente zugleich als Schrein für die Gottheit. Der Tenno, der »Erhabene des Himmels«, war der Oberpriester. Später wurde der Sonnengöttin dann ein eigenes Heiligtum errichtet, der Ise-Schrein. Er liegt in der heutigen Präfektur Mie in Westjapan und wird auch als shintoistisches Mekka bezeichnet.[11]

Zu Beginn des 8. Jahrhunderts, als die Chroniken verfasst wurden, hatte die Tenno-Dynastie den vorläufigen Höhepunkt ihrer Macht erreicht. Sie eiferte dem Vorbild der chinesischen Tang-Dynastie nach, und auch die kaiserlichen Chroniken selbst folgten chinesischen Traditionen.[12] Vom Reich der Mitte übernahm Japan den Buddhismus und die chinesischen Schriftzeichen; auch eignete es sich das Rechts- und Verwaltungssystem an, das auf den Prinzipien des Philosophen Konfuzius beruhte. Mit dem asiatischen Festland herrschte kulturell ein reger Austausch, oft über die koreanische Halbinsel. Auch architektonisch und städtebaulich lieferte das Reich der Mitte die Maßstäbe: Die 710 gegründete Hauptstadt Heijo-kyo, das heutige Nara in Westjapan, orientierte sich mit ihrem schachbrettartigen Grundriss an Chang'an, der chinesischen Kaiserstadt, die heute Xi'an heißt.

Die Tennos übten nur wenige Jahrhunderte lang direkte weltliche Herrschaft aus. Es war der Mythos ihrer göttlichen Abstammung, mit dem sie ihre Dynastie bis in die Moderne sicherten. In diesem Punkt unterschied sich das japanische Kaiserhaus vom chinesischen.[13] Zwar beriefen sich auch dortige Herrscher auf einen göttlichen Auftrag, auf das »Mandat des Himmels«. Doch konnte es ihnen wieder entzogen werden, wenn die Untertanen glaubten, dass ein Kaiser seine Tugenden verloren hatte, beispielsweise aufgrund von Naturkatastrophen oder Kriegen.[14] Dann kam es vor, dass »Söhne des Himmels« gestürzt wurden – auch durch auswärtige Herrscher, wie die Mandschu-Dynastie, die 1644 die Ming-Dynastie ablöste.

In Japan dagegen waren die Nachfahren der Sonnengöttin Zweifeln an ihrer Legitimität enthoben. Zwar gelang es politisch oder militärisch Mächtigen immer wieder, einzelne Tennos zu bevormunden, zu manipulieren und in deren Namen zu regieren. Zu diesem Zweck fochten diverse Gruppen blutige Kämpfe aus. Indes fehlte ihnen der blutsmäßig vererbte, mythisch fundierte Herrschaftsanspruch, um selbst den Thron zu besteigen. Der Erbgedanke spielte für die japanische Gesellschaft insgesamt eine bedeutende Rolle – und er unterschied Japan ebenfalls von China: Im Reich der Mitte wurden Beamte durch landesweite Prüfungen rekrutiert, unabhängig von ihrer sozialen Herkunft. In Japan hingegen gab die Elite politische Ämter oft an die eigenen Nachkommen weiter.[15] Auch viele heutige Abgeordnete des Unterhauses in Tokio haben ihre Wahlkreise in zweiter oder dritter Generation praktisch geerbt, auch wenn sie demokratisch vom Volk gewählt werden.

Im späten 9. Jahrhunderten büßten die Kaiser ihre weltliche Macht weitgehend ein. Als wahre Herrscher walteten fortan die Fujiwara, ein mächtiger Adelsclan. Sie stellten bis zum 11. Jahrhundert die Regenten, die im Namen der Tennos herrschten. Und noch bis in die Neuzeit übten ihre Nachfahren hohe höfische Ämter aus. Ihren Einfluss sicherten sie sich vor allem auch dadurch, dass sie ihre Töchter mit Tennos oder Prinzen vermählten.

Die Kaiser kompensierten den Verlust an politischer Macht mit höfischer Pracht. In der Heian-Zeit (794 bis 1185), die mit der Verlegung der kaiserlichen Hauptstadt nach Kyoto begann, blühte das kulturelle Leben am Hof auf. Mit dem Verfassen von Gedichten, mit von chinesischen Einflüssen inspirierter Musik *(Gagaku)* oder mit einem höfischen Ballspiel *(Kemari)* vertrieben sich die Aristokraten und Aristokratinnen nun ihre Zeit. Die Atmosphäre dieser Blütezeit vermitteln zwei berühmte literarische Werke, die damals entstanden: der Roman *Genji Monogatari*, geschrieben von der Hofdame Murasaki Shikibu, und das *Kopfkissenbuch* der Hofdame Sei Shonagon.

Doch immer herrschte am Hof ein Thema vor, das dann oft für Intrigen und auch für blutige Kämpfe sorgte: die Thronfolge. Dem eigenen Nachwuchs das Kaisertum zu vererben – darin sahen die Tennos ihre vornehmste Aufgabe. Ein klassischer Thronfolgestreit, der bis heute Stoff für Romane, Filme und Mangas liefert, war der Jinshin-Krieg im Jahr 672:[16] Nach dem Tod des damaligen Tennos Tenji – auch Tenchi genannt – stritten dessen Sohn und ein jüngerer Bruder des Tennos um den Thron. Der Bruder war noch zu Lebzeiten des Tennos Mönch geworden, um fehlenden Ehrgeiz vorzutäuschen. Das war über Jahrhunderte überhaupt eine gängige Methode bei Hof: Um potenzielle Rivalen loszuwerden, schob man sie in Klöster ab.[17] Doch nachdem Tenno Tenji starb, versammelte der vermeintliche Mönch eigene Krieger um sich und zog mit ihnen gegen die Hauptstadt. Er trieb den Thronerben in die Flucht und schließlich in den Selbstmord und eroberte so den kaiserlichen Thron für sich. Als Tenno Temmu wurde er dann ein bedeutender Reformer, der sein Staatswesen nach chinesischen Vorbildern ausrichtete.[18]

Geriet die kaiserliche Linie in Gefahr, weil männliche Thronfolger fehlten oder noch zu jung waren, durften auch Frauen schon mal auf den Thron.[19] Heutige Kritiker der weiblichen Thronfolge weisen zu Recht darauf hin, dass es sich bei den weiblichen Tennos um Ausnahmen handelte.[20] Sie dankten oft ab, sobald männliche Erben alt genug waren, um den Thron selbst zu besteigen. Und keine von ihnen heiratete oder gründete eine eigene Linie, solange sie auf dem Thron saß. Festzuhalten gilt indes: Einige dieser Frauen wurden imposante Kaiserinnen, ohne die sich die japanische Geschichte nicht erzählen lässt.

Der Überlieferung nach gab es acht weibliche Tennos, sechs davon in der Zeit vom 7. bis 8. Jahrhundert. Die erste hieß Suiko, sie regierte 36 Jahre. Um die Regierungsgeschäfte kümmerten sich allerdings oft mächtige Männer. Besonders gefürchtet war ein buddhistischer Mönch namens Dokyo, der Macht unter einer Kaiserin Koken ausübte, die im 8. Jahrhundert gleich zweimal den Thron bestieg, das zweite Mal als Kaiserin Shotoku. Dem Mönch wurde schon zu Lebzeiten eine sexuelle Beziehung mit der Kaiserin nachgesagt; er strebte angeblich danach, selbst zum himmlischen Herrscher aufzusteigen.[21] Nachdem die Kaiserin starb, wurde der machtgierige Gottesmann verbannt. Das letzte Mal, dass seither eine Frau auf dem Thron saß, war von 1762 bis 1771, als Kaiserin Go Sakuramachi das Amt bekleidete.

An dieser Stelle soll auch eine Herrscherin zu ihrem Recht kommen, die nicht in der offiziellen dynastischen Linie auftaucht, Historikern zufolge aber sehr wohl existierte und heute die Macher von Computerspielen und Actionfilmen wie Tomb Raider inspiriert. Sie hieß Himiko und könnte der neuesten Forschung nach eine frühe Großkönigin des Yamato-Reiches gewesen sein. Einer chinesischen Chronik zufolge schickte sie 239 eine Tributmission ins Reich der Mitte. Dafür wurde sie mit Kupferspiegeln beschenkt, von denen man einige bei Ausgrabungen entdeckt hat.[22] Mit Himiko verbinden manche in Japan heute die Sehnsucht nach einer Gesellschaft, in der Frauen wieder mehr zu sagen bekommen.[23] Je mehr über sie erforscht wird, desto schwerer könnte es Monarchisten künftig fallen, historisch gegen die Zulassung von Frauen auf dem heutigen Thron zu argumentieren.

Erst im 19. Jahrhundert, im Zuge der neuen, nach preußisch-deutschem Vorbild ausgerichteten »Meiji«-Verfassung, wurde die weibliche Thronfolge ausdrücklich ausgeschlossen. Das passte zum martialischen Geist des aufstrebenden Japans, in dem der Tenno fortan auch als Oberbefehlshaber von Heer und Marine fungierte. Mit ihrer Entscheidung legten die Verfassungsväter zugleich den Grundstein für den heutigen Streit um die Wiedereinführung der weiblichen Thronfolge.

Um die Thronfolge nach ihren Vorstellungen zu sichern, griffen Kaiser seit dem späten 11. Jahrhundert häufig zu einem Trick: Sie dankten vorzeitig ab, aber beeinflussten das Geschehen dann hinter den Kulissen weiter. Einige von ihnen überdauerten gar ihre Nachfolger, wenn diese jung starben oder ihrerseits abdankten. Zu diesen emeritierten Kaisern gehörte Go Shirakawa, der 1158 dem Thron entsagte. Er überlebte politisch einen legendären Kampf zwischen dem aufsteigenden Kriegerclan der Minamoto gegen die Taira, die das Kaisertum bis dahin unter ihrer Kontrolle hatten. Der Konflikt endete 1185 mit der Seeschlacht von Dan-no-ura und der Auslöschung des Tairaclans: Der erst sechsjährige Kaiser Antoku ertrank dabei – seine Großmutter hatte sich mit ihm ins Meer gestürzt, um zu verhindern, dass er den siegreichen Feinden in die Hände fiel. Dabei ging angeblich auch eines der drei kaiserlichen Insignien, das Schwert, für immer verloren. Das heutige Schwert des Tennos stammt wohl aus dem Jahr 1210; es soll dem Kaiserhaus vom Ise-Schrein geschenkt worden sein.[24]

Der abgedankte Kaiser Go Shirakawa hatte durch seine Intrigen erheblichen Anteil am Sieg der Minamoto, die 1185 eine eigene Militärregierung in der Gegend von Kamakura, südwestlich vom heutigen Tokio, gründeten. Der ehemalige Kaiser und seine Nachfolger verloren daraufhin ihren politischen Einfluss. In Kyoto, ihrer Kaiserstadt, lebten sie fortan ähnlich zurückgezogen wie manche mittelalterliche Päpste in Rom. Was aber ihr Überleben sicherte, war ihre ererbte spirituelle Aura, mit der sie den jeweiligen Herrschern gleichsam ihren Segen erteilten: Sieben Jahre später ließ sich der Kriegerfürst Minamoto no Yoritomo vom damaligen Kaiser Go Toba zum »Shogun« ernennen. Sein vollständiger Titel lautete damit: »Oberkommandierender zur Vertreibung der Barbaren«.

Die Militärführer errichteten also eine Art Parallel-Monarchie zum Kaisertum. Und auch sie vererbten ihre Ämter an ihre Nachkommen. Den politisch machtlosen Tennos blieb nichts anderes übrig, als die Shogune formell zu bestätigen und ihnen Verwaltung und Militär zu überlassen. Die Krieger stiegen zur herrschenden Kaste auf; sie nannten sich Samurai. So bildete sich ein feudales System heraus, vergleichbar mit dem Lehnswesen des europäischen Mittelalters. Große Kriegsherren belohnten ihre Vasallen mit Ländereien, die eigentlich der Kaiser als sein Territorium beanspruchte. Doch bis sich diese Samurai-Kultur völlig durchsetzte, sollten rund vier turbulente Jahrhunderte vergehen.

Ab 1331 rebellierte der damalige Kaiser Go Daigo mit Verbündeten gegen die Regierung des Shoguns. Erstmals versuchte damit wieder ein amtierender Tenno, die Herrschaft an sich zu reißen – und zwei Jahre später gelang ihm dies sogar für kurze Zeit. Er schuf einen Präzedenzfall, auf den sich im 19. Jahrhundert kaiserliche Rebellen berufen sollten, als sie den Shogun stürzten und den Tenno wieder in seine Rechte als Souverän einsetzten. Einem berühmten Krieger, der für Go Daigo sein Leben gab, ist ein wuchtiges Reiterstandbild in einem Park vor dem Palast in Tokio gewidmet, zu dem heute Touristen pilgern.[25] Indes blieb Go Daigos Rebellion nur eine Episode. Statt das Kaiserhaus zu neuer Macht zu führen, schwächte er es letztlich: Nach verwickelten Kämpfen zerfiel die Tenno-Dynastie in zwei rivalisierende Linien, eine nördliche und eine südliche. Beide wurden jeweils von gegnerischen Kriegsherren unterstützt. Erst sechs Jahrzehnte später wurde diese Teilung überwunden und der Hof wieder geeint.

Bis Ende des 16. Jahrhunderts regierten dann die Shogune eines anderen Kriegerclans, der Ashikaga, und zwar direkt in Kyoto. Die Tennos schauten von ihrem Palast aus ohnmächtig zu, wie die Shogune und andere Kriegerfürsten untereinander um die Vorherrschaft rangen. Japan durchlitt die »Sengoku«-Ära, die von Schlachten geprägte Zeit der »streitenden Reiche«. Derweil verarmten die »Erhabenen des Himmels« in Kyoto, sie waren angewiesen auf Zuwendungen durch die Shogune. Zeitweise fehlte ihnen gar das nötige Geld, um die aufwendigen Zeremonien für Abdankungen, Thronbesteigungen, Bestattungen auszurichten oder ihren Palast instand zu halten. Mächtige Kriegsherren nutzten die finanzielle Notlage der Kaiser aus: Für Geldzuwendungen erwarben sie vom Tenno höfische Titel, mit denen sie dann gegenüber ihren Vasallen prahlten. Daran sieht man zumindest, dass der kaiserliche Hof – egal, wie bitterarm er auch war – doch nach wie vor sein Prestige besaß. Denn das konnte ihm niemand nehmen.

Die Kriegswirren endeten mit der Schlacht von Sekigahara 1600. Der siegreiche Clan der Tokugawa überzog das Land mit einem feudalen Kontrollsystem, das man heutzutage als Überwachungsstaat bezeichnen würde. Aber natürlich war Japan damals noch keine Nation im modernen Sinne. Im Jahr 1603 ließ sich Ieyasu Tokugawa vom Kaiser zum Shogun ernennen. Er wählte Edo, das heutige Tokio, zu seinem Regierungssitz. Um seine Macht gegenüber den Territorialfürsten zu sichern, verlangte er von diesen, dass sie oder ihre Familien je einen Teil des Jahres in Edo verbrachten – als Geiseln von Tokugawa.

Die japanische Gesellschaft glich zu jener Zeit einer Pyramide: An der Spitze rangierten die Kriegerfürsten mit ihrer Samurai-Kaste, danach kamen die Bauern und zuunterst die Kaufleute und Handwerker. Der Ehrenkodex der Samurai, »Bushido«, was übersetzt so viel wie »Weg des Kriegers« bedeutet, verlangte Treue und Hingabe gegenüber den Fürsten, bis hin zum rituellen Selbstmord, dem »Seppuku«. Die Treue der Krieger beruhte auf Gegenseitigkeit: Im Gegenzug für ihre Loyalität war ein Fürst den Untertanen zur Fürsorge verpflichtet. Dieses Prinzip wurde bekräftigt durch den Neokonfuzianismus, eine Sozialphilosophie, die aus China nach Japan gelangt war. Sie prägt die japanische Gesellschaft bis heute – und zeigt sich im Verhältnis von Eltern und Kindern, Vorgesetzten und Untergebenen, Professoren und Schülern oder von älteren und jüngeren Studenten.

Um ihre Militärdiktatur perfekt zu machen, schloss die Tokugawa-Regierung das Land 1639 vom Ausland ab. Die Isolation – sie sollte über zwei Jahrhunderte dauern – beeinflusst die oft introvertierte japanische Weltsicht ebenfalls bis heute, beispielsweise in der Art, wie Japan sich während der Coronakrise vor ausländischen Besuchern abschottete. Als einziges der führenden sieben Industrieländer hielt es noch bis Anfang Oktober 2022 an strengen Einreisebeschränkungen fest. Die insulare Mentalität spiegelte sich auch in der Sprache der Politiker wider, die auf »Abwehrmaßnahmen am Ufer« *(Mizugiwa taisaku)* pochten, um Infizierte schon bei der Einreise auszusieben. Dem Tokugawa-Regime ging es vor allem darum, durch die Isolation potenzielle Gegner von Waffenimporten abzuschneiden sowie die Tätigkeit christlicher Missionare zu unterbinden. Ein kleines Schlupfloch ließ es jedoch offen: Auf Dejima, einer Insel vor Nagasaki, durften holländische Kaufleute unter strenger Bewachung weiter Handel treiben.

Die Tokugawa-Ära währte insgesamt rund 250 Jahre. In dieser Zeit lebten die Kaiser in ihrem Palast in Kyoto fast wie unter Hausarrest. Der jeweilige Shogun installierte einen Statthalter in Kyoto. Ein Erlass mit 17 Artikeln schrieb den Tennos genau vor, was sie zu tun oder zu lassen hatten.[26] Sie sollten sich auf Riten und Zeremonien beschränken, aus alten Moralschriften lernen und ihre Zeit damit verbringen, traditionelle Gedichte zu verfassen. Die verarmten Kaiser gerieten im eigenen Land weitgehend in Vergessenheit. Kyoto, einst das prachtvolle Zentrum des Landes, dämmerte vor sich hin, als eine unter vielen Städten.

Zum eigentlichen Machtzentrum entwickelte sich dagegen Edo, der Sitz des Shoguns. Dort lebten im 18. Jahrhundert fast eine Million Menschen.[27] Der Traum von der direkten Herrschaft des göttlichen Kaisers wurde aber weiter wachgehalten, unterschwellig, und zwar nicht nur innerhalb des Hofadels: Im 18. Jahrhundert verfassten Samurai-Gelehrte im Auftrag eines mit dem Shogun-

Clan verbündeten Fürsten ein mehrbändiges Geschichtswerk. Es leitete Japans Besonderheit von der ungebrochenen Linie der göttlichen Tennos ab und sollte später eine bedeutende ideologische Grundlage für die Restauration des Kaisertums und den japanischen Nationalismus der Neuzeit liefern.[28]

Mitte des 19. Jahrhunderts war die Zeit dann endlich reif, um die uralte Idee von der Kaiserherrschaft neu zu beleben: Allenthalben bröckelte die feudale Ordnung, viele Samurai verarmten, sie gerieten in demütigende finanzielle Abhängigkeiten von der ihrerseits verachteten Kaste der Kaufleute. Die größte Gefahr drohte dem Inselreich indes von außen, vom aufkommenden westlichen Imperialismus. Eine Macht, die sich besonders für Japan interessierte, waren die USA, die in ihrem Zug nach Westen auch im Pazifik vordrangen: Im Sommer 1853 tauchte ein Geschwader sogenannter »schwarzer Schiffe« unter dem Commodore Matthew Perry in der Bucht von Edo auf. Unter Androhung von Gewalt verlangte er, dass Japan sich für den Handel öffnen solle. Ein Jahr später kehrte er wieder. Der Tokugawa-Shogun hatte keine Wahl, wenn er nicht das demütigende Schicksal Chinas erleiden wollte, das im Zuge der Opium-Kriege von Großbritannien zur Öffnung gezwungen worden war. Er willigte in einen Freundschaftsvertrag mit den USA ein; 1858 unterzeichnete seine Regierung einen ungleichen Handels- und Zollvertrag – erst mit den Vereinigten Staaten und später auch mit europäischen Mächten.

Durch die Öffnung Japans hatte der Shogun einen Krieg vermieden, aber seine Autorität als »Oberkommandierender zur Vertreibung der Barbaren« in den Augen der Untertanen eingebüßt. Erstmals seit 250 Jahren rückte nun der Kaiserhof in Kyoto wieder in den Fokus. Dorthin schickte der politisch geschwächte Shogun Emissäre, die um Verständnis für die Verträge mit dem Ausland warben. Doch der Kaiser – er war noch jung und sollte unter dem posthumen Namen Komei in die Geschichte eingehen – wütete

Ende der Abschließung: Ein US-Geschwader kreuzt 1853 vor Edo auf und drängt Japan, sich für den Handel zu öffnen.

gegen die Öffnung des Landes. Er sah seine Dynastie unmittelbar gefährdet. Er betete bei den göttlichen Urahnen für die Vertreibung der Fremden. Er drohte abzudanken, falls sich die Politik nicht ändere. Daraufhin reiste der Shogun höchstpersönlich nach Kyoto – zum ersten Mal seit über 200 Jahren, und diesmal als Bittsteller. Er versuchte, den Tenno mit dem vagen Versprechen zu beschwichtigen, die Verträge irgendwann später wieder rückgängig zu machen.

Doch im ganzen Land kochte längst Unmut hoch – gegen die westlichen Barbaren, aber eben auch gegen den Shogun, der als Landesverteidiger so schmählich versagt hatte.

Mächtige Fürstentümer im Südwesten, die dem Shogun seit jeher feindlich gesinnt waren, trommelten zum Widerstand. Mit dem Schlachtruf »Sonno Joi!« – »Verehrt den Tenno, vertreibt die Barbaren!« – zogen junge Krieger nach Kyoto. Sie verbündeten sich mit Hofadligen, die bereits auf eine Gelegenheit warteten, wieder die direkte Herrschaft des Tennos herzustellen.

Die Rebellen waren zumeist niederen Ranges, aber hochgebildet. Sie bekämpften das Shogunat zwar mit auslandsfeindlichen Parolen, insgeheim aber sahen sie ein, dass Japan sich öffnen musste, wenn es gegen den militärisch überlegenen Westen bestehen wollte. Nur durch Reformen ließen sich auch die Privilegien der eigenen aristokratischen Oberschicht bewahren. Die Rebellen schlussfolgerten: Um Japan zu retten, musste der Tenno wieder an die Macht gebracht werden.

Doch das Shogun-Regime wollte nicht weichen, es wehrte sich mit Verhaftungen. Daraufhin brachen Unruhen aus, mehrere Attentate wurden verübt. In Kyoto brannten ganze Stadtteile ab, auch der Kaiserpalast wurde teilweise zerstört. Tenno Komei geriet zwischen die Fronten. Zwar war ihm die Öffnung des Landes ein Gräuel, doch grundsätzlich akzeptierte er die Vorrangstellung des Shoguns. Überfordert von der Krise, flüchtete er sich in den Alkohol und in die Arme seiner Konkubinen.[29] Die Reformer bei Hof hatten nun ein Problem: Ausgerechnet ihr Tenno erwies sich jetzt als größte Schwachstelle, als Hindernis für die ersehnte Restauration der Kaiserherrschaft.

Da geschah etwas, was den Umsturz auf wundersame Weise vereinfachte: Am 30. Januar 1867 starb Tenno Komei unerwartet. Er war erst 36 Jahre alt, kurz zuvor hatte er noch den neuen Shogun ernannt. Als offizielle Ursache für sein Ableben wurden Pocken genannt. Bis heute zweifeln Historiker indes an dieser Darstellung und verweisen auf verdächtige Umstände.[30] Denn der Tenno hatte sich bereits auf dem Weg der Genesung befunden. Dann aber verschlechterte sich sein Zustand abrupt, er bekam Durchfall und blutete aus allen »neun Löchern« seines Leibes, wie die offizielle kaiserliche Chronik vermerkt. Fiel der Tenno womöglich einer Palastrevolte zum Opfer? Wurde er vergiftet – vielleicht mit Arsen? Als Drahtzieher eines möglichen Attentats auf den Tenno verdächtigen viele Tomomi Iwakura, einen Hofadligen, der die dann folgende Restauration mit anzettelte und später zu einem der führenden Staatsmänner aufsteigen sollte.

Woran der Kaiser tatsächlich starb, dürfte sich kaum zweifelsfrei klären lassen. Entscheidend ist aber, dass sein Ableben mit den Weg für die größte Umwälzung in der Geschichte Japans und des Kaiserhauses ebnete: die »Meiji«-Restauration 1868.

Die Bezeichnung »Restauration« klingt eigentlich zu harmlos. Denn was sich damals abspielte, war keine Denkmalpflegeaktion, sondern ein blutiger Bürgerkrieg. Der alte Machtapparat wurde nach rund 250 Jahren gestürzt; der letzte Shogun wurde de facto abgesetzt. Insofern kann man mit Fug und Recht von einer Revolution sprechen. Sie beförderte Japan schlagartig aus dem Mittelalter in die Moderne – und den Tenno aus den höfischen Gemächern in Kyoto an die Spitze des Staates. Der »Erhabene des Himmels« stieg zum obersten Kriegsherrn der künftigen asiatischen Großmacht auf.

Revolution von oben

Am 13. Februar 1867 wurde Mutsuhito, der Sohn des plötzlich verstorbenen Tennos, zu dessen Nachfolger ernannt. Er stammte aus der Verbindung seines Vaters mit einer Nebenfrau, einer Hofdame, und war zu diesem Zeitpunkt erst 14 Jahre alt. Seine Thronbesteigung wurde im Oktober des folgenden Jahres zelebriert, seine Herrschafts-Ära erhielt daraufhin den Namen »Meiji«, was auf Deutsch »erleuchtete Herrschaft« bedeutet.

Die meisten Untertanen des verstorbenen Tennos wussten so gut wie nichts von diesem Spross einer fast vergessenen Dynastie. Ebenso wenig wusste der junge Tenno über seine Untertanen: Er kannte nur die archaische Welt in den Gemächern des Hofes. Er war streng konfuzianisch erzogen worden. Bis zum dritten Lebensjahr lebte er im Haushalt seines mütterlichen Großvaters, dann wurde er in die höfische Etikette eingeführt. Jahrelang lernte er Kalligrafie sowie konfuzianische Klassiker. Auch die traditionellen japanischen Kurzgedichte, die Waka, gehörten zu seinem Pensum. Im Lauf seines Lebens soll er rund 100 000 Stück davon verfasst haben.

Auf europäische Diplomaten und Berater, die den neuen Throninhaber schon bald in Augenschein nahmen, wirkte Mutsuhito steif wie eine Statue. Sie störten sich an seinem »schlecht geformten Mund« und seinen altmodischen Gewändern.[31] Auch später, als er erwachsen war, erschien er westlichen Besuchern »ganz unbeweglich«. Sie wunderten sich auch über seinen »etwas gelblichen Teint« und seine »eigentümlich bewegten Augenwimpern«. Nie sei er aus seiner »Reserve und Würde« herausgetreten.[32]

Doch dieser farblose Höfling, dieses unbeschriebene Blatt, wurde nun gebraucht, um einem der brachialsten Experimente der

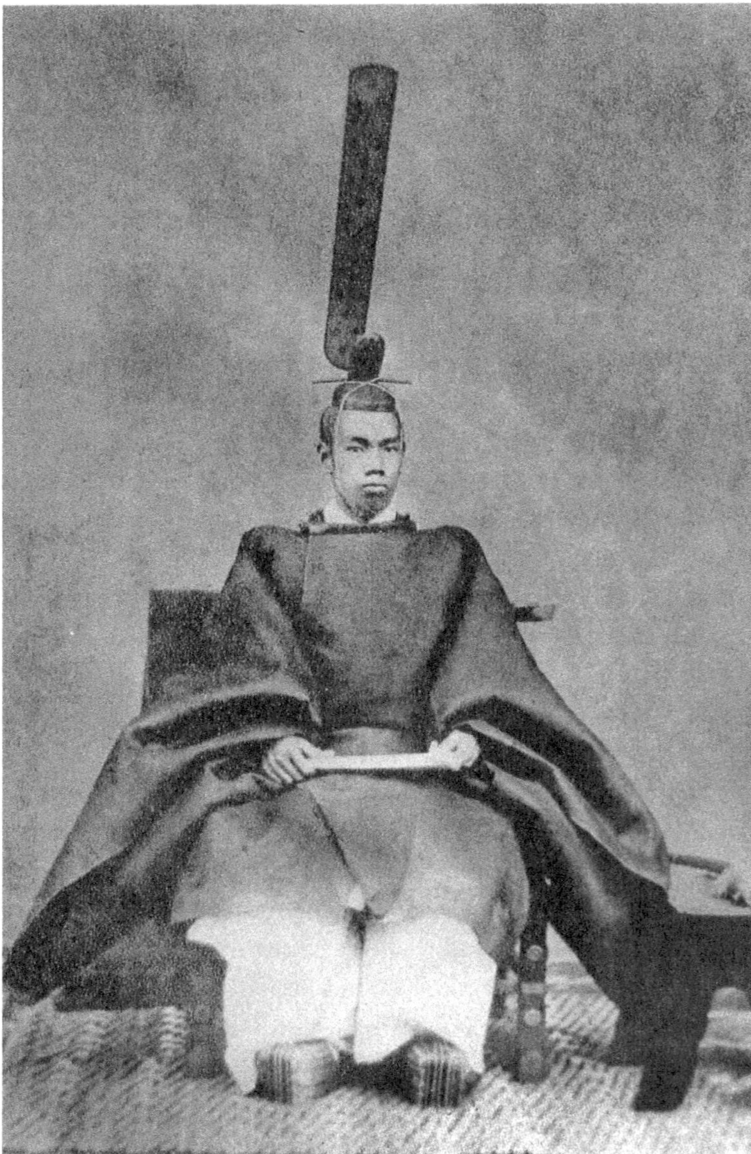

Der »Meiji«-Tenno kam im Alter von 14 Jahren auf den Thron. In seinem Namen katapultierte das neue Regime Japan in die Moderne.

Menschheit seinen kaiserlichen Segen zu erteilen. In seinem Namen begannen die Führer der »Meiji«-Restauration, Japan in die Moderne zu katapultieren. Der junge, noch formbare Tenno war aus Sicht der neuen Machthaber genau der Richtige auf dem Thron. Seine ererbte Autorität als Urahn der Sonnengöttin wollten sie sich zunutze machen, um das Land zu einen und zu modernisieren. Allein durch seine Existenz sollte er Japan, das sich erst jetzt als Nation herauszubilden begann, das Gefühl von Kontinuität und Beständigkeit vermitteln – in einer Zeit, in der ansonsten fast nichts mehr so bleiben sollte, wie es jahrhundertelang gewesen war.

Mutsuhito war das wichtigste Faustpfand der kaiserlichen Rebellen. Denn anfangs konnten sie ihrer Sache keinesfalls sicher sein. Sie hatten alle Hände voll zu tun, das Shogunat zu entmachten und ihr neues Regime zu installieren. Untereinander sprachen sie anders über den Jungen, in dessen Namen sie nun herrschten, als nach außen für den Volksgebrauch. Sie nannten ihn respektlos »gyoku«, wie die wichtigste Figur im Shogi, einer Art japanischem Schachspiel.[33] Der Tenno war eben nur eine Marionette der Mächtigen.

Ähnlich wie die übrige Gesellschaft stand nun auch die Monarchie vor der Aufgabe, sich zu erneuern. Um vom westlichen Ausland akzeptiert zu werden, musste sie sich einen zeitgemäßen Anstrich geben. Was dabei herauskam – oder genauer gesagt, von den Machthabern nun neu erfunden wurde –, war ein Hybrid-Kaisertum: Äußerlich trat der Tenno wie ein europäischer, konstitutioneller Monarch auf. So ließ er sich einen Bart wachsen und zog sich eine Militäruniform über. Er verwandelte sich von dem höfisch verträumten Dichterfürsten zum Symbol eines martialisch-männlichen, neuzeitlichen Japans. Doch innerlich, hinter der westlichen Fassade, war Mutsuhito ein zutiefst in heimischen Traditionen verhafteter Monarch. Er war nach wie vor der Urahn der Sonnengöttin. Er war die priesterliche Vaterfigur. Er verkörperte Japan, dessen Mythen und dessen Identität.[34]

Im April 1868 verkündete der Tenno den sogenannten »Charter-Eid«. Mit diesem Dokument rückten die neuen Machthaber von ihrer auslandsfeindlichen Ideologie ab. Sie versprachen, das Land durch Beratungen und Diskussionen zu einen, was als Hinweis auf die spätere Einführung eines Parlaments verstanden werden konnte. Um die kaiserliche Herrschaft zu stärken, wolle man Wissen in aller Welt sammeln. Zugleich wurde die Öffnung nach außen durch die Stärkung von Traditionen im Inneren des Landes abgesichert. Zu diesem Zweck wertete das neue Regime den Shinto auf: Die heimische Naturreligion, die für die göttliche Herkunft der Kaiser stand, wurde zum Staatskult erhoben.[35] Dagegen wurde der Buddhismus, der über China und Korea nach Japan gelangt war und bis dahin im Land vorgeherrscht hatte, ideologisch zurückgedrängt; er galt jetzt als fremde, invasive Religion.

Zwischen diesen widersprüchlichen Polen – dem Bekenntnis zu sowohl traditionellen Mythen als auch westlichem Fortschrittsdenken – suchte das neu erwachte Japan fortan nach seiner Identität. Und diese Suche hat im Grunde nie geendet und dauert bis heute an.

Von einem einheitlichen Staatsgebilde war Japan damals allerdings weit entfernt. Die Regierung verfügte weder über eigenes Land noch über eine Armee oder genügend Geld. Immer wieder kam es zu Aufständen unzufriedener Samurai und verelendeter Bauern. Auch von außen war das Land nach wie vor bedroht: Im Zuge der ungleichen Zoll- und Handelsverträge hatte Japan mehrere Häfen öffnen müssen, wo seither privilegierte Ausländer in eigenen Enklaven lebten und handelten, unabhängig von der japanischen Gerichtsbarkeit.

In dieser Übergangszeit galt es zunächst einmal, die Autorität des Kaisers weithin sichtbar zu machen. Im Herbst 1868 brach Mutsuhito mit einem Gefolge von rund dreieinhalbtausend traditionell gekleideten Höflingen und bewaffneten Kriegern von Kyoto nach Edo auf.[36] Die bisherige Machtstätte des Shoguns wurde zum neuen Sitz des Kaisers und in »Tokio«, die »Hauptstadt des Ostens«, umbenannt. Die kaiserliche Prozession führte entlang des Tokaido, eines historischen Reise- und Handelsweges, von West nach Ost. Der Tenno wurde in einer schwarz lackierten Sänfte getragen.[37] Am Wegesrand verbeugten sich die Untertanen. Sie hatten ihren Monarchen noch nie gesehen, und auch jetzt konnten sie nur seine Silhouette in der verhangenen Sänfte ausmachen. Die Reise lieferte das Muster für über hundert weitere Touren durch das Land, die der Tenno später unternehmen sollte – die meisten in der Frühzeit seiner 45 Regierungsjahre.

In der feierlichen Prozession wurde auch der heilige Spiegel transportiert, eines der drei Insignien der kaiserlichen Herrschaft, welche die Sonnengöttin Amaterasu einst ihrem Enkel mitgegeben haben soll, als sie ihn auf die Erde entsandte. Die drei Insignien – Spiegel, Schwert, Krummjuwel – spielen nicht nur bei der Thronbesteigung von Kaisern eine wichtige Rolle. Sie werden auch sonst schon mal hin und her befördert: Als der heutige Tenno Naruhito im September 2021 in seine neu renovierte kaiserliche Residenz im Palastareal in Tokio umzog, trugen Kämmerer zwei der Insignien, Schwert und Juwel, feierlich hinter ihm in das Gebäude. Die Heiligtümer waren in schwarz verhüllten Kästen verpackt.[38] Niemand darf sie sehen, nicht einmal der Tenno. Bei Spiegel und Schwert soll es sich um Kopien handeln: Das Original des Spiegels wird im Ise-Schrein aufbewahrt, das Schwert im Atsuta-Schrein in Nagoya. Nur das Krummjuwel, das sich im Palastschrein befindet, soll ein Original sein.

Um nach Tokio zu gelangen, brauchte der »Meiji«-Kaiser etwa drei Wochen. Während der Reise erblickte er als erster Tenno in der Geschichte den Fuji, den höchsten Berg des Landes. In Tokio bezog er die Burg der Shogune, umgeben von tiefen Gräben und hohen Mauern. Bald darauf kehrte er noch einmal kurz nach Kyoto zurück, bevor er dann endgültig nach Tokio umsiedelte.

Um die Macht der Kaiserdynastie zu sichern, musste die neue politische Führung frühzeitig an Nachwuchs für den Tenno denken. Die Kindersterblichkeit war hoch, der »Meiji«-Tenno hatte als einziges von sechs Geschwistern überlebt. Die Suche nach einer passenden Braut besaß hohe staatspolitische Priorität. Anfang 1869 heiratete Mutsuhito die Tochter eines Hofadligen. Sie hieß Haruko (posthum erhielt sie den Namen Shoken), war drei Jahre älter als er und galt als gebildet. Das Paar blieb zwar kinderlos – angeblich konnte die Kaisergattin keinen Nachwuchs bekommen. Indes sollte sie als Kaiserin eine wichtige Rolle spielen. Mit ihrem eleganten Auftreten half sie, der kaiserlichen Ehe einen modernen Anstrich zu geben, so wie es damals im christlichen Ausland erwartet wurde. Das war auch deshalb wichtig, weil Japan sich bemühte, die ungleichen Zoll- und Handelsverträge mit dem Westen abzuschüt-

Der »Meiji«-Tenno zieht von Kyoto nach Tokio, die neue Hauptstadt, um. Als erster Kaiser erblickt er den heiligen Berg Fuji.

teln. Dieses Anliegen blockten die Großmächte gerne mit dem Argument ab, Japan sei noch nicht zivilisiert genug, um mit dem Westen auf Augenhöhe zu verkehren.

In den Privatgemächern des Palastes ging es dagegen gewohnt altertümlich zu. Seine insgesamt 15 Kinder, von denen die meisten früh starben, zeugte der Tenno mit Nebenfrauen, den »tenji«. Zu ihren Aufgaben gehörte es auch, den Kaiser zu waschen und zu kleiden. Eine ranghohe »tenji« befand darüber, mit welcher Nebenfrau Mutsuhito jede zweite Nacht sein Schlafgemach teilte.[39] Der Kaiserin blieb nichts anderes übrig, als die Gepflogenheiten ihres Gemahls zu erdulden. Wenn er sich, oft alkoholisiert und mit lauter Stimme, mit den Nebenfrauen vergnügte, soll sie, äußerlich ungerührt, weiter in Büchern geblättert oder sich mit Näharbeiten beschäftigt haben.[40]

An den Entscheidungen der neuen Regierung war der Tenno höchstens formell beteiligt. Die jungen Samurai und Hofadligen übten die Macht in seinem Namen aus. Sie waren ein eingeschworener Zirkel, die sogenannten »Meiji«-Oligarchen. Von ihnen sind vor allem zwei zu erwähnen: Toshimichi Okubo, der faktische Regierungschef, der wegen seines autoritären Reformkurses auch als »japanischer Bismarck«[41] bezeichnet wird, und Hirobumi Ito, der spätere Premier. Unter der Parole »Reiches Land, starke Armee« nahmen sie und ihre Kollegen es in Angriff, das Land zu einigen. Sie brachten die großen Regionalfürsten dazu, ihre Territorien an den Kaiser zurückzugeben – daraus wurden später die heutigen 47 Präfekturen. Sie führten die Wehrpflicht ein und hoben die rigiden Schranken zwischen den Ständen auf. Dabei nahmen sie auch die Abschaffung ihrer eigenen Kaste, der Samurai, in Kauf. Nur eine dünne Oberschicht, allen voran die »Meiji«-Oligarchie selbst, durfte ihre Privilegien behalten; sie wurde in eine neue Aristokratie integriert.

Die abrupte Verwestlichung stieß auf heftige Widerstände. In dieser Zeit der Unruhen spielt auch der bekannte Hollywoodfilm

Last Samurai von 2003. Darin taucht man ein in ein altes Japan, das gerade in die Moderne aufbricht. Man sieht Straßen, auf denen sich noch Geishas in Sänften tragen lassen, aber hoch über ihnen werden bereits elektrische Leitungen gespannt. In dem Film spielt Tom Cruise einen amerikanischen Hauptmann, der im Auftrag der Regierung in Tokio Rekruten der neuen Wehrpflichtigenarmee ausbildet, dann aber auf die Seite aufständischer Samurai wechselt. Mit ihnen tritt der Fremde an zur letzten, aussichtslosen Schlacht der untergehenden Kriegerkaste. Die filmische Handlung nimmt Bezug auf die sogenannte Satsuma-Rebellion von 1877, die von der neuen kaiserlichen Armee brutal niedergeschlagen wurde. Indes erlaubt sich der Blockbuster allerlei künstlerische Freiheiten, zum Teil weicht er von historischen Tatsachen krass ab. So entpuppt sich der anfangs jugendlich schüchterne Tenno am Ende des Films als selbstbewusster Herrscher, der einen der mächtigen »Meiji«-Oligarchen öffentlich demütigt und ein geplantes Waffenabkommen mit den USA platzen lässt. So eine eigenmächtige Kaiserfigur hat es in der Realität nicht gegeben. Der Tenno war nur eine Ikone, er segnete bereits getroffene Entscheidungen ab. Er hätte seinen Einfluss höchstens auf informellem Wege ausüben können – wie dies der Kriegskaiser Hirohito später praktizieren sollte. Die eigentlich Mächtigen agierten hinter den Kulissen. Von außen ließ sich daher oft nicht durchschauen, wer in Japan tatsächlich die Verantwortung trug. Und das ist auch heute oft noch so.

Diese intransparente Art der Entscheidungsfindung ist typisch, sie unterscheidet Japan von westlichen Gesellschaften. Die Person an der Spitze der Hierarchie hat nicht unbedingt das Sagen. In Behörden und Unternehmen werden Entscheidungen oft im Zuge einer komplizierten Konsenssuche gefällt. Dieser Prozess verläuft nicht selten auch von unten nach oben; er bindet diverse Gruppen und Teams ein. Der Vorteil ist, dass am Ende dann alle Beteiligten den Konsens mittragen. Auch deshalb ist die japanische Gruppenkultur vergleichsweise resistent gegen eine mögliche Diktatur. Der Nachteil ist allerdings, dass Japan auf unerwartete Krisen, etwa Erdbeben, oft schwerfällig reagiert oder gar in kollektive Lähmung verfällt – weil eben niemand die Führung übernimmt.

Als die »Meiji«-Oligarchen darangingen, das Land zu modernisieren, orientierten sie sich an verschiedenen westlichen Vorbildern. Schließlich fanden sie im obrigkeitsstaatlichen Preußen ihr geeignetes Modell. Aus der Ferne hatten sie mitbekommen, wie Deutschland unter preußischer Führung 1871 Frankreich besiegte und wie sich Wilhelm I. dann in Versailles zum Kaiser krönen ließ. Im März 1873 empfing Reichskanzler Otto von Bismarck in Berlin eine Delegation japanischer Staatsmänner und erteilte ihnen eine Lektion über die Aufholjagd gegenüber westlichen Großmächten. Er sagte: »Wie Sie wissen, war unser Preußen, als ich noch jung war, arm und schwach, von Jugend auf war es mein beständiger Gedanke: wir müssen emporkommen und groß werden.«[42] Um aufzuholen, habe Preußen die Vaterlandsliebe auf jede erdenkliche Art und Weise gefördert. »Die Zustände in Ihrem Lande, meine Herren, sind so, wie sie vor Jahren hier in Preußen waren. Ich kann mich in die Verhältnisse ganz gut hineindenken, weil ich in einem kleinen und schwachen Lande, das sich langsam auf den heutigen Standpunkt emporgeschwungen hat, geboren bin.«

Japan entdeckte also seine Vorliebe für die Deutschen. Der Freiburger Historiker Bernd Martin, ein Experte für die deutsch-japanischen Beziehungen, spricht von einer »Wahlverwandtschaft«.[43] Deutsche Berater wurden ins Land geholt, sie beeinflussten vor allem das Erziehungswesen und das Militär. Nach deutschem Vorbild erhielt die Armee einen Generalstab, der direkt dem Kaiser unterstand. An der Regierung vorbei besaßen die Chefs von Heer und Marine somit direkten Zugang zum Monarchen, der zugleich ihr Oberbefehlshaber war.

Auch das Kaiserhaus selbst orientierte sich an Preußen: Der Tenno lernte eine Zeitlang fast täglich Deutsch. Die Paukerei missfiel ihm allerdings so sehr, dass seine Berater ihn schon bald wieder davon befreiten. Weitaus mehr Vergnügen bereitete ihm das Reiten, womit er viel Zeit verbrachte. Ende der 1880er-Jahre engagierte der Hof sogar einen deutschen Zeremonienmeister, Ottmar von Mohl. Er sollte das höfische Protokoll nach preußischem Vorbild an westliche Gepflogenheiten anpassen.[44] In diesem Bemühen wurden von Mohl und seine Frau Wanda vor allem von Kaisergattin Haruko unterstützt. Der Deutsche rühmte sie als Dame von »hohem Verstand« und »Seele ihres Hofes«.[45] Nach Vorbild der deutschen Kaiserin Augusta förderte sie wohltätige Zwecke wie das Rote Kreuz – und begründete damit eine Tradition, die bis heute gepflegt wird, auch von der aktuellen Kaisergattin Masako.

Mit ausländischen Gästen verkehrte die »Meiji«-Kaiserin so, wie es die westliche Etikette verlangte. Max von Brandt, der damalige deutsche Gesandte in Tokio, begrüßte dies als »ein nicht zu unterschätzendes Zeichen des Fortschritts«.[46] Dem Tenno fiel es dagegen schwer, sich seine Macho-Allüren abzugewöhnen. Diplomaten stieß unangenehm auf, dass er Hofdamen nicht die nötige Galanterie erwies. Gewiss, in den kaiserlichen Privatgemächern – wie auch in der übrigen Gesellschaft – konnten Frauen damals ohnehin keinen besonderen Respekt erwarten. Doch bei höfischen Anlässen galten nun mal auch in Japan europäische Benimmregeln. So bemängelte von Mohl, dass der Tenno sich dagegen sträubte, seiner Frau den Arm zu reichen. Bisweilen habe der Premier den Kaiser dazu auffordern müssen.[47] Auch weigerte Mutsuhito sich bei einem Fest, Seite an Seite mit seiner Gemahlin zu erscheinen; stattdessen ritt er allein zu Pferd vor.[48] Und es missfiel ihm, dass sein Thron auf derselben Höhe stehen sollte wie jener der Kaiserin. Um sie zu überragen, ließ er eine dicke seidene Matte unter seinen Thron legen. Diese Unterlage riss allerdings einer der »Meiji«-Oligarchen sogleich wieder weg und schleuderte sie in eine Ecke des Raumes.[49] Damit wurde wieder einmal deutlich, wer bei Hof das letzte Wort besaß.

Die preußisch inspirierten Reformen von oben trugen entscheidend dazu bei, aus Japan einen modernen Obrigkeitsstaat zu machen. Den Höhepunkt dieser Gründungsphase bildete die Verfassung von 1889. Um das Dokument vorzubereiten, war der führende Staatsmann Ito bereits ab 1882 für mehrere Monate nach Berlin und Wien gereist; dort hörte er Vorlesungen bei den Staatswissenschaftlern Rudolf von Gneist und Lorenz von Stein.[50] Insbesondere von Stein drängte darauf, die Institution des Tennos unabhängig zu machen von einem künftigen Parlament. Nach Artikel 3 der Verfassung war der Tenno »heilig und unverletzbar«.[51]

Und noch einen Hinweis der deutschen Berater beherzigten die japanischen Verfassungsväter: Als Lehre aus dem sogenannten preußischen Verfassungskonflikt – dabei war es um die Finanzierung von Militärreformen gegangen – bauten sie eine besondere Klausel in die japanische Verfassung ein. Demnach blieb automatisch der Staatshaushalt des Vorjahres in Kraft, falls das Parlament sich weigerte, das neue Budget zu bewilligen. Ungehindert durch die Opposition, konnte die kaiserliche Regierung somit die Aufrüstung vorantreiben. Das Militär, das nur dem Tenno unterstand, wurde zum Staat im Staate. Ähnlich wie einst unter Bismarck funktionierte allerdings auch das japanische System nur so lange, wie die Gründerväter selbst es lenkten – und gewisse Grenzen des von ihnen geschaffenen Systems nicht überschritten.[52] Japan schlug damit einen verhängnisvollen Weg ein: Er sollte rund sieben Jahrzehnte später zum Angriff auf den US-Flottenstützpunkt Pearl Harbor führen und mit der für die Japanerinnen und Japaner demütigenden Niederlage im Zweiten Weltkrieg enden.

Für die Verkündung der Verfassung wählte die Regierung mit dem 11. Februar 1889 ein symbolträchtiges Datum. Das war der

Tag, an dem Kaiser Jimmu einst den Thron bestiegen haben soll. Der Kult um den mythischen ersten Tenno, der bis ins 19. Jahrhundert hinein fast in Vergessenheit geraten war, wurde damit gezielt wiederbelebt. Am Morgen des großen Tages hatte es in Tokio geschneit. Kaiser Mutsuhito begann die Festivitäten mit einem Shinto-Ritual, mit dem er den Segen seiner Ahnen für die neue Verfassung erbat.[53] Er trug ein weißes Seidengewand, das er später gegen die Uniform eines Feldmarschalls auswechselte. In einer Feier im Palast überreichte er dem Premier dann die Verfassungsurkunde.

Schaut man sich Darstellungen dieser Zeremonie auf zeitgenössischen Holzdrucken an, staunt man über die Ähnlichkeit mit einer anderen berühmten historischen Szene, die am 18. Januar 1871 im Spiegelsaal des Schlosses von Versailles stattgefunden hatte: der Proklamation der deutschen Reichsgründung durch Kaiser Wilhelm I.[54] Das war natürlich kein Zufall. Bei der Nachahmung des deutschen Vorbilds ließen die japanischen Modernisierer kein Detail außer Acht.

»Der ganze Vorgang hatte nur etwa zehn Minuten gedauert«, notierte der deutsche Arzt Erwin Bälz über die Verkündung der

Der Meiji-Tenno verkündet die Verfassung von 1889, die sich stark am preußisch-deutschen Vorbild orientierte.

Verfassung in sein Tagebuch. Der Deutsche lebte und lehrte in Tokio, er war Leibarzt der Kaiserfamilie, hatte entscheidenden Anteil am Aufbau der modernen japanischen Medizinwissenschaft und verkehrte vertraut mit Oligarchen wie Ito. Bälz staunte über den offenbaren Widerspruch zwischen der westlichen Verfassungsfassade und dem japanischen Alltagsleben, das nach wie vor tief in der Tradition verharrte. Für die Untertanen war die Verkündung der Verfassung vor allem ein Anlass, sich zu vergnügen: Wie bei religiösen Schreinfesten würden Prozessionswagen durch die Straßen gelenkt. »Vor einigen der Wagen zogen Geishas in allerlei Trachten.«[55] Ganz Tokio sei in »unbeschreiblicher Aufregung«, beschrieb der deutsche Arzt die Atmosphäre. »Komisch ist nur, dass niemand weiß, was die Verfassung enthält.«[56]

Japan glich einem einzigartigen Versuchslabor, in dem Tradition und Fortschritt miteinander verschmolzen. Die Elite begeisterte sich für westliche Mode, trug westliche Frisuren, aß westliches Essen und baute sich westliche Häuser. Der kaiserliche Hof ging dabei voran – zumindest der äußeren Form nach. Die Kaiserin und ihre Damen hätten ihre höfischen Gewänder gegen eine »banale europäische Tracht« getauscht, entsetzte sich der deutsche Zeremonienmeister von Mohl.[57] Als ausgerechnet er, der Ausländer, empfahl, die heimische Hofkleidung beizubehalten, weil sie einem »uralten kaiserlichen Hof« angemessen sei, fand er kein Gehör.[58] Das sei eine »politische Frage«, beschied ihn Ito, der Staatsmann.[59] Japan sollte aufholen mit dem Westen, das sollte es gerade auch mit der höfischen Kleiderordnung zeigen, und dafür scheute man keine Ausgaben: Allein ein Ritualkleid für die Kaiserin, das im fernen Deutschland in Auftrag gegeben wurde, kostete mit allem Drum und Dran rund 130 000 Yen – so viel wie dreizehn Jahresgehälter des damaligen Premiers.[60] Die Folgen dieser kulturellen Weichenstellungen kann man bis heute an der Garderobe des Tennos und seiner Verwandten beobachten.

Mit der Verwestlichung ging das Regime indes hohe Risiken ein: Unzufriedene Samurai und oppositionelle Bürgerinnen und Bürger beriefen sich immer lauter auf demokratische Freiheiten. Dagegen brachten die »Meiji«-Oligarchen den Tenno als ideologisches Schutzschild in Stellung. »In unserem Land, als allgemeines Prinzip, gibt es nur das Kaiserhaus«, befand Ito.[61] Der gottähnliche Monarch sollte die Nation zusammenhalten wie das Oberhaupt einer Familie. Im Jahr 1890 erließ die Regierung ein Kaiserliches Erziehungsedikt, es beruhte auf konfuzianischen Moralprinzipien und betonte die Treue der Untertanen gegenüber dem Tenno. Jedes Schulkind musste den Text auswendig lernen. Man kann es als die eigentliche Verfassung des Kaiserreiches bezeichnen.[62]

Doch die »Meiji«-Machthaber wollten dem Tenno natürlich nur symbolische und keine tatsächliche Macht zuteilwerden lassen, und so wurde der Tenno dem Volk gegenüber zunehmend in abstrakte, übermenschliche Gefilde enthoben. Er trat immer seltener in der Öffentlichkeit auf, und wenn, dann vor allem bei Militärmanövern. Eines der wenigen Fotos von ihm zeigt ihn in Uniform. Das Bild wurde in den Schulen des Landes jeweils an besonders würdigen Orten aufbewahrt, ebenso wie das Erziehungsedikt.

1894 zettelte Japan im Namen des Tennos seinen ersten modernen Krieg an: gegen China. Neun Monate später brachte es dem einstigen Lehrmeister eine demütigende Niederlage bei. Im Siegestaumel nahm der Kult um den Tenno immer extremere Formen an. Dieser erste große Krieg offenbarte allerdings fatale Konstruktionsmängel im politischen System:[63] Laut Verfassung war der Tenno zwar das Staatsoberhaupt, er besaß den Oberbefehl über Heer und Marine und hatte das Recht, Kriege zu erklären und Verträge zu schließen. De facto aber war er eben nur eine Schachfigur der »Meiji«-Oligarchen. Hilflos musste er zuschauen, wie sie das Land in seinem Namen in den Krieg trieben – allen voran der damalige Außenminister Munemitsu Mutsu.[64] Der Kaiser selbst war anfangs gegen den Krieg gewesen. Er hatte vor allem taktische Einwände, es ging ihm um den Schutz des Kaiserhauses. Er fürchtete, dass die westlichen Großmächte intervenieren könnten und dass er, der Tenno, dann mit seiner Institution für eine Niederlage einstehen müsste.[65]

Seine Bedenken verklausulierte Mutsuhito in einem berühmten Gedicht:

»Alle vier Meere
seien ja Geschwister, so
denkt man in der Welt.
Warum wollen die Wogen
dennoch stürmisch aufwallen«[66]

Diese Zeilen sollte sein Enkel, der spätere Kaiser Hirohito, dann knapp fünf Jahrzehnte später zitieren, als dessen Regierung die verhängnisvolle Entscheidung traf, die USA anzugreifen und den Pazifischen Krieg zu beginnen. Das poetische Bild der Wellen, mit dem hier offenbar vor der Gefahr des Krieges gewarnt werden sollte, erweckt den Eindruck von Friedfertigkeit aufseiten des Verfassers und seines Enkels. Doch der Eindruck täuscht: Keiner der beiden Kaiser war Pazifist. Der »Meiji«-Tenno zeigte vielmehr ein »äußerst aktives«[67] Interesse an der Kriegsführung. Er verbrachte den Ersten Japanisch-Chinesischen Krieg im Hauptquartier des Generalstabs in Hiroshima. Die Kaiserin reiste ihm nach, in ihrem Gefolge befanden sich auch die Lieblingskonkubinen des Tennos. Privat in alten Gepflogenheiten verhaftet, trat Mutsuhito nach außen als moderner Kriegsführer in Militäruniform auf. Heimische Zeitungen feierten ihn als selbstlosen und genügsamen Monarchen, der aus der Ferne mit seinen kämpfenden Soldaten litt.[68]

Mit dem Sieg über China rückte Japan zur Führungsmacht in Asien auf. Die ungleichen Verträge, die der Westen Japan aufgezwungen hatte, ließen sich nicht viel länger durchsetzen. Der asiatische Aufsteiger hatte aufgeholt und konkurrierte fortan mit dem Westen bei der Aufteilung des chinesischen Festlands. Daran entzündete sich dann zehn Jahre später der Krieg gegen Russland: Diesmal verfolgte der Tenno die Gefechte von Tokio aus. Wieder porträtierte ihn die heimische Propaganda als pflichtgetreuen Herrscher. Unermüdlich arbeite er an seinem Schreibtisch, und aus Solidarität mit den Soldaten verzichte er gar auf die Heizung, hieß es.[69] Mit dem Sieg über die russische Baltikflotte in der Schlacht von Tsushima im Japanischen Meer 1905 gelang der kaiserlichen Marine dann das Undenkbare: Erstmals triumphierte eine nicht-weiße Nation über eine imperialistische Großmacht. Japan stieg zur Nummer eins in Ostasien auf: Als Beute des Krieges mit Russland zwang es Korea in ein Protektorat, 1910 annektierte es das Nachbarland. Der koreanische Kaiser musste abdanken, seine Dynastie wurde in den japanischen Adel zwangsintegriert. Der koreanische Kronprinz wurde von Seoul nach Tokio verbracht, dort wurde er später mit einer japanischen Prinzessin verheiratet.

Den Sieg über das Zarenreich verdankte Japan der rasenden Industrialisierung und der ebenso rasenden Aufrüstung. Der Tenno wurde zum Nationalhelden verklärt. Doch das entscheidende Opfer hatte die verarmte Landbevölkerung erbracht: Die Bauern finanzierten mit ihren Abgaben die Aufrüstung; sie schickten ihre Kinder als Arbeiterinnen und Arbeiter in die Fabriken und als Rekruten zu Heer und Marine.

Japan schwelgte im kollektiven Taumel der Unbesiegbarkeit. Die einstige Samurai-Nation führte ihren Triumph auch auf eine vermeintlich überlegene Kampfmoral zurück, wie sie im Ehrenkodex des *Bushido*, dem »Weg des Kriegers«, überliefert wurde. Dazu gehörte die Bereitschaft der Untertanen, für den Tenno bis zum Tod zu kämpfen. Nach und nach erwuchs daraus eine nationalistische Selbstüberschätzung; sie sollte Japan im Zweiten Weltkrieg zum Verhängnis werden: Unter Hirohito, dem Enkel des »Meiji«-Kaisers, verleitete der Glaube an die eigenen spirituellen Kräfte die Militärs dann dazu, den amerikanischen Gegner völlig zu unterschätzen.

Am 30. Juli 1912 verstarb der »Meiji«-Tenno im Alter von 59 Jahren. Die unmittelbare Todesursache lautete Herzversagen, indes hatte er schon länger an Diabetes, Hepatitis und anderen Krankheiten gelitten.[70] Als Mensch blieb der Monarch, in dessen Namen eine ganze Nation in die Moderne kommandiert worden war, unnahbar. Selbst auf seine Enkel, allen voran den späteren Kaiser Hirohito, muss er wie ein Fremder gewirkt haben. Er empfing sie nur selten, in Uniform gekleidet, in seinem Amtszimmer, am Schreibtisch sitzend. Dann durften sie ihm ein paar Sätze sagen, die sie zuvor auswendig gelernt hatten. Der Tenno, ihr Großvater, sprach dabei kein Wort. Nach etwa einer Minute waren solche Audienzen zu Ende.[71]

Erwin Bälz, der kaiserliche Arzt und aufmerksame Beobachter, beschrieb den Tenno als »zurückhaltende, fast scheue Natur«. Er sah in ihm »weniger eine Person als die Inkarnation einer Idee«.[72] Mit dem Tod des »Meiji«-Kaisers endete für Japan ein einzigartiges Zeitalter: Schon in den Tagen seiner Krankheit war das gesellschaftliche Leben zum Stillstand gekommen. Theateraufführungen und andere Vergnügungen wurden abgesagt. Extrablätter wurden verteilt, die täglich über das kaiserliche Befinden informierten. Menschen fingen schon an zu weinen, sobald der todkranke Tenno nur erwähnt wurde.[73]

In der Nacht, bevor der Katafalk mit dem kaiserlichen Sarg, gezogen von fünf Ochsen, den Palast verließ, nahm sich ein hoher General, Maresuke Nogi, mit seiner Frau Shizuko das Leben. Er entleibte sich nach Sitte der Samurai mit dem Schwert, mit einem traditionellen Kimono bekleidet. Dieser ultimative Treuebeweis des Untertanen, der seinem Herrn in den Tod folgt, bewegte viele

Japanerinnen und Japaner fast noch tiefer als der Tod ihres Kaisers. Nogi war ein Held des Russisch-Japanischen Krieges, er hatte das Gakushuin geleitet, die Adligenschule in Tokio. Und er war der Lehrer des späteren Kaisers Hirohito, den er mit seiner Kriegermoral nachhaltig beeinflusste.

Doch Hirohitos Ägide hatte noch nicht begonnen. Bevor der berüchtigte Kriegskaiser die Bühne betritt und mit ihm die jüngere Neuzeit beginnt, führt die nicht enden wollende dynastische Vorgeschichte zu einem Mann, der noch kurz erwähnt werden muss und durchaus Neugierde und Sympathie verdient. Denn er war ein Ausnahme-Tenno: einer, der mit militärischen Dingen herzlich wenig anfangen konnte; einer, der seine Landsleute durch exzentrisches Verhalten verstörte und gerade deshalb in die unruhige Übergangszeit passte, in der er lebte.

Der Tenno und die Zeit der Wirren

Nach der »Meiji«-Ära hätte es jeder Thronerbe schwer gehabt, aus dem Schatten der propagandamäßig überhöhten Vaterfigur zu treten. Ohnehin bot ihm das System ja kaum Spielräume, er war abhängig von seinen Beratern. Ito, der führende »Meiji«-Oligarch, beschrieb das einmal so: »Es ist wirklich ein hartes Schicksal, als Kronprinz geboren zu werden. Sofort, wenn er in die Welt kommt, wird er überall mit Etikettenbändern gefesselt, und wenn er größer wird, so muß er nach der Pfeife seiner Erzieher und Räte tanzen.«[74] Als Ito das sagte, soll er seine Finger so bewegt haben, als lasse er Marionetten an Fäden zappeln.

Der junge Mann, der nun den Thron bestieg, versuchte allerdings gar nicht erst, seinen verstorbenen Vater zu überstrahlen. Er hieß Yoshihito, war 32 Jahre alt und von einer von Mutsuhitos Nebenfrauen geboren worden. Seine Ära trug den Namen »Taisho«, was man mit »Große Gerechtigkeit« übersetzen kann. Yoshihito war so ziemlich das genaue Gegenteil des »Meiji«-Kaisers. Er galt als schwächlich und empfindsam. Als Kind erkrankte er an einer Hirnhautentzündung, deren Folgen ihn zeitlebens quälten. Früh fiel er durch abweichendes Verhalten auf; daher wurde er von der Adelsschule Gakushuin genommen und einzeln unterrichtet.

Yoshihito entsprach nicht der martialischen Vorstellung, die sich Politiker und Generäle von einem japanischen Kaiser machten. Wenn er durch das Land reiste, näherte er sich dem Volk auffallend leutselig; einmal bat er ein Kind darum, dessen Schulheft mitnehmen zu dürfen. Die »Meiji«-Oligarchen waren darüber nicht amüsiert.[75] Am meisten störte sie, dass der Tenno sich nicht für kriegerische Dinge begeisterte. Lieber verfasste er empfindsame Gedichte, beispielsweise über Schwalben, die gen Süden flogen.[76] Er war jemand, den man heutzutage als Familienmenschen bezeichnen würde. Er mochte es gerne, seine Kinder um sich zu haben; stolz stellte er sie Besuchern vor.[77] Sie alle stammten – das war damals ungewöhnlich – nicht von Konkubinen ab, sondern von seiner Ehefrau, Kaiserin Sadako, die posthum Teimei genannt wird.

Für die höfischen Berater schien klar: Der neue Monarch eignete sich nicht als Symbol für eine Nation, die auch nach dem Tod des »Meiji«-Kaisers militärisch aufsteigen wollte. Im Ersten Weltkrieg schlug Japan sich auf die Seite der westlichen Alliierten und erklärte dem Deutschen Kaiserreich den Krieg. Von seinem einstigen Lehrmeister eroberte es die Musterkolonie Tsingtau in China, und im Zuge des Friedens von Versailles verleibte es sich dann auch noch die deutschen Pazifik-Besitzungen ein. Auch wirtschaftlich ging es für Japan voran. Heimische Elektro- und Chemiefirmen eroberten große Teile des Weltmarkts von europäischen Konkurrenten, deren Produktion im Krieg zumeist darniederlag.

Nach dem Ersten Weltkrieg versank die Welt dann im wirtschaftlichen und politischen Chaos. In vielen Ländern litten die Menschen Hunger, Arbeiter und Soldaten gingen auf die Straßen und stürzten gekrönte Häupter. Auch der Tenno konnte sich nicht mehr sicher fühlen. Was in den Zeitungen stand, hätte ihn beunruhigen müssen: Der russische Zar wurde gestürzt, der deutsche Kaiser musste ins Exil in die Niederlande gehen. In Tokio gewannen politische Parteien an Einfluss – die damalige Ära wird daher auch »Taisho-Demokratie« genannt. Dieses Etikett ist zwar übertrieben, aber ansatzweise erlebte Japan etwas von den Neuerungen, die auch Deutschland in der Weimarer Republik kennzeichneten. Die Mächtigen sahen sich gezwungen, dem Volk Zugeständnisse zu machen: 1925 führte Japan das allgemeine Wahlrecht für Männer ein. Fast zeitgleich trat indes ein Gesetz zur Wahrung der öffentlichen Sicherheit in Kraft; es lieferte dem Staat eine wirksame Handhabe, die Opposition zu unterdrücken.

Wie viel der Tenno von den Wirren mitbekam, ist unklar. Seine häufigen Krankheiten hielten ihn zunehmend davon ab, repräsentative Pflichten zu erfüllen. Er litt unter Sprachstörungen; schließlich war er nicht einmal mehr in der Lage, das Parlament zu eröffnen. Bei einer dieser Zeremonien sorgte der sogenannte »Fernrohr-Zwischenfall« für Irritationen: Von seiner Ehrenloge aus hielt der Tenno sein gerolltes Redemanuskript vor sich – als beäuge er die Abgeordneten durch ein Fernrohr. Im Volk verbreiteten sich Gerüchte über die angeblich »verrückte« Majestät. Einige Historiker halten es allerdings auch für möglich, dass der Tenno nur prüfen wollte, ob sein Manuskript richtig herum gerollt war.[78]

Fest steht jedenfalls, dass die Regierung die Öffentlichkeit bereits ab 1918 mit medizinischen Bulletins darauf einstimmte, dass der Tenno nicht mehr in der Lage sei, seine Pflichten zu erfüllen. Ein konkreter Hinweis auf seine frühere Hirnhauterkrankung konnte als höfliche Umschreibung dafür verstanden werden, dass er nicht ganz richtig im Kopf war. Im Jahr 1921 setzte der kaiserliche Familienrat deshalb den erst 20-jährigen Kronprinzen Hirohito als Regenten für den Tenno ein.[79] Das geschah offenbar gegen Yoshihitos Willen: Als der ranghöchste Kämmerer, der Großhofmarschall, von ihm das kaiserliche Siegel erbat, um es dem Kronprinzen zu überbringen, weigerte der Ausgebootete sich zunächst, dieses Symbol seiner Herrschaft herauszurücken.[80]

Die folgenden fünf Jahre lebte der »Taisho«-Tenno abgeschieden in seiner Ferienvilla in Hayama an der Pazifikküste südwestlich von Tokio, wo er 1926 starb. Mit seinem Tod endete auch die Zeit, in der manche noch ein liberales, demokratisches Japan für möglich gehalten hatten. Aber dafür war das Kaiserreich nicht reif. Politiker, Generäle und Bürokraten suchten längst nach einer kriegerischen Antwort auf die wirtschaftlichen und gesellschaftlichen Herausforderungen.

Der Weg in die Katastrophe

Kurz bevor Kronprinz Hirohito als Regent für seinen Vater eingesetzt wurde, war er von einer sechsmonatigen Reise zurückgekehrt. Sie führte ihn nach Großbritannien, Frankreich, den Niederlanden, Belgien, Italien und dem Vatikan. Es war die erste Reise eines japanischen Kronprinzen ins westliche Ausland. In London wurde er von George V. empfangen. Der König machte seinen Gast mit den Gepflogenheiten des britischen Konstitutionalismus vertraut. Hirohito soll beeindruckt gewesen sein, so sehr, dass er sich vor konstitutioneller Zurückhaltung später nicht den Kriegsplänen der Militärs widersetzt habe, meint sein japanischer Biograf Masayasu Hosaka.[81] Auf Empfehlung von George V. besichtigte Hirohito dann im französischen Verdun die Schlachtfelder des Ersten Weltkriegs.[82] Vor Rührung soll er dabei geweint haben. Allerdings sollte Japan dann gerade unter Hirohito eine der blutigsten Phasen seiner Geschichte durchmachen.

Hirohito wurde im kriegerischen Geist der »Meiji«-Zeit erzogen. Bald nach seiner Geburt am 29. April 1901 wurde er in den Haushalt eines früheren Admirals und Marineministers gebracht. Das war Brauch bei Hof, man wollte so verhindern, dass der kaiserliche Nachwuchs durch elterliche Liebe verhätschelt wurde. Westliche Beobachter kritisierten das. »Welch sonderbare Idee!«, schrieb der deutsche Arzt Bälz in sein Tagebuch. »Ich hatte gehofft, daß die unnatürliche und grausame Sitte, solche kleinen Prinzen den Eltern wegzunehmen und fremden Leuten zu übergeben, endlich aufgegeben wird. Nein! Die arme Kronprinzeß mußte ihren Säugling weggeben, was sie viel Tränen kostete. Und jetzt sehen die Eltern ihr Kind alle Monate ein paarmal für kurze Zeit.«[83]

Mit vollendetem 10. Lebensjahr wurde Hirohito in eine Militäruniform gesteckt und zum Offizier von Heer und Marine ernannt. An der Adelsschule Gakushuin unterrichtete ihn General Nogi, jener Kriegsheld, der sich einige Jahre später, nach dem Tod des »Meiji«-Kaisers, das Leben nehmen sollte. Man kann sich ausmalen, wie die Nachricht von dem Selbstmord des Generals auf den jungen Hirohito gewirkt haben muss. Kurz davor hatte Nogi seinem Schützling noch Schriften von Militärstrategen und Vordenkern des japanischen Nationalismus überreicht. Das war sein kriegerisches Vermächtnis.

In der Person des Thronerben prallten höfische Traditionen und westliche Moderne aufeinander. Einerseits setzte er durch, dass die Kinder, die er und seine Frau, die künftige Kaiserin Nagako, bekamen, im elterlichen Haushalt aufwachsen durften – zumindest bis zum dritten Lebensjahr. Auch schaffte er den höfischen Brauch ab, sich Nebenfrauen zu halten. Seine Aufgaben als Herrscher und als Oberbefehlshaber von Heer und Marine übte er überwiegend so aus, wie Hofberater, Politiker und Generäle es ihm vorgaben. Allerdings starben die realpolitisch denkenden Führer der »Meiji«-Zeit damals nach und nach weg, und der Thronfolger geriet zunehmend unter Druck radikaler Kräfte aus dem Militär.

Am 25. Dezember 1926 wurde Hirohito zum neuen Tenno ausgerufen. Seine Ära trug den Namen »Showa« – »Erleuchteter Friede«. Doch der verheißungsvolle Name trog: Die Expansionisten gewannen zunehmend an Einfluss. Sie betrachteten das chinesische Festland als »Lebenslinie« des rohstoffarmen japanischen Kaiserreiches, als Kornkammer und als Schmiede für die Rüstungsindustrie. Dorthin wollten sie innere Spannungen ablenken, die die japanische Gesellschaft zu zerreißen drohten. Die Weltwirtschaftskrise 1929 stürzte die Bevölkerung ins Elend. Verarmte Bauern verkauften ihre Töchter in die Rotlichtviertel der Städte; ihre Söhne schickten sie zum Militär – und Letzteres schwang sich dann zum Fürsprecher der Unzufriedenen auf.

Der junge Hirohito: Er übte zunächst die Regentschaft für seinen kranken Vater aus. Nach dessen Tod 1926 bestieg er den Thron.

Ins Visier der Strategen in Tokio rückte vor allem die Mandschurei. In dem nordchinesischen Gebiet hatte Japan seit dem Russisch-Japanischen Krieg seinen Einfluss ausgeweitet, insbesondere durch den Bau einer Eisenbahn. Für den jungen Tenno erwuchs dort die erste große Herausforderung: Im Juni 1928 verübten Heeresoffiziere eigenmächtig einen Bombenanschlag auf einen Zug nahe Mukden, dem heutigen Shenyang. Die Aktion zielte auf einen prominenten Passagier, einen chinesischen Warlord, der dabei planmäßig getötet wurde. Der ahnungslose Hirohito sah sich durch das Attentat als Oberbefehlshaber düpiert und forderte den Premier, Giichi Tanaka, auf, die Drahtzieher zu bestrafen – was dieser dann auch versprach.[84] Doch der Premier, ein Ex-General, erwies sich als machtlos gegenüber seinen eigenen Leuten; er wollte die Sache schließlich unter den Teppich kehren. Das wiederum erboste den Kaiser, er fuhr den Premier an: »Zuerst hast du aber etwas anderes gesagt.«[85] Diesen kaiserlichen Tadel konnte der Premier nur als Aufforderung verstehen, zurückzutreten. Was er dann im Juli 1929 mit seinem gesamten Kabinett tat.

Dass ein Kaiser sich so direkt in die Politik einmischte, war beispiellos. Nach damaligem Verfassungsverständnis hatte er sich darauf zu beschränken, Beschlüsse abzusegnen, die ihm das Kabinett vorlegte. Aus dem Wirbel, den die Affäre verursachte, zog Hirohito die Konsequenz, sich bis auf Weiteres zurückzuhalten. Mit seiner Intervention hatte er jedoch bewiesen, dass er willens und in der Lage war, politische und militärische Entscheidungen zu beeinflussen. Der Vorfall wird oft als Beleg dafür gewertet, wie stark der Tenno für den Zweiten Weltkrieg mitverantwortlich war.

Ein weiteres Beispiel für seine aktive Rolle lieferte Hirohito beim sogenannten Februarputsch 1936. Damals besetzten fanatische junge Offiziere mit ihren Truppen das Regierungsviertel in Tokio. Sie wollten den Tenno unter ihre Kontrolle bekommen und die Nation auf Kriegskurs bringen. Sie ermordeten führende Politiker, darunter enge Berater des Tennos. Ihr eigentliches Ziel aber verfehlten die Putschisten: den Kaiserpalast zu besetzen. Hirohito befahl, den Aufstand mit aller Härte niederzuschlagen. Er nahm den Putschversuch persönlich, denn unter den Opfern war auch Admiral Kantaro Suzuki, der Großhofmarschall und väterliche Vertraute des Tennos. Suzukis Frau war einst Hirohitos Kinderfrau gewesen.[86] Suzuki war zwar schwer verletzt, aber er überlebte den Aufstand. Später wurde er Premier.

Die Anführer des Putsches wurden hingerichtet, ihr Anliegen aber wurde fortgeführt: Um das unruhige Militär zu beschäftigen, trieben die Eliten in Tokio die Expansion auf dem chinesischen Festland fortan kontrolliert von oben voran. Bereits 1931 war das Heer ohne Rücksprache mit dem Tenno in die Mandschurei einmarschiert, ein Jahr später rief Japan dort den Marionettenstaat Mandschukuo aus. Gemeinsam mit Wirtschaftsbürokraten und Industriebossen bauten die Militärs das rohstoffreiche Gebiet zu einem gigantischen Labor für planwirtschaftliche Experimente aus. Hier erprobten sie einige der Rezepte, mit denen Japan nach dem Zweiten Weltkrieg sein Wirtschaftswunder ankurbeln sollte. Eine führende Rolle in der Mandschurei spielte Nobusuke Kishi (1896–1987), er war sozusagen der japanische Albert Speer; als Rüstungsminister in Tokio organisierte er später die Kriegswirtschaft. Nach dem Krieg stieg er zum Premier auf. Er war der Großvater von Shinzo Abe, dem Ex-Premier, der 2022 ermordet wurde.

Anfangs kritisierte Hirohito das eigenmächtige Handeln der Militärs, zunehmend aber duldete er ihr Vorgehen und segnete es ab.[87] Im Juli 1937 nutzte das Heer ein Scharmützel mit chinesischen Truppen an der Marco-Polo-Brücke bei Peking als Vorwand, um auch das übrige China mit einem unerklärten Krieg zu überziehen. Das Massaker von Nanking, dem heutigen Nanjing, wurde fünf Monate später zum Sinnbild einer besonders grausamen Kriegsführung. Schätzungsweise 200 000 Menschen wurden von

Soldaten des Kaisers niedergemetzelt – China spricht offiziell gar von 300 000 Opfern. Inwieweit der Tenno von den Exzessen wusste, ist unklar. Allerdings waren auch kaiserliche Prinzen als hohe Offiziere am China-Feldzug beteiligt, durch sie dürfte Hirohito weitgehend im Bilde gewesen sein. Strategisch machte die Vernichtungspolitik keinen Sinn. Das Heer kämpfte sich tiefer und tiefer in den Weiten Chinas fest, ohne Aussicht auf einen Sieg.

Im September 1940 rückten kaiserliche Truppen im Norden Indochinas, dem heutigen Vietnam, ein. Dadurch geriet Japan immer gefährlicher in Konflikt mit den westlichen Kolonialmächten, allen voran den USA. Diese aufstrebende pazifische Großmacht bestand in Asien auf eine Politik der »Offenen Tür«. Präsident Franklin D. Roosevelt sah Japan aber auch als ideologische Herausforderung für die Demokratie an: Das Kaiserreich war im März 1933 aus dem Völkerbund ausgetreten, wie danach auch das nationalsozialistische Deutschland und das faschistische Italien. Alle drei Länder waren Nachzügler, was ihre industrielle Entwicklung und den Aufbau eigener Kolonialreiche betraf; sie sahen sich durch die von den angelsächsischen Großmächten dominierte Weltordnung benachteiligt. 1936 schlossen Deutschland und Japan miteinander den Antikominternpakt, dem Italien ein Jahr später beitrat; 1940 folgte der Dreimächtepakt, der die sogenannte »Achse Berlin–Rom–Tokio« zwischen den drei verbündeten Staaten zementierte.

Japan mobilisierte seine Bevölkerung nach ähnlichen Mustern wie Nazideutschland. Die politischen Parteien wurden in einer autoritären Massenbewegung verschmolzen, der »Vereinigung zur Unterstützung des Kaiserlichen Systems« (»Taisei Yokusankai«). Die Vergöttlichung des Kaisers wurde ins Groteske getrieben. In den Schulen mussten Lehrer Porträts des Herrschers unter Einsatz des eigenen Lebens beschützen, selbst bei Feuer oder Erdbeben. Symbole westlicher Kultur – Dauerwellen, Jazz, Fremdwörter – wurden aus dem Alltag verbannt.

Die japanische Variante des Faschismus musste der Gesellschaft nicht erst künstlich aufgepfropft werden. Der shintoistische Kaiserkult existierte bereits und bildete den Nährboden für die Indoktrinierung der Massen. Indes war der Tenno kein japanischer Hitler oder Mussolini. Er war der Ranghöchste eines »diffusen Systems mit mehreren Machtzentren«, resümiert der Historiker Wolfgang Schwentker treffend den Stand der Forschung.[88] Dabei blieb oft unklar, wer tatsächlich die Verantwortung trug für Entscheidungen, die im Namen des Kaisers verkündet wurden. Politikern und Generälen ging es vorrangig um die Interessen ihrer jeweiligen Institutionen. Das galt auch für den Kaiser selbst: Ob beim Februarputsch 1936 oder bei der Kapitulation im August 1945, in erster Linie sorgte er sich um das Überleben seiner Dynastie.[89] Das diktatorische System, das jetzt entstand, wurde pragmatisch gehandhabt. Selbst General Hideki Tojo, der autoritäre Kriegspremier, wurde im Juli 1944 ausgetauscht, weil er versagt hatte.

Unaufhaltsam schlitterte Japan in den Krieg. Als es zuvor, im Juli 1941, auch noch den Süden von Indochina besetzt hatte, verhängten die USA ein Öl-Embargo gegen das Kaiserreich. Die Planer in Tokio konnten sich nun ausrechnen, wann ihnen der Treibstoff für die Kriegsführung ausgehen würde. Entweder sie akzeptierten die Forderung der USA, sich aus China und Indochina zurückzuziehen, und riskierten so einen erneuten Aufstand des fanatischen Militärs. Oder sie feuerten den ersten Schuss im Pazifik ab und setzten damit alles aufs Spiel: die Sicherheit der eigenen Nation und natürlich auch die Zukunft des Kaiserhauses.

Die Führung in Tokio folgte der Logik ihrer eigenen Radikalisierung und entschied sich für Krieg. Am 7. Dezember 1941 bombardierten japanische Kampfflugzeuge in zwei Angriffswellen den amerikanischen Flottenstützpunkt Pearl Harbor auf Hawaii. Ein US-Kriegsschiff nach dem anderen ging in Flammen auf und versank. Zwar befanden sich die amerikanischen Flugzeugträger in Sicherheit auf hoher See. Gleichwohl gelang es den Angreifern, einen beachtlichen Teil der übrigen Flotte unbrauchbar zu machen. Über 2400 amerikanische Marineangehörige kamen in den brennenden Trümmern ums Leben. Erst nach dem Angriff übergaben Diplomaten des Tennos in Washington eine Erklärung, dass Tokio die damals laufenden Verhandlungen über eine Vermeidung des Krieges abbreche.

Für die amerikanische Öffentlichkeit war Pearl Harbor ein Schock. Ab wann und wie genau Präsident Roosevelt über die japanischen Angriffspläne informiert war, darüber streiten Historiker bis heute. Außer Frage steht: Der Angriff bot Roosevelt den willkommenen Anlass, seine isolationistisch gesinnten Landsleute in den Krieg zu führen, erst gegen Japan, dann auch gegen Deutschland und Italien.

Am Tag des Angriffs auf Pearl Harbor trug der Kaiser seine Marineuniform und schien »glänzend gelaunt«, notierte Hirohitos Marine-Attaché in sein Tagebuch.[90] Ungestört, so sah es zunächst aus, konnte das Kaiserreich nun fortfahren, das übrige Asien zu erobern und die erstrebte sogenannte »Großostasiatische Wohlstandssphäre« zu errichten. Die Strategen in Tokio setzten auf die erprobte Kampfmoral, mit der die Kriegernation 1905 Russland besiegt hatte. Sie vertrauten darauf, dass Hitler Großbritannien in Europa schlagen und Japan so erst einmal Zeit verschaffen werde. Am Ende wollten Tokio und Berlin die Welt unter sich aufteilen – entlang des 70. Breitengrades, etwa bei Karachi im heutigen Pakistan.

Nach und nach überrannten die Truppen des Tennos westliche Kolonien und Rohstoffbasen, darunter die Malaiische Halbinsel, Hongkong, die Philippinen und Singapur. Hirohito äußerte den Wunsch, die Eroberungen später selbst zu besuchen, denn sie würden zu »Japans Territorium« gehören.[91] Er berief sich auf seine gött-

Hirohito, der Kriegskaiser, besaß den Oberbefehl über Heer und Marine – doch seine Militärs handelten oft eigenmächtig.

lichen Urahnen und auf die Herrschaftsidee des »Hakko Ichiu«,[92] was so viel hieß wie »die ganze Welt unter einem Dach«. Hirohito habe es als seine Aufgabe betrachtet, das japanische »Territorium auszuweiten, wann immer sich Gelegenheit dazu bot«, schreibt der ausgewiesene japanische Historiker Akira Yamada.[93] Die Eroberer ließen sich in Asien als Befreier von westlicher Kolonialherrschaft feiern, doch bald begannen sie, die Einheimischen brutal auszubeuten, als Zwangsarbeiter oder Zwangsprostituierte. Allenthalben errichteten sie Shinto-Schreine, an den Schulen mussten die Kinder Japanisch lernen.

Die Entscheidung für den Krieg war 1941 auf den sogenannten Kaiserlichen Konferenzen von Regierung und Militär vorbereitet worden. Der Tenno schwieg bei diesen Zusammenkünften üblicherweise; er segnete Kabinettsvorlagen – wie immer – nur ab. Dadurch sollte er davor bewahrt werden, im Nachhinein Verantwortung für einzelne Entscheidungen übernehmen zu müssen. Eine Ausnahme war die Konferenz vom 6. September 1941. Da ergriff Hirohito plötzlich das Wort und zitierte das Gedicht von den vier Meeren, das sein Großvater, der »Meiji«-Tenno, einst verlesen hatte, bevor Japan 1894 gegen China in den Krieg zog. Diese außergewöhnliche Wortmeldung wurde nach dem Krieg oft als Beleg für die vermeintliche Friedensliebe des Kaisers angeführt. Tatsache ist zwar: Hirohito zweifelte, ob Japan gegen die USA gewinnen könnte, und drängte daher auf Verhandlungen mit den USA.[94] Doch er nutzte seine Autorität nicht, um die wahnwitzigen Pläne der Militärs zu unterbinden. Im Gegenteil. Bereits Mitte Oktober 1941 notierte sein Großhofmarschall Saburo Hyakutake in sein Tagebuch, der Tenno sei offenbar zum Krieg »entschlossen«.[95] Er zitierte einen weiteren kaiserlichen Berater, der besorgt sei, dass der Tenno der Entwicklung zu forsch vorauseile.[96]

Im Krieg spielte Hirohito dann eine überaus aktive Rolle.[97] Von Details der Planung war er geradezu besessen. Bei ihm liefen die wichtigsten Informationen zusammen, auch wenn er bisweilen beklagte, dass das Militär ihm die Wahrheit vorenthalte. Die Vertreter von Heer und Marine berichteten dem Tenno jeweils getrennt, und im Krieg verfolgten sie letztlich auch unterschiedliche Strategien. Das Heer zielte traditionell gegen China und Russland, die Marine wollte vor allem nach Südostasien expandieren. Hirohito forderte die Chefs der Waffengattungen daher auf, besser zusammenzuarbeiten. Wiederholt drängte er auf eine entscheidende Schlacht gegen die USA, um eine günstigere Position für Friedensverhandlungen zu erlangen.[98] Zwar erteilte der Tenno keine operativen Befehle, aber er stellte den Militärs detaillierte und bohrende Nachfragen, die als kaiserliche Willensbekundungen verstanden werden konnten und oft auch wurden.

Hirohitos Verstrickung in den Krieg wurde vom offiziellen Japan nach 1945 schamhaft verschwiegen. Umso eifriger bemühte man sich, den Tenno als Pazifisten darzustellen, der wider Willen in den Krieg hineingezogen worden sei. Ein Beispiel für diese versuchte Reinwaschung ist die offizielle Lebenschronik des Tennos, die das Kaiserliche Hofamt 2014 vorstellte.[99] In dem auf sechzig Bände angelegten Werk seien Belege für Hirohitos aktive Rolle als Oberbefehlshaber »äußerst systematisch« getilgt worden, kritisiert der Historiker Yamada.[100] Akribisch weist er nach, wie die amtlichen Chronisten auch solche Äußerungen des Tennos unterschlagen hätten, die der wissenschaftlichen Forschung durch andere Quellen längst bekannt sind.

Schon ein halbes Jahr nach dem Angriff auf Pearl Harbor, im Juni 1942, zeigte sich, dass die Führer in Tokio die wirtschaftliche und technologische Überlegenheit der USA fahrlässig unterschätzt hatten. In der Luft- und Seeschlacht bei den Midway-Inseln verlor die kaiserliche Marine vier Flugzeugträger, rund 300 Flugzeuge und mindestens 3000 Soldaten. Von dieser verheerenden Niederlage sollte sich Japan nicht mehr erholen. Es war immer weniger in der Lage, seine Eroberungen im Pazifik zu verteidigen. Insel um Insel verlor es an die Amerikaner. Das japanische Kernland wurde zunehmend abgeschnitten vom Nachschub mit Rohstoffen. Im Juli 1944 eroberten die USA schließlich die Insel Saipan. Damit geriet dann auch Tokio in Reichweite amerikanischer Langstreckenbomber. Der Tenno klammerte sich gleichwohl an die Hoffnung, dass sich die Gefechtslage noch wenden ließe. Er fragte die Chefs von Heer und Marine wiederholt: »Können wir es nicht irgendwie zurückholen?«[101]

Aus Mangel an Flugzeugen und Treibstoff verfielen die Militärs auf eine verzweifelte Strategie: Sie kommandierten junge Piloten dazu ab, sich als lebende Bomben mit ihren Maschinen auf amerikanische Kriegsschiffe zu stürzen. Wie die »göttlichen Winde«, die »Kamikaze«, die Japan im 13. Jahrhundert vor zwei Mongolen-Invasionen bewahrt hatten, sollten die Kamikaze-Flieger die drohende Invasion des Kernlandes abwehren. Bevor sie starteten, übermittelten Vorgesetzte ihnen den Dank des Tennos. Sie wurden mit der Verheißung in den Tod geschickt, dass sie im Yasukuni-Schrein, der Kriegergedenkstätte in Tokio, als shintoistische Götter verehrt werden würden. Wenn Hirohito in seinem Palast vom Tod eines Kamikaze-Fliegers erfuhr, soll er sich verbeugt haben.[102]

Einer der Kamikaze-Flieger hieß Keiichi Kuwahara, er war 19 Jahre alt. Er überlebte seinen Einsatz aufgrund glücklicher Umstände. Am Morgen, an dem er in den Tod fliegen sollte, gab er seinen Kameraden ein Foto von sich, das bei seiner Bestattung aufgestellt werden sollte, dazu abgeschnittene Fingernägel, Haare und einen Brief an seine Mutter. Zum Abschied erhielt er Blumen, einen Becher Sake, getrockneten Tintenfisch und zwei Zigaretten. Das war am 4. Mai 1945. »Ich litt wie vor einer Hinrichtung«, berichtete Kuwahara sieben Jahrzehnte später, als er sich mit mir zu einem Interview in einem Café bei Tokio traf.[103] Für ihn sei der Befehl des Tennos absolut gewesen. »Uns wurde gesagt: ›Das Flugzeug gehört dem Tenno, auch die Waffen gehören dem Tenno.‹« Kuwahara hob mit seinem Flugzeug von der Insel Kyushu ab, mit an Bord saß ein Navigator. Sie nahmen Kurs auf Okinawa, die umkämpfte Inselkette im Süden. Dort sollten sie sich mit ihrer Maschine auf ein amerikanisches Kriegsschiff stürzen. Doch bald nach dem Start gab der Motor seltsame Geräusche von sich, Kuwahara musste auf einer kleinen Insel notlanden – und entkam so dem Märtyrertod.

Für den Tenno, in dessen Namen er in den Todeseinsatz geschickt worden war, konnte der Überlebende nach dem Krieg keinen Respekt mehr empfinden. »Ich finde, er hätte abdanken müssen«, sagte er. Das kaiserliche System mit der »Sonnengöttin Amaterasu und all diesen Mythen« gehöre abgeschafft. Jeden Morgen nach dem Aufstehen betete der Veteran für die Seelen seiner gefallenen Kameraden.

Die japanischen Hauptinseln waren den Attacken der Amerikaner zuletzt fast schutzlos ausgeliefert. Allein bei einem Brandbombenangriff auf Tokio im März 1945 wurde ein Viertel der Hauptstadt zerstört, bis zu 100 000 Einwohner kamen dabei um. In Uniform besichtigte der Tenno ausgebrannte und teilweise menschenleere Stadtviertel. Im Mai 1945 brannte dann auch sein Palast aus. Er selbst lebte damals mit seiner Frau Nagako in einem Luftschutzbunker im Palastgarten.

Die Lage war aussichtslos. Deutschland hatte bereits am 8. Mai 1945 kapituliert. Der Tenno und seine Berater dachten insgeheim schon früh darüber nach, wie sich der Krieg beenden ließe. Und vor allem darüber, wie sie das Kaiserhaus aus der absehbaren Katastrophe heraushalten könnten.[104] Fumimaro Konoe, ein adliger Ex-Premier, warnte Hirohito Anfang 1945, dass im Fall der Niederlage eine kommunistische Revolution drohe. Um vorteilhafte Bedingungen für einen Waffenstillstand zu erreichen, streckte Japan Friedensfühler in Richtung Sowjetunion aus. Doch Moskau

Hirohito besichtigt das von Brandbomben verwüstete Tokio. Er selbst lebte in einem Bunker auf dem Palastgrundstück.

lehnte das Ansinnen ab. Zuvor hatte es bereits einen Nichtangriffspakt mit Japan gekündigt, den beide Länder im April 1941 geschlossen hatten.

Die letzten Wochen des Krieges verbrachte die Führung in Tokio damit, über die Kapitulation zu streiten: Auf der einen Seite waren die Befürworter von Friedensverhandlungen, die Berater des Tennos und führende Vertreter der Marine, die den größten Teil ihrer Flotte verloren hatte. Ihnen standen die Chefs des Heeres gegenüber. Sie ließen Bambusspeere an Frauen und Kinder verteilen, sie wollten so das »Volk von 100 Millionen Märtyrern« für den Endkampf bewaffnen.

Am 26. Juli verkündeten die Alliierten die Potsdamer Erklärung; darin verlangten sie die bedingungslose Kapitulation des Kaiserreiches.[105] Die japanische Regierung erfuhr den Wortlaut am 27. Juli. Am folgenden Tag erklärte Premier Kantaro Suzuki, Japan werde die Erklärung stillschweigend übergehen und bis zuletzt für den Sieg kämpfen.

Und was trieb den Tenno in jenen Tagen um? Er sorgte sich vor allem um die Monarchie, um das Erbe, das er als Nachfahre der Sonnengöttin übernommen hatte und verantwortete: Am 31. Juli befahl er, die kaiserlichen Insignien zum Hof bringen zu lassen, damit er sie notfalls selbst beschützen könnte.[106] Konkret erwähnte er den heiligen Spiegel und das heilige Schwert.

Auf diese Weise ließen Hirohito und die übrigen Verantwortlichen wertvolle Zeit verstreichen. Am 6. August, um 8:15 Uhr Ortszeit, warf die Besatzung des amerikanischen Bombers »Enola Gay« mit »Little Boy« über Hiroshima die erste Atombombe ab, die jemals in einem Krieg eingesetzt wurde. Von den 350 000 Menschen, die sich zu diesem Zeitpunkt in der Stadt aufhielten, kamen bis zu 140 000 ums Leben. Doch noch immer sah Tokio keinen Grund, die Waffen zu strecken.

Die Schriftstellerin Fumiko Hashizume war 14, als die Bombe über Hiroshima abgeworfen wurde. Sie half damals in der Postbehörde aus und stand gerade neben einem großen Fenster. »Da brach ein ungewöhnlich gleißender Lichtstrahl herein, wie ein Bündel aus roten, gelben, grünen Streifen. Das sah ich einen Augenblick lang. Es kam mir vor, als wäre die Sonne vom Himmel gefallen. Dann verlor ich das Bewusstsein«, berichtete sie über 75 Jahre später. Als sie wieder zu sich kam, sah sie unzählige Verletzte, die durch die brennenden Ruinen der Stadt irrten. »Ihre Gesichter waren dunkelrot verbrannt, die Lippen dick aufgequollen. Die Haut hing ihnen in Fetzen von den Körpern. Ob es sich um Männer handelte oder um Frauen oder wie alt sie waren, konnte ich nicht erkennen. Sie hatten jegliches menschliche Aussehen verloren.«

Hashizume litt später an zahlreichen Krankheiten, wie Krebs, die sie auf die Folgen der Bombe zurückführte. Trotzdem reiste sie um die Welt und kämpfte für die Ächtung von Atomwaffen. In einem Zoom-Gespräch, das sie im Frühjahr 2021 aus ihrer Wohnung in Tokio mit mir führte, kritisierte sie Japans heutige Politiker: Die würden stets betonen, Japan sei das einzige Land, das Kernwaffen zum Opfer gefallen sei. »Aber dann müssen sie sich auch dafür einsetzen, dass solche Waffen abgeschafft werden.« Hashizume plädierte dafür, mitten in Tokio ein Friedensmuseum für die Atombombenopfer zu bauen. »Es sollte auf dem großen Platz vor dem Kaiserpalast stehen«, sagte sie mir damals.

Mit ihrem Vorschlag brachte die Zeitzeugin die Sache auf den Punkt. Falls Japan sich je ernsthaft mit seiner kriegerischen Vergangenheit auseinandersetzen wollte, gehörte das Kaiserhaus ins Zentrum der Debatte. Aber ein Friedensmuseum direkt vor der Haustür des Tennos? Das wird garantiert nie gebaut werden.

Drei Tage nach dem Angriff auf Hiroshima, am 9. August um 11:02 Uhr, warf der US-Bomber »Bock's Car« die Plutoniumbombe »Fat Man« über Nagasaki ab. Sie tötete rund ein Viertel der 270 000 Einwohner der Stadt. Erst jetzt trat der Oberste Kriegsrat in Tokio wieder zusammen. Was den Tenno und seine Berater indes noch mehr beunruhigte als das nukleare Inferno: Am Tag zuvor hatte die Sowjetunion dem Kaiserreich den Krieg erklärt und ihre Truppen in die Mandschurei einmarschieren lassen. Die schlimmsten Befürchtungen, die man am Kaiserhof gehegt hatte, drohten damit wahr zu werden: eine sowjetische Besetzung Japans – und die Abschaffung der Monarchie.

Es brauchte dann noch eine weitere, nächtliche Sitzung, bis der Tenno sich endlich aufraffte, intern ein Machtwort zu sprechen: Japan solle die Potsdamer Erklärung annehmen, unter der Bedingung, dass das Staatswesen mit dem Kaiser an der Spitze gewahrt werde. Eine solche Garantie wurde von den Alliierten dann jedoch nicht gewährt, und in Tokio gab es noch einiges Hin und Her. Fanatische Offiziere versuchten einen Putsch und besetzten Teile des

Palastareals. Sie wollten die Schallplatte ergattern, auf der die geplante Kapitulationsansprache des Kaisers bereits aufgezeichnet worden war. Ihr Ziel war es, den Krieg fortzusetzen – unter einem neuen Tenno, dem elfjährigen Kronprinzen Akihito, der nach Nikko, einem Bergort nördlich von Tokio, evakuiert worden war. Dorthin schickten die Putschisten eine Einheit, um den Kronprinzen in ihre Hände zu bekommen, was ihnen jedoch nicht gelang.[107] Andere aufständische Truppenteile beschossen den Amtssitz des Premiers und verfolgten den greisen Politiker durch halb Tokio.[108] Die Rebellion wurde niedergeschlagen.

Am 15. August um 12 Uhr mittags war es endlich so weit. Das Radio sendete die legendäre Ansprache des Kaisers. Zum ersten Mal hörte das Volk seine Stimme. Viele Menschen verstanden nicht, was er da sagte in seinem fistelnden Hofjapanisch. Aber sie begriffen, dass der Krieg, der weit über drei Millionen ihrer Landsleute das Leben gekostet hatte, zu Ende war. Hirohito vermied während seiner Rede das Wort »Kapitulation«. Er sagte stattdessen, die Situation habe sich »nicht unbedingt zum Vorteil Japans« entwickelt.[109] Die Nation müsse das »Unerträgliche ertragen« und das »nicht Erduldbare erdulden«. Er beschwor die »Unvergänglichkeit« des »heiligen Landes« und sprach von der Zukunft, die es nun aufzubauen gelte. Hirohito wandte den Blick also bereits nach vorn – auf neue Ziele: Es ging ums Überleben – für die Nation, aber vor allem für Hirohito persönlich und für seine Dynastie mit all ihren göttlichen Urahnen, gegenüber denen er sich als Tenno verantwortlich fühlte.

Hirohito erfindet sich neu

Von einem Tag auf den anderen erlebte die Welt ein verwandeltes Japan: eine Nation, die sich in ihr Schicksal fügte und fast alles willenlos mit sich geschehen ließ. In ganz Asien ließen sich Millionen japanische Soldaten entwaffnen, meist ohne Widerstand. Sie gehorchten einem Edikt ihres Tennos. Anders als in Deutschland nach dem Ersten Weltkrieg gab es keine Revolution. In Tokio pilgerten viele Menschen zum Vorplatz des Kaiserpalastes, sie verneigten sich stumm oder weinten. Zahlreiche Offiziere und Politiker begingen Selbstmord. Die Mehrheit aber blickte kollektiv nach vorn, wie es ihnen der Kaiser aufgetragen hatte, und bereitete sich auf die Ankunft der amerikanischen Besatzer vor. In den Höfen der Ministerien in Tokio verbrannten Beamte stapelweise belastende Akten. Um heimische Frauen und Mädchen vor befürchteten Vergewaltigungen durch die amerikanischen GIs zu schützen, rekrutierte die Obrigkeit eilig heimische Prostituierte. Sie sollten den Besatzern in sogenannten »Erholungs- und Amüsiervereinigungen« ihre professionellen Dienste leisten.

Am 30. August landete der amerikanische Besatzungsgeneral Douglas MacArthur auf einem Flugplatz bei Tokio. In Siegerpose – dunkle Sonnenbrille auf der Nase, Maiskolben-Pfeife in der Hand – schritt er vom Flugzeug herab. Die Szene machte klar, wer in Japan fortan das Sagen haben würde.

Knapp einen Monat danach, am 27. September, traf der General erstmals den Tenno. Er empfing ihn in der amerikanischen Botschaft in Tokio. Wieder entstand ein symbolträchtiges Foto, das zeigte, wie tief der Kaiser und sein Reich gedemütigt worden waren. Vom Tenno aus gesehen rechts posierte der 65-jährige US-General, ein groß gewachsener Mann, mit offenem Hemdkragen und breiten Schultern, die Arme lässig in die Hüften gestemmt. Daneben reckte sich der 21 Jahre jüngere, klein gewachsene, schmächtige Tenno empor – stocksteif, mit Krawatte und im schwarzen Anzug. Der einstige göttliche Kriegskaiser sah aus wie ein Schuljunge.

Das war der erste von insgesamt elf Besuchen des Tennos beim US-General, und es war der wichtigste. Denn MacArthur und Hirohito stellten die Weichen dafür, dass das Kaiserhaus auch nach Japans Kapitulation weiter existierte. Was sie genau besprachen, blieb zunächst geheim. In seinen Memoiren zitierte MacArthur den Tenno später mit den Worten: »Ich komme zu Ihnen, General MacArthur, um mich dem Urteil der von Ihnen vertretenen Mächte anzubieten als derjenige, der die alleinige Verantwortung für alle politischen und militärischen Entscheidungen und Maßnahmen meines Volkes bei der Kriegsführung trägt.«[110] Diese mutige Äußerung des Tennos, so MacArthur, habe ihn »bis in mein Knochenmark« bewegt. »Er war ein Kaiser von Geburt, aber in diesem Moment wusste ich, dass ich dem ersten Gentleman Japans aus eigenem Recht gegenüberstand.«[111]

Für Hirohito war es überlebenswichtig, den US-General für sich einzunehmen. Während des Krieges und danach hatte es in den USA und bei den Alliierten Überlegungen gegeben, den Tenno als Kriegsverbrecher vor Gericht zu stellen und das Kaiserhaus abzuschaffen. Einer Umfrage vom Juni 1945 zufolge waren 70 Prozent der Amerikaner dafür, den Tenno persönlich zur Rechenschaft zu ziehen, 33 Prozent verlangten gar die Todesstrafe für ihn.[112] Solche Forderungen wurden auch danach immer wieder laut. Doch MacArthur entschied sich dagegen. Er wollte die Autorität des Tennos benutzen, um Japan im Sinne der Sieger umzuerziehen. Er schloss eine Art Handel mit dem Tenno: Hirohito durfte auf dem Thron bleiben, musste im Gegenzug aber dabei helfen, das Militär zu entwaffnen und aus Japan eine Demokratie zu machen. Zwischen den beiden Männern entwickelte sich so etwas wie ein

Der besiegte Gottkaiser: Hirohito besucht US-General MacArthur und übernimmt »alleinige Verantwortung« für den Krieg.

Vertrauensverhältnis. So zog Hirohito nach einem dieser Treffen vor seinen Beratern stolz eine Tafel Schokolade hervor, die ihm der Amerikaner geschenkt hatte.[113]

MacArthur wurde der Schutzpatron der Monarchie – sowohl gegenüber den übrigen Alliierten als auch gegenüber Hirohitos

Kritikern in Japan. Statt des Tennos ließ er führende Politiker und Militärs als Kriegsverbrecher verhaften und anklagen; darunter auch General Hideki Tojo, den einst gefürchteten Ex-Premier. Wegen seines kalten Intellekts trug Tojo den Spitznamen »Rasiermesser«.[114] Doch nun wurde er zum Gespött, denn er hatte versucht, sich seiner Verhaftung durch Selbstmord zu entziehen, und sich dabei für einen Krieger ungeschickt angestellt. Die amerikanischen Militärpolizisten trafen ihn im Arbeitszimmer seiner Tokioter Wohnung an, stehend und mit blutverschmiertem Hemd. Er hatte sich in die Brust geschossen, aber das Herz verfehlt – obwohl sein Arzt ihm die Stelle zuvor mit Holzkohle markiert hatte. »Ich habe mir nicht in den Kopf geschossen«, erklärte Tojo den Amerikanern später, »weil ich wollte, dass die Leute meine Gesichtszüge erkennen und wissen, dass ich tot bin.«[115]

In den folgenden sechs Jahren herrschte MacArthur in Tokio wie ein Ersatz-Shogun. Er bezog sein Hauptquartier vis-à-vis dem Kaiserpalast in der klotzigen Zentrale der Lebensversicherung Daiichi. Von hier aus erteilte er seine Weisungen. Sie wurden dann umgesetzt von der japanischen Regierung, die – anders als im ebenfalls besetzten Deutschland – im Amt bleiben durfte.

Die entscheidende Rolle hatten die Besatzer dem Tenno zugedacht: Am 1. Januar 1946 gab Hirohito eine historische Erklärung ab, mit der er de facto verneinte, dass er ein Gott sei. Die sogenannte »Deklaration der Menschlichkeit« (»Ningen Sengen«) machte den Weg frei für eine neue demokratische und pazifistische Verfassung; sie wurde im November 1946 von einem neu gewählten Parlament verabschiedet und trat im Mai 1947 in Kraft. MacArthur und seine Offiziere hatten den japanischen Politikern das Dokument praktisch diktiert. Mit der neuen Verfassung war der Tenno nicht mehr »heilig und unverletzlich«. Er war nicht mehr das Staatsoberhaupt, sondern nur noch das »Symbol des Staates und der Einheit des Volkes«. Er verlor den Oberbefehl über das Militär, das es laut Verfassung ohnehin nicht mehr hätte geben sollen: Laut Artikel 9 verzichtete Japan »für alle Zeiten auf den Krieg als souveränes Recht der Nation«.

Der »Erhabene des Himmels« wurde so auf das ohnmächtige Dasein zurückgeworfen, das seine Vorfahren in Kyoto geführt hatten. Im Zuge der fortan gültigen Trennung von Staat und Religion büßte der Shinto seine Stellung als Staatskult ein. Der Kaiser durfte priesterliche Riten nur mehr privat in seinem Palastschrein abhalten. Das Kaiserliche Hofamt verlor die meisten seiner rund 6200 Beamten.[116] Das kaiserliche Vermögen, darunter Immobilien und Ländereien, fiel überwiegend an den Staat. Der Hofadel wurde auf die engere Verwandtschaft des Tennos gestutzt: Im Oktober 1947 mussten die Oberhäupter von elf Prinzenhäusern mit ihren Familien ins Bürgertum absteigen.

Der Verzicht auf ihre Privilegien fiel den Ex-Adligen schwer. Sie mussten zudem hohe Vermögenssteuern entrichten. Um diese zu begleichen, veräußerten sie Immobilien und Kunstgegenstände. Einige Adlige versuchten sich im Geschäftsleben, selten mit Erfolg: Naruhiko Higashikuni, der schillernde Ex-Premier, gründete 1950 eine buddhistische Religion – die aber dann schnell wieder einging.[117] Einer seiner Söhne, Akitsune Awata, wurde leitender Wärter eines Zoos in Tokio.[118] Die abgestiegenen Höflinge konnten nicht ahnen, dass über 70 Jahre später konservative Politiker auf die Idee kommen würden, ihren männlichen Nachkommen die Rückkehr in den Kaiseradel zu ermöglichen.

Für Hirohito war die US-Besatzung fast eine Befreiung. Ungestört durch das entmachtete Militär und mit tatkräftiger Hilfe durch die US-Besatzer, machte er sich daran, sich neu zu erfinden: als Friedenskaiser. Im Februar 1946 trat er sozusagen hinter dem Chrysanthemenvorhang hervor und begann eine Serie von Rundreisen durch das Land. Der Mensch gewordene Gott besuchte Lazarette, Fabriken und Baustellen. Er trug keine Uniform mehr, sondern einen etwas schlaksig sitzenden Straßenanzug und einen großen Hut, mit dem er den Landsleuten lebhaft zuwedelte. Plötzlich sahen sie ihn aus der Nähe, mit seiner katzbuckeligen Gestalt. Sie hörten seine hohe Stimme, und sie sahen das eigentümliche Zucken in seinem Gesicht, wenn er sprach.[119] Der Tenno erkundigte sich nach ihrer Herkunft und ihrem Ergehen und antwortete dann meist unbeholfen: »Ah, so!« Im Volk nannten sie ihn fortan »Herr Ah so«.

Mit seiner Volksnähe – soweit man davon sprechen konnte in einem Land, in dem ihn viele nach wie vor als Gott verehrten – wollte Hirohito die Monarchie bewahren. Wenn nicht für sich selbst, dann für seinen Sohn Akihito. Dass dies gelingen würde, schien damals indes keineswegs sicher: Die Menschen in den ausgebrannten Städten litten Not. Ihre neuen demokratischen Freiheiten nutzten sie zu Streiks und Protesten. Bei einer Demonstration gegen den Hunger im Mai 1946 drang die Menge bis auf das

Hirohito erfindet sich als Volkskaiser neu – und rettet sich und die Monarchie so über die Niederlage hinweg.

Grundstück des Palastes vor.[120] Politiker der inzwischen wieder erlaubten Kommunistischen Partei forderten die Abschaffung der Monarchie. Und damit waren sie nicht allein: Viele im Volk hatten genug vom Tenno.

Kein Wunder, dass Hirohito bereits Ende August 1945 erwog, abzudanken.[121] Für ihn selbst wäre das vielleicht der bequemste Weg gewesen. Und tatsächlich sollen Ex-Premier Konoe und andere Mitglieder der politischen Führung schon Monate vor Kriegsende die Möglichkeit erörtert haben, dass sich Hirohito nach einer Abdankung in einen buddhistischen Tempel, den Ninna-ji in Kyoto, zurückziehen könnte.[122] Dieses Heiligtum war in der Heian-Zeit von Tenno Uda gegründet worden, und bis zur »Meiji«-Restauration wirkten kaiserliche Söhne hier als Äbte. Doch Hirohito wurde als Tenno gebraucht, von den USA. Mit Blick auf den aufziehenden Kalten Krieg mit der Sowjetunion und dann mit China und Nordkorea wollte die westliche Siegermacht Japan in das kapitalistische Lager einbinden. General MacArthur wehrte deshalb alle Forderungen ab, Hirohito auf die Anklagebank zu setzen.

Mit Blick auf den Tokioter Kriegsverbrecherprozess, der 1946 begann, ließen die Besatzer systematisch Argumente und Materialien zusammentragen, die gegen eine Schuld des Tennos sprachen.[123] Sie arbeiteten dabei eng mit dem Kaiserhaus zusammen. Prinz Takamatsu, der jüngere Bruder des Tennos, lud vor und nach Prozessbeginn zu rund 20 Partys in seiner Residenz ein, auf denen er Leute von der Besatzungsbehörde bewirtete. Um für alle Fälle gewappnet zu sein, hielten höfische Berater mit Blick auf den Prozess im Frühjahr 1946 zudem eine geheime Befragung des Tennos ab. Sie erstreckte sich über mehrere Tage und nahm auch keine Rücksicht darauf, dass Hirohito mit einer Erkältung das Bett hütete.

In seinen internen Schilderungen gab der Tenno den Militärs die Schuld am Krieg: »Angenommen, ich hätte mein Veto gegen die Eröffnung des Krieges eingelegt. Dann wäre im Land auf jeden

Fall große Unruhe ausgebrochen, meine Vertrauten wären ermordet worden, für mein Leben hätte es keine Garantie gegeben. Aber selbst dann wäre es zu einem wilden Krieg gekommen; im Vergleich zum jüngsten Krieg wäre ein Vielfaches des Elends angerichtet worden. Ich glaube, schließlich wäre es unmöglich gewesen, den Krieg zu beenden. Japan wäre vernichtet worden.«[124]

Der Haken an der Verteidigungsrede des Tennos war, dass sie hinter den Mauern des Hofes gehalten wurde statt vor Gericht. Der Tokioter Kriegsverbrecherprozess fand ohne Japans einstigen Oberbefehlshaber statt. Das Verfahren, bei dem MacArthur im Hintergrund die Regie führte, begann – wohl nicht zufällig – am 29. April 1946, dem 45. Geburtstag des Kaisers.[125] Auf der Anklagebank saßen Untergebene des Tennos, wie Kriegspremier General Tojo und andere Militärs und Politiker. Nach Vorbild der Nürnberger Prozesse mussten sie sich unter anderem für Verbrechen gegen den Frieden und gegen die Menschlichkeit verantworten.

Die von MacArthur ernannten elf Richter aus den Siegernationen hatten erkennbar Mühe, die Kernfrage des Prozesses auszuklammern: welche Verantwortung der Tenno für den Krieg trug. Ausgerechnet Tojo, der kaisertreue Kriegspremier, belastete Hirohito indirekt.[126] Bei einem Verhör erklärte er, Untergebene des Tennos würden diesem nie widersprechen. Diese Aussage warf logischerweise die Frage auf, warum Hirohito die Militärs dann nicht gestoppt hatte. Hektisch sorgte die Prozessregie dafür, dass Tojo seine Aussage zugunsten des Tennos wieder abschwächte.

Anfang Dezember 1948 wurden die Urteile gesprochen; am 23. Dezember wurden Tojo und sechs weitere Hauptkriegsverbrecher im Gefängnis Sugamo in Tokio gehängt. Es war der Geburtstag von Kronprinz Akihito, auch diese Terminwahl war wohl kaum ein Zufall. Der Kaiser verbrachte den Tag in seinem Amtszimmer; vor lauter Weinen soll sein Gesicht sich rot verfärbt haben.[127] Die Leichen der Hingerichteten wurden anschließend verbrannt, ihre

Asche verstreuten die Amerikaner aus der Luft über dem Pazifik – ein Dokument über den Ablauf dieser hochgeheimen Aktion tauchte erst im Frühsommer 2021 aus US-Archiven auf.[128]

Mit Abschluss des Tokioter Prozesses wurde Japans kriegerische Vergangenheit von den US-Besatzern praktisch aus der Welt geschafft. Sie verfolgten fortan andere Prioritäten. Die Demokratisierung war ihnen nicht mehr so wichtig, Arbeiterproteste wurden rigoros niedergeschlagen. Gleichzeitig wurden Politiker, Beamte und Firmenbosse, die in der Kriegszeit aktiv waren, aus der Haft entlassen – darunter auch Nobusuke Kishi, der Ex-Rüstungsminister. Sie wurden gebraucht: als Verbündete der USA im Kalten Krieg. Und so folgten sie dem Beispiel von Kaiser Hirohito, dem ranghöchsten Überlebenden des besiegten Kaiserreiches, und arrangierten sich mit den Besatzern.

Vermählung mit dem Bürgertum

Im Juni 1950 brach der Koreakrieg aus. Der kommunistische Norden der Halbinsel überrannte fast den gesamten kapitalistischen Süden. Für die USA wurde Japan nun zur Nachschubbasis, um die Invasoren zurückzuschlagen. Stillgelegte Rüstungsfabriken wurden wieder in Betrieb genommen, auch die Produktion für Wolldecken und viele andere Ausrüstungen wurde hochgefahren. Japan erlebte den ersten Wirtschaftsboom der Nachkriegszeit. Mit einem Mal rückten auch militärische Dinge wieder in den Mittelpunkt des allgemeinen Interesses: Im Juli verfügte MacArthur die Aufstellung einer japanischen Polizeireserve – daraus sollte sich dann später die heutige Armee entwickeln, die sogenannten Selbstverteidigungsstreitkräfte.

In Sachen Landesverteidigung schaltete sich auch eine Person aktiv ein, die sich nach der neuen Verfassung eigentlich aus der Politik hätte heraushalten sollen: der Tenno. Sowohl direkt als auch indirekt drängte er MacArthur, dass die USA auch nach Ende der Besatzung 1952 weiter Truppen in Japan stationieren sollten.[129] Insbesondere wünschte er, dass die USA nach der Unabhängigkeit weiterhin Okinawa besetzten. So kam es dann auch. Erst 1972 gaben die USA die südliche Inselkette an Japan zurück; doch bis heute haben sie dort den Großteil ihrer Truppen im Land stationiert.

Hirohito fiel es schwer, sich auf seine neue rein symbolische Rolle zu beschränken. Intern äußerte er sich immer wieder zu innenpolitischen Themen, insbesondere kritisierte er den Einfluss der Arbeiterbewegung.[130] Wiederholt warnte ihn der damalige Chef des Kaiserlichen Hofamtes davor, mit seinen Einlassungen gegen die Verfassung zu verstoßen.

Der Koreakrieg beschleunigte das Ende der US-Besatzung in Japan: Im April 1951 wurde General MacArthur von Präsident Harry S. Truman entlassen. Der Held des Zweiten Weltkriegs hatte die Regierung in Washington mit eigenwilligen strategischen Ansichten wiederholt provoziert, intern und öffentlich. Er hatte den Einsatz der Atombombe gefordert und darauf gedrängt, in China Städte, Militäranlagen sowie die Brücken über den Grenzfluss Yalu zu bombardieren.[131] Dabei hoffte er offenbar, die Pekinger Kommunisten durch Chiang Kai-shek, den nach Taiwan geflohenen Führer der Nationalchinesen, austauschen zu können. Hätte der US-General sich durchgesetzt und den Krieg auf China ausgeweitet, hätte er damit eine Intervention der Sowjetunion riskiert. In Washington befürchtete man damals, der Korea-Konflikt könnte zum dritten Weltkrieg eskalieren, womöglich gar zu einem nuklearen Holocaust.[132]

Noch erstaunlicher als die Entlassung des legendären US-Generals waren die japanischen Reaktionen darauf. Die Besiegten zeigten sich zutiefst betroffen über den Weggang ihres ranghöchsten Besatzers. MacArthur war für die Japanerinnen und Japaner zu einer neuen Vaterfigur geworden, er hatte ihnen nach der verheerenden Niederlage Orientierung und Zuversicht gegeben – mehr noch als der Tenno, der seiner Göttlichkeit entsagt hatte und von MacArthur in jeglicher Hinsicht überragt wurde. Premier Shigeru Yoshida äußerte »Schock und Trauer« über den Abgang des US-Generals.[133]

Der Tenno besuchte den entlassenen General ein letztes Mal in dessen Residenz – entgegen dem Rat seiner höfischen Umgebung.[134] Nach dem Gespräch begleitete MacArthur den Tenno erstmals zu dessen Wagen. Als der General später zum Flughafen fuhr, säumten Hunderttausende die Straßen. Der Tenno entsandte seinen Chefkämmerer zur Verabschiedung. Einige Wochen später schlug die japanische Verehrung für MacArthur dann allerdings in Empörung um: Bei einer Anhörung vor dem US-Senat hatte MacArthur das japanische Volk mit einem unreifen »zwölfjährigen Jungen« verglichen.[135] Pläne für ein MacArthur-Denkmal, das man bereits in der Bucht von Tokio hatte errichten wollen, wurden hastig wieder verworfen.

Im September 1951 unterzeichnete Japan mit den USA und 47 weiteren Ländern den Friedensvertrag von San Francisco. Mit diesem Vertrag, der im April 1952 offiziell in Kraft trat, erlangte es seine Unabhängigkeit zurück. Damit endete auch die Übergangsphase, in welcher der Tenno noch teilweise politischen Einfluss ausübte. Dass er fortan nichts mehr zu sagen hatte, bekam er im Vorfeld der offiziellen Unabhängigkeitsfeier zu spüren, die im Mai 1952 in Tokio stattfand. Hirohito äußerte den starken Wunsch, in seine Ansprache Worte des Bedauerns über den Krieg einzubauen.[136] Premier Yoshida lehnte das ab; er wollte vermeiden, dass Hirohito damit eine neue Debatte um seine Verwicklung in den Krieg anstieß. Die Sorge war berechtigt. Denn kurz zuvor hatte ein junger Abgeordneter des Unterhauses, der spätere Premier Yasuhiro Nakasone, die Unabhängigkeit als einen geeigneten Anlass bezeichnet, aus dem der Tenno abdanken könne. Der Premier hielt dagegen: Wer so etwas fordere, sei ein »Volksverräter«.[137]

Das Thema Abdankung verschwand von der Tagesordnung, doch die kriegerische Vergangenheit sollte auch die folgenden knapp vier Jahrzehnte von Hirohitos Ägide überschatten. Er blieb international eine oft verhasste Figur. Zwar konnte er damals ohnehin nicht ins Ausland reisen, denn ein Tenno durfte seine Pflichten, wie die Ernennung von Regierungschefs, nicht an einen Stellvertreter delegieren; erst ab 1964 ermöglichte ihm ein Gesetz, für Zeiten der Abwesenheit einen Bevollmächtigten einzusetzen. Aber Hirohito wäre damals fast nirgendwo auf der Welt willkommen gewesen.

Als die britische Königin Elizabeth II. 1953 gekrönt wurde, schickte der Tenno seinen Sohn, den 19-jährigen Kronprinzen Akihito, als Abgesandten nach London. Akihito reiste per Schiff, er besuchte auch andere Länder, wie die Bundesrepublik Deutschland und die USA. Die Reise dauerte über ein halbes Jahr; für das Kaiserhaus war sie ein erster Ausbruch aus der diplomatischen Isolation.

Auch sonst setzte Hirohito verstärkt auf den Thronfolger. Mit seiner Hilfe wollte er das Kaiserhaus in der Nachkriegsdemokratie verankern. Selbst wenn Hirohito, der Mensch gewordene Gottkaiser, nun Anzug und Krawatte trug: Die Metamorphose zu einer Art Bürger-Kaiser konnte er selbst kaum glaubhaft verkörpern. Er blieb das Gesicht einer unheilvollen Vergangenheit, die viele vergessen wollten. Sein Sohn war dagegen ein Produkt des demokratischen Neubeginns.

Auf Veranlassung des Tennos hatten Akihito und seine Mitschüler 1946 eine Englischlehrerin bekommen, die Amerikanerin Elizabeth Vining. Sie war eine Quäkerin und eine Pazifistin. Gleich zu Beginn erteilte sie dem Thronfolger eine Lektion in demokratischer Gleichheit: Sie gab allen Schülern englische Namen. Den Kronprinzen nannte sie »Jimmy«. Darauf antwortete ihr dieser: »Nein. Ich bin ein Prinz.«[138] Aber Vining beharrte auf »Jimmy«, und der Prinz fügte sich lächelnd. Er wurde den Landsleuten auch öffentlich als Musterschüler der Umerziehung präsentiert. Ein Foto zeigte ihn, wie er mit seinem Vater die amerikanische Militärzeitung *Stars and Stripes* las. Zeitweise wurde auch erwogen, Akihito zum Studium in die USA zu schicken.

War der Kronprinz letztlich also eine Kreatur der Amerikaner? So weit kann man nicht gehen, denn er wurde auch durch liberale Kräfte in Japan geprägt. Die hatte es schon vor dem Krieg durchaus gegeben, und nach der Entmachtung des Militärs gewannen sie zeitweise beachtlichen Einfluss. Einer ihrer Vertreter hieß Shinzo Koizumi, er war seit 1948 für die Erziehung des Kronprin-

Hirohito geht bei der demokratischen Umerziehung voran: Mit Sohn Akihito liest er die US-Militärzeitung *Stars & Stripes*.

zen zuständig.[139] Koizumi war Ökonom, er hatte über die Lehren des britischen Wirtschaftstheoretikers David Ricardo promoviert und war Rektor der renommierten Keio-Universität in Tokio gewesen. Seine Berufung durch das Kaiserhaus unterstrich den Bruch mit dem Militarismus. Sein einziger Sohn war im Krieg gefallen; er selbst hatte bei Bombenangriffen auf Tokio schwere Brandwunden erlitten, sein Gesicht war von Narben entstellt.

Koizumi hatte erheblichen Anteil daran, dass Akihito 1959 dann Michiko Shoda heiratete, die Tochter eines reichen Mehlfabrikanten und die erste Bürgerliche, die in die Kaiserfamilie aufgenommen wurde. Durch diese Vermählung mit dem Bürgertum zelebrierte die Monarchie ihre Neuerfindung; es war der zweite radikale Bruch seit Hirohitos »Menschwerdung«. Das Brautpaar hatte sich 1957 beim Tennis in Karuizawa, einer Sommerfrische in den Bergen nordwestlich von Tokio, kennengelernt. Oder präziser gesagt: Man hatte die beiden miteinander bekannt gemacht. Die Tennis-Romanze verzauberte eine ganze Generation von Japanerinnen und Japanern. Das für Japan ungewohnte Konzept der »Liebesheirat« kam in Mode – statt der traditionellen Ehen, die durch Eltern oder Vorgesetzte arrangiert wurden.[140] Die bürgerliche Braut erschloss der Monarchie die Herzen der begeisterten Massen. Japan schwelgte im »Michi-Boom«.

Michiko Shoda war christlich erzogen, sie hatte an einer katholischen Hochschule in Tokio studiert, nicht am Gakushuin wie der Hofadel. Die Familie Shoda war anfangs dagegen, die eigene Tochter mit dem Kaiser zu verheiraten und sie so in den goldenen Käfig des Palastes zu schicken. Erst das telefonische Werben von Akihito und die nachdrückliche Unterstützung durch seinen Mentor Koizumi bewirkten einen Sinneswandel bei der Braut und deren Eltern. Indes sollten sich ihre Befürchtungen später bewahrheiten: Im ehemaligen Hofadel waren viele erbost, dass der Kronprinz eine »Müllerstochter« erwählt hatte und keine aus ihrem blaublütigen Kreis.[141] Kaisergattin Nagako und führende Hofdamen ließen Michiko spüren, dass sie ihrer Meinung nach nicht an den Hof gehörte.[142] Die Kränkungen hinterließen, wie sich noch Jahre später zeigen sollte, tiefe Verletzungen bei Michiko.

Am Tag der Hochzeit aber bejubelte Japan die frisch Vermählten. Tausende Paare im Land ließen sich gleichzeitig trauen. Akihito und Michiko fuhren in einer Kutsche durch Tokio. Die Nation richtete den Blick nach vorn, nicht mehr auf militärische, sondern auf wirtschaftliche Ziele. Drei Jahre zuvor hatte die Regierung in ihrem Weißbuch verkündet, die Zeit des kriegsbedingten Wiederaufbaus sei überwunden. Und wenn die Zeitungen jetzt

Die Bürgerprinzessin in ihrer Küche: Michiko wurde zum Rollenmodell für die Nachkriegs-Japanerinnen.

von den »drei Insignien« schrieben, meinten sie damit nicht mehr den kaiserlichen Spiegel, das Schwert und das Krummjuwel, sondern die drei Symbole des Wohlstands, die immer mehr Menschen sich leisten konnten: Fernseher, Kühlschrank und Waschmaschine. Um das Wirtschaftswunder in Worte zu fassen, entlehnte man auch sonst gern Begriffe aus der kaiserlichen Mythologie: Die beiden Konjunkturzyklen ab den Fünfziger- und den Sechzigerjahren benannten Ökonomen jeweils nach dem mythischen Kaiser Jimmu und dessen göttlichem Vorfahren, Izanagi, der mit seinem Speer die japanischen Inseln mit erschaffen hatte.

Dank des Aufschwungs zählten sich immer mehr Japanerinnen und Japaner zur Mittelschicht. Die japanische Großfamilie, in der mehrere Generationen unter einem Dach gelebt hatten, wich nach dem Krieg der urbanen Kleinfamilie. Und Kronprinz Akihito und seine bürgerliche Frau waren sozusagen die Trendsetter, die den neuen, westlich geprägten Lebensstil vorlebten. Sie erzogen ihre Kinder selbst, was bei Hof ebenfalls neu war. Wochenmagazine füllten ihre Seiten mit Fotos von Michiko, die sich in ihrer modernen Küche die Schürze umband und selbst kochte. Die Prinzessin inszenierte sich als Musterbeispiel für die damals übliche Rollenverteilung der Geschlechter: Die Frauen kümmerten sich um Kindererziehung und Haushalt, während ihre Ehemänner oft extrem lange Arbeitstage als Firmenangestellte malochten und nach Feierabend dann noch mit Chefs und Kollegen in die Kneipe gingen. Für viele Männer wurde die Firma zum Familienersatz.

Dagegen traten Akihito und Michiko bei offiziellen Terminen meist gemeinsam auf. Im Jahr nach der Hochzeit brachte Michiko einen Sohn zur Welt, Naruhito, den heutigen Tenno. Für Zeiten der Abwesenheit, in denen sie sich nicht selbst um ihren Sohn kümmern konnte, schrieb sie dem Personal erzieherische Grundsätze auf: Sie sollten Naruhito einmal pro Tag in die Arme nehmen, ihm Verhaltensregeln vernünftig erklären und ihn auf diese Weise zur Selbstständigkeit erziehen.[143] Ihre Anweisungen nannte die Prinzessin »Naruchan-Kenpo« – »Verfassung für den kleinen Naru«. Der Geist der Nachkriegsdemokratie eroberte auch die kaiserliche Kinderstube.

Und was machte Tenno Hirohito, während Akihito und Michiko die Nation verzückten? Er rückte zeitweise in den Hintergrund, ging aber natürlich weiterhin seinen kaiserlichen Aufgaben nach: Er eröffnete das Parlament, siegelte Gesetze, bewirtete Staatsgäste. Regelmäßig empfing er die jeweiligen Regierungschefs zu Audienzen.[144] Dabei redete er sie nur mit ihren Familiennamen an, wie ein Herrscher seine Untertanen. Eigentlich besaß Hirohito kein Recht mehr auf diese exklusiven Briefings, doch aus Gewohnheit behielt man sie bei. Hirohito stellte den Premiers dabei gezielte Nachfragen, beispielsweise zu den Studentenprotesten gegen die Revision des Sicherheitsvertrages mit den USA 1960 oder später gegen den Vietnamkrieg. Auf seine Weise versuchte er, die konservativen Regierungen darin zu bestärken, linke Proteste entschlossen zu bekämpfen.[145]

Im Herbst 1964 eröffnete Hirohito die Olympischen Sommerspiele in Tokio. Vor aller Welt feierte Japan damals seinen wirtschaftlichen Wiederaufstieg. Der Shinkansen, der neue Superschnellzug, wurde eingeweiht und eine neue Autobahn auf Betonstelzen durch die Hauptstadt gezogen. Der damalige Premier Hayato Ikeda hatte zuvor versprochen, die Einkommen der Landsleute innerhalb von zehn Jahren zu verdoppeln – tatsächlich verdreifachten sie sich. Japan startete eine Exportoffensive nach der anderen. Der Premier trug stets ein Radio bei sich, um die neuesten Börsenberichte zu hören.[146] Die Nation folgte nun einer weltlichen Religion, der des Geldverdienens und des Konsumierens.

Sehnsucht nach dem Gottkaisertum

Gegen den Geist der Nachkriegsdemokratie regte sich frühzeitig Widerstand. Seit der »Menschwerdung« des Kaisers fühlten sich viele Traditionalisten vaterlos. Sie fanden ihre neue politische Heimat teilweise in ultrarechten Gruppierungen, aber auch in der regierenden Liberaldemokratischen Partei (LDP). Die LDP wurde 1955 gegründet, sie ist ein pragmatisches Bündnis von wirtschaftsliberalen und konservativen Interessenklüngeln; sie regiert das Land seither fast ununterbrochen. Insbesondere der nationalistische Flügel der Partei unter dem Ex-Premier Nobusuke Kishi drängte darauf, die Friedensverfassung zu revidieren und die Reformen der Besatzungszeit teilweise zurückzudrehen.

Doch der Pazifismus war für die Mehrheit der japanischen Gesellschaft längst ein Teil ihrer politischen DNA geworden, und so mussten sich die Rechten zunächst mit symbolischen Änderungen begnügen. Sie setzten insbesondere durch, dass die kaiserliche Tradition wieder aufgewertet wurde: Bereits seit 1967 wird die Thronbesteigung des mythischen Staatsgründers Kaiser Jimmu am 11. Februar wieder als nationaler Feiertag begangen. Und 1979 beschloss das Parlament, die Zeit wieder nach der Ära des jeweiligen Kaisers zu datieren. Demnach schrieb Japan 1979 das Jahr »Showa 54«.

Das waren mehr als nur kosmetische Korrekturen. Im Land setzte sich ein politisches Klima durch, in dem es schließlich fast unmöglich wurde, über das Kaiserhaus zu debattieren. Die Medien hielten sich an ein ungeschriebenes Gesetz des Schweigens, das sogenannte »Chrysanthemen-Tabu«. In den Redaktionen herrschte Angst, seit ein Ultrarechter 1961 einen Attentatsversuch auf den Präsidenten eines Tokioter Verlags verübt hatte. Den Anlass dazu lieferte eine parodistische Erzählung des Autors Shichiro Fukazawa, sie trug den Titel »Furyu Mutan« – »Eine elegante Traumgeschichte« – und war in der Zeitschrift *Chuo Koron* erschienen. Darin träumt der Erzähler, dass die kaiserliche Familie geköpft wird, auf dem Höhepunkt eines Volksaufstands.[147] Die Veröffentlichung löste Empörung und Wut unter Ultrarechten aus; auch das Kaiserliche Hofamt protestierte. Schließlich drang dann ein junger Rechtsradikaler in die Wohnung des Verlagschefs ein. Diesen traf er zwar nicht an, aber er erstach eine Haushaltshilfe und verletzte dessen Ehefrau schwer.

Der Vorfall zeigte: Es gab in Japan immer noch Menschen, die dem Kaisertum der Vorkriegszeit nachtrauerten: der ruhmreichen Vergangenheit, als der Tenno noch als Gott verehrt wurde und als die Nation dem Kriegerethos der Samurai anhing. Einer, der den Phantomschmerz über den Verlust des göttlichen Kaisers auf ganz eigene, ästhetisch überhöhte Weise zu verarbeiten versuchte, war der Autor Yukio Mishima. Er war einer der meistgelesenen japanischen Schriftsteller, umso mehr schockierte er Japan und die Welt dann mit einer gruselig-operettenhaften Aktion: Am 25. November 1970 besetzte er mit einer Handvoll Getreuer das Hauptquartier der Streitkräfte in Tokio.[148] Er trug ein Stirnband und eine braune Fantasie-Uniform. Vom Vordach des Gebäudes herab forderte er Hunderte Soldaten, die dort zusammengekommen waren, auf, mit ihm für den Kaiser zu sterben.

»Ihr seid doch Samurai, oder?«, rief Mishima ihnen zu. »Wenn ihr Samurai seid, warum schützt ihr dann die Verfassung, die euch negiert? Ist nicht einer unter euch, der sich gemeinsam mit mir erhebt?«[149] Seine Worte gingen weitgehend unter im Lärm der am Himmel kreisenden Polizeihubschrauber und der Soldaten, die zurückschrien: »Komm da runter«, oder: »Hör auf, den Helden zu spielen.«[150] Mit dem Ruf »Lang lebe Seine Majestät, der Kaiser« zogen Mishima und seine Getreuen sich dann in das Gebäude zu-

Yukio Mishima vor seinem spektakulären Selbstmord. Sein Putschaufruf verhallte in der Hektik des Wirtschaftswunders.

rück. Dort schlitzte Mishima sich mit einem Schwert den Bauch auf. Ein Freund sollte ihm dann nach Samurai-Sitte eigentlich den Kopf abschlagen, um den Todeskampf zu verkürzen. Als dem das aber nicht gelang, enthauptete ein zweiter Kamerad Mishima und auch seinen Freund.

Mishima war zum Zeitpunkt seines Suizids 45, er war als junger Mann für den Kriegsdienst als untauglich eingestuft worden. Dieses Manko versuchte er zu kompensieren, indem er einen martialischen Schönheits- und Heldenkult kultivierte. Er trainierte seinen Körper und stilisierte ihn auf eine Weise, die an homoerotische Traditionen der europäischen Kunstgeschichte anknüpfte.[151] Dass er schwul war, steht für führende Biografen außer Frage, indes konnte er diese Neigung in der japanischen Gesellschaft nicht offen ausleben – er war mit einer Frau verheiratet und hatte zwei

Kinder. Sein Selbstmord-Spektakel zu Ehren des Kaiserhauses wirkte wie die Vollendung einer lebenslangen Selbstinszenierung.

Aus Mishimas Sicht war Japan zum Vasallen der USA verkommen. Er konnte es Hirohito nicht verzeihen, dass dieser nach dem Krieg einfach weiterlebte. Hirohito hätte sich seiner Meinung nach lieber umbringen sollen, wie viele der Soldaten, die in seinem Namen in die Schlachten gezogen waren.[152] »Warum ist der Kaiser ein Mensch geworden?«, ließ Mishima die Geister der toten Kamikaze-Krieger in seinem Buch *Die Stimmen der heroischen Toten* fragen.[153] Die Monarchie hatte in seinen Augen ihre Würde verloren; im Zuge der Hochzeit des Kronprinzen und des »Michi-Booms« um die bürgerliche Braut war sie zu einem »Kaisertum der Wochenmagazine« verkommen.[154] Angeblich hatte Mishima einst Michiko Shoda zu einem traditionellen Date getroffen, wie es damals für Heiratskandidaten arrangiert wurde. Mishima sei derjenige, der »die Kronprinzessin am meisten gehasst hat«, vermutet der Historiker Takeshi Hara.[155]

Für Mishima war der Tenno der letztgültige »Wert an sich«, wie er schrieb, wobei er diese Worte in seinen japanischen Text eigens auf Deutsch einfügte.[156] Die Enttäuschung über den demütigenden Abstieg des göttlichen Inbegriffs der heimischen Kultur schlug bei Mishima dann um in Zerstörungswut – ein Biograf bezeichnet ihn als »ästhetischen Terroristen«.[157] Zunächst lebte Mishima seine Aggression nur literarisch aus: In seinem Erfolgsroman *Tempelbrand* ließ ein junger Mönch den Goldenen Tempel in Kyoto in Flammen aufgehen. Die Parallele zum Kaiserhaus drängt sich geradezu auf. Das buddhistische Heiligtum war im Krieg von amerikanischen Bomben verschont geblieben und verkam dann zur Touristenattraktion – ganz ähnlich wie das Kaiserhaus, das zum Objekt der Klatschpresse abstieg. Doch Mishima war auch über Japan insgesamt enttäuscht: Über ein Volk, das nach der Niederlage 1945 von heute auf morgen das kaiserliche System mit der

Demokratie ersetzt hatte – wie ein leeres Gefäß, das sich mit jedem beliebigen Inhalt neu befüllen lässt.[158]

Was immer Mishima zu seinem Harakiri bewogen haben mag, politisch, künstlerisch, persönlich: Sein Protest verhallte schnell im Alltag eines Landes, das mit der wirtschaftlichen Aufholjagd beschäftigt war. Mishima erging es ähnlich wie der linken Studentenbewegung in den Sechzigerjahren. Deren Rebellion richtete sich zunächst gegen die Revision des Sicherheitsvertrags mit den USA 1960, dann gegen den Vietnamkrieg und überhaupt gegen die Vorkriegs-Eliten, die sich mit den Amerikanern verbündet hatten und nun wieder die Geschicke des Landes bestimmten. Die Bewegung spaltete sich dann auf: in jene, die resignierten und sich als Angestellte in den Firmenalltag fügten. Und in eine radikalisierte Minderheit, die Terroranschläge verübte, wie die Entführung eines Flugzeugs 1970 nach Nordkorea oder das blutige Massaker der Japanischen Roten Armee (JRA) auf dem Flughafen Tel Aviv im Jahr 1972.

Anders als den »68ern« in Deutschland gelang es der japanischen Protestgeneration nicht, die politische Kultur zu verändern. Mishima sollte recht behalten: Das spirituelle Vakuum, das der Tenno mit seiner Entgöttlichung hinterlassen hatte, wurde nicht mit neuen Werten gefüllt. Bis heute nicht. Der Konsum, dem die Landsleute nachjagten und mit dessen Hilfe sie die Vergangenheit verdrängten, war nur ein vorübergehender kollektiver Rausch.

Wie wohl Hirohito auf Mishimas Seppuku reagiert haben mag? Einen Tag nach dem Selbstmord unterhielt er sich mit seinem Großhofmarschall über den Vorfall; das belegt die offizielle Chronik über den Tenno.[159] Doch was sie da genau beredeten, ist nicht überliefert.

Wie man auch sonst nur wenig darüber weiß, was der Tenno so dachte – vor allem über seine eigene Rolle im Krieg. Öffentlich äußerte er sich kaum zu dem heiklen Thema. Immerhin vermied er es, sich politisch einspannen zu lassen von den Ewiggestrigen, die das Kaisertum der Vorkriegszeit zurücksehnten. Das machte Hirohito auch mit seiner Haltung gegenüber dem Yasukuni-Schrein in Tokio deutlich. Bis 1975 war er insgesamt fünf Mal zu dem umstrittenen Shinto-Heiligtum gepilgert, an dem die Gefallenen der neuzeitlichen Kriege als Gottheiten verehrt werden. Doch dann blieb er der Wallfahrtsstätte fern. Der Grund: 1978 trug der Chefpriester des Yasukuni heimlich die Namen der 1948 hingerichteten 14 Hauptkriegsverbrecher in das Totenregister ein. Das war eine gezielte Provokation, ein Versuch, die Besatzungszeit zu negieren. Jeder, der fortan am Yasukuni betete, so die Absicht hinter der Aktion, sollte auch Ex-Premier Tojo und den anderen Hauptkriegsverbrechern die Ehre erweisen.

Hirohito empörte sich darüber. »Deshalb pilgere ich seither nicht mehr dorthin, das ist meine Haltung«, sagte er zu einem Vertrauten.[160] Stattdessen gedachte er der Kriegstoten auf den offiziellen Gedenkfeiern der Regierung, die jährlich am 15. August in Tokio stattfinden. Noch im Jahr vor seinem Tod, bereits gezeichnet von seiner Krebskrankheit, hielt er dort eine Ansprache.

Die Vergangenheit wollte nicht vergehen, sie lag wie ein Schatten über der Nachkriegszeit. Im Jahr 1971, als Hirohito mit Kaiserin Nagako seine erste Auslandsreise nach dem Krieg unternahm, nach Europa, griffen die Weltmedien das leidige Thema wieder auf. In Großbritannien protestierten Kriegsveteranen gegen den Tenno, in den Niederlanden schmähten jugendliche Demonstranten ihn als »Hirohitler« und »Mörder«.[161] In London sagte Königin Elizabeth II. bei einem Staatsbankett für den japanischen Gast: »Wir können nicht so tun, als hätte es die Vergangenheit nicht gegeben.«[162] Das war britisches Understatement in Vollendung. In seiner Antwortrede ging Hirohito nicht auf die Worte der Queen ein. Auch Jahrzehnte nach dem Krieg hörte er sich an wie der »Erhabene des Himmels«, wie einer, der hoch über den Dingen schwebt und den Blick über die Zeiten hinweg richtet. Er warb dafür, gemeinsam die »Ruhe in der Welt« zu erhalten und den »Wohlstand der Menschheit« zu fördern.[163]

Aussagen von historischer Bedeutung waren von diesem Tenno nicht mehr zu erwarten. Er vertrat ein Land, das sich zu einer einzigen Exportfirma gewandelt hatte. Japan wurde oft als wirtschaftlicher Riese und politischer Zwerg bezeichnet – ähnlich wie die Bundesrepublik Deutschland. Bonn war die letzte Etappe von Hirohitos Europareise: Hier lief der kaiserliche Besuch besonders freundschaftlich ab. Die Bundespost begrüßte den einstigen Achsenpartner Nazideutschlands mit einer Sonderpostkarte, auf der die Konterfeis des Kaiserpaares abgebildet waren; dazu gab es einen Stempelabdruck mit dem Chrysanthemen-Wappen. Und im Kanzlerbungalow plauderte Hirohito, der Hobby-Meeresbiologe, angeregt mit einem deutschen Experten über maritime Polypen, die sich an Steinen und Muscheln festsetzen.[164]

Die Geister der Vergangenheit erwachten noch einmal kurz, als Hirohito seine zweite und letzte Auslandsreise als Kaiser unternahm. Im Herbst 1975 flog er zusammen mit der Kaiserin in die USA. Im Vorfeld des Besuchs wurde er vom US-Magazin *Newsweek* zu seiner Verantwortung für den Krieg befragt, und zwar so direkt, wie es in Japan kein Interviewer gewagt hätte. Hirohito verwies auf die Regierung, die seinerzeit die Entscheidung für den Krieg getroffen habe. Er selbst habe den Beschluss nicht umstoßen können. »Ich glaube, mein Verhalten war im Einklang mit den Bestimmungen der japanischen Verfassung.«[165]

In den USA wurde Hirohito dann freundlich empfangen. Der höfliche alte Mann mit der runden Brille schien nichts gemein zu haben mit dem Kriegsgegner von einst, der in einem Atemzug mit Hitler und Mussolini genannt worden war. Bei einem Bankett im Weißen Haus bekundete Hirohito »tiefe Traurigkeit« über den Zweiten Weltkrieg. Er benutzte das japanische Wort »kanashimi«, das man auch mit »Trauer«, »Betrübnis«, »Kummer« oder »Leid« übersetzen kann. In der offiziellen englischen Übersetzung der Rede, welche die japanische Seite verteilen ließ, hatte man »Trauer« dann durch »Bedauern« (Englisch: »deplore«) ersetzt. Diese Formulierung kam den Erwartungen der amerikanischen Gastgeber nach einer Art Entschuldigung ein bisschen entgegen. Doch selbst dieses linguistische Zugeständnis ging rechten Kritikern in Tokio bereits zu weit.[166]

Als touristischen Höhepunkt der US-Reise besuchte das Kaiserpaar das Disneyland in Kalifornien. Als sie in dem Vergnügungspark eintrafen, wurden sie von Mickey Mouse begrüßt, Schneewittchen und die sieben Zwerge standen Spalier.[167] So eine bizarre Szene hätte sich wohl nicht einmal der Schriftsteller Mishima ausdenken können: der Mensch gewordene Erbe der Sonnengöttin als Konsument der amerikanischen Unterhaltungsindustrie. Noch Jahre später trug Hirohito eine Armbanduhr mit Mickey-Mouse-Design, die er im Disneyland geschenkt bekommen hatte.[168] Das war vielleicht seine ganz persönliche Art, die Vergangenheit zu bewältigen.

Einen anderen ehemaligen Kriegsgegner besuchte Hirohito dagegen nie: China. Dabei wäre er selbst gerne dorthin gereist, wie er einem Berater 1984 offenbarte.[169] Die Vergangenheit und sein eigener Anteil daran beschäftigten ihn offenbar viel stärker, als er das öffentlich zugeben wollte oder durfte. Die Regierung in Tokio hielt einen China-Besuch damals für verfrüht. Knapp ein Jahr vor seinem Tod, auf einer Pressekonferenz im April 1988, wurde Hirohito dann ein letztes Mal mit der Kriegszeit konfrontiert. Er reagierte ungewöhnlich emotional, als er sagte, er habe die »unangenehmsten Erinnerungen« daran.[170] Er sei glücklich, dass die Landsleute sich nach dem Krieg gemeinsam für den Frieden angestrengt hätten. »Ich hoffe, dass das Volk dies nicht vergisst und den Frieden wahrt.«[171] Als er gebeten wurde, sich über die Ursachen des Krieges

Tenno Hirohito und Kaiserin Nagako besuchen Disneyland in den USA. Als Souvenir trug der Kaiser dann eine Mickey-Mouse-Uhr am Handgelenk.

zu äußern, lehnte er dies jedoch ab. Denn diese Frage, erwiderte er, wäre mit Kritik an einzelnen Personen verbunden.

Erst nach Hirohitos Tod sollte Japan zaghaft damit beginnen, sich mit dem Erbe der Kriegszeit auseinanderzusetzen. Ausgerechnet sein Sohn Akihito machte das Kaiserhaus dann zu einer Instanz, die sich der Geschichtsvergessenheit, die in der Gesellschaft vorherrschte, entgegenstemmte. Für den neuen Tenno sollte das ein schwieriger und einsamer Kampf werden.

III.
AKIHITO, DER KRISENTHERAPEUT

Thronwechsel: Die Macht der Rituale

Es war um 10 Uhr morgens am 7. Januar 1989, einem Samstag. Tenno Akihito trug eine schwarze Krawatte zu seinem schwarzen Cutaway, er stand mit dem Rücken zu einem cremeweiß gepolsterten Stuhl mit hoher Lehne; dahinter befand sich ein violetter Paravent. Auf dem braunen Parkett lag ein einfarbiger heller Teppich. Ort des Geschehens war der Kiefersaal des Palastes. Akihito war seit dreieinhalb Stunden der neue Kaiser. Er war 55 Jahre alt. Um 6:33 Uhr war sein Vater Hirohito im Alter von 87 Jahren gestorben.

Die »Showa«-Ära, die vor dem Krieg begonnen hatte und dann auch nach dem Krieg, so schien es fast, nie mehr aufhören wollte, war damit, nach 62 Jahren und 14 Tagen, zu Ende. Es durfte keine Unterbrechung geben in der jahrtausendlangen dynastischen Linie. Noch während der Leichnam des Kaisers für die Aufbahrung in dessen Residenz hergerichtet wurde, ging der Thronwechsel seinen Gang.

Der ganze Prozess glich einem Uhrwerk, das die Nation ewig am Laufen hält und nie stillstehen darf. Er bestand aus unzähligen Riten und Ritualen, die sich dann über fast zwei Jahre hinziehen sollten. Es schien, als klammerte Japan sich nach dem Ableben des Tennos erst recht an Formalitäten und Floskeln. Es gab keine Ruhepause, keine Reflexion über Fragen, die durchaus nahegelegen hätten: Was bedeutete der Verstorbene, der so tief in den Krieg verstrickt war, für das Land, das er zurückließ? Welche Lehren sollte es aus Hirohitos umstrittener Ägide ziehen?

Stattdessen verfiel Japan in kollektive Ehrfurcht und Ergriffenheit. Mit seinem Tod, so schien es fast, war Hirohito wieder ein Gott geworden, eine väterliche Lichtgestalt, über die nur noch Gutes gesagt werden durfte.

Rechts und links von dem neuen Tenno Akihito reihten sich die kaiserlichen Prinzen auf; ihm gegenüber hatten sich der Premier und die übrigen Spitzen des Staates versammelt. Frauen waren nicht zugelassen zu dieser Zeremonie, die im Großen und Ganzen ablief wie seit Jahrhunderten und damit den Anspruch der Monarchie untermauerte, alle Zeiten zu überdauern. Auf erhobenen Händen trugen Kämmerer in Stoffe gewickelte Behälter mit den kaiserlichen Insignien – Schwert und Krummjuwel – sowie die kaiserlichen Siegel in den Saal, dann legten sie diese vor dem Tenno auf drei niedrigen Holztischchen ab, rückten sie mit seltsam zackigen Handgriffen zurecht und verneigten sich. Auch der Tenno verneigte sich. Dann verließ er den Saal gemessenen Schrittes, gefolgt von den Trägern, die die Insignien hinter ihm hertrugen. Am Schluss der Prozession folgten die Prinzen. Während der ganzen Zeremonie hatte niemand ein Wort gesprochen.

Mit der Übergabe der Insignien war der Wechsel auf dem Thron symbolisch vollzogen. Es war das erste Mal seit Inkrafttreten der demokratischen Nachkriegsverfassung, dass Japan einen neuen Kaiser bekam. Es war auch das erste Mal, dass das Volk die Zeremonie im Fernsehen miterleben durfte. Das Mal davor, im Jahr 1926, als Hirohito seinem Vater, dem »Taisho«-Tenno, nachfolgte, hatte mit ihm noch ein Gott den Thron bestiegen. Damals war die Shinto-Religion noch Staatskult gewesen. Doch nun übernahm einer das Amt, dessen Vater sich 1946 zum Menschen erklärt hatte.

Akihito war mit der Nachkriegsverfassung aufgewachsen, für ihn war von vornherein nur eine beschränkte Rolle als »Symbol des Staates und der Einheit des Volkes« vorgesehen. Aber wie sein Vater war auch Akihito zugleich Oberpriester des Shinto, auch wenn er diese Funktion nur mehr privat ausüben durfte. Doch was hieß schon »privat« bei einem Nachfahren der Götter? Über vier Jahrzehnte nach Kriegsende stand Japan erneut vor der Frage, wie sich eine der ältesten Monarchien der Welt mit einer modernen Demokratie vereinbaren ließ. Die Zeremonienplaner des Hofes und der Regierung standen vor einer unmöglichen Aufgabe: Sie mussten unüberbrückbare Gegensätze überwinden – zwischen Alt und Neu, Staatlich und »Privat«, ostasiatisch-konfuzianischen Gebräuchen und einem Rechtssystem, das von westlich-christlichen Werten beeinflusst war. Das alles ließ sich nur mithilfe von vielen Kompromissen und formalen Tricks irgendwie zusammenbringen.

Vor der Übergabe der Insignien hatte man im Tokioter Regierungsviertel darüber diskutiert, ob die Zeremonie mit Steuergeldern bezahlt werden dürfe – oder ob dies gegen die Trennung von Staat und Religion verstoße. Immerhin gehörten Schwert und Krummjuwel zu den mythischen Insignien, welche die Sonnengöttin Amaterasu einst ihrem Enkel mitgab, als sie diesen auf die Erde schickte. Die Regierung entschied gleichwohl, dass es sich um einen staatlichen Akt der Kaiserernennung handele, der aus Steuergeldern finanziert werden sollte. Denn unter den Insignien befand sich schließlich auch das Siegel, mit dem der Kaiser Gesetze und Erlasse von Regierung und Parlament formell bestätigt.

Doch die Sache war vertrackt. Schließlich gab es da noch den heiligen Spiegel, das Sinnbild der Sonnengöttin Amaterasu; er wurde in einer nichtöffentlichen Zeremonie am Palastschrein in die Obhut des neuen Tennos übergeben. Denn dieses Ritual wurde als religiös und somit als Privatangelegenheit des Kaiserhauses eingestuft.

Am selben Tag verkündete die Regierung den Namen der neuen kaiserlichen Ägide, welche die bisherige »Showa«-Ära ablösen sollte. »Heisei« sollte sie heißen, was man mit »Frieden überall« übersetzen kann oder mit »Frieden schaffen«. Von einem Neuanfang war indes wenig zu spüren. Die verordnete Trauer um Hirohito überzog das öffentliche Leben wie ein Schleier. Bereits in den über hundert Tagen von Hirohitos Krankheit und seinem Todeskampf war die Farbe aus dem Alltag gewichen, und jetzt versank das Land fast ganz in Schwarz und Trauer.

Menschen strömten zum Vorplatz des Kaiserpalasts, verneigten sich oder fielen auf die Knie. Bis spätabends reihten sie sich vor weißen Zelten auf, um sich in Kondolenzlisten einzutragen. Auf staatlichen Gebäuden, vor Firmen und Kaufhäusern wurden Trauerflore an die Flaggen gehängt. In den Banken, die damals noch samstags geöffnet hatten, steckten Beschäftigte sich weiße Blumen mit schwarzen Streifen an die Uniformen. In Asakusa, dem Tokioter Tempel- und Vergnügungsviertel, hängten Ladenbesitzer die roten Lampions ab und ersetzten sie durch weiße. In den Pachinko-Spielhallen stellten die Betreiber die Musik ab. Sportveranstaltungen und Konzerte wurden abgesagt. Im Fernsehen trugen Ansagerinnen und Ansager Schwarz, bisweilen verschwanden sie fast hinter Bouquets aus weißen Blumen, die man vor ihnen auf den Studio-Tischen arrangiert hatte. Die Programme glichen einer einzigen Totenfeier.

Die Trauer brauchte nicht eigens von oben befohlen zu werden. Im ganzen Land handelten Firmen, Behörden und Organisationen aus einem Reflex der Selbstbeschränkung. »Jishuku« nennt sich diese Art des kollektiven Verzichts. Jüngere Japanerinnen und Japaner empfanden die massenhaften Trauerbekundungen häufig als bevormundend. Sie flohen in die wenigen Vergnügungsstätten, die noch geöffnet hatten, wie das Modeviertel Harajuku in Tokio oder den Freizeitpark Disneyland. Auch Videoverleihe hatten Hochkonjunktur, das Publikum suchte sich private Nischen abseits der traditionellen Trauerrituale.

Es zeigte sich: Die japanische Gesellschaft hatte sich längst weiter entwickelt als die politische Elite. Japan 1989 war eben ein an-

Staatstrauer für Hirohito 1989: Angesichts des Verlustes klammerte sich Japan an überkommene Rituale.

deres Japan als bei den vorangegangenen Thronwechseln 1912 und 1926. Das Kaisertum mit seinen Mythen berührte viele Menschen persönlich nur noch am Rande. Die Nation berauschte sich an wirtschaftlichen und materiellen Erfolgen. Japan war inzwischen die zweitgrößte Volkswirtschaft nach den USA. Mit billigen Autos, Fernsehern und Halbleiterprodukten dominierte es die Weltmärkte. Westliche Politiker und Unternehmer pilgerten nach Japan, um von Toyota, Hitachi und Sony zu lernen.

Der Inselstaat schwelgte damals in der »Bubble«, dem überhitzten Aktien- und Immobilienboom. Die Zentralbank in Tokio fachte ihn mit niedrigen Leitzinsen an. Mit dem billigen Geld gingen heimische Konzerne weltweit auf Einkaufstour. In New York erwarben sie das Rockefeller Center, in Hollywood das Filmstudio Columbia Pictures. Auch Studierende und Hausfrauen spekulierten an der Börse, als heißer Tipp galten die Papiere von NTT, einem privatisierten Telekomriesen. In dem konjunkturellen Fieber wurde auch das Kaiserhaus nach neuen, finanziellen Maßstäben vermessen. Das Grundstück in Tokio, auf dem der Palast des Tennos stand, sei theoretisch mehr wert als der gesamte amerikanische Bundesstaat Kalifornien, lautete ein Vergleich, der aberwitzig anmutete, doch auch in westlichen Medien häufig herangezogen oder zitiert wurde.

Auf der Suche nach Erklärungen für die wirtschaftlichen Erfolge Japans verwiesen heimische Wissenschaftler auf die vermeintliche Einzigartigkeit ihres Inselvolkes. »Nihonjinron« nannte sich dieser »Japan-Diskurs«. Die eigenen Landsleute, behaupteten Experten, würden ihr Gehirn anders benutzen als westliche Menschen, und auch ihre Verdauungsorgane seien anders beschaffen.

Der neue Reichtum war für Japan zu einer Art Ersatzreligion geworden. Die Staatstrauer um Hirohito, einen Greis, der für Jüngere aus einer längst vergessenen Zeit stammte, rückte das Kaiserhaus zwar plötzlich wieder in den Mittelpunkt der Aufmerksamkeit. Doch für wie lange? Die »Showa«-Ära war unweigerlich vorüber. Würde das Kaiserhaus in Zukunft überhaupt relevant bleiben? Das schien keineswegs sicher, denn die Erwartungen der Landsleute an Hirohitos Nachfolger waren gering.

Akihito hatte jahrzehntelang im Schatten seines Vaters gelebt. Er war nicht mehr der jugendliche Hoffnungsträger, der dreißig Jahre zuvor mit seiner bürgerlichen Frau Michiko in der Hochzeitskutsche durch Tokio paradiert war. Er war inzwischen ergraut. Immer wieder hörte man in privaten Gesprächen abfällige Bemerkungen über ihn. Man könnte ihn mit Charles vergleichen, dem ewigen britischen Kronprinzen, der erst 2022, im stolzen Alter von 73 Jahren, seine Mutter beerbte, als König Charles III., und erst im Mai 2023 gekrönt wurde. Viele trauten Akihito nicht zu, das Amt seines legendären, wenn auch nicht unumstrittenen Vaters auszufüllen. Doch das war ungerecht. Tatsächlich hatte Akihito als

Kronprinz eigene Akzente gesetzt. Er hatte durchblicken lassen, dass er eine volksnahe Monarchie anstrebte und dass er bereit war, sich der kriegerischen Vergangenheit des Kaiserhauses zu stellen. Bei einer Begegnung mit dem chinesischen Botschafter in Tokio 1972 »bedauerte« er das japanische Vorgehen in China während des Krieges.[1] Und wäre es nach Akihito gegangen und nicht nach den nationalistischen Politikern in Tokio, hätte er als Kronprinz bestimmt auch Südkorea besucht, das Nachbarland, das von Japan bis 1945 als Kolonie unterjocht worden war. Mit seiner Familie beging Akihito jedes Jahr vier Gedenktage, die Japan seiner Meinung nach nie vergessen durfte: Den 30. Juni 1945 – das Datum markierte das Ende der blutigen Schlacht von Okinawa, der südlichen Inselgruppe, die Japan gegen Ende des Zweiten Weltkriegs samt vielen Bewohnern praktisch zur Verteidigung des Kernlandes geopfert hatte. Den 6. und den 9. August 1945 – die Abwürfe der Nuklearbomben auf Hiroshima und Nagasaki. Und den 15. August 1945 – den Tag des Kriegsendes.

Doch die Vergangenheit war kein Thema, das viele Japanerinnen und Japaner jetzt interessierte. Als frisch installierter Tenno bewegte Akihito sich zudem in den äußerst engen Grenzen, die Verfassung und Tradition ihm setzten. Und dann war da noch das Heer der Beamten des Kaiserlichen Hofamtes, des *Kunaicho*, die über die Einhaltung unzähliger Regeln wachten. Ein Signal des Neuaufbruchs, gar selbstkritische Worte über die Ägide seines Vaters, konnte man von dem Vertreter der ältesten Institution des Landes daher nicht erwarten. Das verbot nicht nur der Respekt vor den Ahnen, den das Kaiserhaus – und auch die übrige Gesellschaft – pflegt. Auch die meisten Politiker der konservativen Regierung waren nicht bereit, sich ernsthaft mit dem Erbe des Krieges auseinanderzusetzen.

Dass die Vergangenheit politisch vermintes Gelände war, hatte erst wenige Wochen zuvor der Bürgermeister von Nagasaki erfahren. Er hieß Hitoshi Motoshima und war einst selbst Soldat gewesen. Er äußerte öffentlich die Ansicht, dass auch Hirohito Verantwortung für den Krieg trage. Damit zog er den Zorn der eigenen Partei, der Liberaldemokraten, sowie anderer, oft extrem kaisertreuer Gruppierungen auf sich. Ein Jahr später, als er in sein Dienstfahrzeug steigen wollte, schoss ihm ein Ultranationalist eine Kugel in den Rücken. Motoshima kam mit dem Leben davon, aber das Attentat erzeugte ein Klima der Angst.

Vom neuen Tenno konnte man also kaum erwarten, dass er an historische Tabus rührte. Immerhin: Am zweiten Tag nach dem Thronwechsel, am 9. Januar 1989, signalisierte Akihito, dass er ein zeitgemäßes Kaisertum anstrebte. Erstmals sprach er zu den höchsten Repräsentanten des Staates im Palast. Diesmal waren auch Frauen zugelassen, allen voran seine Gattin, Kaiserin Michiko, die neben ihm stand und einen schwarzen Schleier trug. In seiner Ansprache berief Akihito sich auf seinen Vater und gelobte, zu allen Zeiten »gemeinsam mit dem Volk« zu sein und »mit allen gemeinsam die Verfassung zu bewahren«.[2]

Damit knüpfte er nicht nur an Hirohitos »Menschlichkeits-Erklärung« von 1946 an, er bekannte sich auch ausdrücklich zur Verfassung. Und das ließ einige dann doch aufhorchen, denn die konservative Regierungspartei wollte die Verfassung langfristig revidieren – das war und ist bis heute gleichsam die Parteiraison der LDP. Spannungen zwischen dem verfassungstreuen, pazifistischen Kaiser und insbesondere dem nationalistischen Flügel der Partei waren damit vorgezeichnet.

Doch worum ging es Akihito genau? Wollte er die Politiker herausfordern, indem er seine Treue zu der viel kritisierten Verfassung bekundete? Wollte ausgerechnet er, der Kaiser, sich gleich zu Beginn seiner Ära zum Vorkämpfer für Demokratie und Pazifismus aufschwingen? Nein, damit würde man zu viel in seine Worte hineininterpretieren. Vielmehr dürfte ihn auch sein Eigeninteresse als Tenno geleitet haben: Denn wie jeder Throninhaber war Akihito in erster Linie der Repräsentant einer uralten Dynastie; seine Aufgabe war es, ihre Existenz über die Zeiten hinweg zu sichern und von politischen Einflussnahmen frei zu halten. Dafür war er verantwortlich – gerade auch seinen Ahnen gegenüber. Und stabile Rahmenbedingungen für dieses kaiserliche Anliegen boten nicht Autoritarismus und Militarismus, sondern Demokratie und Pazifismus. Das hatte die kriegerische Ägide seines Vaters Hirohito in aller Grausamkeit bewiesen.

Akihito überraschte seine Landsleute auch dadurch, dass er sie – anders als sein Vater – nicht als Untertanen anredete, von oben herab. Im Japanischen gibt es viele Variationen der Höflichkeitssprache. Die Verben werden jeweils anders konjugiert, je nachdem, ob man mit Höhergestellten, Gleichgestellten oder Untergebenen spricht. Solche hierarchischen Unterscheidungen spielen auch heute noch eine Rolle im gesellschaftlichen Umgang. Doch der neue Tenno redete auf Augenhöhe mit den Menschen, wie es sich einer Demokratie geziemt, er titulierte sie nicht nur mit ihren Familiennamen, sondern fügte die Endung »san« an – für »Herr« oder »Frau«. Auch sonst nahm er kleine, aber symbolhafte Änderungen vor: Er schaffte den Brauch ab, dass die Mahlzeiten des Kaisers vorab von einem Arzt vorgekostet wurden. Und er verzichtete darauf, seine Exkremente täglich auf Krankheiten untersuchen zu lassen.[3]

Das waren eher nebensächliche Neuerungen, wie sie auch in anderen Organisationen vorkommen, wenn ein Chef wechselt; die Öffentlichkeit bekam davon also eher wenig mit. Im Palast hingegen fiel es Altgedienten schwer, sich an die neue kaiserliche Tonart zu gewöhnen. Das sollte bald für Ärger sorgen. Vorerst aber war das Kaiserhaus vollauf beschäftigt mit all den Ritualen, die anstanden. So musste der neue Tenno den göttlichen Vorfahren am Palastschrein Bericht erstatten über die Thronbesteigung, auch entsandte er Emissäre zu den zahlreichen Mausoleen der kaiserlichen Ahnen, allen voran zur Grabstätte von Jimmu, dem mythischen Staatsgründer.

Der feierliche Höhepunkt des Thronwechsels fand im November 1990 statt. An einem wolkenlosen Frühwintertag verkündete Akihito vor Hunderten Gästen aus dem In- und Ausland noch einmal seine Thronbesteigung. Zu diesem Zweck hatte man den historischen Kaiserthron aus dem alten Kaiserpalast in Kyoto in seine Einzelteile zerlegt und in Tokio wieder sorgfältig aufgebaut. Aus Furcht vor Anschlägen durch linke Aktivisten, die seit den Tagen der Studentenproteste in den Untergrund abgetaucht waren, wurden die Teile per Hubschrauber eingeflogen. Im Jahr 2019, bei Naruhitos Inthronisierung, wurden sie dann allerdings per Lastwagen nach Tokio gebracht. Daran konnte man sehen: Drei Jahrzehnte nach Hirohitos Ableben brauchte das Kaiserhaus kaum noch Proteste zu fürchten.

Tenno Akihito stand auf einem überdachten Podest. Sein Thron bestand aus einer prachtvollen, mit Vorhängen versehenen Konstruktion aus lackiertem Holz. Neben ihm lagen seine Insignien. Unterhalb des Podests hatte der damalige Premier Stellung bezogen. Er hieß Toshiki Kaifu und blickte zum Tenno empor. Der Premier riss beide Arme in die Höhe und rief dreimal »Banzai« (»Zehntausend Jahre«). Er sah dabei aus wie ein Vasall, der seinem Herrscher huldigt, nicht wie der Vertreter einer demokratisch gewählten Regierung. Im Vorfeld hatte es daher verfassungsrechtliche Bedenken gegen diese Zeremonie gegeben. Aber der Premier betrachtete es schon als Beleg demokratischer Selbstbehauptung, dass er einen westlichen Anzug trug – statt eines traditionellen Hofgewandes, wie es das Kaiserliche Hofamt ursprünglich von ihm verlangt hatte.[4] Gleichwohl, die Regierung hatte eine Gelegenheit verpasst, das höfische Zeremoniell auf zeitgemäße Weise an die Nachkriegsdemokratie anzupassen. Nach dem gleichen fragwürdigen Muster lief das Ritual dann auch ab, als Naruhito 2019 den Thron bestieg.

Auch über den religiösen Höhepunkt der Thronbesteigung, das »Daijosai« – also das geheimnisvolle Festmahl, das der Tenno mit der Sonnengöttin Amaterasu abhielt –, gab es 1990 Diskussionen. Die Kosten dafür waren enorm, sie wurden aus dem kaiserlichen Hofetat bezahlt und damit letztlich mit Steuergeldern.[5] Kritiker witterten einen Verstoß gegen die Trennung von Staat und Religion, die doch in der japanischen Verfassung verankert ist. Rund tausend Kläger aus dem ganzen Land zogen daraufhin vor ein Gericht in Osaka. Und das nahm sich dann ganze fünf Jahre Zeit, um die Klage schließlich abzuweisen. In seiner Begründung machte es den Regierungsgegnern allerdings ein winziges Zugeständnis, denn es räumte ein, dass das »Daijosai« eindeutig den Charakter einer Shinto-Zeremonie trage. Zweifel daran, ob die Finanzierung gegen die Verfassung verstoße, könne man daher »nicht von vornherein von der Hand weisen«.[6] Das war schönstes Juristen-Japanisch, wie man es oft liest, wenn Gerichte peinlich darauf bedacht sind, politisch nicht anzuecken.

Im Vorfeld des jüngsten Thronwechsels 2019 kam die Kritik an der staatlichen Finanzierung des »Daijosai« dagegen aus dem Kaiserhaus selbst: Prinz Akishino, der jüngere Sohn von Tenno Akihito, äußerte öffentlich sein Bedauern darüber, dass die Zeremonie nicht aus der Privatschatulle des Kaisers bezahlt werden sollte.[7] Damit stellte er sich praktisch gegen die konservative Regierung, die sich wenig um die Trennung von Staat und Religion scherte und sich vielmehr eifrig bemühte, die Zeit in Japan zurückzudrehen.

Unter Tenno Akihito wurde die Kluft zwischen Hof und Regierung im Laufe der Jahre tiefer und tiefer. Welch eine Ironie: Auf der einen Seite des Staatswesens thronte der »Erhabene des Himmels«, der auf die demokratische Verfassung schwor und die Nähe zum Volk suchte. Und auf der anderen Seite waren gewählte Volksvertreter, denen der Tenno viel zu volksnah war. Sie wollten ihn möglichst auf seine religiös-rituellen Aufgaben beschränken – um das Kaiserhaus für ihre Zwecke manipulieren zu können.

Der kaiserliche Kniefall

Wer den Wechsel von Hirohito zu Akihito beobachtete, konnte glauben, die Zeit stünde still in Japan oder liefe gar rückwärts. Der Eindruck verstärkte sich durch die pompöse Trauerfeier für den toten Tenno im Februar 1989. In einem Tokioter Park hatte man einen großen Zeltkomplex errichtet. Im eiskalten Regen führten Träger in altertümlichen Uniformen die Sänfte mit dem Sarg an Staatsgästen aus aller Welt vorbei. Traditionell gekleidete Musiker spielten altertümliche Hofmusik. Anschließend wurde Hirohitos Sarg in einer Autokolonne an den Westrand von Tokio überführt: Dort liegt der kaiserliche Friedhof, bewachsen mit hohen Zedern. Für Hirohito hatte man ein riesiges Mausoleum, eine Art Hügelgrab, gebaut – daneben wurde später auch eine etwas kleinere Ruhestätte für seine Frau, Kaiserin Nagako, angelegt. Im selben Areal befanden sich auch die Gräber des »Taisho«-Kaisers und seiner Frau. Der gewaltige Aufwand für die Trauerriten – finanziell, personell, organisatorisch – veranlasste Tenno Akihito und Kaiserin Michiko dann Jahre später, für sich selbst ein bescheideneres Prozedere festzulegen. Sie verzichteten auf die für Kaiser und Kaiserinnen üblichen und besonders aufwendigen Erdbestattungen. Sie wollten sich einäschern lassen, wie dies für normale Landsleute heutzutage üblich ist. Es handelte sich um eine kleine Reform in eigener Sache, aber sie hatte großen symbolischen Wert für eine Monarchie, die über Symbole kommuniziert. Man kann vermuten, dass Akihito noch mehr solche Änderungen angestoßen hätte, wenn die Verfassung ihm den nötigen Spielraum gelassen hätte.

Auch während des Thronwechsels ging das Leben in Japan natürlich weiter. Der Übergang von Hirohito zu Akihito, obschon durch den biologischen Zufall des Todes verursacht, fiel zusammen mit dramatischen Umwälzungen in Japan und der übrigen Welt – politisch, wirtschaftlich und gesellschaftlich. Den tiefsten Einschnitt brachte das Ende des Kalten Krieges. Mit der Öffnung der Berliner Mauer und dem Zerfall der Sowjetunion verschoben sich auch in Ostasien die geopolitischen Koordinaten. Japan war nach 1945 zum strategischen Vorposten gegen die Sowjetunion und die Volksrepublik China geworden; der frühere Premier Yasuhiro Nakasone hatte sein Land einst als unsinkbaren Flugzeugträger der amerikanischen Schutzmacht bezeichnet. Und nun, so schien es zumindest zu Beginn der Neunzigerjahre, hatte der Westen den Wettbewerb der Systeme für sich entschieden. Aus Sicht der USA verlor Japan damit zeitweise an geopolitischer Bedeutung. Die westliche Supermacht richtete ihre Hoffnungen verstärkt auf China, den neuen lukrativen Wachstumsmarkt. Daran hatte auch die blutige Niederschlagung der chinesischen Demokratiebewegung auf dem Platz des Himmlischen Friedens in Peking im Juni 1989 nur vorübergehend etwas geändert.

Für Japan brachen ungemütliche Zeiten an. Die USA konzentrierten sich nun verstärkt auf die zahlreichen bilateralen Handelskonflikte mit dem Verbündeten, der ihr Land durch den Export billiger Autos, Fernseher und Chips angriff. Der Harvard-Ökonom und spätere US-Finanzminister Lawrence Summers sah Japan damals als »größere Bedrohung für die USA als die Sowjetunion«.[8] Fast wie bei Abrüstungsverhandlungen drängten die Amerikaner Japan deshalb, seine Ausfuhren zu drosseln und sich für Importe zu öffnen.

Überdies verlangten die USA, dass Japan im militärischen Bündnis verstärkt Lasten übernehmen sollte. Im ersten Golfkrieg 1991 drängten sie den Juniorpartner, Soldaten in das vom Irak besetzte Kuwait zu entsenden. »Show the flag!«, lautete die Forderung, die amerikanische Abgesandte in Tokio vorbrachten. Mit Verweis auf die pazifistische Verfassung wich Japan der Forderung jedoch aus. Statt militärisch »Flagge zu zeigen«, überwies es Geld für den westlichen Einsatz – 13 Milliarden US-Dollar. Doch statt Dank erntete die Regierung in Tokio Kritik im In- und Ausland, weil sie sich aus ihren Verpflichtungen herausgekauft hatte. In den folgenden Jahren rückte das Land dann nach und nach vom strikten Pazifismus ab: 1992 beteiligten sich japanische Soldaten in Kambodscha erstmals an einem Blauhelmeinsatz der Vereinten Nationen. 2003 schickte Japan im Rahmen der von den USA geführten »Koalition der Willigen« eine eigene Truppe in den Irak.

Was die Menschen in der Heimat indes beschäftigte, war die Krise der japanischen Wirtschaft: Ende der Achtziger-, Anfang der Neunzigerjahre platzte die »Bubble«, die aufgeheizte Konjunktur auf den Aktien- und Immobilienmärkten. Die Notenbank hatte den Boom mit niedrigen Zinsen angefacht. Doch als die Wirtschaft mehr und mehr überhitzte, schraubte sie die Zinsen drastisch herauf. Die Blase platzte. Erst krachte es an der Aktienbörse und mit Verzögerung auf dem Immobilienmarkt. Am 29. Dezember 1989, dem letzten Handelstag des Jahres, in dem Hirohito gestorben war, schloss der Tokioter Aktienindex Nikkei mit 38 915 Punkten – dieses historische Hoch hat er seither nie wieder erreicht.

Das Ausmaß der Krise offenbarte sich erst allmählich. Konzerne und Privatleute hatten sich mit dem billigen Geld hemmungslos verschuldet. Plötzlich konnten sie die Kredite, mit denen sie Eigenheime oder Fabriken finanziert hatten, nicht mehr zurückzahlen. Die Banken ächzten unter Bergen von faulen Krediten. Um die Krise abzufedern, pumpten Politiker immer mehr staatliche Gelder in den ermatteten Wirtschaftskreislauf. Dadurch wurde der Abstieg allerdings nur verzögert. Als Erste brachen kleinere Finanzinstitute zusammen, dann auch immer größere: 1997 ging Yamaichi Securities, eines der vier größten Wertpapierhäuser des

Landes, pleite. Erst um 2003 bekam Japan die akute Finanzmisere einigermaßen in den Griff.

Aber auch danach ging der wirtschaftliche Abstieg weiter, viele empfanden ihn als »zweite Kriegsniederlage«. Die Rede war auch von einem »verlorenen Jahrzehnt« – dem dann mindestens noch zwei weitere folgten.[9] Japan glich einer Firma, der es nicht gelingt, ein neues Geschäftsmodell zu finden. Nach der Massenfertigung von Fernsehern und Computern hätte das Land die nächsthöhere Stufe der industriellen Entwicklung erklimmen müssen. Doch die technologischen Revolutionen des 21. Jahrhunderts, wie das iPhone oder die sozialen Medien, wurden überwiegend von der amerikanischen Konkurrenz entwickelt. Japan versank in einer Spirale der Deflation, einem Teufelskreis, in dem die Preise immer tiefer fielen und die Firmen oft nicht mehr genug verdienten, um ihren Angestellten die Löhne zu zahlen. Die weltweite Finanzkrise 2008 – ausgelöst durch den Zusammenbruch des Wertpapierhauses Lehman Brothers in den USA – verschärfte die Misere dann noch. Die Errungenschaften des japanischen Wirtschaftswunders – lebenslange Sicherheit der Arbeitsplätze und automatische Beförderung nach dem Alter – entpuppten sich als leere Versprechungen. Immer mehr Beschäftigte arbeiteten ohne feste Anstellung. In den drei Jahrzehnten, in denen Tenno Akihito auf dem Thron saß, stiegen die durchschnittlichen Gehälter kaum oder viel geringer als im Durchschnitt der OECD-Länder insgesamt.[10] Die Kluft zwischen Arm und Reich klaffte immer tiefer. Für eine Gesellschaft, die Wert legt auf Konformität und Harmonie, war das Gift.

Die Stimmung verdüsterte sich zusätzlich durch eine Serie von Naturkatastrophen, die über Japan hereinbrachen. Seit jeher wird das Land geplagt von den Widrigkeiten der Natur, brausen Taifune über den Archipel hinweg, brechen Vulkane aus und lassen Beben die Erde erzittern. Japan gehört zu den seismografisch unruhigsten

Regionen der Welt, vor seinen Küsten stoßen vier Kontinentalplatten aufeinander. Das Land ist durchzogen von sogenannten Verwerfungen, das sind Brüche im Erdreich und im Gestein, die durch frühere Beben verursacht wurden.

Die Heimsuchungen der Natur haben die Menschen geprägt: Wie sie leben – in Rücksicht aufeinander. Wie sie denken – schicksalsergeben und in die Zukunft gewandt. Wie sie ihre Häuser und Gebäude bauen – einst aus Holz und Papier und heute oft auf schwingenden Stahlgerüsten. Und was sie von ihrem Tenno erwarten – dass er für sie bei den Göttern um Schutz vor Unglücken betet.

Unter Tenno Akihito ereigneten sich ungewöhnlich viele Katastrophen, sie überschatteten seine »Heisei«-Ära. Frühere Kaiser reagierten auf Seuchen und Hungersnöte, indem sie die Namen ihrer Herrschafts-Ägiden änderten und auf diese Weise einen Neufang versuchten. Das ist heutzutage nicht mehr üblich. Gleichwohl boten die Katastrophen Kaiser Akihito immer wieder Gelegenheiten, Leid mit dem Volk zu teilen und so die Existenzberechtigung der Monarchie unter Beweis zu stellen. In Zeiten tiefster Verunsicherung wurde Akihito für die Landsleute zu einer Art Krisentherapeut.

Eines dieser Ereignisse war die Eruption des Vulkans Unzen, der auf einer Halbinsel auf der südlichen Hauptinsel Kyushu liegt. Ende 1990 war er verstärkt aktiv geworden, bis zum Frühsommer 1991 hatte er einen riesigen Dom aus ausgetretener Lava gebildet. Immer wieder brachen Teile davon ab und wälzten sich als dunkle Wolken aus geschmolzenem Fels und Vulkanasche in die Täler herab. Um das schaurige Naturspektakel – Fachleute bezeichnen es als pyroklastischen Strom – aus vermeintlich sicherem Abstand zu beobachten, hatten sich zahlreiche Menschen auf einer Anhöhe versammelt, darunter viele Reporter und Feuerwehrleute. Am 3. Juni 1991 um 16:08 Uhr ereignete sich jedoch eine unerwartet gewaltige Eruption: Eine heiße Vulkanwolke quoll über Terrassenfelder ins Tal. Panisch ergriffen Menschen die Flucht; allenthalben gingen Häuser in Flammen auf, die ganze Gegend wurde von grauer Asche bedeckt. 43 Menschen kamen bei diesem Ausbruch ums Leben.

Die Umgebung des Vulkans war schon vorher weiträumig evakuiert worden, die Zahl der Opfer hielt sich daher in Grenzen. Aber es war das erste schwere Naturunglück der »Heisei«-Zeit, ganz Japan nahm Anteil. Nur etwas mehr als einen Monat später flogen Kaiser Akihito und Kaiserin Michiko in die Unglücksregion.[11] Dieser frühe Zeitpunkt überraschte viele, denn damals bestand noch Gefahr, dass der Vulkan erneut ausbrechen könnte. Sowohl Berater des Tennos als auch Verantwortliche vor Ort rieten von einem Besuch ab. Doch Akihito beharrte darauf, so bald zu reisen wie möglich.

Mit seinem Trip führte Akihito einen neuen Stil ein: Bis dahin hatte man kaiserliche Besuche lange im Voraus geplant. Normalerweise fuhr der Tenno in seiner kaiserlichen Limousine vor. Der heutige Tenno Naruhito benutzt beispielsweise die Spezialanfertigung eines Toyota Century Royal, erkennbar an der rot-goldenen Standarte auf der Kühlerhaube sowie an den golden glänzenden Chrysanthemen-Wappen, die vorn auf der Karosserie und an den Türen prangen. Oft bewegt sich die Limousine in einer endlosen Kolonne, mit Motorradeskorte. Aber diesmal verzichteten Akihito und Michiko auf das majestätische Protokoll. Von Tokio aus nahmen sie einen Linienflug und stiegen dann in einen Helikopter um. Vor Ort benutzten sie einen Dienstwagen der Präfekturverwaltung. Auch verzichteten sie auf die übliche spezielle Bewirtung; sie wollten die Einsatzkräfte nicht durch ihren Besuch belasten.

Wichtiger war es ihnen, vor Ort möglichst vielen Menschen zu begegnen und ihnen Mut zuzusprechen. Akihito legte dabei sein

Kaiser Akihito kniet vor den Menschen nieder und spendet ihnen Trost nach der Katastrophe am Vulkan Unzen.

Jackett ab und krempelte die Ärmel seines Hemdes hoch. Immer wieder blieben er und die Kaiserin stehen und erkundigten sich bei Einheimischen, wie es ihnen gehe. Sie nickten verständnisvoll und signalisierten durch einfache Sätze wie »Schlimm, nicht wahr« ihr Mitgefühl. Doch was sie den Betroffenen genau sagten, war nicht von Belang, worauf es ankam und was neu war für die japanische Monarchie, war der Umstand, dass hier ein Tenno auf beispiellos ungezwungene Weise mit den Opfern einer Katastrophe sprach, von Angesicht zu Angesicht. Und plötzlich, in einer Sporthalle, ereignete sich das Unerhörte: Der Tenno kniete nieder auf dem nackten Holzfußboden und redete die Menschen an – auf Augenhöhe, im wahrsten Sinne des Wortes.[12] Die Kaiserin tat es ihm nach.

Akihito kam dem Volk so nahe wie kein Tenno vor ihm. Die Landsleute vor den Fernsehern staunten. Noch konnten sie nicht sicher sein, ob das nur eine zufällige Laune des Kaisers war, die sie da miterlebten. Aber nein, das war der neue kaiserliche Stil. Gewiss, seit jeher gehört es zu den vornehmsten Aufgaben der »Erhabenen des Himmels«, für die Nation zu beten. Mal schrieben Tennos buddhistische Sutras ab, mal verfassten sie Gedichte, mit denen sie ihr Mitgefühl mit den leidenden Untertanen ausdrückten. Doch das taten sie für sich allein, in ihrem Palast. Höchst selten nur versuchten sie, Notleidenden direkt zu helfen. Eine Ausnahme war die emeritierte Kaiserin Go Sakuramachi; sie ließ 1787 rund 30 000 Äpfel an Hungernde verteilen, die zu ihrem Palast geströmt waren.[13] Damals litt das Land unter der Tenmei-Hungersnot, die sechs Jahre andauerte. Auch unter Hirohito war die Distanz zwischen Kaiser und Volk noch gewaltig. Sie wurde bildhaft deutlich, als er in den letzten Tagen des Zweiten Weltkrieges das zerbombte und ausgebrannte Tokio besichtigte, einsam und allein, als sei er auf dem Mond gelandet. Ein Kaiser ohne Volk. Normale Untertanen waren nirgends zu sehen.

Doch nun suchten Akihito und Michiko die Nähe zu den Landsleuten. Sie brachten die Monarchie gleichsam in den Alltag der Menschen. Damit taten sie etwas, was die Japanerinnen und Japaner von ihrer Obrigkeit sonst kaum kennen. Politiker und Bürokraten überlassen die Opfer von Katastrophen oft sich selbst. Auch in der Region um den Vulkan Unzen sollte es danach noch Jahre dauern, bis die Opfer ihre Notunterkünfte wieder verlassen konnten. Körperliche Gesten des Mitgefühls – ein Schulterklopfen oder eine Umarmung, wie man sie von westlichen Politikern kennt – sind in Japan ohnehin nicht üblich. Das kann man mit den Eigenheiten der japanischen Kommunikation erklären, die darauf angelegt ist, körperliche Distanz zu wahren. Aber oft kann man darin auch einen Mangel an Empathie sehen.

Der Ausbruch des Vulkans war der Vorbote zahlreicher anderer Katastrophen, nach denen Akihito und Michiko dann oft an die Orte des Geschehens eilten und Überlebenden Trost spendeten.[14]

Im Juli 1993 bebte die Erde unter dem Meer südwestlich von Hokkaido, der nördlichen Hauptinsel. Der dadurch ausgelöste Tsunami richtete vor allem auf der Insel Okushiri verheerende Schäden an, hier starben an die 200 Menschen. Zwei Wochen später reiste der Tenno mit seiner Frau auf die Insel. Diesmal trug er allerdings Anzug und Krawatte; es schien, als experimentierte er noch mit seiner Garderobe und seiner Art der Volksnähe.

Zu seinem endgültigen Stil fand er dann bei dem Erdbeben von Kobe. Es war bis dahin das schwerste Beben in Japan seit über 70 Jahren. Es ereignete sich am 17. Januar 1995 um 5:46 Uhr morgens. Viele Menschen schliefen zu dieser Zeit noch in ihren Futons, sie schafften es nicht, sich in Sicherheit zu bringen. Sie wurden eingeklemmt und begraben unter den schweren Ziegeldächern ihrer Holzhäuser oder auf den Etagen der Wohnblocks, die teilweise zusammengepresst wurden wie die Falten einer Ziehharmonika. Viele starben durch die Brände, die das Beben auslöste. Insgesamt kamen über 6300 Menschen um. Viele der Überlebenden hausten auch ein Jahr danach noch in Behelfsunterkünften oder in Zelten aus blauen Plastikplanen.[15]

Das Beben verwüstete nicht nur eine der wichtigsten Hafenstädte des Landes, es erschütterte auch das Vertrauen der Japaner in ihr Staatswesen und in ihre wirtschaftlichen Errungenschaften. Die Stadtautobahn von Kobe, ein Symbol des Fortschritts, auf Stelzen errichtet und 28 Kilometer lang, lag da wie ein verendeter Tausendfüßler, die geknickten Gliedmaßen von sich gestreckt. Fahrzeuge hingen mit den Vorderrädern über die zerborstene Fahrbahn. Bis zum Beben von Kobe hatten die Menschen an die Sicherheit ihrer Städte geglaubt. Doch nun zeigte sich: Auf eine solche Katastrophe war Japan nicht vorbereitet, weder technologisch, organisatorisch noch psychologisch.

Politiker und Bürokraten schienen wie gelähmt. Fast unkontrolliert breiteten sich die Brände aus. Inmitten der Trümmer und der umgefallenen Strommasten konnte die Feuerwehr die Straßen oft nicht passieren. Das Militär wurde viel zu spät um Hilfe gerufen. Zwar kreisten unaufhörlich Hubschrauber über der verwüsteten und brennenden Stadt, aber sie gehörten großen Fernsehsendern; sie filmten das Inferno und übertrugen Live-Bilder, wie man sie bis dahin fast nur aus Katastrophenfilmen kannte.

Vom Staat kam kaum Rettung nach Kobe. In einem Stadtteil verteilten Mitglieder der Yakuza, der japanischen Mafia, Hilfsgüter an die Bevölkerung. Im fernen Tokio erfuhr der Premier Tomiichi Murayama erst aus dem Fernsehen von dem Beben.[16] Murayama leitete eine Koalition der von ihm geführten Sozialdemokraten mit den Liberaldemokraten (LDP). Die LDP war zwei Jahre zuvor erstmals von einem Bündnis mehrerer Oppositionsparteien abgelöst worden. Der Grund für den Machtverlust war, dass es nach der geplatzten Wirtschaftsblase für die LDP kaum noch finanzielle Wohltaten zu verteilen gab. Die Menschen wünschten einen Neuanfang. Doch ihre Hoffnungen wurden schnell enttäuscht. Schon nach einigen Monaten hangelte sich die LDP wieder an die Macht zurück – eben in einer Koalition mit Murayama und seinen Sozialdemokraten.

In der Krise erwies sich der Premier als grandios überfordert. Als er die zerstörte Stadt besuchte, erst zwei Tage nach dem Beben, trug er eine beige Mütze, einen grünen Anorak und schwarze Stiefel – das war die offizielle Katastrophenuniform, die japanische Politiker für alle Fälle stets sauber gefaltet und in Plastik verschweißt in ihren Büroschränken aufbewahrten. In dieser Aufmachung besuchte Murayama eine Unterkunft, in der Erdbebenopfer auf dem Fußboden hausten. Strammen Schrittes ging er durch den überfüllten Raum. Eine Frau rief ihm von der Seite aus zu: »Einfach nur herzukommen, das reicht nicht!« Der Premier antwortete verlegen mit »Ja« – und ging weiter.[17] Die Menschen, das spürte man überall, hatten das Vertrauen in ihre Regierung verloren. Das Beben wurde zum Symbolbild weit über Kobe hinaus – nicht nur für die Gewalt der Natur, sondern für vieles, was in Japan im Argen lag: die geplatzte »Bubble«, die enttäuschten Hoffnungen auf einen politischen Wechsel in Tokio, die Sprachlosigkeit der Mächtigen.

In all der Verzweiflung blieb im Grunde nur noch einer, der den Landsleuten Mut machte: der Tenno. Gleich nach dem Beben hatte Akihito Bürokraten und Wissenschaftler zu sich bestellt und sich informieren lassen.[18] Als er dann das Parlament in Tokio eröffnete, nutzte er die Gelegenheit und wies auf die Notwendigkeit hin, Hilfsmaßnahmen für das Kobe-Erdbeben zu organisieren.[19] Dadurch verlieh er dem Ritual, das in der Öffentlichkeit sonst kaum beachtet wird, erstmals Gewicht.

Zwei Wochen nach dem Beben reisten Akihito und Michiko dann selbst in die zerstörte Stadt. Der Kontrast zu den unbeholfenen Auftritten der Politiker fiel sofort ins Auge. Akihito trug weder einen Anzug noch eine dieser Katastrophen-Uniformen, in denen die Politiker sich zeigten. Er trug eine schlichte graue Windjacke, darunter einen hellen Rollkragenpullover. Michiko kam im dunklen Anorak. Und auch diesmal ließen sie sich nicht in der kaiserlichen Limousine chauffieren. Stattdessen besichtigten sie die Verwüstungen von einem unscheinbaren Bus aus. Durch die geschlossene Fensterscheibe drückte Michiko den Menschen entlang der Strecke lebhaft die Daumen. An den Trümmern eines Gebäudes legte sie Narzissen nieder, die sie aus dem kaiserlichen Garten in Tokio mitgebracht hatte.

Was die Landsleute am stärksten beeindruckte, waren die Auftritte des Paares in Sporthallen, wo obdachlos Gewordene auf den Fußböden lagerten. Immer wieder knieten Akihito und Michiko sich nieder, stellten den Menschen Fragen, hörten ihnen zu, trösteten sie. Sie hatten ihren Stil, die neue Volksnähe des Kaiserhauses, ein für alle Mal gefunden.

»Gemeinsam mit dem Volk«

Noch hatte die Nation die apokalyptische Erfahrung von Kobe nicht bewältigt, da ereilte sie der nächste Schock. Zwei Monate später, im März 1995, verübte die Weltuntergangssekte Aum Shinrikyo einen Giftgasanschlag auf das Tokioter Regierungsviertel. In der morgendlichen Rushhour hatten drei Mitglieder der Sekte in U-Bahn-Zügen das Nervengas Sarin entweichen lassen. Durch den Anschlag starben 13 Menschen, über 6000 Menschen litten noch Jahre später unter den Folgen.

Die Aum-Sekte wurde von einem halb blinden, bärtigen Guru geführt, der sich Shoko Asahara nannte – mit bürgerlichem Namen hieß er Chizuo Matsumoto. Er rühmte sich übersinnlicher Fähigkeiten: Wenn er im Schneidersitz meditierte, konnte er angeblich vom Boden abheben und schweben. Mit seinen aus dem Buddhismus und dem Hinduismus zusammengeklaubten Lehren zog er vor allem junge Menschen an, darunter auffallend viele Naturwissenschaftler. Die Gläubigen lebten am Fuß des Berges Fuji in einer Gemeinschaft, die sich strengen Riten unterwarf. Viele suchten dort nach einer vermeintlichen Alternative zum durchorganisierten japanischen Alltag, der ihnen außer der Jagd nach wirtschaftlichem Wachstum, technischem Fortschritt und kollektivem Konsum oft keinen Lebenssinn zu bieten vermochte.

Asahara schreckte nicht davor zurück, interne Zweifler und externe Kritiker umbringen zu lassen. Zu seinen Opfern gehörte ein junger Rechtsanwalt mit seiner Familie; er war den Machenschaften des Gurus auf der Spur und prangerte ihn auch in den Medien an. Untergebene von Asahara drangen nachts in die Wohnung des Anwalts ein und ermordeten ihn, seine Frau und seinen kleinen Sohn auf grausame Weise. Ihre Leichen verscharrten sie anschließend weit weg in den Bergen, in einer anderen Gegend des Landes; dort wurden sie erst knapp fünfeinhalb Jahre später gefunden.

Mit dem Terroranschlag auf die Tokioter U-Bahn wollte Asahara offenbar einen Staatsstreich in die Wege leiten. Nach dem Vorbild der japanischen Regierung hatte er die Sekte in sogenannten Ministerien organisiert – z. B. für Verteidigung, Finanzen oder Bauwesen. Ganz oben in der Sekten-Hierarchie rangierte eine Behörde, die dem Kaiserlichen Hofamt nachempfunden war. Bereits zehn Jahre zuvor hatte Asahara die Apokalypse prophezeit – sie würde sich ihm zufolge Ende des 20. Jahrhunderts ereignen. Ein neuer Führer für den überlebenden Teil der Menschheit würde dann aus Japan kommen, aber es würde jemand anders sein als der Tenno. Kein Zweifel: Asahara sah sich selbst als den neuen göttlichen Heilsbringer.

Der Aum-Anschlag untergrub eine weitere japanische Gewissheit. Nach dem Glauben an die wirtschaftliche und technologische Überlegenheit verloren viele nun auch das Vertrauen in die innere Sicherheit. Zwar zählt Japan zu den Staaten mit den niedrigsten Verbrechensraten – was man auch mit dem vergleichsweise engen Zusammenhalt in der Gesellschaft erklären kann. Von klein an werden Kinder dazu erzogen, sich einzufügen und unterzuordnen. Doch im Fall der Aum-Sekte hatten die Behörden viel zu lange Hinweise auf kriminelle Umtriebe ignoriert. Dafür gingen sie nach dem Giftanschlag dann umso härter gegen den Guru und seine Anhängerschaft vor. Asahara und führende Funktionäre wurden verhaftet und vor Gericht gestellt; die Verfahren zogen sich über Jahre hin. Die führerlos gewordenen Reste der Sekte wurden streng überwacht. Sobald Asaharas Anhänger versuchten, sich irgendwo im Land niederzulassen, wurden sie von Nachbarn oft wieder vertrieben.

Ein japanisches Sprichwort lautet: »Ein herausragender Nagel muss eingeschlagen werden.« Es beschreibt die Kehrseite der gesellschaftlichen Harmonie: Wer anders ist als die Mehrheit seiner Mitmenschen, wird oft ausgegrenzt oder gemobbt. Viele Außenseiter fügen sich in ihren Status, doch einige wenige begehren auf und schockieren die übrige Gesellschaft durch spektakuläre Verbrechen, die dann wie verzweifelte Racheakte wirken. In der Ära von Tenno Akihito wurde die Nation immer wieder durch solche oft gruseligen Straftaten erschüttert. Im Mai 1997 wurde vor einer Schule in der Hafenstadt Kobe der abgeschnittene Kopf eines Elfjährigen entdeckt. Im Mund des Opfers steckte ein Zettel, auf dem sich ein »Sakakibara Seito« zu der Tat bekannte; später schickte er ein zweites Schreiben an eine Zeitung, in dem er die Polizei dreist herausforderte. Die Ermittler fanden schließlich heraus, dass es sich bei diesem »Sakakibara Seito« um einen 14-jährigen Schüler handelte; er hatte zuvor bereits ein Mädchen mit einem Hammer erschlagen.

Im Juni 2008 raste ein 25-Jähriger mit einem Lkw in eine Fußgängerzone im Tokioter Einkaufsviertel Akihabara und tötete dabei mehrere Passanten. Dann stieg er aus und stach mit einem Messer auf Menschen ein. Insgesamt sieben Opfer starben bei diesem Angriff, mehrere wurden verletzt. Im Juli 2016 schockierte dann ein Anschlag auf ein Heim für Menschen mit Behinderungen in Sagamihara nahe Tokio die Nation: Diesmal stach ein 26-jähriger Ex-Pfleger mit Messern auf die Bewohner ein, 19 Menschen wurden von ihm getötet und 26 verletzt. Im Jahr 2017 sorgte ein sogenannter »Twitter Killer« landesweit für Entsetzen: Er war 19 Jahre alt und hatte neun einsame junge Menschen, vor allem Frauen, über Twitter kontaktiert und in sein Apartment bei Tokio gelockt. Dort ermordete er sie auf gruselige Weise.

Die Serie des Grauens ließe sich fortsetzen. Und in gewisser Weise reihte sich später dann auch der mutmaßliche Attentäter von Ex-Premier Shinzo Abe in die Kategorie der rachsüchtigen Einzeltäter ein, auch wenn er seine Tat erst im Juli 2022 verübte, also nach Akihitos Ära. Aber Parallelen fallen ins Auge: Abes Mörder wollte sich in erster Linie an der Moon-Sekte rächen, der seine Mutter ein Vermögen gespendet hatte. Ähnlich wie einige der übrigen Täter war auch er mit seiner Verzweiflung und seinem Hass von der japanischen Gesellschaft alleingelassen worden.

Japans Politiker reagierten meist ratlos auf die spektakulären Verbrechen der »Heisei«-Ära. Sie beschworen nach solchen Ereignissen den »nachbarschaftlichen Zusammenhalt« und den »Wert des Lebens«. Das waren schöne Worte, die mit der Realität wenig zu tun hatten. Tatsächlich verfällt die japanische Gesellschaft zunehmend in beziehungslose Einzelorganismen. In Ballungszentren wie Tokio und Osaka leben die Menschen in ihren oft extrem winzigen Apartments Tür an Tür, ohne dass sie ihre Nachbarn kennen.

Anders als bei Naturkatastrophen vernimmt man vom Tenno fast nie ein Wort über Verbrechen, die die Nation erschüttern. In Europa oder den USA ist es üblich, dass Präsidenten und Premiers an Tatorte eilen, Blumen niederlegen und Trauer und Entsetzen bekunden. Aber Kaiserhaus und Kriminalität? Das gehört aus japanischer Sicht nicht zusammen. Eine seltene Ausnahme bildete eine Stellungnahme zum Giftanschlag der Aum-Sekte, die von Kaisergattin Michiko überliefert ist. Anlässlich ihres Geburtstages im Oktober 1995 beantwortete sie schriftlich Fragen, die ihr die bei Hof akkreditierten Reporter eingereicht hatten. Dabei wollten diese auch wissen, was die Kaiserin angesichts des Aum-Anschlags empfand. Statt konkret für sich selbst zu sprechen, verwies Michiko auf das Amtsverständnis ihres Mannes: »Wie im Leben eines Menschen gibt es auch in der Geschichte eines Landes Zeiten der Freude und des Leids«, schrieb sie. »Ich glaube, in jeder dieser Zeiten ist es der Wunsch Seiner Majestät, gemeinsam mit dem Volk zu sein.«[20] Unermüdlich dafür zu beten, dass das Volk weise Entscheidungen treffe und sich dem Guten zuwende, so Michiko, darin sehe sie den Sinn und die Rolle des Kaiserhauses.

Die Verbrechen der Aum-Sekte sollten die »Heisei«-Ära bis zu ihrem Ende im Frühjahr 2019 überschatten. Etwa ein Jahr, bevor Akihito zugunsten seines Sohnes Naruhito abdankte, ging die Regierung dann daran, das ominöse Kapitel ein für alle Mal aus der Welt zu schaffen, auf zutiefst verstörende, inhumane Weise: Im Juli 2018 wurden der Guru Asahara und zwölf seiner Mittäter kurz nacheinander gehängt. Wie in Japan üblich, teilte die Justiz offiziell nicht mit, warum sie die Todesurteile gerade zu diesem Zeitpunkt vollstreckte. In den Medien wurde nur ein anonymer hoher Beamter des Justizministeriums zitiert. Er bezeichnete den Aum-Fall als »Symbol« der »Heisei«-Ära: »Er muss in der Heisei-Ära zu Ende gebracht werden.«[21] Die Vergangenheit sollte die neue Kaiser-Ära nicht belasten. Mit der Massenhinrichtung verhinderte die Regierung, dass die tieferen gesellschaftlichen Ursachen für die Aum-Verbrechen aufgearbeitet wurden. Wie schon nach dem Zweiten Weltkrieg lautete die Devise: verdrängen, vergessen, nach vorn schauen.

Freilich gab es auch unbeschwerte Momente in Akihitos Ära. Regelmäßig besuchte er mit Michiko soziale Einrichtungen, wie Heime für Menschen mit Behinderungen, Alte und Pflegebedürftige. Auch bei diesen Begegnungen ereignete sich hin und wieder etwas, was die Landsleute so noch bei keinem Kaiser erlebt hatten: Im September 1997 besuchte das Paar das Altenpflegeheim »Izumi no en« in Tokio. Dort spielten die Bewohner die japanische Version von »Stein – Schere – Papier«. Wer dabei verlor, so lautete die Regel in dem Heim, musste dem Sieger die Schultern massieren. Der Tenno ließ sich darauf ein und spielte eine Partie mit einer über 80-jährigen Dame. Er verlor – und massierte der Gewinnerin dann gut gelaunt die Schultern, zur Erheiterung der Anwesenden.[22] Es war nur eine Begebenheit am Rande. Aber der Tenno hatte – wieder einmal – einen ungewöhnlichen Schritt gewagt – und sich auf sein Volk zubewegt.

Bei solchen Gelegenheiten trat Akihito meist gemeinsam mit Michiko auf. Sie waren ein Team, auch das hatte es in der Geschichte des Kaiserhauses so noch nicht gegeben, auch wenn Michiko meist einen respektvollen Schritt hinter ihrem Mann ging. Wenn man die beiden beobachtete, dann konnte man sehen, wie sie aufeinander eingespielt waren – und wie der Tenno sich auf seine bürgerliche Frau verließ. Sie war gleichsam die Brücke zwischen ihm und den Menschen. Ohne sie hätte der Abkömmling dieser uralten Monarchie vermutlich kaum die Volksnähe entwickelt, die dann zu einem Kennzeichen seiner Ägide wurde. Midori Watanabe, eine Veteranin der heimischen Hofberichterstattung, nannte es Akihitos »größte Leistung«, dass er Michiko geheiratet hatte.[23]

Der Tenno selbst beschrieb seine Ehe anlässlich des 50. Hochzeitsjubiläums so: »Ich glaube, durch das Fenster, das durch die Heirat geöffnet wurde, habe ich viele Dinge verinnerlicht und meine heutige Persönlichkeit geformt.«[24] Bei einer anderen Gelegenheit sprach er von der »Einsamkeit«, die mit der Position des Tennos verbunden sei. Er betonte, wie wichtig Michiko daher für ihn sei. »Durch die Heirat habe ich eine Partnerin gewonnen, die das gemeinsam wertschätzt, was ich wertschätzen möchte.«[25]

Dass ein japanischer Ehemann vor Dritten liebevoll über seine Frau spricht, erlebt man selten. Es passt nicht zu einer Kultur, in der die Menschen über persönliche Gefühle meist schamhaft schweigen. In der Arbeitsteilung der kaiserlichen Ehe übernahm Michiko auch schon mal die Initiative, beispielsweise bei den Paralympischen Winterspielen, die 1998 in der japanischen Bergstadt Nagano und Umgebung stattfanden. Von der kaiserlichen Loge aus schauten Michiko und Akihito den Darbietungen im Stadion zu. Da vollführte das Publikum eine La-Ola-Welle – und auch Michiko hob plötzlich ihre Arme. Akihito machte zwar nicht mit – der Tenno als Teil einer jubelnden Masse, das wäre dann doch zu viel der Volksnähe gewesen. Aber er lächelte fröhlich und hatte

Michiko zuvor per Blickkontakt sein Einverständnis signalisiert.[26] Durch die Aktion der Kaiserin kam die Welle erst so richtig in Schwung und wurde dann noch mehrmals wiederholt. Michiko riss jedes Mal wieder begeistert die Arme hoch.

Japan staunte: Das Vorkommnis im Olympiastadion wurde als so sensationell empfunden, dass die bei Hof akkreditierten Reporter noch Monate später, anlässlich von Michikos Geburtstag, darauf zurückkamen. Sie baten die Kaiserin schriftlich, sich dazu zu äußern, dass sie sich der »Menge in der Welle angeschlossen« habe.[27] Michiko erklärte ihr Verhalten dann ebenfalls schriftlich so: »Es war das erste Mal, dass ich die Welle jemals erlebte oder dabei mitmachte.« Diese »seltsame Welle« sei zuvor ein paar Mal rechts neben dem Kaiserpaar ins Stocken geraten. »Da die Kinder links von uns besorgt in unsere Richtung blickten, spürte ich, dass ich irgendwie den Anschluss zu ihnen herstellen müsste. Und deshalb, mit Erlaubnis Seiner Majestät, habe ich mitgemacht.«[28] Mit »Erlaubnis« des Kaisers – das musste natürlich dazugesagt werden.

Das Kaiserpaar inszenierte sich fast schon als Teil des gemeinen Volkes. Dabei wandte es sich auch Landsleuten zu, die an den Rand der Gesellschaft gedrängt wurden. So machten Akihito und Michiko unermüdlich auf das Schicksal der einstigen Leprakranken aufmerksam. Bis 1996 wurden sie in Japan noch als Aussätzige interniert. Und selbst nachdem die Regierung ein berüchtigtes Isolationsgesetz abgeschafft hatte, hielten sich hartnäckig Vorurteile, wonach auch längst Genesene noch ansteckend seien. Viele der Diskriminierten blieben dann notgedrungen in den sogenannten Sanatorien wohnen. Das Kaiserpaar suchte solche Einrichtungen wiederholt auf und sprach den Bewohnern Mut zu.

Sie nahmen sich auch der Opfer von Umweltkatastrophen an, dabei arbeiteten sie wiederum staatliche Versäumnisse der Vergangenheit auf: Im Mai 2014 ließ sich das Kaiserpaar in einem Museum in Sano nahe Tokio ausführlich einen Brief zeigen, mit dem

113 Jahre zuvor ein Parlamentsabgeordneter versucht hatte, auf die Verseuchung der Landschaft durch eine lokale Kupfermine aufmerksam zu machen. Der Mann, er hieß Shozo Tanaka, wollte das Schreiben dem »Meiji«-Tenno überreichen, wurde daran jedoch von Polizisten gehindert und vorübergehend verhaftet. Akihito und Michiko deklarierten ihren eigentlich zutiefst politischen Besuch als »privat«; in den Medien wurde er überwiegend ignoriert – selbst nach über 100 Jahren war das Thema heikel.[29] Im Jahr zuvor hatten sie sich bereits mit Opfern der Minamata-Krankheit getroffen. Diese schwere Umweltkrankheit, die den Namen eines Küstenortes in Südwestjapan trägt, war seit Mitte der 1950er-Jahre durch die Verklappung von Chemieabfällen im Meer verursacht worden. Über den Verzehr kontaminierter Fische hatten Einheimische ihre Körper mit Quecksilberverbindungen verseucht; viele erlitten schwere Nervenschäden. Jahrzehntelang mussten sie und ihre Hinterbliebenen um Entschädigung kämpfen. Die Krankheit war ein brisantes Thema für das Kaiserhaus: Denn der Großvater von Masako, der damaligen Kronprinzessin und heutigen Kaiserin, war einst Chef von Chisso, dem Chemieunternehmen, das die Umweltseuche verursacht hatte. Zwar war er selbst angeblich nicht in den Skandal involviert gewesen. Aber zeitweise drohte die Hochzeit von Naruhito und Masako an dieser verwandtschaftlichen Verbindung zu scheitern.[30]

Auch bei dieser Angelegenheit konnte man sehen: Das Kaiserhaus hat über allen gesellschaftlichen und politischen Kontroversen zu stehen. Schon der leiseste Eindruck, dass der »Erhabene des Himmels« in einen irdischen Skandal involviert sein könnte, musste vermieden werden. Wie existenzbedrohend schnell das Kaiserhaus seinen Zauber verlieren konnte, sollte sich dann Jahre später zeigen, als eine Enkelin von Akihito ihren unbeliebten bürgerlichen Freund heiratete.

Der Super-GAU

Die größte Katastrophe der »Heisei«-Zeit ereignete sich am 11. März 2011 in Nordostjapan. Es war an einem Freitag. Erst bebte die Erde, dann verwüstete ein bis zu 15 Meter hoher Tsunami weite Teile der Küstenregion. In Japan wird dieses traumatische Ereignis »3.11« genannt. Es habe sich um eine Katastrophe gehandelt, die auch von Menschen verursacht worden sei, stellte das Parlament in Tokio später in einem Bericht fest. Der Tsunami traf auch das Kernkraftwerk Fukushima Daiichi rund 250 Kilometer nordöstlich von Tokio. Die Anlage war bereits durch das Erdbeben stark beschädigt worden, doch nun gaben die Wassermassen ihr den Rest. Das hätte vermieden werden können, denn die Betreiberfirma, die Tokyo Electric Power Company (Tepco), war schon Jahre zuvor vor den Gefahren einer hohen Flutwelle gewarnt worden. Aber sie hatte versäumt, zusätzliche Baumaßnahmen zu veranlassen. Die Folgen waren verheerend: Die Stromversorgung wurde an jenem 11. März durch das einbrechende Wasser zusätzlich zerstört, die Kühlsysteme fielen aus, schließlich kam es zum Super-GAU.

Zeitweise mussten über 160 000 Menschen vor der radioaktiven Strahlung fliehen.[31] Fassungslos verfolgte die übrige Welt, wie unbeholfen Japan auf die Krise reagierte. Aus Armee-Hubschraubern kippten Soldaten kübelweise Wasser über den havarierten Reaktoren aus, um sie zu kühlen. Der damalige Premier erwog zeitweise gar, rund 50 Millionen Einwohner aus Tokio und Umgebung zu evakuieren. Für ihn habe sich damals die Frage gestellt, »ob Japan untergeht«, offenbarte er Jahre später.[32]

Die japanische Hauptstadt war in den Tagen der Atomkatastrophe kaum wiederzuerkennen. Dort, wo sonst im bunten Neonlicht das Leben tobt, herrschte bleierne Hoffnungslosigkeit. Um Strom zu sparen, hatte man die Werbung gedimmt oder abgeschaltet. Aus Furcht vor radioaktiven Niederschlägen, die mit dem Regen auch auf die Hauptstadt fielen, verzichteten viele Menschen darauf, Fisch zu essen. Viele tranken nur noch Mineralwasser aus Flaschen. Ausländische Diplomaten und Geschäftsleute, aber auch Einheimische flohen mit ihren Familien Richtung Westen. In dieser Atmosphäre der Verunsicherung machte das Gerücht die Runde, dass Tenno Akihito seinen Palast verlassen habe und in die alte Kaiserstadt Kyoto ausgewichen sei.

Tatsächlich blieb er in Tokio. Schon morgens ab 6 Uhr sah er sich die neuesten Nachrichten im Fernsehen an, auch sonst sammelte er unermüdlich Informationen über das Reaktorunglück.[33] Akihito war in seiner Freizeit ein Naturwissenschaftler, in seinem Labor im Palastareal forschte er über Grundeln, zu denen er auch international anerkannte Studien veröffentlichte. Es musste ihn, den systematisch Denkenden, zutiefst beunruhigen, wie kopf- und planlos die Politiker, Bürokraten sowie die Manager des Reaktorbetreibers Tepco in der Krise agierten. Die Situation war fast so wie in den lähmenden letzten Tagen des Zweiten Weltkriegs, als die Mächtigen in Tokio darüber stritten, ob sie die unausweichliche Niederlage akzeptieren sollten oder nicht. Damals hatte Hirohito sein Machtwort gesprochen und seine legendäre Radioansprache an die Untertanen gehalten. Und jetzt, fünf Tage nach Ausbruch der Fukushima-Katastrophe, tat Tenno Akihito einen ähnlich historischen Schritt. Er wandte sich mit einer Videobotschaft an das Volk.[34]

So eine kaiserliche Botschaft hatte es in der Nachkriegszeit noch nicht gegeben. Der Tenno trug einen grauen Anzug und eine graue Krawatte, er saß vor einem Schiebefenster aus Papier. Zunächst drückte er seine tiefe Trauer aus über die Verheerung durch das Beben und den Tsunami. Dann sprach er von seiner schweren Sorge über die »ernste und unvorhersehbare Lage« des beschädigten

Kernkraftwerkes. »Ich hoffe ernsthaft, dass durch Anstrengungen aller Beteiligten eine weitere Verschlechterung der Situation abgewandt wird«, sagte er. Angesichts des offensichtlichen Versagens der politisch Verantwortlichen klang das wie eine kaiserliche Ermahnung. Damit ging Akihito an die Grenze dessen, was einem Tenno erlaubt ist. Doch die Botschaft, die er letztlich vermitteln wollte, lautete: Die Regierung sollte verdammt noch mal ihre Arbeit tun.

Akihito sprach in verständlichen Worten, wie man sie in der nationalen Krise auch von den Politikern hätte erwarten können. Dagegen berieselte die Regierung die Menschen mit Durchhalteparolen. Der Kabinettschefsekretär wiederholte auf Pressekonferenzen ständig den gleichen Satz und beteuerte: Die gemessene erhöhte Radioaktivität habe »keine sofortige Wirkung auf die Gesundheit«. Dadurch fachte er die allgemeine Verunsicherung erst recht an. Auch der Gouverneur von Tokio schien die Sorgen der Einwohner nicht ernst zu nehmen; er hieß Shintaro Ishihara und war ein Nationalist. Vor laufenden Kameras trank er ein Glas Leitungswasser, als ob er so dessen Verträglichkeit am eigenen Leib beweisen könne.[35] Zuvor hatte er den Tsunami als »Strafe des Himmels« bezeichnet. Die Landsleute seien der Selbstsucht erlegen, sagte er.[36] Das half den Tausenden, die in überfüllten, zugigen Turnhallen hausten, allerdings nicht.

Und was tat der Kaiser, derjenige, der sich kraft seiner Herkunft am ehesten auf den »Himmel« hätte berufen können? Er zeigte, dass er die irdischen Nöte des Volkes teilte. Im Palast ließ er die elektrische Beleuchtung abstellen, in seiner privaten Residenz lebte er angeblich bei Kerzenlicht.[37] Denn nachdem die Reaktoren von Fukushima ausgefallen waren, wurde in weiten Teilen des Landes der Strom rationiert. Im Zentrum von Tokio, wo sich auch der Kaiserpalast befindet, brannten die Lichter zwar weiter, aber Akihito wollte seine Solidarität mit den Landsleuten demonstrieren. In seinem Sommersitz in Nasu nördlich von Tokio ließ er seine privaten Thermalbäder für Opfer der Katastrophe öffnen, damit sie sich dort waschen konnten. Mit Kaiserin Michiko besuchte er zahlreiche Notunterkünfte für die Entwurzelten, erst in Tokio und Umgebung, später in Fukushima und in anderen Teilen der Krisenregion.

Mit dem Reaktorunglück zahlte Japan einen hohen Preis für seine langjährige einseitige Energiepolitik. Ausgerechnet das Land, das den Nuklearbomben auf Hiroshima und Nagasaki zum Opfer gefallen war, hatte sich seit den Fünfzigerjahren wie besessen der Atomenergie verschrieben. Ihre zerstörerische Kraft wollte man für den wirtschaftlichen Aufstieg nutzen – und so ins Positive verkehren. Das rohstoffarme Japan wollte sich unabhängig machen von Importen. Bis zum GAU von Fukushima deckte Japan fast 30 Prozent seines Energiebedarfs mit Kernenergie. Zugleich galt es als offenes Geheimnis in Tokio, dass die Politiker sich mit der Kernkraft die Option auf eine eigene Atombombe offenhalten wollten – vor allem mit Blick auf China. Der Rivale hatte 1964 seine erste Atombombe getestet, während der Olympischen Sommerspiele von Tokio. Aus dem Betrieb seiner Kernkraftwerke hat Japan rund 46 Tonnen Plutonium angehäuft, genug, um mehrere Bomben zu bauen.

Nach dem Reaktorunglück von Fukushima wurden zwar alle japanischen Reaktoren vorübergehend stillgelegt. Doch schon bald nahm man einzelne Reaktoren wieder in Betrieb. Die Regierung erklärte, dass sie grundsätzlich an der Atomkraft festhalten wolle, gegen die Mehrheit der Bevölkerung – und im Gegensatz zu Deutschland, wo Kanzlerin Angela Merkel Fukushima zum Anlass nahm, den Atomausstieg zu verkünden. Und über zehn Jahre später, im Frühjahr 2022, nachdem Russland die Ukraine angegriffen und dadurch weltweit die Energiepreise in die Höhe getrieben hatte, sah die japanische Regierung dann die Chance für die endgültige Renaissance der Kernkraft gekommen: Sie kündigte an, zahlreiche stillgelegte Reaktoren wieder hochfahren zu wollen; auch neuartige Anlagen wolle man bauen. Künftig sollte es möglich sein, die Laufzeiten von Atomreaktoren auf weit über 60 Jahre zu verlängern.

Schon bald nach dem Super-GAU 2011 versuchte die Regierung zu beweisen, dass der Alltag auch nach einer solchen Katastrophe weitergeht. Nach und nach wurden geflohene Bewohner gedrängt, in die verlassenen Dörfer der Unglücksregion zurückzukehren. Zwar ging die radioaktive Strahlung dort allmählich zurück, doch von einem normalen Leben konnte keine Rede sein. Allenthalben lauerten sogenannte Hotspots, an denen besonders hohe Strahlenwerte gemessen wurden. Vor allem Familien mit Kindern scheuten die Rückkehr. Letztlich beschleunigte der Reaktorunfall die Überalterung und den Bevölkerungsschwund, unter denen ländliche Regionen in Japan ohnehin leiden. Viele Hilfsbedürftige in Fukushima fühlten sich von den Politikern im fernen Tokio im Stich gelassen – und bisweilen gar herabgesetzt: Ein Umweltminister unterstellte ihnen, dass es ihnen letztlich nur ums Geld gehe. Und ausgerechnet ein Minister, der für den Wiederaufbau der Region zuständig war, sagte, die Nation habe noch Glück gehabt, dass der ländliche Nordosten durch das Erdbeben verwüstet worden sei – und nicht die wirtschaftlich wichtige Gegend um Tokio. Die Empörung über die Entgleisung war groß, der Mann musste zurücktreten.

An der Spitze des Staates klaffte ein emotionales Vakuum. Die Einzigen, die sich bemühten, es mit Mitgefühl und Empathie zu füllen, waren Tenno Akihito und Kaiserin Michiko. Sie hielten die verunsicherte Nation zusammen. Sie reisten wiederholt nach Fukushima und spendeten den Menschen Trost. Dabei nahmen sie erhebliche Strapazen auf sich. Der Tenno war damals 78 Jahre alt, im Februar 2012 musste er sich einer Bypass-Operation unterziehen. Aus seinem Umfeld verlautete, die Herzkrankheit sei auch auf den Stress zurückzuführen, dem er sich durch die häufigen Reisen in Krisengebiete ausgesetzt habe.[38]

Vom Tenno selbst vernahm man keine Klagen. Im Gegenteil. Er kümmerte sich nicht nur um die Opfer der Katastrophen der Gegenwart. Von Anfang an versuchte er auch, die Aufmerksamkeit der Landsleute auf jene zu lenken, die ihre Stimmen meist nicht mehr selbst erheben konnten und ebenfalls oft von der Politik vergessen wurden: die Opfer des Zweiten Weltkrieges, für die Akihitos eigener Vater – und damit auch das Kaiserhaus als Institution – eine historische Verantwortung trug. Doch Akihito verfolgte hier nicht nur ein familiäres Projekt, indem er Reue zeigte für die Verstrickungen seines Vaters Hirohito, dem einstigen Kriegsherrn. Vielmehr füllte er stellvertretend für die ganze Nation eine Lücke, die die meisten Politiker in ihrer Geschichtsverweigerung nicht füllen wollten. Das Bemühen um Vergangenheitsbewältigung, das in Deutschland über die demokratischen Parteien hinweg längst zur politischen Kultur gehörte, nahm Akihito in Japan mehr oder weniger allein auf sich.

Das kriegerische Erbe

Im Oktober 1992 war die Große Halle des Volkes in Peking festlich geschmückt. Die Machthaber im Reich der Mitte boten die ganze Pracht auf, mit der sie ausländische Besucher gerne beeindrucken. Von einem schwarz lackierten Wandschirm strahlten goldene Fluggänse. Links und rechts davon hingen die Flaggen Japans und Chinas. Um einen gedeckten runden Tisch saßen Tenno Akihito, seine Frau Michiko und die Spitzen der Kommunistischen Partei und des Staates, allen voran Präsident Yang Shangkun. Yang war einer der letzten Überlebenden des legendären Langen Marsches, mit dem die kommunistischen Partisanen 1934 in eine entlegene Basis in Nordwestchina geflohen waren. Von dort bekämpften sie dann vor allem ihren innenpolitischen Gegner, die nationalchinesische Regierung, und teilweise auch die japanische Armee. Und nun speisten der rote Veteran und der Sohn des einstigen japanischen Kriegskaisers hier friedlich miteinander. Sie zelebrierten etwas, was es noch nie gegeben hatte in China: den Besuch eines japanischen Kaisers. Und bis auf Weiteres sollte es auch der letzte Besuch dieser Art bleiben.

Dass die Visite zustande gekommen war, grenzte an ein Wunder. Zwar hatten die verfeindeten asiatischen Nachbarn bereits 1972 ihre Beziehungen normalisiert – sie nutzten damals das politische Tauwetter, das US-Präsident Richard Nixon mit seinem historischen China-Besuch eingeleitet hatte. Seither hatte die chinesische Führung erst Ex-Kaiser Hirohito und dann Akihito wiederholt eingeladen. Bereits zu Zeiten von Mao Zedong hatte die Volksrepublik sich von so einem Besuch internationale Anerkennung und Aufwertung erhofft. Und nun war der Tenno in Peking besonders willkommen: Drei Jahre zuvor hatten die kommunistischen Machthaber die Demokratiebewegung auf dem Platz des Himmlischen Friedens blutig niedergeschlagen – nur wenige Meter von der Großen Halle des Volkes entfernt, wo jetzt das chinesisch-japanische Festbankett im Gange war. Wegen des Massakers ächtete der Westen China mit Sanktionen. Japan war das erste führende Industrieland, das die wirtschaftlichen Beziehungen zur Volksrepublik wieder aufnahm. Der riesige chinesische Markt war aus Tokioter Sicht einfach zu nah und zu verlockend. Mit dem Tenno-Besuch wollten also beide Seiten wieder gemeinsam in die Zukunft blicken.

Akihitos China-Reise stieß daheim in Japan auf Kritik. Politiker der Liberaldemokraten, der in großen Teilen konservativen Regierungspartei, sorgten sich um die persönliche Sicherheit des Tennos in dem einst verfeindeten Nachbarland. Vor allem aber fürchteten sie, dass die Gastgeber den Tenno propagandistisch einspannen könnten, zum Zwecke einer demütigenden »Entschuldigungs-Diplomatie«.[39]

Denn die Kriegsgräuel, die kaiserliche Soldaten einst verübt hatten – insbesondere das Blutbad von Nanking 1937 –, waren in China nicht vergessen. In Japan wurden sie dagegen verharmlost oder hartnäckig bestritten. Doch als beide Länder sich 1972 diplomatisch wieder annäherten, klammerten sie die brisante Vergangenheit weitgehend aus. Chinas damaliger Premier Zhou Enlai gab sich mit vagen Worten des Bedauerns durch die Japaner zufrieden und verzichtete darauf, Reparationen zu fordern. Dringender war es für ihn und die anderen kommunistischen Führer, dass japanische Firmen in China investierten und neue Technologien ins Land brachten. Auch der Territorialstreit um die Senkaku-Inseln – eine Gruppe unbewohnter Felsen im Ostchinesischen Meer, die beide Länder jeweils beanspruchen – wurde vertagt.[40] Allerdings sollte die Vergangenheit die beiden Nachbarn dann später einholen: Je mehr China wirtschaftlich und militärisch erstarkte und je weniger es auf Hilfen angewiesen war, desto heftiger fachte es den antijapanischen Nationalismus an. Die Erinnerung an japanische Kriegsverbrechen und der aktuelle Inselstreit boten dem Regime in Peking immer wieder willkommene Anlässe, das eigene Volk hinter sich zu vereinen.

Doch als Akihito 1992 in der Großen Halle des Volkes empfangen wurde, hegten beide Seiten riesige Hoffnungen auf einen Neuanfang. Akihito stand von seinem Platz auf und ging an ein Rednerpult. Er holte weit in die Vergangenheit aus, er erinnerte daran, wie stark das Reich der Mitte Japan einst kulturell beeinflusst habe, insbesondere zwischen dem 7. und 9. Jahrhundert.[41] Schließlich kam er auf das unangenehme Thema der jüngeren Historie zu sprechen. Er sagte: »In der langen Geschichte der Beziehungen zwischen unseren beiden Ländern gab es eine unglückliche Zeit, in der mein Land dem chinesischen Volk großes Leid zugefügt hat. Darüber empfinde ich tiefe Traurigkeit.«[42] Denkt man an die Millionen Menschen, die dem von Japan begonnenen Krieg zum Opfer gefallen waren, klangen Akihitos Worte formell und floskelhaft. Eine angemessene Entschuldigung hätte sich anders angehört.

Gleichwohl, der Tenno hatte damit ein Zeichen der Versöhnung gesetzt. Allein dadurch, dass er nach Peking gekommen war, hatte er einen historischen Schritt gewagt. Indes konnte auch Akihito nichts daran ändern, dass die Beziehungen zwischen Japan und seinen asiatischen Nachbarn in einem Teufelskreis gefangen blieben. Kaum rang sich ein Vertreter Japans dazu durch, Bedauern über den Krieg zu äußern, machte irgendjemand anderes in Tokio die Bemühungen schon wieder durch chauvinistische Provokationen zunichte. Die Liste problematischer Äußerungen ist so lang, dass man den Überblick verliert. Bisweilen handelte es sich um Ausrutscher, wie bei Premier Kakuei Tanaka: Der bezeichnete japanische Kriegsverbrechen bei einem Besuch in China einmal als »Unannehmlichkeiten«, die Japan dem Nachbarn zugefügt habe.[43] In

Tokio begriffen viele zunächst nicht, warum die chinesischen Gastgeber ihren Applaus bei Tanakas Rede empört unterbrachen. Denn im Japanischen gehört es zum guten Stil, peinliche Wahrheiten schamhaft zu verschleiern. Klarer lag der Fall bei einem anderen Politiker, Seisuke Okuno, der die Unterdrückung asiatischer Nachbarvölker damit rechtfertigte, dass Japan die »weiße Rasse« aus der Region hätte zurückdrängen müssen.[44] Dieses Argument hörte man in zwangloser Runde zwar häufig in Tokio, aber aus dem Mund eines prominenten Politikers sorgte es dann für gewaltigen Ärger.

Bei den kontroversen Wortmeldungen aus Tokio handelte es sich selten um Pannen. Tatsächlich sahen viele konservative Politiker keinen Grund, sich im Namen ihres Landes zu entschuldigen. Wenn es für sie etwas zu bereuen gab, dann war es die Schmach, dass Japan den Zweiten Weltkrieg verloren hatte. Am 15. August 1985 hatte Premier Yasuhiro Nakasone als erster Regierungschef nach dem Krieg mit seinem Kabinett offiziell den Yasukuni-Schrein in Tokio besucht, an dem auch die Hauptkriegsverbrecher als shintoistische Gottheiten verehrt werden. In einem angegliederten Museum werden Gräueltaten wie das Massaker von Nanking systematisch verharmlost. Der Premier besuchte den Schrein wenige Monate, nachdem der deutsche Bundespräsident Richard von Weizsäcker in seiner berühmten Rede zum 40. Jahrestag des Kriegsendes für das eigene Land ein gegenteiliges Signal gesetzt hatte, als er sagte: »Wer aber vor der Vergangenheit die Augen verschließt, wird blind für die Gegenwart.«[45]

Dass Japan bis heute auffällig anders mit seiner Geschichte umgeht als die einstigen deutschen Verbündeten, hat verschiedene Gründe: Nicht wenige in Japan sehen ihr Land als Befreier Asiens von westlicher Kolonialherrschaft. In Gesprächen hört man immer wieder das Argument, die sogenannte »Großostasiatische Wohlstandssphäre«, mit der das Kaiserreich die Nachbarvölker unterjochte, sei für die Betroffenen durchaus segensreich gewesen. Zugegeben: Japan hat in seinen Kolonien Eisenbahnen, Fabriken und Bergwerke gebaut und damit Grundlagen für die Industrialisierung geschaffen, besonders in Korea und Taiwan. Der entscheidende Punkt aber ist ein anderer: Die Nachbarländer hatten Japan nicht darum gebeten, unterworfen und bevormundet zu werden.

In China und Südkorea, aber auch in liberalen Kreisen in Japan selbst wird oft betont, wie »vorbildlich« die Bundesrepublik sich ihrer Vergangenheit stelle – anders als eben Japan. Besucher aus Deutschland bekommen oft entsprechendes Lob zu hören. Im nationalkonservativen Lager Japans rufen solche Vergleiche allerdings allergische Reaktionen hervor.[46] In der Tat macht es wenig Sinn, den deutschen und den japanischen Umgang mit der Geschichte gegeneinander aufzurechnen. Der von Deutschen verübte systematische Holocaust an der jüdischen Bevölkerung lässt sich mit den Verbrechen des japanischen Militärs nicht einfach gleichsetzen. Die dunklen Kapitel der japanischen Geschichte müssen aus ihrem eigenen Kontext heraus aufgearbeitet und bewertet werden – am besten von den Japanerinnen und Japanern selbst.

Was so eine Aufarbeitung in Japan indes behindert, ist die ungleiche Beziehung zu den USA. Amerika – die westliche Supermacht, die das einst abgeschlossene Land öffnete, später besiegte, besetzte und bis heute militärisch beschützt – schwebt wie ein Schatten über vielen heimischen Debatten. Bis heute fühlt das Inselvolk sich von der Schutzmacht nicht ernst genommen, sondern bevormundet, wie ein Vasall. Was alle politischen Lager in Tokio vereint, von rechts bis links, ist ein latent stets vorhandener Amerikakomplex, eine nicht selten rassistische, zutiefst widersprüchliche Mischung aus Minderwertigkeits- und Hochmutsgefühlen gegenüber dem Bündnispartner. Die USA sind für viele Japanerinnen und Japaner das Hauptargument, warum sie es nicht für nötig halten, die eigene Geschichte kritisch zu hinterfragen. Denn mit den Bomben auf Hiroshima und Nagasaki haben die USA dafür gesorgt, dass viele Einheimische Japan eher als Opfer des Krieges sehen denn als dessen Verursacher.

Kein Wunder also, dass der China-Besuch des Tennos in Japan auf Unmut stieß. Akihito befand sich in einer vertrackten Lage: Als Thronerbe des Kriegskaisers Hirohito war er zwar der Geeignete – vielleicht sogar der Einzige –, der das Tabu glaubwürdig brechen und die Vergangenheit stellvertretend für seine Landsleute ansprechen konnte. Andererseits musste er sich aber davor hüten, die Ewiggestrigen zu Hause gegen sich aufzubringen.

Wie real diese Gefahr war, erfuhr Akihito Monate nach der China-Reise, im Herbst 1993. Die Kritik an ihm wurde, wie so oft, nicht direkt geäußert, sondern über die Bande gespielt, wie man beim Billard sagt. Sie richtete sich pauschal gegen den neuen, offeneren Stil, der mit dem Kaiserpaar bei Hof eingezogen war. Da Angriffe auf den Tenno selbst tabu sind, nahmen führende Magazine seine Frau Michiko unter Beschuss: Sie starteten eine regelrechte Kampagne gegen sie. Anonyme Informanten warfen Michiko Herrschsucht und Verschwendung vor.[47] Sie stießen sich an dem angeblich viel zu luxuriösen Neubau der kaiserlichen Residenz, für den Bäume gefällt worden seien, die der verstorbene Kaiser Hirohito »geliebt« habe.[48] Das Kaiserpaar vergnüge sich von morgens bis abends beim Tennis, nachts halte es die Dienerschaft durch private Einladungen und extravagante Essgewohnheiten auf Trab.

Die Hauptkampagne gegen Michiko führte dann das Magazin *Takarajima 30*, es veröffentlichte Enthüllungen über das vermeintlich ausschweifende Leben »hinter dem Chrysanthemenvorhang«. Als Kronzeugen ließ es einen anonymen Hofbeamten zu Wort kommen. Sein Pseudonym lautete »Tadasu Ouchi« – was so viel heißen sollte wie: »das Kaiserhaus in Ordnung bringen«. Tatsächlich deuteten Details darauf hin, dass hier Dinge ausgeplaudert wurden, die nur höfische Insider wissen konnten. Vom Inhalt her waren die Vorwürfe belanglos. Und wenn man beispielsweise bedachte, dass der Tenno privat nur einen schlichten Mittelklassewagen fuhr – einen Honda, mit dem er ausschließlich auf dem Palastgrundstück seine Runden drehte –, dann klangen sie überzogen und kleinlich.

In Wahrheit schien es um etwas anderes zu gehen, was man auch aus der Arbeitswelt kennt: Einige Altgediente bei Hof konnten es nicht verwinden, dass sie mit Akihito und Michiko neue Vorgesetzte erhalten hatten, die einen modernen Stil pflegten und neue Anforderungen an sie stellten. Und die überwiegend konservativen Medien griffen die Durchstechereien dann begierig auf, um die Autorität des Kaiserpaares zu untergraben. Die Wucht der Angriffe kann man sich damit erklären, dass hier eben auch politische Motive mitspielten, die, unter anderem angefacht durch die China-Reise des Kaisers, in dieser Debatte nun zutage traten.

Wie sollte das Kaiserpaar reagieren? Anlässlich ihres Geburtstags im Oktober 1993 nahm Michiko schriftlich Stellung. Sie müsse auf jegliche Kritik hören, schrieb sie, und sie bitte um Verzeihung, falls sie jemanden verletzt habe. Aber eine Berichterstattung in den Medien, die nicht den Tatsachen entspreche, mache sie »sehr traurig und perplex«. Sie fuhr fort: »Eine Gesellschaft, die keine Kritik erlaubt, darf es nicht geben. Aber ich wünsche mir keine Gesellschaft, in der unbegründete Kritik ständig wiederholt wird.«[49]

Ob Michiko die Anfeindungen allein mit dieser Entgegnung dauerhaft hätte abwehren können, muss bezweifelt werden. Doch kurz darauf passierte etwas, was das »Michiko-Bashing«, wie die mediale Schikane der Kaiserin genannt wurde, schlagartig beendete: Das Kaiserhaus schreckte das Land mit der Nachricht auf, dass Michiko zusammengebrochen sei. Sie habe ihre Stimme verloren. Ihre Erkrankung sei offenbar durch den Stress ausgelöst worden, den die kritischen Medienberichte bei ihr ausgelöst hätten. In den folgenden Monaten trat die Kaiserin dann öffentlich nicht mehr auf. Wie ernst sie erkrankt war, konnten nur ihre Ärzte beurteilen. Aber im Nachhinein drängt sich der Eindruck auf, dass das Kaiserhaus sich hier einer Defensivstrategie bediente, die später auch vom Tenno selbst und anderen Mitgliedern der kaiserlichen Familie durchaus erfolgreich angewandt wurde: Sie verwiesen auf ihre eigenen Schwächen und ihr eigenes Leiden und machten sich so unangreifbar.[50]

Und plötzlich waren es die Magazine, die von allen Seiten kritisiert wurden, weil sie Michiko gemobbt hatten. Sie mussten sich öffentlich entschuldigen. Auf das Verlagsgebäude von *Takarajima 30* wurden Schüsse abgefeuert, angeblich handelte es sich um einen Anschlag von Ultrarechten. Auf jeden Fall war das »Chrysanthemen-Tabu« nun wieder intakt. Die Debatte über den Tenno und seine angeblich zu große Volksnähe war damit beendet.

Der Konflikt über die kriegerische Vergangenheit blieb Japan dagegen erhalten. Er prägte die »Heisei«-Ägide, und er hatte zwei Pole: den Tenno, der unverkennbar eine pazifistisch-liberale Weltsicht besaß – auch wenn er sich politisch nicht positionieren durfte. Und als Gegenpol die konservativen Politiker der Liberaldemokratischen Partei, allen voran der spätere Premier Shinzo Abe.

Wenn eine Gesellschaft über ihre Vergangenheit streitet, geht es stets auch um die Frage, wie sie ihre Gegenwart und ihre Zukunft gestalten möchte. Daher war es kein Zufall, dass Japan oft gerade dann bereit war, sich dunklen Kapiteln seiner Geschichte zu stellen, wenn die konservativen Liberaldemokraten vorübergehend nicht die Regierung stellten oder ihre Macht mit anderen teilen mussten. Das kam zwar nur ganz selten vor, aber die erste Hälfte der Neunzigerjahre, eben als der Tenno China besuchte, war so eine Zeit. Was die Debatte zusätzlich erleichterte, war der Umstand, dass der einstige Kriegskaiser Hirohito nicht mehr lebte. Ein halbes Jahrhundert nach dem Krieg fanden also einige in Tokio selbstkritische Worte über den Krieg, allen voran der damalige Premier, der Sozialdemokrat Tomiichi Murayama. In einer Erklärung zum 50. Jahrestag des Kriegsendes bekundete er die »tiefe Reue« seines Landes.[51]

Doch die Geschichtsleugner gewannen bald wieder die Oberhand. Je heftiger Japan unter den Folgen der geplatzten »Bubble« litt und je stärker es sich vor dem Aufstieg Chinas fürchtete, desto ängstlicher sehnten sich einige Japanerinnen und Japaner zurück nach vermeintlich ruhmreichen Zeiten. Im Jahr 1998 kam mit *Pride – unmei no toki (Stolz – schicksalhafter Moment)* ein Film in die Kinos, der den verurteilten und gehängten Kriegspremier Hideki Tojo zum Helden verklärte. Im Jahr 2000 sprach Yoshiro Mori, der damalige Premier, aus, was viele in seiner Partei dachten: Japan sei ein »Land der Götter mit dem Tenno im Zentrum«.[52] Hinweise auf dunkle Flecken der Geschichte – insbesondere das Schicksal Tausender Asiatinnen, die vom japanischen Militär als Zwangsprostituierte, sogenannte »Trostfrauen«, missbraucht worden waren – wurden verstärkt aus Schulbüchern getilgt. Im Zuge neuer Richtlinien wurde die Jugend systematisch zur Vaterlandsliebe erzogen. Pazifistische Lehrer, die bei Schulfeiern während des Absingens der Nationalhymne auf ihren Plätzen sitzen blieben, mussten fortan mit Disziplinarstrafen rechnen.

Dem Tenno missfiel der Revisionismus. Und das machte er deutlich, zum Beispiel auf einem der Gartenempfänge, zu denen er zweimal jährlich Künstler, Sportler und andere verdiente Landsleute einlud. Als ihm ein Gast stolz berichtete, er wolle dafür sorgen, dass im ganzen Land bei feierlichen Anlässen die Nationalhymne gesungen und das Sonnenbanner gehisst werde, belehrte der Tenno ihn umgehend, dass er mit dieser Forderung an den Falschen geraten war. Statt den Mann für seinen Patriotismus zu loben, entgegnete er ihm, dass dieses Anliegen aber nicht mit Zwang durchgesetzt werden dürfe.[53]

Akihito war als Junge im Militarismus aufgewachsen; er hatte erlebt, wie die imperialistische Ideologie gescheitert war und wie sie das Kaiserhaus beinahe mit in den Untergang gerissen hatte. Akihito hatte also keinen Grund, dem Vorkiegs-Japan nachzutrauern. Im Gegenteil: Er und seine Eltern gehörten zu jenen in der Elite, denen das Kriegsende die Chance für einen Neuanfang eröffnete. Ende August 1945, wenige Tage nach der Kapitulation, erhielt Akihito einen Brief von seiner Mutter, Kaisergattin Nagako. Akihito war damals mit seinen Mitschülern noch im Bergort Nikko evakuiert. Die Niederlage, so die Kaiserin, sei zwar bedauerlich, »aber dadurch ist Japan auf ewig gerettet worden«.[54] Am 9. September 1945 bekam Akihito dann einen Brief von seinem Vater, Hirohito. Darin erklärte dieser ihm, warum Japan gegenüber dem Westen verloren habe: »Unser Volk hat zu stark an das Kaiserhaus geglaubt, Großbritannien und die USA verachtet. Unser Militär hat zu stark auf seine spirituellen Kräfte vertraut, die Wissenschaft ignoriert.«[55]

Lehren aus dem verlorenen Krieg zu ziehen – das wurde dann Akihitos Leitthema. Schon als Kronprinz bezeichnete er Japan als Land des Friedens und der Kultur: »Die Tradition des Kaiserhauses liegt nicht im Militär, sondern seit jeher in der Wissenschaft«, sagte er. »Es gab nur wenige Tennos in Militäruniform.«[56] Das hörte sich fast so an, als habe das Kaiserhaus mit der pazifistischen Nachkriegsverfassung endlich wieder zu sich selbst gefunden, zu seiner Bestimmung. Dagegen zogen rechtsnationale Politiker andere Schlüsse aus dem Desaster, das die Kriegsniederlage von 1945 in ihren Augen darstellte: Nostalgisch verklärten sie die Vorkriegszeit. In der Friedensverfassung sahen sie keine Errungenschaft, sondern eine kollektive Zwangsjacke, die es abzustreifen galt.

Gewiss, heute kann man zu Recht daran zweifeln, ob die Nachkriegsverfassung noch zeitgemäß ist. Anders als in Deutschland, wo das Grundgesetz seit 1949 zigmal geändert oder ergänzt wurde, konnten sich die politischen Parteien in Japan bislang nie auf eine Revision einigen, nicht einmal in Teilen. Die Hürden dafür wären hoch: Zwei Drittel der Abgeordneten des Parlaments in Tokio müssten einem Antrag zustimmen, dem dann eine Volksabstimmung folgen würde. Doch der eigentliche Grund, warum die Verfassung bisher nie angetastet wurde, liegt darin, dass die Parteien bislang ideologisch tief zerstritten waren – sowohl über die Bewertung der Vergangenheit als auch der Zukunft. Die japanische Verfassung gleicht deshalb eher einem Museumsrelikt als einem gelebten Leitfaden der Demokratie. Mit der Realität hat sie inzwischen immer weniger gemein; das gilt insbesondere für den berühmten Artikel 9, dem zufolge das Land auf ewig dem Krieg entsagt und sogar auf eigene Streitkräfte verzichtet hat. Er steht nur noch auf dem Papier, denn tatsächlich unterhält Japan ja längst eine der größten Armeen der Welt. Das Land hat sich schon längst von seinem Pazifismus verabschiedet.

Seit der Zeit von Kaiser Akihito hat die Weltlage sich auch für Japan nachhaltig verändert; die Revision der Friedensverfassung scheint nur noch eine Frage der Zeit. Angesichts der russischen Ukraine-Invasion, der verstärkten chinesischen Drohgebärden gegen Taiwan sowie der nordkoreanischen Atom- und Raketenrüstung kündigte die japanische Regierung Ende 2022 ihre eigene Version der Zeitenwende an: Die Rüstungsausgaben will sie bis 2027 praktisch verdoppeln. Den eigenen Streitkräften will sie überdies die Möglichkeit eröffnen, Präventivschläge gegen feindliche Raketenbasen auszuführen, auch wenn diese offiziell nicht so, sondern nur als »Gegenschläge« bezeichnet werden dürfen. Auch Teile der Opposition rücken mittlerweile vom Pazifismus ab. Gestritten wird in Tokio im Grunde nur noch darüber, wie Japan die Aufrüstungspläne finanzieren soll.

Dass Japan sich gegen neue Gefahren wappnet, ist nachvollziehbar. Und es wäre nicht weiter beunruhigend, wenn es gleichzeitig anfinge, sich seiner kriegerischen Vergangenheit ernsthaft zu stellen – so wie Akihito das vorgemacht hat. Der Tenno griff in seiner

Ägide zwar nicht ein in den Verfassungsstreit – das durfte er ja auch nicht. Indirekt machte er seine pazifistische Einstellung aber deutlich. Er mahnte die Landsleute, die Vergangenheit nicht zu vergessen. Er sagte: »Jahr für Jahr wachsen Generationen heran, die nichts vom Krieg wissen. Aber ich halte es für Japans Zukunft für äußerst wichtig, ausreichend Bescheid zu wissen über den jüngsten Krieg und tief darüber nachzudenken.«[57] Auch ausländischen Gästen erteilte der Tenno schon mal eine Lektion in Sachen Pazifismus, beispielsweise Jassir Arafat, dem damaligen Präsidenten der Palästinensischen Autonomiebehörde, als dieser 1996 Japan besuchte. Arafat war davon offenbar so beeindruckt, dass er dem Tenno bescheinigt haben soll: »Sie sind größer als der Papst.«[58]

Akihito setzte sich nicht nur für die Aussöhnung mit China ein, sondern auch mit Südkorea, dem anderen wichtigen Nachbarn. Bis heute streitet Japan mit der einstigen Kolonie über die Vergangenheit. Daran scheitert bis heute auch ein Besuch des Tennos in dem Nachbarland. Bereits in den Achtzigerjahren sondierte die Regierung in Tokio die Möglichkeit, den damaligen Kronprinzen Akihito nach Seoul reisen zu lassen.[59] Daraus wurde aber nichts, vor allem, weil die koreanische Regierung auf einer unmissverständlichen Entschuldigung des japanischen Staatsgastes bestand.

Man kann das unglückselige Verhältnis von Japan und Südkorea mit den politisch schwierigen Beziehungen von Deutschland und Polen vergleichen. In Korea erinnern allenthalben Denkmäler an das Schicksal der Zwangsprostituierten, die im Zweiten Weltkrieg vom japanischen Militär missbraucht wurden. Überdies verschleppte die Kolonialmacht Zigtausende Zwangsarbeiter nach Japan. Deren Nachkommen werden in Japan bis heute oft als Menschen zweiter Klasse diskriminiert – obwohl sie in Japan aufgewachsen sind, viele von ihnen japanische Namen tragen und sie fließend Japanisch sprechen. Und dann streiten die Nachbarn auch noch um eine winzige unbewohnte Felsengruppe, die aus dem

Japanischen Meer ragt – welches in Korea übrigens auf keinen Fall »Japanisches Meer« genannt werden darf, sondern nur »Ostmeer«. Die umstrittene Insel heißt auf Koreanisch Dokdo, auf Japanisch Takeshima.

Auf japanischer Seite wird die Abneigung des Nachbarvolkes erwidert. In nationalen Krisen und in Zeiten der Verunsicherung brechen Vorurteile und Ressentiments gegen Menschen koreanischer Herkunft leicht hervor. Besonders grausame Exzesse ereigneten sich nach dem Erdbeben von 1923, durch das Tokio und Umgebung verwüstet wurden. Angespornt von der Polizei, veranstalteten Vigilantengruppen damals Hetzjagden auf Angehörige der koreanischen Minderheit. Auch heute lässt sich in Japan viel Geld verdienen mit dem »Ken-kan« genannten »Korea-Hass«. In Buchläden füllen Hetzschriften und Hetz-Mangas über Korea ganze Regale.

In beiden Ländern schüren Politiker den Hass, um auf diese Weise Wählerstimmen zu sammeln. Indes gab es eine Ausnahme: Südkoreas Präsident Kim Dae-jung, der einstige Dissident, der unter der Militärdiktatur verfolgt, zum Tode verurteilt wurde und später den Friedensnobelpreis erhielt. Nachdem Kim 1998 zum Staatsoberhaupt gewählt wurde, streckte er Japan symbolisch die Hand aus. Er öffnete Korea für japanische Kulturimporte, wie Bücher, Filme, Popmusik. Zugleich unterstützte seine Regierung den Export koreanischer TV-Serien nach Japan. Für einige Jahre entdeckten beide Nationen ihre Faszination füreinander, auch weil sie sich in vielem viel ähnlicher sind, als sie jemals zugeben würden. Auf Initiative Kims kam dann im Oktober 1998 eine bilaterale Erklärung zustande. Darin entschuldigte Japan sich für das Leid, das es mit seiner Kolonialherrschaft angerichtet hatte. Im Gegenzug erklärte Korea sich bereit, eine Beziehung anzustreben, die »auf Versöhnung beruht«.[60]

Als Kim damals in Tokio war, besuchte er auch den Tenno.[61] Akihito erinnerte an die uralten Beziehungen beider Länder, ähnlich wie er es sechs Jahre zuvor in China gesagt hatte. Er betonte, wie viel Japan von Korea gelernt habe, etwa auf den Gebieten der klassischen Literatur, der Medizin und des Buddhismus. Und dann berichtete er seinem Staatsgast, dass eine seiner kaiserlichen Vorfahrinnen, die Mutter des Tennos Kammu (737–806), einst aus Korea nach Japan gekommen sei.[62] Das war vor über tausend Jahren. Vor der Fußballweltmeisterschaft 2002, die von Südkorea und Japan gemeinsam ausgetragen wurde, wiederholte Akihito vor heimischen Journalisten dann diesen Hinweis auf die koreanische Ahnin.[63] Das war eine mutige Geste der Versöhnung gegenüber der koreanischen Minderheit. Denn sonst trifft man kaum Japanerinnen oder Japaner, die sich offen zu ihrer koreanischen Abstammung bekennen.

Der Tenno wirkte wie ein einsamer Prediger, der sich leise, aber beharrlich dem kollektiven Vergessen entgegenstemmte. Gemeinsam mit Michiko startete er 1994 eine Art Pilgerreise, die das Paar über die Jahre an mehrere Schauplätze des Zweiten Weltkrieges führen sollte; sie zog sich wie ein roter Faden durch Akihitos Ägide. Als Erstes besuchten sie Iwojima, eine winzige Pazifikinsel, rund 1200 Kilometer südlich von Tokio. Hier hatten sich japanische Soldaten und amerikanische Landungstruppen im Februar und März 1945 – und teilweise auch danach – eine der grausamsten Schlachten des Pazifischen Krieges geliefert. Das Gemetzel wurde später mehrfach verfilmt, besonders eindrucksvoll von Clint Eastwood. Die japanischen Verteidiger hatten sich in vulkanischen Höhlen verschanzt, in denen oft unerträgliche Hitze herrschte. Fast die gesamte Garnison des Eilandes, rund 20 000 Mann, kam um, im Abwehrkampf oder durch Selbstmorde. Die Amerikaner verloren rund 6800 Soldaten.

Heute befindet sich auf Iwojima eine Militärbasis, die von der japanischen Marine und der Luftwaffe betrieben wird. Für Zivilisten ist die Insel gesperrt, es sei denn, sie gehören zu ausgewählten

Gruppen, die dort nach Skeletten und anderen Überresten von Gefallenen suchen dürfen. Bis zum Besuch des Kaiserpaares sollen Soldaten auf Iwojima immer wieder von unheimlichen Erlebnissen berichtet haben. Mal meinten sie, Schreie dürstender Geister zu hören, mal das Getrampel unzähliger Militärstiefel. In Japan sind viele Menschen für übersinnliche Phänomene empfänglich, was sich auch auf die animistischen Züge der Shinto-Religion zurückführen lässt. Es gibt eine lange Liste sogenannter Power-Spots im Land, wo man angeblich göttliche Kräfte spüren kann; dazu zählt insbesondere der heilige Berg Fuji. Auf Iwojima sollen sich die seltsamen Wahrnehmungen nach dem Besuch des Kaiserpaares plötzlich weitgehend gelegt haben. Das fachte in den Medien und im Internet dann wiederum Spekulationen an, dass der Tenno die rastlos umherirrenden Seelen der Gefallenen mit seinem Besuch beruhigt habe – mit den spirituellen Kräften, über die er als Nachfahre der Götter verfügt.[64]

Elf Jahre später flog das Kaiserpaar an einen Ort, der ähnlich gruselige Erinnerungen birgt: Saipan. Die Insel gehört zur Gruppe der Marianen, bis 1914 stand sie unter deutscher Verwaltung, dann fiel sie an Japan. Heute ist sie ein US-Territorium und bei japanischen Touristen beliebt. Von Mitte Juni bis Anfang Juli 1945 fochten Japaner und Amerikaner auch hier verbissene Kämpfe aus. Dabei starben auch viele Zivilisten. Saipan war der letzte japanische Außenposten im Pazifik; die kaiserlichen Truppen leisteten zähen Widerstand. Nach seinem Fall diente Saipan den Amerikanern als Startrampe, von dort flogen sie nach Tokio und warfen ihre Brandbomben auf die Stadt.

Akihito hatte die Saipan-Reise seit Langem geplant. Immer wieder drängte er seine Berater zur Eile: »Wann kann ich endlich fahren?«, soll er seinem langjährigen Großkämmerer zufolge gefragt haben.[65] Er sorgte sich, dass er irgendwann zu alt sein würde für die Reise. Der kaiserliche Besuch auf der Insel war außergewöhnlich,

Kaiser Akihito und Kaiserin Michiko gedenken der Kriegstoten auf Saipan. Dort sprangen einst Landsleute ins Meer, um der US-Besatzung zu entgehen.

weil er eben auf Initiative des Tennos zustande kam und nicht auf Einladung des Gastgeberlandes. Mit Michiko und begleitet von einigen japanischen Veteranen und amerikanischen Offizieren besuchte Akihito die Gedenkstätten auf der Insel. Er betete nicht nur für die Seelen der Toten des eigenen Landes, sondern auch für die der gefallenen Gegner. Auch 60 Jahre nach Kriegsende war diese versöhnliche Geste alles andere als selbstverständlich.

Dann kam der Höhepunkt des Besuches: Akihito und Michiko, er im schwarzen Anzug, sie im weißen Kostüm, schritten an den Rand der Felsenküste. Tief unter ihnen brandeten die Wellen des Pazifiks. Dies hier waren die berüchtigten Banzai-Kliffs, von hier oben waren einst ganze japanische Familien in den Tod gesprungen – aus Furcht vor den amerikanischen Eroberern und weil man sie dazu indoktriniert hatte, lieber für den Kaiser zu sterben, als sich den Feinden zu ergeben. Selbst heute kann man an bestimmten Tagen noch Knochenreste in der Brandung sehen. Akihito und Michiko blickten über das Meer und verneigten sich.

Ähnlich liefen zwei weitere Gedenkbesuche des Tennos ab; sie waren auch deshalb anrührend, weil das Kaiserpaar inzwischen sichtlich gealtert war. Im Jahr 2015 flogen sie nach Peleliu, einer Insel, die zum Pazifikstaat Palau gehört. Auf dieser Insel, von der viele Japanerinnen und Japaner bis dahin kaum etwas gehört hatten, waren im Pazifischen Krieg rund 10 000 japanische Soldaten und an die 1700 US-Soldaten umgekommen.[66] Auch hier gedachten Akihito und Michiko der Opfer. Im Frühjahr 2016 besuchten sie dann die Philippinen, die letzte Station ihrer jahrelangen Pilgerreise. Akihito verzichtete auch diesmal darauf, Statements abzugeben. Stattdessen blickten er und seine Frau wieder still über den Pazifik und verneigten sich. Von hinten sah man nur ihre gebeugten Rücken. Es war, als trüge dieses alte Kaiserpaar allein das Gewicht der jüngeren japanischen Geschichte auf seinen Schultern.

Akihito kontra Abe

In den Ländern, die der Tenno besuchte, fand er Respekt für seine Versöhnungsgesten. In Japan selbst aber zog ein anderer Mann die Aufmerksamkeit auf sich. Seit Dezember 2012 regierte der Nationalist Shinzo Abe. Er beschwor ein mythisches Japan und wollte die Nation zu alter Größe zurückführen. Konkret ging es ihm darum, die Nachkriegsverfassung zu revidieren und Japan weiter aufzurüsten, wirtschaftlich und militärisch. Der Konflikt mit dem pazifistischen Tenno war damit angelegt.

Im Jahr 2007 war Abe schon einmal Premier gewesen, doch nach nur einem Jahr schmiss er das Amt wieder hin. Als Grund nannte er damals eine chronische Darmkrankheit, unter der er litt. Nun aber, fünf Jahre später, meldete er sich aus der politischen Versenkung zurück, mit neuer Frisur und neuem Elan. Die Ärzte hatten ihm ein neuartiges Medikament gegen seine Krankheit verschrieben, und seine Berater hatten ihm einen forschen Redestil antrainiert. Abe traf die Stimmung im Land: Nach dem schweren Erdbeben und dem Reaktorunglück von Fukushima war die Nation traumatisiert. Die Landsleute waren unzufrieden mit der Demokratischen Partei, die seit drei Jahren regierte; sie sehnten sichere Zeiten zurück, wie sie diese einst unter Abes Liberaldemokraten erlebt hatten. Zudem fühlten sie sich durch China bedroht. Die aufstrebende Supermacht hatte Japan 2010 als zweitgrößte Volkswirtschaft überholt; und auch militärisch ließ der große Nachbar immer aggressiver die Muskeln spielen. Fast täglich kreuzten Schiffe der chinesischen Küstenwache um die Senkaku-Inseln im Ostchinesischen Meer, die auch Japan für sich beansprucht.

Es gab keinen Zweifel: Japan kam langfristig nicht darum herum, mehr Verantwortung für seine Landesverteidigung zu übernehmen.

Es durfte sich nicht mehr nur auf seine Schutzmacht, die USA, verlassen. Der hehre Pazifismus, wie er in der Verfassung verankert war, war überholt. Insofern hatte Abe recht. Doch ihm ging es um mehr. Er wollte das Land vom »Nachkriegsregime« befreien. Was er damit meinte, sollte nach und nach deutlich werden. Abe regierte weit über acht Jahre, so lange wie kein Premier vor ihm. Und in dieser Zeit zog ein autoritärer, intoleranter und korrupter Geist in Japan ein, wie man ihn seit 1945 so nicht mehr gekannt hatte.

Abe war durch einen Erdrutschsieg an die Macht gekommen. Der neue alte Premier ging sogleich daran, Japan »wiederherzustellen«, wie er sagte. Zunächst kurbelte er die Wirtschaft an. Er brachte die Notenbank dazu, ihre Kreditpolitik extrem zu lockern. In der Folge fiel der Kurs der Landeswährung Yen, japanische Exporte verbilligten sich, und die Konjunktur zog an. Doch Abes eigentliches Ziel war nicht die Wirtschaft, sie war für ihn nur ein Mittel zum Zweck, um das Land wieder aufzurüsten.

Was ihm vorschwebte, war das Japan seines Großvaters Nobusuke Kishi, des japanischen Albert Speer, der im Zweiten Weltkrieg die Rüstung organisiert hatte.[67] Unter der US-Besatzung wurde Kishi vorübergehend als Kriegsverbrecher verhaftet, aber nicht angeklagt. In einer Karriere, wie sie durchaus typisch war in Japan, brachte er es 1957 bis zum Premier. Er profilierte sich als treuer Verbündeter Amerikas, 1960 boxte er eine Revision des US-japanischen Sicherheitsvertrags durch das Parlament. Japan erlebte damals wütende Proteste, wie es sie danach kaum mehr gegeben hat. Eine Studentin wurde getötet, als Demonstrierende versuchten, das Parlament in Tokio zu stürmen. Kishi strebte danach, die von den USA aufgezwungene Friedensverfassung zu revidieren. Dieses Ziel erreichte er zwar nicht. Aber nun, rund ein halbes Jahrhundert später, wollte sein Enkel Abe das reaktionäre Vermächtnis einlösen.

In dem Jahr, in dem Abe sein Comeback gelang, hatte die LDP einen Entwurf für eine neue Verfassung vorgelegt.[68] Die Partei wollte nicht nur den kontrovers diskutierten Artikel 9 revidieren, der es Japan verbot, Streitkräfte zu unterhalten. Sie wollte auch den Geist der Verfassung an sich ändern; sie wollte ein Japan, das sich teilweise an die autoritäre Vorkriegszeit anlehnte. Den Tenno wollte sie vom bloßen »Symbol« zum »Staatsoberhaupt« aufwerten. Kritiker warnten, dass der Kaiser dann wieder für politische Zwecke missbraucht werden könnte, wie einst Hirohito von den Militärs. In der Präambel der Verfassung wollte die LDP das »japanische Volk« durch »Japan«, den Staat, ersetzen lassen. Als Subjekte des Entwurfes standen nicht mehr die Bürgerinnen und Bürger im Zentrum, mit ihren individuellen Rechten und Ansprüchen gegenüber dem Staat. Vielmehr sollte es der Staat sein, der die Bürger in die Pflicht nimmt. Dieses obrigkeitsstaatliche Denken passte im Grunde mehr zu China und Nordkorea als zu einer Demokratie.[69] Spannungen mit Akihito, dem verfassungstreuen, liberalen Tenno, wurden dadurch unausweichlich.

Auch in der Außenpolitik setzte Abe neue, kontroverse Akzente: Im Dezember 2013 pilgerte er zum Yasukuni-Schrein, der militaristischen Wallfahrtsstätte in Tokio. Die Proteste aus China und Südkorea hatte er vermutlich einkalkuliert, die harsche Reaktion der USA aber dürfte ihn überrascht haben: Man sei »enttäuscht, dass Japans Führung einen Schritt getan hat, der die Spannungen mit Japans Nachbarn verschärfen wird«, erklärte die US-Botschaft in Tokio.[70] Doch Abe wollte seine Stammklientel befriedigen – und die bestand vor allem aus der rechtskonservativen Organisation Nippon Kaigi, der »Japankonferenz«, die 1997 gegründet worden war. Dabei handelte es sich um einen Zusammenschluss nationalistischer Gruppierungen, deren ideologische Wurzeln weit in die Sechzigerjahre zurückreichen.[71]

Ähnlich wie 1970 der Autor Mishima mit seinem gescheiterten Putschversuch wollte die Nippon Kaigi zentrale Reformen der Nachkriegszeit rückgängig machen. Sie wollte den Kaiser wieder ins Zentrum der Gesellschaft rücken, die Selbstverteidigungsstreitkräfte zu einer regulären Armee aufwerten und die Jugend zur Vaterlandsliebe erziehen.[72] Hatte sich Mishima noch am rechten Rand des politischen Diskurses bewegt, wurde die Nippon Kaigi unter der Regierung Abe fast zum konservativen Mainstream. Die meisten Minister des Kabinetts gehörten ihr an.

Inwieweit Abe die Ziele seiner rechten Anhänger in letzter Konsequenz teilte oder ob er aus Loyalität zu seinem toten Großvater handelte oder aus Opportunismus – das ließ sich nicht immer klar unterscheiden. Denn Abe war auch ein Pragmatiker, ein Populist, der mit der Vergangenheit bedenkenlos Symbolpolitik betrieb. Er zeigte keine Berührungsängste mit Apologeten des Zweiten Weltkrieges: Im August 2014 enthüllte die Tageszeitung *Asahi*, dass Abe in seiner Funktion als LDP-Chef eine offizielle Grußbotschaft zu einer Totenfeier für die Hauptkriegsverbrecher des Zweiten Weltkriegs geschickt hatte. Darin habe er die Hingerichteten als »Fundament des Vaterlandes« bezeichnet.[73] Die Feier wurde von Veteranen ausgerichtet, die den Tokioter Kriegsverbrecherprozess als »Vergeltung« seitens der Alliierten ansahen und die Hingerichteten als Märtyrer verherrlichten.

Man kann sich ausmalen, welches Entsetzen die Grußbotschaft des Premiers im Kaiserpalast hervorgerufen haben muss. Wenige Monate danach bezog Kaiserin Michiko dann auch ungewöhnlich deutlich Stellung zum Thema »Kriegsverbrecher«. Dafür nutzte sie die traditionelle »Pressekonferenz« vor ihrem Geburtstag, die wieder einmal schriftlich abgehalten wurde. Michiko schrieb: »Sogar heute kann ich die tiefe Furcht nicht vergessen, die ich an dem Tag empfand, bald nach Kriegsende, als ich im Radio von der Verurteilung der Kriegsverbrecher der Klasse A hörte.«[74] Und dann wies sie darauf hin, wie groß die Verantwortung jener sei, die »über das Individuum hinaus für Land und Volk verantwortlich gemacht werden können«. Das war ein zwar höfisch verklausulierter, aber unmissverständlicher Rüffel für den Premier. Dass Michiko sich mit dem Tenno darüber abgestimmt hatte, kann man voraussetzen. Akihito hatte im Jahr zuvor das Gegenteil von Abes nostalgischer Grußbotschaft gesagt: Er hatte den amerikanischen Ex-Besatzern ausdrücklich dafür gedankt, dass sie Japan nach dem Krieg wieder mit aufgebaut hätten, »auf der Grundlage von Frieden und Demokratie als zu schützenden Werten«.[75]

Das Kaiserhaus erschien mehr und mehr wie die letzte Bastion der Nachkriegsdemokratie, die einzige Institution in Japan, die es noch wagte, dem Premier zu widersprechen. Dagegen duckten die heimischen Medien sich ängstlich weg. Die Führungsetage von NHK, dem großen öffentlich-rechtlichen Fernseh- und Rundfunksender des Landes, besetzte Abe mit Parteigängern. Katsuto Momii, der handverlesene neue Chef des Senders, beschrieb die Kultur des vorauseilenden Gehorsams so: »Wenn die Regierung rechts sagt, können wir nicht links sagen.«[76]

In das Aufsichtsgremium des Senders wurde damals mit Michiko Hasegawa auch eine Philosophieprofessorin neu berufen, die für ihre nationalistischen Ansichten berüchtigt war. Kurz zuvor hatte sie einen Aufsatz veröffentlicht, in dem sie Tenno Akihito mit einem »lebenden Gott« gleichsetzte. Fast 70 Jahre, nachdem sich Ex-Kaiser Hirohito zum Menschen erklärt hatte, versuchte sie die Uhren zurückzudrehen. Worum ging es ihr konkret? In ihrer Abhandlung verherrlichte sie einen Ultranationalisten namens Shusuke Nomura. Der hatte rund zwei Jahrzehnte zuvor in der Redaktion der liberalen Zeitung *Asahi* Selbstmord begangen, indem er sich dreimal in den Bauch schoss. Mit der spektakulären Tat wollte der Nationalist dagegen protestieren, dass die Zeitung ihn und seine Organisation angeblich lächerlich gemacht hatte. Die bizarre Aktion war ein Angriff auf die Pressefreiheit, sie weckte Erinnerungen an den »Seppuku« des Schriftstellers Yukio Mishima. Und ausgerechnet am Beispiel des Ultranationalisten Nomura breitete die

Philosophieprofessorin nun ihre verschrobene Theorie über das Kaisertum aus: Mit seiner Tat, schrieb sie, habe der Selbstmörder dafür gesorgt, dass der damalige Tenno Akihito wieder ein »lebender Gott« geworden sei. Denn bevor der Ultranationalist sich umbrachte, habe er für das Wohl des Kaisers gebetet. »Seine Kaiserliche Hoheit wurde wieder ein lebender Gott, selbst wenn nur für einen Moment«, schrieb Nomura.[77] Daran ändere ihr zufolge auch die »Menschlichkeits-Erklärung« nichts, die Ex-Kaiser Hirohito 1946 abgegeben habe, oder das, was in der Verfassung stehe.

Erstaunlich genug, dass die Vertreterin einer solch schrägen Philosophie in das Aufsichtsgremium der wichtigsten Fernseh- und Rundfunkanstalt Japans berufen worden war. Aber selbst nachdem ihr Aufsatz öffentliche Kritik hervorgerufen hatte, brauchte sie ihren Posten nicht zu räumen. Das galt auch für Kollegen in dem Gremium, die ähnlich verstörende Ansichten vertraten – darunter ein Schriftsteller, der das Massaker von Nanking leugnete.[78]

Ein weiteres Thema, das Premier Abe populistisch ausschlachtete, war die Beziehung seines Landes zu Südkorea, der ungeliebten Ex-Kolonie. Die zaghaften Ansätze für eine Versöhnung zwischen beiden Ländern, wie sie der Tenno gefördert hatte, machte er wieder zunichte. So zog er eine Entschuldigung gegenüber den Zwangsprostituierten in Zweifel, die eine frühere japanische Regierung zwei Jahrzehnte zuvor ausgesprochen hatte. Das war etwa so, als hätte die deutsche Kanzlerin nach Jahrzehnten noch einmal die Frage aufgeworfen, ob der Kniefall von Willy Brandt 1970 in Warschau gerechtfertigt gewesen sei. Vor allem die USA reagierten alarmiert; sie waren darauf angewiesen, dass ihre ostasiatischen Verbündeten miteinander kooperierten, gerade mit Blick auf China. Auf Druck aus Washington einigte sich die Abe-Regierung schließlich 2015 mit Südkorea, den Streit um die »Trostfrauen« beizulegen. Doch die Aussöhnung, das ließ sich der Premier deutlich anmerken, kam nicht von Herzen. Abe betonte, dass er das lästige Thema

»endgültig und unumkehrbar«[79] vom Tisch haben wollte. Ein Neuanfang, ein Blick in die Zukunft oder gar eine Versöhnung waren so nicht möglich.[80]

Schon bald kochte der Streit wieder hoch, und zusätzlich rangen Tokio und Seoul dann auch noch wegen der einstigen Zwangsarbeiter miteinander. Die Spannungen eskalierten in einem Handelskrieg: Nachdem Richter in Seoul japanische Firmen 2018 zu Entschädigungszahlungen für historisches Unrecht verurteilt hatten, verschärfte die Regierung in Tokio gegenüber Südkorea die Ausfuhrregelungen für bestimmte Materialien, die dort für die Halbleiterproduktion benötigt werden. In Südkorea reagierten Städte und Privatleute mit einem Boykott japanischer Waren, und zeitweise war die koreanische Regierung kurz davor, ein Abkommen aufzukündigen, im Zuge dessen sie militärische Informationen mit Japan austauscht. Erst im März 2023 legten die Nachbarn ihre Kontroverse bei; erstmals seit zwölf Jahren wurde wieder ein südkoreanischer Präsident zu bilateralen Gesprächen in Tokio empfangen. Möglich wurde dies, weil Südkorea die Initiative ergriff und ankündigte, die Zwangsarbeiter und deren Nachkommen über eine eigene Stiftung zu entschädigen. Angesichts der zunehmenden Bedrohung durch Nordkorea konnte sich der Süden den anhaltenden Streit mit Japan über historische Verantwortung und Reparationen nicht länger leisten.

Was viele von Abes Landsleuten zu dessen Lebzeiten nicht ahnten: Während ihr Premier den Konflikt mit Südkorea anheizte und sich als Patriot profilierte, pflegte er insgeheim enge Beziehungen zur südkoreanischen Vereinigungskirche. Die Sekte, die sich später in »Familienföderation für Weltfrieden und Vereinigung« umbenannte, wurde international vor allem wegen ihrer Massenhochzeiten bekannt. Landläufig wird sie auch als Moon-Sekte bezeichnet. Sie wurde 1954 von dem Koreaner Moon Sun-Myung gegründet. Und dieser Moon wiederum unterhielt seit dem Kalten Krieg enge

Beziehungen zu Abes Großvater Kishi. Beide Männer verbanden ein ausgeprägter Antikommunismus und ein erzkonservatives Familienbild. Die Moon-Sekte, die damals in Japan expandierte, wurde zu einem lukrativen Stimmenreservoir der LDP – gerade auch in der Ära Abe. Das sollte Abe zum Verhängnis werden, als ihn am 8. Juli 2022 ein mutmaßlicher Moon-Gegner bei einem Wahlkampfauftritt erschoss.

Tenno Akihito und Premier Abe – das waren die beiden Kontrahenten, die jeweils ein anderes Japan verkörperten. Dass die Öffentlichkeit den Konflikt an der Spitze des Staates kaum wahrnahm, lag vor allem daran, dass der Tenno sich politisch nicht äußern durfte. Abe nutzte die Ohnmacht des Monarchen hemmungslos aus und versuchte gar, ihn für seine Ziele einzuspannen: Im April 2013 nahm er den Jahrestag der Wiedererlangung der Unabhängigkeit nach dem Krieg zum Anlass für eine patriotische Jubelfeier, die im Grunde allem widersprach, was dem Tenno hoch und heilig war. Akihito wäre dem Termin am liebsten ferngeblieben, aber seine Berater redeten ihm das aus; sie fürchteten einen Eklat, der auch dem Kaiserhaus geschadet hätte.[81]

Doch warum sträubte sich ein japanischer Kaiser dagegen, mit dem eigenen Regierungschef die Unabhängigkeit zu feiern? Der Grund für den Dissens war diesmal Okinawa, die südliche Inselkette, für deren Schicksal der Tenno seit jeher tiefe Sympathien hegte. Okinawa war im Krieg von den Militärs praktisch als Prellbock zur Abwehr der amerikanischen Angreifer geopfert worden. Nach 1945 hielten die USA den Archipel dann weiter besetzt, bis 1972. Verantwortlich dafür war eben auch der damalige Tenno Hirohito, der darauf gedrängt hatte, amerikanische Truppen weiter auf Okinawa zu stationieren, damit sie Japan im Kalten Krieg verteidigten – und auf diese Weise indirekt auch die Monarchie vor einem kommunistischen Umsturz bewahrten. Den 28. April 1952, den Tag, an dem Japan die Unabhängigkeit wiedererlangt hatte, empfanden die Menschen auf Okinawa daher als Tag der Demütigung. Sie fühlten sich von der Regierung in Tokio damals im Stich gelassen. Das sah auch Akihito so. Bereits als Kronprinz hatte er Okinawa mehrmals besucht. Bei einer dieser Visiten, im Jahr 1975, gerieten er und Michiko in Lebensgefahr: Als linke Aktivisten Molotow-Cocktails in seine Richtung warfen, verfehlten sie das Paar nur knapp. Doch Akihito ließ sich in seinem Versöhnungskurs nicht entmutigen. Unermüdlich beschäftigte er sich mit der Geschichte und den Sorgen der Menschen auf Okinawa. Damit war er praktisch der Einzige im offiziellen Tokio.

Die Regierung Abe verfolgte dagegen eine harte Linie gegenüber Okinawa: Gegen erbitterten Widerstand der dortigen Regionalregierung und der Bevölkerung trieb sie den Bau einer neuen US-Basis voran. Zu diesem Zweck ließ sie Korallenriffe zuschütten, die vor der Küste im kristallklaren Meer wuchsen. Das Projekt sollte nach Fertigstellung die bisherige Luftwaffenbasis ersetzen, die sich mitten in Naha, der Hauptstadt von Okinawa, befand und dort den Alltag der Menschen erheblich beeinträchtigte. Diese Basis in Naha muss man sich so ausufernd vorstellen, als läge der deutsche US-Stützpunkt Ramstein nicht außerhalb von Kaiserslautern, sondern mitten in der Stadt, wie eine Enklave, welche die Bewohner jedes Mal weiträumig umfahren müssen. Aber auch dass diese verhasste Basis im Zuge des Deals zwischen Tokio und Washington irgendwann verschwinden sollte, machte die erneute Naturzerstörung, die der Bau des Ersatz-Stützpunktes verursachte, aus Sicht vieler Einheimischer nicht besser.

Und jetzt wollte Abe also den Jahrestag der nationalen Unabhängigkeit begehen – mit einer Zeremonie, die den Riss zwischen Okinawa und der restlichen Nation noch vertiefen musste. Der Tenno hatte erwogen, auf der Veranstaltung zumindest einige Worte über das tragische Schicksal von Okinawa zu sagen, aber auch davon rieten seine Berater ihm ab.[82] Schließlich ließ er die

Zeremonie über sich ergehen. Aber er sprach kein Wort, nicht einmal die sonst übliche formelle Begrüßung. Als das Programm vorbei war und das Kaiserpaar den Saal verlassen wollte, rissen Abe und andere Politiker plötzlich ihre Arme hoch und riefen dreimal »Banzai«, den traditionellen Jubelschrei »Zehntausend Leben«. Die Szene erinnerte an den Kaiserkult der Vorkriegszeit. An den versteinerten Mienen des Tennos und der Kaiserin sah man, dass Abe diese Aktion nicht mit ihnen abgesprochen hatte. Dem Kaiserpaar blieb nichts anderes übrig, als das Geschrei zu Ende anzuhören.

Zwischen den höchsten Repräsentanten des Staates klaffte inzwischen eine Kluft, die immer tiefer und tiefer wurde. Der Machtkampf »Akihito kontra Abe« war in vollem Gange. Nur dass der Tenno keine Macht besaß. Er musste zuschauen, wie der Premier das Land auf reaktionäre Weise umkrempelte.

Stück für Stück demontierte Abe die liberale Nachkriegsordnung, als deren Hüter sich Akihito verstand: Ende 2013 beschloss das Parlament ein Gesetz, das sich gegen Whistleblower richtete und vorsah, den Verrat von Staatsgeheimnissen mit bis zu zehn Jahren Gefängnis zu bestrafen. Zur Begründung verwies der Premier auf das Militärbündnis mit den USA. Im Juli 2014 entschied sein Kabinett, die Verfassung einfach anders zu interpretieren, als frühere Regierungen es bisher getan hatten. Demnach konnten die Streitkräfte sich künftig gemeinsam mit Verbündeten an Aktionen der »kollektiven Selbstverteidigung« beteiligen. Im Jahr darauf paukte die Regierung ein Paket von Sicherheitsgesetzen durch das Parlament – gegen den Widerspruch führender Verfassungsrechtler. Es ermöglichte dem Militär erstmals die Teilnahme an Auslandseinsätzen – wenn auch unter strengen Auflagen. Zwar gab es durchaus triftige geopolitische Gründe für Japan, aufzurüsten und Verantwortung für die Verteidigung zu übernehmen. Doch wenn Abe zu diesem Zweck die Verfassung aushöhlte, schwächte er den demokratischen Rechtsstaat, statt ihn zu verteidigen.

Am 15. August 2015 beging Japan ein anderes tragisches Jubiläum – den 70. Jahrestag des Kriegsendes. Die Feier läuft Jahr für Jahr nach dem gleichen Ritual ab: Aus dem ganzen Land strömen Tausende Überlebende und Hinterbliebene des Kriegs in das Nippon Budokan, eine achteckige Kampfsporthalle unweit des Kaiserpalastes. Auch diesmal begann die Feier mit dem Absingen der Nationalhymne. Um Punkt 12 Uhr mittags folgte eine Schweigeminute. Der Tenno und die Kaiserin verneigten sich vor einem Altar aus unzähligen gelben und weißen Chrysanthemen, über dem das Sonnenbanner hing. Bis auf das Klicken der Kameras herrschte Stille.

Dann zog der Tenno ein gefaltetes Manuskript hervor, wie in jedem Jahr, und verlas seine Ansprache. Doch diesmal hatte das Publikum Grund aufzuhorchen: Erstmals sprach der Tenno von »tiefer Reue« gegenüber dem Krieg.[83] Damit setzte er sich klar ab von dem konservativen Premier, der sich ebenfalls unter den Gästen befand und seine Rede bereits gehalten hatte. Abe hatte nur dürftig auf Erklärungen seiner Vorgänger zum Krieg verwiesen. Er sagte, die Nachkriegsgenerationen würden inzwischen mehr als 80 Prozent der Bevölkerung ausmachen – und dann erklärte er, worum es ihm ging: »Wir dürfen unsere Kinder, Enkelkinder und zukünftige Generationen, die mit dem Krieg nichts zu tun haben, nicht zu weiteren Entschuldigungen verpflichten.«[84]

Abe und seine Anhänger hatten genug von der, wie sie es nannten, »demütigenden Entschuldigungsdiplomatie«.[85] In ihren Augen sollte Japan die Vergangenheit endlich hinter sich lassen. Zu einer Geste der ausgestreckten Hand gegenüber den Nachbarn und einstigen Kriegsgegnern konnte und wollte dieser Premier sich nicht durchringen. Im Dezember 2016 besuchte er dann zwar gemeinsam mit US-Präsident Barack Obama Pearl Harbor, den US-Flottenstützpunkt in Hawaii, den Japan 75 Jahre zuvor überfallen hatte. Abe war der erste amtierende Premier, der dorthin reiste. Es wäre die ideale Gelegenheit gewesen, sich im Namen des japanischen Volkes zu entschuldigen. Doch das Wort »Entschuldigung« kam ihm nicht über die Lippen.

Fast jedes Mal, wenn Abe an historischen Stätten auftrat, lieferte er das Kontrastprogramm zu Akihito und dessen Pilgerreisen an die Schlachtfelder des Zweiten Weltkrieges. Das Leid der Menschen, an die solche Termine erinnern sollten, schien ihn wenig zu berühren. Auch die jährlichen Gedenkfeiern für die Atombombenopfer von Hiroshima und Nagasaki absolvierte er wie lästige Pflichtrituale. Einmal, in Hiroshima, verlas er gar eine Rede, die er bereits im Vorjahr fast wortwörtlich so gehalten hatte, am selben Ort. Das Publikum – darunter einige »Hibakusha«, wie die Überlebenden der Atombombe in Japan genannt werden – horchte irritiert auf.[86]

Einer, der die Opfer der Bombe und ihr Leid ernst nahm und ihnen erstmals seit langer Zeit auch weltweit wieder Aufmerksamkeit verschaffte, war ausgerechnet ein Amerikaner: Barack Obama. Er besuchte Hiroshima 2016 als erster amtierender Präsident und schrieb damit Geschichte. In einer Rede im Friedensgedenkpark entschuldigte er sich zwar nicht ausdrücklich für das Verbrechen, als welches der Atombombenabwurf korrekterweise bezeichnet werden muss. Dafür war Amerika auch 71 Jahre nach dem Krieg politisch nicht bereit. Aber als Obama anschließend Überlebende des Bombenabwurfes in die Arme nahm, sagte er mit dieser Geste viel mehr, als es große Worte vermocht hätten. Obama in Hiroshima – das war eine Gedenkreise, wie man sie ähnlich auch von Akihito kannte, dem Tenno, der mehr mit dem amerikanischen Präsidenten gemeinsam zu haben schien als mit seinem heimischen Premier.

Die Abdankung

Es war die Topmeldung in den Abendnachrichten des Fernsehens: Der Tenno wolle zugunsten des Kronprinzen auf den Thron verzichten, in einigen Jahren wünsche er abzudanken. Das habe er »Beteiligten des Kaiserlichen Hofamtes« zu verstehen gegeben. Er selbst wolle seine Überlegungen dazu demnächst umfassend erläutern. Diese Nachricht, die die Nation am 13. Juli 2016 ereilte, schlug ein wie eine Bombe. Denn sie lief nicht irgendwo, sondern auf NHK, dem Fernsehsender, der für seine Nähe zu Staat und Regierung bekannt war. Dass es sich um ein bloßes Gerücht handelte, schien ausgeschlossen.

Und doch: Dass ein Tenno vom Thron steigen wollte, wie ein Beamter, der in Pension geht, klang unglaublich. Im Gesetz über den kaiserlichen Haushalt war diese Möglichkeit nicht vorgesehen. Das letzte Mal, dass ein Tenno abgedankt hatte, war über 200 Jahre her. Seit der »Meiji«-Restauration von 1868 galt dagegen das Prinzip, dass ein Tenno bis zu seinem Lebensende auf dem Thron auszuharren hatte.

Die Art, wie die Meldung in die Welt lanciert wurde, war typisch für Japan. Keine Quelle wurde genannt, niemand übernahm die Verantwortung. Kurz darauf gab das Kaiserliche Hofamt ein Dementi heraus. Das konnte niemanden überraschen, denn hätte der Hof die Meldung bestätigt, hätte er den Tenno dem Vorwurf der politischen Einflussnahme ausgesetzt. Und doch waren Kenner der Monarchie überzeugt: Der Tenno höchstselbst musste die Enthüllung abgesegnet haben, sonst hätte sich der TV-Sender nicht so weit vorgewagt.

Und mit einem Mal sprach ganz Japan über den Tenno. Mit seinem Vorstoß hatte er die Regierung Abe überrumpelt, wie der Premier Jahre später selbst einräumte.[87] Als Abe am nächsten Morgen von Reportern auf dem Tokioter Flughafen befragt wurde, reagierte er ungewöhnlich wortkarg und wirkte verunsichert, als er sagte: »Wegen des Charakters der Angelegenheit möchte ich mich eines Kommentars enthalten.«[88] Wenige Tage zuvor hatte er vor Selbstbewusstsein nur so gestrotzt: Seine Partei hatte die Wahl zum Oberhaus überlegen gewonnen. Gemeinsam mit anderen Parteien verfügte sie damit in beiden Häusern des Parlaments über die nötige Zweidrittelmehrheit, um Abes Herzensanliegen, die Revision der Verfassung, in die Wege zu leiten. Dieses Ziel hatte Abe selbst noch einmal bekräftigt.[89]

Doch nun stand der Wahlsieger da wie ein Dirigent, dem der Taktstock aus der Hand genommen worden war. Plötzlich gab ein anderer die Agenda vor: der Tenno. Denn falls Akihito tatsächlich vorhatte abzudanken, musste die Politik dafür die rechtlichen Voraussetzungen schaffen. Auf Abe und seine Regierung kam also eine komplizierte und zeitaufwendige Arbeit zu. An die geplante Revision der Verfassung war nun erst mal nicht mehr zu denken. Hatte der Tenno dies womöglich mit seinem Abdankungsgerücht bezweckt? Wollte er Abe und die Verfassungsrevision in letzter Minute stoppen? Ebendies glaubten manche in Tokio, allen voran der altgediente, stets gut informierte Journalist Soichiro Tahara.[90]

Und wenn diese Vermutung zutraf, dann handelte es sich um eine Sensation. Dann opferte Akihito sein Amt, um die Verfassung zu retten. Umso gespannter wartete die Nation darauf, dass der Tenno sich selbst an die Landsleute wandte. Wie würde er seinen Wunsch begründen? Und vor allem: Wie würde er die Klippe umschiffen, dass er sich politisch nicht äußern durfte?

Knapp einen Monat später, am 8. August 2016, war es so weit. Um 3 Uhr nachmittags strahlte das Fernsehen eine Videobotschaft des Tennos aus, angekündigt war sie als »Erklärung Seiner Majestät des Kaisers über die Pflichten als Symbol«. Das Wort »Abdankung«

sprach Akihito zwar nicht aus. Und er machte von sich aus klar, dass er sich über das kaiserliche System nicht spezifisch äußern dürfe. Aber er wolle seine Gedanken »als Privatperson« mit der Nation teilen. »Da wir uns mitten in einer rapide alternden Gesellschaft befinden, möchte ich heute zu Ihnen darüber sprechen, wie eine wünschenswerte Rolle des Kaisers aussehen könnte in einer Zeit, wenn auch der Kaiser älter wird.«[91]

Das war eine neue Tonart für Japan. Der Tenno lud die Nation praktisch zu einem Gespräch ein. Über sich selbst. Über das Kaiserhaus. Über seine Institution, über die viele der Landsleute im Alltag nicht weiter nachdachten, weil der Tenno für sie in unerreichbar höheren Gefilden existierte. Das war für viele Japanerinnen und Japaner immer noch so, obwohl Akihitos Vater sich sechs Jahrzehnte zuvor de facto zum Menschen erklärt hatte. Doch nun gab Akihito sich als alternder, gebrechlicher Mann zu erkennen. Damit gab er im Prinzip eine »erneute Menschlichkeits-Erklärung« ab, wie heimische Experten fanden.[92]

Allein dadurch, dass Akihito seine Landsleute aufforderte, mit ihm über seine Position als Tenno nachzudenken, stieg er vom himmlischen Podest herab. Das war eine neue, fast schon vertraute Kommunikation zwischen dem Monarchen und seinem Volk. Wie anders klang der Tenno als die überwiegend konservativen Politiker, die eine Debatte über die Monarchie tabuisierten und das Volk nicht wirklich ernst nahmen, sondern es mit den immer gleichen Worthülsen beschallten. Sie hatten sich aus ihrer Verantwortung gestohlen und es dem Tenno überlassen, seine Rolle als »Symbol des Staates und der Einheit des Volkes«,[93] wie es in Artikel 1 der Verfassung vage hieß, mit Inhalt zu füllen. Den entscheidenden Nebensatz, der in der Verfassung stand, hatten die Politiker nicht weiter beachtet: dass der Tenno seine Stellung vom »Willen des Volkes« bezieht. Aber nun erinnerte der verfassungstreue Tenno das Volk an dessen Pflichten als Souverän. Es sollte sich bitte schön

Gedanken machen über das höchste Amt im Staat, über dessen Zukunft.

Akihito sprach über zehn Minuten. Aus jedem seiner Sätze hörte man heraus, wie er über die Jahre damit gerungen hatte, ein Amt auszufüllen, für das er die Jobbeschreibung erst selbst hatte erstellen müssen: »Als einer, der eine lange Tradition geerbt hat, habe ich immer eine tiefe Verantwortung gefühlt, diese Tradition zu schützen. Gleichzeitig, in einer Nation und in einer Welt, die sich ständig verändern, habe ich bis zum heutigen Tag darüber nachgedacht, wie die japanische Kaiserfamilie ihre Traditionen nutzen kann in der Gegenwart und ein aktiver und fester Teil der Gesellschaft sein kann, der den Erwartungen des Volkes entspricht«, sagte er.

Dann sprach er über seine Aufgaben als Symbol der Nation; darüber, wie er für den Frieden bete, wie er versuche, Leid und Trauer des Volkes zu teilen. Er erinnerte an seine vielen Reisen durch das Land. Er betonte, dass der Kaiser ein tiefes Verständnis für das Volk haben und bereit sein müsse, »in sich ein Bewusstsein für das Volk zu nähren«. Doch immer öfter, so der Tenno, stoße er an körperliche Grenzen, die es ihm schwerer machten, seine Pflichten so zu erfüllen, wie er dies wolle. Er sei nun über achtzig Jahre alt, seine Leistungsfähigkeit nehme ab. Für einen Kaiser sei es aber nicht möglich, seine Aufgaben weiter und weiter zu verringern. Akihito machte klar: Die Rolle als Symbol der Nation, die er selbst durch seine Bürgernähe so extensiv ausgelegt hatte wie keiner seiner Vorgänger, kann nur ein Tenno verkörpern, der gesund und handlungsfähig ist und sich dem Volk als Person zeigt. Zwar sei es möglich, einen Regenten einzusetzen, wenn der Kaiser ernsthaft erkranke und seine Pflichten nicht mehr ausüben könne. »Aber das ändert nichts an der Tatsache, dass der Kaiser weiterhin der Kaiser bleibt bis zum Ende seines Lebens, selbst wenn er unfähig ist, seine Pflichten als Kaiser voll zu erfüllen.«

Was der Tenno sagen wollte: Das Volk möge ihm den Rückzug ermöglichen, solange er noch einigermaßen bei Kräften war. Er wollte abdanken zugunsten seines Sohnes, Kronprinz Naruhito. Aber das war nicht alles, es ging dem Tenno um mehr. Indirekt forderte er die Politiker auch auf, die Zukunft der Monarchie, die ihm qua Amt am allermeisten am Herzen lag, zu sichern. Womöglich dachte er dabei an die Einführung der weiblichen Thronfolge. Aber das kann man nur vermuten, denn er äußerte sich dazu nicht ausdrücklich. Er beendete seine Rede mit den Worten: »Ich hoffe ernsthaft auf Ihr Verständnis.«

Der japanische Kulturwissenschaftler Kennosuke Motegi glaubt, mit der Videobotschaft habe der alternde und politisch machtlose Tenno seine Schwäche bewusst als »Waffe« eingesetzt. Akihito habe auf »politisch korrekte« Weise versucht, die Meinungshoheit zu erlangen.[94] Für den Augenblick ging diese Strategie zwar auf, allenthalben reagierte man mit Sympathie und Mitgefühl auf die kaiserliche Ansprache. Auf längere Sicht aber sollte die Monarchie einen Preis dafür bezahlen, dass der Tenno sich als Normalsterblicher zu erkennen gab. Dadurch, dass Akihito die Landsleute aufforderte, über die Zukunft des Kaiserhauses zu entscheiden, ermutigte er sie letztlich, später auch bei anderen höfischen Angelegenheiten mitzureden. Das sollte sich dann auf eine für den Hof unangenehme Weise zeigen, als viele im Volk sich nicht damit abfinden wollten, dass Prinzessin Mako ihren bürgerlichen Freund heiratete.

Mit seinem Wort in eigener Sache ging Akihito an die Grenze dessen, was die Verfassung einem Kaiser erlaubt. Nach Meinung mancher Verfassungsexperten ging er gar zu weit.[95] Denn tatsächlich setzte er die demokratisch gewählte Regierung mächtig unter Druck. Premier Abe befand sich in einem Dilemma: Folgte er dem Wunsch des Tennos und sorgte für die nötigen gesetzlichen Voraussetzungen, damit dieser abdanken konnte, setzte er sich dem Verdacht aus, dass er dem Monarchen gehorchte. Ignorierte er dessen Wunsch aber, drohte ihm Unmut aus dem Volk. Wenn man die Sache zu Ende dachte, hatte Akihito den Premier in eine unmögliche Lage gebracht. Denn was wäre, wenn ein anderer, skrupelloser Tenno sich direkt ans Volk wandte, um andere, moralisch verwerfliche Ziele durchzusetzen? Wenn er zum Beispiel forderte, das Militär zu mobilisieren und einen Krieg zu beginnen?

Umfragen zufolge sympathisierte die überwältigende Mehrheit der Japanerinnen und Japaner mit dem Tenno; sie waren dafür, ihm den Rückzug aufs verdiente Altenteil zu ermöglichen. Daran zeigte sich nicht nur die hohe Beliebtheit des Tennos. Mit seinem Verweis auf das Älterwerden hatte er etwas angesprochen, was im vergreisenden Japan viele Menschen auch persönlich beschäftigte. Ähnlich wie in den Fünfzigerjahren, als der damalige Kronprinz Akihito mit seiner Frau Michiko den neuen Lebensstil der Kleinfamilie vorlebte, spielte er auch jetzt wieder die Rolle des Trendsetters. Nur dass es diesmal eben darum ging, in Würde zu altern und den eigenen Abschied in die Wege zu leiten. Das war schon damals das überragende Thema in Japan: Im ganzen Land fanden Ausstellungen statt, die der »Vorbereitung auf die letzten Dinge« gewidmet waren – »Shukatsu« genannt. Konkret ging es um die Vorbereitung auf das Sterben, das rechtzeitige Verfassen von Testamenten, die Suche nach preiswerten Grabplätzen. Um die Menschen mit dem Unausweichlichen vertraut zu machen, boten Bestattungsunternehmen Kunden gar an, sich zur Probe schon mal in einen Sarg zu legen.

Nichtsdestotrotz: Premier Abe geriet durch den Vorstoß des Tennos in eine missliche Lage – eine Lage, die er sich selbst zuzuschreiben hatte. Viel zu lange hatte er zugeschaut, wie sich die Existenzkrise des Kaiserhauses zuspitzte, bis der Tenno die Geduld verlor und sich direkt an das Volk wandte. Schließlich ging es hier nicht nur um den alternden Akihito. Der ganze Kaiserclan spiegelte die Vergreisung der Gesellschaft wider, er drohte ja tatsächlich auszusterben. Frühere Regierungen hatten deshalb erwogen, die weibliche Thronfolge einzuführen oder zumindest die Stellung der Prinzessinnen bei Hof aufzuwerten. Doch Abe griff die Ansätze nicht auf. Er spielte auf Zeit, er ließ es geschehen, dass die Hofadligen immer weniger wurden, dass eine Prinzessin nach der anderen ins Bürgertum abstieg und dass in der übernächsten Generation nur noch ein einziger Junge als Thronfolger übrig blieb. Der Premier scheute eine Reform des Hofgesetzes – mit Rücksicht auf seine traditionalistischen Anhänger.

Bereits sechs Jahre zuvor hatte der Tenno eine Art Hilferuf ausgesandt. Gegenüber engen Beratern sprach er damals erstmals davon, mit achtzig abdanken zu wollen. Sie rieten ihm davon ab, auch seine Frau Michiko.[96] Doch Akihito ließ nicht locker. Er hatte das lange und öffentliche Siechtum seines Vaters erlebt, und er hatte auch die Biografien vieler anderer Kaiser studiert. Er wollte seinen eigenen Abgang offensichtlich selbst regeln, solange er im Besitz seiner geistigen und körperlichen Kräfte war. Er wollte nicht enden wie der »Taisho«-Tenno, der de facto entmündigt worden war. Und vielleicht dachte er auch an seine Mutter, Ex-Kaiserin Nagako, die offenbar an Demenz erkrankte und in ihren letzten Lebensjahren nicht mehr öffentlich auftrat.

Auch Akihito sah man inzwischen deutlich an, wie alt er geworden war. Bereits 2003 war er wegen Prostatakrebs operiert worden, 2012 bekam er einen Bypass eingesetzt. Auf der jährlichen Gedenkfeier für die Kriegstoten im Jahr 2015 war ihm ein Missgeschick unterlaufen, das für Aufsehen sorgte: Er hatte zu früh zu reden angesetzt.[97]

Solche kaiserlichen Pannen häuften sich, der Tenno selbst war sich dessen bewusst, er sprach offen darüber.[98] Und doch konnte er nicht verhindern, dass in der Bevölkerung besorgt getuschelt wurde. Das war typisch für Japan, ein Land, in dem Zeremonien bis ins Detail durchgetaktet sind und die korrekte äußere Form oft wichtiger genommen wird als der Inhalt. Kaiserin Michiko wurde immer öfter dabei beobachtet, wie sie dem Tenno dezent assistierte. Seit jeher hatte sie sich zwar zurückgehalten, wie es einer Kaisergattin geziemte. Stets ging sie einen Schritt hinter ihrem Mann. Sie redete ihn respektvoll im Höflichkeitsjapanisch an, wie es normale Japanerinnen höchstens gegenüber Vorgesetzten verwenden, nicht aber gegenüber ihren Ehemännern. Doch jetzt, wo der Tenno alterte, raunte Michiko ihm bei öffentlichen Auftritten schon mal zu, er möge sein gerade verlesenes Redemanuskript bitte wieder in die Innentasche seines Anzugs stecken. Akihito und Michiko hatten stets als Tandem funktioniert. Das war mit ein Grund für ihre Beliebtheit. Doch nun verschoben sich die Gewichte in der Beziehung ein wenig zu Michiko hin.

Das alles war natürlich auch Premier Abe nicht entgangen. Nur: Warum hatte er die Sorgen des alternden Tennos so lange ignoriert? Hatte er womöglich gehofft, dass der liberale Akihito seine Aktivitäten, wie die Reisen zu ehemaligen Kriegsschauplätzen, irgendwann nicht mehr wahrnehmen könnte? Und überhaupt: Warum tat der Premier nicht viel früher etwas, um die Personalnöte des Kaiserhauses zu lindern? In seinen Memoiren, die Anfang 2023 posthum veröffentlicht wurden, liefert er auf diese Fragen leider keine wirklich erhellenden Antworten.[99]

Die Videoansprache des Tennos ließ Abe keine Wahl, er musste handeln. Zwei Monate später setzte seine Regierung ein Beratergremium ein, das von einem früheren Wirtschaftsboss geleitet wurde. Es sollte nach Wegen suchen, um die Arbeitslast des Tennos zu verringern, wie es offiziell hieß. Es ging darum, dem Wunsch des Volkes zu entsprechen und dem Tenno die Abdankung zu ermöglichen – aber ohne die Verfassung zu verletzen.

In einem wesentlichen Punkt blieb Abe indes stur. Aus Regierungskreisen verlautete frühzeitig, dass er – anders als vom Tenno offensichtlich gewünscht – nicht daran denke, eine grundlegende

Reform des Kaiserhauses anzustoßen. Die Regierung wollte unbedingt Maßnahmen vermeiden, die den Weg für die weibliche Thronfolge hätten ebnen können. Der Widerstand von Abes konservativen Anhängern war zu mächtig; ihr Einfluss spiegelte sich dann auch in den Diskussionen des Gremiums wider: Zu einer Reihe von Anhörungen wurden vor allem Akademiker und Journalisten aus dem erzkonservativen Lager geladen. Viele von ihnen lehnten Akihitos Wunsch nach Abdankung ab. Die Stimmung gegenüber dem liberalen Tenno wirkte fast schon feindselig.[100] Wenn ihm seine Aufgaben zu viel würden, könne er sie ja reduzieren, empfahl ein Experte. Es reiche doch, wenn Akihito in seinem Palast für Frieden und Wohlstand bete. Für die Volksnähe, um die er sich stets bemüht hatte, und für seine Reisen zu Kriegsstätten fehlte den Kritikern jegliches Verständnis.

Im Juni 2017 verabschiedete das Parlament ein Sondergesetz. Es ermöglichte Akihito – und nur ihm – die Abdankung. Tatsächlich aber wurde auf diese Weise ein Präzedenzfall geschaffen, der sich auch auf künftige Tennos anwenden lassen würde. In einem Zusatz zu dem Gesetz forderte das Parlament die Regierung überdies auf, künftig Vorschläge für die Sicherung der Thronfolge und den Status der Frauen am Hof zu unterbreiten.

Akihito hatte damit seinen Willen bekommen; seiner Abdankung stand nichts mehr im Wege. Doch eine grundlegende Reform, um die Zukunft der Dynastie zu sichern, hatten die Politiker ihm versagt. Der höfische Personalmangel war also nicht behoben. Im Gegenteil: Das Symbolkaisertum, wie Akihito und Michiko es mit ihrer Volksnähe vorlebten, drohte mit ihnen aufs Altenteil zu wandern.

Akihito und die Abdankung – die Debatte, die der Tenno angestoßen hatte, zeigte auf paradoxe Weise, wie sich die ideologischen Fronten in den drei Jahrzehnten seit seiner Thronbesteigung verkehrt hatten: Die Konservativen – also jene, die traditionell die

Akihitos Abdankungszeremonie: Erstmals seit über 200 Jahren steigt ein Tenno zu Lebzeiten vom Thron.

Kaisertreue für sich gepachtet hatten – schienen geradezu erleichtert, dass sie Akihito als Tenno endlich loswurden. Er war ihnen schlicht zu demokratisch, zu weltoffen und zu modern. Dagegen feierten Linke und Liberale ihn fast wie ein Idol. Für sie war dieser Tenno das letzte Bollwerk gegen die Revision der Verfassung. Ähnlich dachte man sogar in der Kommunistischen Partei, die das Kaisertum sonst aus Prinzip ablehnte. Die Partei, die – anders, als ihr Name vermuten lässt – in Japan eine gemäßigte, sozialdemokratische Politik verfolgt, hatte die Ansprachen des Tennos bei der Eröffnung des Parlaments jahrelang boykottiert.[101] Doch nun gab sie ihren Widerstand zumindest teilweise auf und nahm fortan an der Zeremonie teil.

Der Rückzug des Tennos hatte etwas Tragisches. Mit seiner Abdankung hatte er den Plan von Premier Abe, die Verfassung zu revidieren, zwar vorerst vereitelt – gewollt oder ungewollt. Aber die Zukunft seiner eigenen Institution, des Kaiserhauses, schien nach wie vor ungewiss. Ob Akihito wohl manchmal bedauerte, dass er Abe nicht noch entschiedener entgegengetreten war? Das ist zwar möglich, aber er kannte auch die Grenzen seines Amtes. Er war eben kein Politiker. Er wusste sich zu beherrschen, wie sich nur ein Tenno beherrschen kann. Das Kaiserhaus hatte so schon Jahrtausende überlebt. Akihito konnte nur hoffen, dass dies auch nach ihm so bleiben würde.

IV.
DAS LEID DER PRINZESSINNEN

»Anpassungsstörung«

Dass das jahrtausendealte Kaiserhaus sich veränderte, konnten die Japanerinnen und Japaner bei der Übertragung von Tenno Naruhitos Videobotschaft Neujahr 2021 miterleben. Erstmals wandte sich auch Kaiserin Masako an diesem Tag direkt an das Volk. Ihre Ansprache dauerte knapp 40 Sekunden. Sie redete über das winterliche Wetter, sie wünschte ihren Landsleuten Gesundheit. Doch was sie sagte, war nicht entscheidend. Worauf es ankam und was neu war: dass eine Kaisergattin bei einer solchen Gelegenheit überhaupt etwas sagte. Die Videobotschaft des Kaiserpaars war ein symbolischer Durchbruch – für Masako und für den Hof. Tenno Naruhito saß neben der Kaiserin, im Hintergrund sah man eine holzgetäfelte Wand und einen Bonsai. Masako wirkte leicht nervös; auch dem Tenno sah man die Anspannung an. Mit den Lippen formte er die Worte stumm nach, die seine Frau anscheinend von einem Monitor ablas.

Der Tenno hatte direkt vor Masako geredet, viel länger selbstverständlich, er war schließlich der Tenno und spielte die Hauptrolle an Neujahr, diesem wichtigsten der japanischen Feiertage. Doch dass er seiner Frau das Schlusswort überließ, sollte offenbar in zweifacher Hinsicht als Botschaft an das Volk verstanden werden: Masako war gewillt und in der Lage, ihre Aufgaben als Kaiserin wahrzunehmen, trotz oft geäußerter Zweifel an ihr, trotz ihrer seelischen und körperlichen Unpässlichkeiten, trotz der Isolation und der Diskriminierung, unter der sie bei Hof lange zu leiden gehabt hatte. Und: Der Tenno stand an ihrer Seite, er behandelte sie als Partnerin auf Augenhöhe, vor der ganzen Nation.

Neu an diesem denkwürdigen Auftritt vom 1. Januar 2021[1] war auch die Tatsache, dass ein Tenno sich an Neujahr überhaupt per Video an das Volk wandte. Damit brach Naruhito endgültig sein langes Schweigen, in das er sich und den Palast während der Coronapandemie gehüllt hatte. Den direkten Kontakt mit den Landsleuten mied er indes auch weiterhin: Anders als traditionell üblich, verzichtete die kaiserliche Familie 2021 noch darauf, sich am zweiten Neujahrstag auf der Veranda des Palastes zu zeigen. Normalerweise nimmt das Kaiserpaar von dort die Glückwünsche des Volkes entgegen, hinter Glasscheiben winken sie den Menschen zu. Zehntausende strömen dann auf das kaiserliche Grundstück, dessen Außentore ausnahmsweise geöffnet werden. Bis zu siebenmal am Tag zeigen sich der Tenno, die Prinzen und Prinzessinnen dann, und der Tenno verliest eine kurze Grußbotschaft. Für seine Landsleute ist das eine seltene Gelegenheit, ihn und die kaiserliche Familie aus der Nähe zu sehen. Die Menge jubelt dann und schwenkt unzählige Sonnenbanner.

In den Jahren, als Masako Kronprinzessin war, blieb sie dem Ritual auf der Veranda oft ganz oder teilweise fern. Auch auf kaiserlichen Empfängen für Gäste aus dem In- und Ausland fehlte sie häufig. Und an den vielen religiösen Riten, die der Kaiser an seinem Palastschrein zelebriert, nahm sie überhaupt nicht teil. Denn die bürgerliche Ex-Diplomatin, die 1993 in das Kaiserhaus eingeheiratet hatte, war eben krank; sie war seelisch zerbrochen, an ihrer Umgebung und möglicherweise auch an ihren eigenen Ansprüchen, mit denen sie sich selbst unter Druck setzte. Der Hof umschrieb ihr Leiden vage als »Anpassungsstörung«.

Die Diagnose klang, als wäre allein Masako schuld an ihrer Situation. Als sei die aus dem Bürgertum Eingeheiratete einfach nicht in der Lage, sich einzufügen, wie es sich ziemt für eine kaiserliche Schwiegertochter. Dabei war die Sache vielschichtiger. Für die »Störung« war auch der Hof verantwortlich – und letztlich die japanische Gesellschaft insgesamt, die Frauen oft als Menschen zweiter Klasse behandelt, auch heute noch. Das Leben, das Masako bei Hof führte, machte die tief verankerte Diskriminierung der Frauen auf bedrückende Weise sichtbar. Im Zusammenprall zwischen der archaischen Welt des Hofes und der weltoffenen Erziehung der Bürgerprinzessin entluden sich beispielhaft die tiefen Widersprüche, die Japan kennzeichnen.

Masako war nicht die Erste, die im Kaiserpalast leiden musste. Seit Jahrhunderten dienten Frauen am Hof als staatspolitische Verfügungsmasse, um strategische Bündnisse zu schmieden. Auf ihre Wünsche und Gefühle wurde keine Rücksicht genommen. Die Ahnengalerie unglücklicher Prinzessinnen ist lang, ihre Schicksale liefern Stoff für unzählige Bücher und Filme. Immer wieder wurden sie schikaniert – von anderen Prinzessinnen und Prinzen, von der Hofdienerschaft, aber auch von der Öffentlichkeit und von den Medien.[2] Mit am schwersten hatten es jene Frauen, die aus dem Bürgertum in den goldenen Käfig des Hofes gerieten, wie eben Masako und auch ihre Schwiegermutter, Ex-Kaiserin Michiko. Zwar gab es eine Ausnahme: Prinzessin Kiko, die Ehefrau von Prinz Akishino. Anders als Masako und Michiko konnte man fast den Eindruck gewinnen, dass die Ex-Bürgerin in der Rolle der Prinzessin und der mustergültigen Schwiegertochter geradezu aufblühte. Aber dass sie es bei Hof teilweise leichter hatte als Masako oder Michiko, lag sicher auch daran, dass sie einen Zweitgeborenen geheiratet hatte. Die Erwartungen an sie waren von vornherein geringer.

Auf jeden Fall erlebte die Nation an diesem Neujahrstag 2021 eine neue Masako. Sie schien die schlimmste Zeit ihrer Leiden überwunden zu haben. Sie war nun die Kaiserin – und folglich der Kritik weitgehend enthoben. In ihrer neuen Funktion lebte sie sichtbar auf, sie wirkte selbstbewusster, fast wie befreit – jetzt endlich, mit 57 Jahren, fast drei Jahrzehnte nach ihrer Hochzeit. Völlig genesen war sie allerdings noch nicht, und höchstwahrscheinlich würden die Landsleute sie nie wieder so scheinbar unbeschwert erleben wie 1993, als sie in das Kaiserhaus einheiratete. Damals hatte alles nach einer Traumhochzeit ausgesehen. Im offenen Wagen fuhr das Paar durch die Straßen von Tokio; ein Diadem leuchtete in Masakos Haar, die Menge jubelte, die Braut lächelte und winkte.

Auf die bürgerliche Prinzessin richteten sich anfangs gewaltige Hoffnungen: Masako, so hörte und las man überall, werde das Kaiserhaus modernisieren. Sie, die junge weltgewandte Diplomatin, werde womöglich ein neues Kapitel höfischer Außenpolitik einleiten. Wenn jemand dafür geeignet sei, dann diese Frau aus vornehmem Hause.

Masako stammte väterlicherseits von einem Clan niedriger Samurai ab. Ihr Vater, Hisashi Owada, war Spitzendiplomat. Er brachte es zum Vize-Außenminister; später wurde er Richter am Internationalen Gerichtshof in Den Haag, als dessen Präsident er zeitweise wirkte. Masakos Mutter stammte ebenfalls aus der japanischen Oberschicht. Unter ihren Vorfahren gab es einen kaiserlichen Admiral und einen Chemiefabrikanten. Als Mädchen war Masako mit ihren Eltern um die Welt gezogen, hatte in der Sowjetunion, der Schweiz und den USA gelebt. In Tokio ging sie später auf eine katholische Schule. Anschließend studierte sie in Harvard, Oxford und an der Universität Tokio, der Kaderschmiede für japanische Spitzenbeamte. Sie lernte gleich mehrere Fremdsprachen, darunter Deutsch, Englisch, Französisch und Russisch. Ihr Lebenslauf spiegelte das hohe Pensum wider, das sie erfüllt hatte: Sie bestand den extrem schwierigen Aufnahmetest für den diplomatischen Dienst – als eine von nur drei Frauen. Und als sei das alles nicht genug, ergatterte sie auch noch einen mindestens so begehrten Job bei der japanischen Notenbank. Sie entschied sich dann aber für das Außenministerium, die Arbeitsstätte ihres Vaters.

Masako Owada als junge Diplomatin: Sie war international aufgewachsen und überdurchschnittlich gebildet.

Westliche Medien beschrieben Masako als »Karriere-Diplomatin«, anerkennend zeichneten sie das Bild einer modernen Ausnahme-Japanerin, die sich nach oben kämpft. Die heimische Presse lenkte die Aufmerksamkeit dagegen eher auf die Tatsache, dass Masako im selben Ministerium arbeitete wie ihr prominenter Vater. Unterschwellig schwang dabei Neid auf eine privilegierte Diplomatentochter mit, die den Erfolg in die Wiege gelegt bekommen hat und nun auch im Ministerium ihres Papas arbeiten darf. So oder so: Masako stieg auf. Nach weiteren Etappen ihrer Ausbildung sah man sie später manchmal in den Fernsehnachrichten, wie sie für den Premier oder andere Politiker bei US-japanischen Konsultationen dolmetschte.

Was Masako und ihre Familie in der geradezu makellosen Karriereplanung allerdings nicht einkalkuliert hatten: Schon früh wurde sie in Tokio als Braut für den damaligen Kronprinzen Naruhito gehandelt. Die Suche nach respektablen Kandidatinnen beschäftigte den Hof spätestens, seit Naruhito 18 geworden war. Und mindestens so lange fieberten auch die Hofreporterinnen und -reporter einer kronprinzlichen Hochzeit entgegen. Bereits im März 1978 fragten sie Naruhito, wie er sich denn seine Idealfrau vorstelle. Er äußerte den Wunsch, dass die Künftige »gut kochen« könne.[3] Das klang noch etwas unreif. Doch ein paar Jahre später, 1985, zeigte Naruhito, dass er sich tiefere Gedanken gemacht hatte. Er sagte, eine Frau, die »in New York bei Tiffany alles Mögliche einkauft«,[4] komme für ihn nicht infrage. Damals tobte der Aktien- und Immobilienboom, viele Japanerinnen und Japaner gaben ihr Geld für Designermode aus. Dagegen machte Naruhito deutlich, dass es ihm auf innere Werte ankam. Seine künftige Partnerin sollte zurückhaltend sein, sagte er, aber »ihre Meinung äußern können, wenn es nötig ist«.[5] Gut wäre es, wenn sie Fremdsprachen beherrschte und seine Interessen teilte.

Von den Medien wurden damals immer wieder mögliche Kandidatinnen ins Spiel gebracht und wieder verworfen. Ernst wurde die Sache ab Oktober 1986: Damals wurde Masako mit ihren Eltern auf eine Party eingeladen, die der Kronprinz für die spanische Prinzessin Elena gab. Ein Kollege von Masakos Vater hatte Masako auf eine Liste potenzieller Kandidatinnen gesetzt, ohne dass die Betroffene oder ihre Familie etwas davon wussten. Naruhito fand die junge Diplomatin so sympathisch, dass für ihn dann weitere Gelegenheiten arrangiert wurden, sie zu treffen. Davon bekamen die Medien Wind. Schon frühmorgens lauerten Reporter Masako vor ihrem Elternhaus in Tokio auf. Eine Japanerin aus durchschnittlicher Familie wäre vielleicht scheu an der Medienmeute vorbeigehuscht. Doch Masako stellte einen der Reporter unwirsch zur Rede und forderte ihn auf, ihr seine Visitenkarte auszuhändigen.

Die Spekulationen um Masako und Naruhito wucherten, das Medieninteresse riss nicht ab. Schließlich schaltete sich Masakos

Vater ein: Er bat den Kronprinzen, von weiteren Treffen mit seiner Tochter abzusehen. Doch Naruhito gab nicht auf. Das Drama um ihn und Masako sollte sich dann über sechs Jahre hinziehen. Es ähnelte dem Wirbel, der einst um Akihito und Michiko getobt hatte; nur dass das Brautwerben diesmal länger und länger währte, ohne dass die beiden, um die es ging, sich persönlich nähergekommen wären. Für den Prinzen muss das frustrierend gewesen sein: Er konnte Masako ja nicht einfach in den Palast rufen oder sie gar in eine Bar, in einen Club oder in ein Café einladen. Er war darauf angewiesen, dass höfische Berater oder andere Menschen ihr seine Wünsche übermittelten.

Ähnlich wie bei Masako hatten einst auch die Eltern der späteren Kaiserin Michiko die Avancen des damaligen Kronprinzen Akihito zurückgewiesen.[6] Um ihre Tochter aus dem Licht der Öffentlichkeit zu retten, schickten sie diese auf eine längere Reise nach Europa und in die USA. Auch sonst fallen die Parallelen zwischen den beiden bürgerlichen Prinzessinnen auf: Es handelte sich bei den beiden um zwei überdurchschnittlich gebildete Frauen aus Familien, die zum westlich geprägten Teil der japanischen Elite gehörten. Michikos Eltern hatten Anfang der Dreißigerjahre in Deutschland gelebt und erzogen ihre Tochter nach christlichen Vorstellungen. In Tokio wohnten sie in einer Villa, wie man sie eher aus europäischen Großstädten kannte. Ähnlich war es bei Masako, die in einem futuristisch anmutenden Prachtbau aus Beton und Glas wohnte. Beiden Frauen schien die ganze Welt offenzustehen. Ihre Eltern hatten sie zu allem Möglichen erzogen, aber gewiss nicht dazu, eines Tages als Prinzessin hinter den Mauern des Kaiserpalastes zu verkümmern.

Auf dem Höhepunkt des Medienrummels ging auch Masako ins Ausland – zum Studium nach Oxford. Als mögliches Thema für eine Masterarbeit soll sie dort mit ihrem Professor erwogen haben, die damaligen US-japanischen Verhandlungen für die gemeinsame

Entwicklung eines Kampfflugzeuges zu untersuchen.[7] Am Ende schrieb sie die Arbeit zwar nicht, weil sie nach Japan zurückkehren musste. Aber man sieht auch hier, dass sie in einer anderen Welt lebte als viele ihrer heimischen Altersgenossinnen. Doch die Medien handelten Masako nach wie vor als wahrscheinliche Braut; auch ins ferne Oxford jagten ihr Reporter hinterher. Auf ihrem täglichen Weg zur Uni wimmelte Masako die stets gleichen Fragen über eine Verlobung mit dem Kronprinzen ab. Sie habe mit der Sache nichts zu tun, erklärte sie schließlich vor laufender Kamera und fügte hinzu: »Jedenfalls habe ich vor, dauerhaft als Beschäftigte des Außenministeriums zu arbeiten.«[8]

Das war erneut ein starker Auftritt. Die Reporter waren von Japanerinnen andere Verhaltensweisen gewöhnt – etwa, dass eine Heiratskandidatin errötete, schamhaft schwieg oder sich mit einer höflichen Floskel schüchtern in den nächsten Hauseingang verdrückte. Scheu und schamhaft zu sein galt als Ausweis weiblicher Tugend. Doch dass Masako so forsch auftrat, fast kratzbürstig, ließ manche zweifeln: War diese westlich geprägte Frau die Richtige, um sich in die Kaiserfamilie einzufügen?

Naruhito jedoch ließ sich nicht beirren. Er signalisierte seinen Beratern, dass es für ihn nur Masako gab. Sie arrangierten für den Kronprinzen dann ein Rendezvous mit der Jungdiplomatin, es fand in einem kaiserlichen Wildentenreservat bei Tokio statt. Um die Sache vor den Medien geheim zu halten, fuhren sie ihn inkognito dorthin, in einem Mini-Van des kaiserlichen Hofamtes. Auch diesmal war das Pärchen also nicht allein, und so darf man sich auch dieses Treffen nicht allzu romantisch ausmalen. Für den kaiserlichen Hof stand die Fortsetzung der Dynastie auf dem Spiel. Da gab es sicher keinen ersten Kuss, vermutlich nicht einmal ein schüchternes Händchenhalten. Hier redete ein künftiger Tenno mit seiner Wunschkandidatin über die schicksalsschwere Aufgabe der künftigen Landesmutter. Naruhito kam mit dem gebotenen

Ernst zur Sache, um die es nun schon viel zu lange ging, ohne dass die beiden Hauptpersonen sich jemals in intimer Zweisamkeit nahegekommen wären: Er machte Masako einen Heiratsantrag.

Die Umworbene antwortete nicht gleich, zumindest nicht bei diesem Treffen. Doch der Druck auf Masako wuchs, zumal ihr Vater nicht nur von ehemaligen Vorgesetzten und Kollegen in die Pflicht genommen wurde, die Heirat zu arrangieren, sondern angeblich sogar vom damaligen Premier Kiichi Miyazawa.

Die japanische Gesellschaft wird weniger durch Verordnungen zusammengehalten als durch ein unsichtbares Geflecht unendlich vieler »Verpflichtungen« und Verhaltensvorgaben. Statt ausdrücklicher Bitten um einen Gefallen reicht oft schon eine Andeutung – wie eben der Hinweis auf die Wünsche des Kaiserhauses –, und die Adressaten spüren instinktiv, was von ihnen erwartet wird. So war es einst bei Michiko, und so war es dann auch bei Masako. In beiden Fällen wirkten die Eltern der Bräute dann alles andere als glücklich, als die Verlobungen offiziell verkündet wurden. Mit tapferer Miene sagte Yumiko Owada, die Mutter von Masako, vor den TV-Kameras: »Ich wünsche, dass sie für das Land hart arbeitet.«[9] Für das »Land« – so hätte das auch eine Soldatenmutter ausdrücken können, die ihren Nachwuchs in den Krieg verabschiedet.

In der übrigen Gesellschaft aber brach große Freude aus. Viele Menschen hofften, dass mit Masako frischer Wind in den Hof einziehen würde, dass sie ihre Fähigkeiten als Diplomatin einbringen würde im Dienst der Monarchie. Und dass sie helfen würde, Japan insgesamt zu erneuern.

Alle diese Erwartungen sollten enttäuscht werden. Praktisch von einem Tag auf den anderen wechselte die »Karrierefrau« in ihre neue Rolle als Braut und Ehefrau – auch äußerlich. Ihr bisheriges Outfit einer Berufstätigen – schnittige Trenchcoats, modische Kostüme – tauschte Masako gegen eine Kluft, in der sie brav und konventionell aussah. Plötzlich sprach sie in Höflichkeitsfloskeln, die man außerhalb des Hofes heute kaum noch hört.

Bei der Hochzeitsfeier am Palastschrein war die Ex-Diplomatin nicht wiederzuerkennen. Sie trug ein schweres Gewand und eine wuchtige Perücke in der Form eines Herzens. Sie sah aus wie eine Zeitreisende, die sich in die »Heian«-Ära verirrt hat, in die Zeit der kaiserlichen Blüte vom 8. bis 12. Jahrhundert. In einem Punkt aber schien sie sich treu geblieben zu sein: Auch in ihrer neuen Rolle war sie sichtlich bemüht, ihre Sache perfekt zu machen – so wie sie einst ihr Uni-Examen mit Bestnoten bestanden hatte. Während der Zeremonie wirkte sie angespannt und konzentriert: Mit zusammengepressten Lippen und tastenden Schritten folgte sie einem Shinto-Priester in den heiligen Palastschrein, wo Kronprinz Naruhito bereits auf sie wartete. Sie trat nun ein in ihr neues Leben. In eine Dynastie, die von ihr als Frau keine intellektuellen Höchstleistungen erwartete, sondern etwas zutiefst Elementares: dass sie bald einen männlichen Thronfolger zur Welt brachte.

Hochzeit am Hof: Danach geriet Kronprinzessin Masako mächtig unter Druck, einen Thronfolger zu gebären.

Die Hochzeitsnacht am Kaiserhof läuft nach uralten Riten ab, die noch aus der »Heian«-Zeit herrühren. An das Kopfende des Ehelagers der Frischvermählten platzieren Kämmerer traditionell Silberteller, darauf legen sie spezielle Reiskuchen, und zwar so viele, wie die Braut an Jahren zählt. Der Reiskuchen muss von anderen gesunden Ehepaaren zubereitet worden sein. Am vierten Morgen wird die Speise dann im Garten der Kronprinzen-Residenz vergraben. Auf diese Weise drückt man bei Hof den Wunsch nach gesundem Nachwuchs aus.[10] Inwieweit alle diese rituellen Vorschriften bei Masako und Naruhito höfisch korrekt befolgt wurden, wird die Außenwelt wohl nie erfahren. In jedem Fall lasteten gigantische Erwartungen auf den beiden. Den Fortbestand der Dynastie zu sichern, das ist die vornehmste und wohl wichtigste Aufgabe eines Kronprinzen und einer Kronprinzessin. Und das dürfte so bleiben, solange es die Monarchie gibt.

Die Nachwuchshoffnungen, welche die Nation nach so einer Hochzeit im Kaiserhaus hegt, richten sich seit jeher vor allem auf die Frauen. Was die Situation für Masako indes schwieriger machte als für ihre Vorgängerinnen in früheren Jahrhunderten, waren die Mechanismen der modernen Informationsgesellschaft. Einst spielten sich höfische Schwangerschaften diskret in den Gemächern des Palastes ab. Wenn sich kein Nachwuchs mit den Gemahlinnen einstellte, zeugten Kaiser und Prinzen ihn eben mit Nebenfrauen. Doch im Zeitalter der Monogamie richtete sich die geballte Aufmerksamkeit der Landsleute auf Masako. Nervös hielten Reporterinnen und Reporter in den Monaten nach der Hochzeit Ausschau nach Hinweisen, die andeuten könnten, dass Masako schwanger sei. Jede Unpässlichkeit, jede Erkältung der Prinzessin schnappten sie zittrig auf, um über eine bevorstehende höfische Geburt zu spekulieren.

Bei ihrer Verlobung versuchten Naruhito und Masako, die unvermeidlichen Fragen nach dem Nachwuchs noch mit Humor zu nehmen: Diese Angelegenheit wolle man der »Laune des Storches« überlassen, scherzte der Kronprinz. Und in Anspielung auf Naruhitos Hobby, das Bratschespielen, ergänzte Masako, sie beide hätten nicht vor, gleich »ein Orchester« zu gründen. Ein Jahr später war dann aber schon Schluss mit lustig. Bei einer Pressekonferenz herrschte eine angespannte Atmosphäre. Naruhito gab sich erstaunt, dass die Medien eine Erkältung von Masako zum Anlass genommen hatten, über eine Schwangerschaft zu rätseln. »Ich glaube, wenn zu starke Wellen geschlagen werden, wird die Laune des Storches gestört«,[11] antwortete er ihnen.

Doch es half nichts. Auch im Kaiserlichen Hofamt wurde man ungeduldig. Ein anonymer Beamter ließ sich mit der Prognose zitieren, dass die allgemeine Begeisterung im Fall einer kaiserlichen Schwangerschaft auch die Wirtschaft ankurbeln würde; das Bruttoinlandsprodukt könne dann um über drei Prozent wachsen.[12] Ökonomisch klang das wenig überzeugend, aber die Botschaft war eindeutig: Masako sollte dem Kaiserhaus endlich den lang ersehnten Thronfolger liefern.

Wen interessierte jetzt noch der Lebenslauf der Kronprinzessin als Ex-Diplomatin? Oder ihr großer Auftritt, der die Landsleute im Juli 1993 so verzückt hatte: Bei einem Empfang am Rande des G-8-Gipfels von Tokio hatte sie mit US-Präsident Bill Clinton und Russlands Präsident Boris Jelzin parliert, auf Englisch und Russisch. Auch ins Ausland ließ man sie anfangs noch reisen. Was davon am Ende in Erinnerung blieb, waren schöne Fotos. Einige davon, aufgenommen 1994, zeigten das Kronprinzenpaar im roten Wüstensand von Saudi-Arabien: Masako trug ein modisches, grün leuchtendes Designer-Kostüm mit einer schwarzen Hose, dazu einen ebenso grünen breiten Hut mit schwarzen Streifen.[13] Sie sah aus wie in einer Neuverfilmung von *Lawrence von Arabien*. Doch nun, kurze Zeit später, sollte sie sich auf das Kinderkriegen konzentrieren. Darauf drängte der Chef des Hofamts sie auch persön-

Masako und Naruhito in der Wüste von Saudi-Arabien. Das war eine der wenigen Auslandsreisen, die der Ex-Diplomatin vom Hof gewährt wurden.

lich, bei einem Besuch in ihrer Residenz, der damals als höchst ungewöhnlich empfunden wurde.[14]

Welche Verletzungen der wachsende öffentliche und interne Druck bei Masako verursachte, konnte man nur erahnen. Zwei Jahre nach der Hochzeit gingen Gerüchte um, sie leide an Depressionen. Das dementierte sie zwar, aber an ihrer Situation änderte sich grundsätzlich nichts. Ihr erging es nun ähnlich wie so vielen Prinzessinnen vor ihr. Bei Nagako, der Frau von Ex-Kaiser Hirohito, hatte es neun Jahre gedauert, bis sie nach vier Töchtern am 23. Dezember 1933 endlich ihren ersten Sohn – den späteren Kaiser Akihito – zur Welt brachte. Zuvor hatten Berater Hirohito bereits nahegelegt, sich eine Nebenfrau zu nehmen – was dieser jedoch ablehnte. Gleichwohl muss der allgemeine Wunsch nach einem männlichen Nachkommen schwer auf Hirohito und seiner Frau gelastet haben. Im Juli 1933 betete er mit seiner Mutter, der

Ex-Kaiserin Teimei, vor einem Porträt des toten »Taisho«-Kaisers. Normalerweise bestand die Kaiser-Witwe darauf, jeden Morgen allein Zwiesprache mit dem Verstorbenen zu halten und ihm Speisen vor sein Porträt zu stellen. Dass sie für Hirohito eine Ausnahme machte und ihn an dem Ritual teilnehmen ließ, erklärt der Historiker Takeshi Hara damit, dass Hirohito eben für die Geburt eines Sohnes betete.[15]

Und als schließlich ein männlicher Erbe zur Welt kam, wollte Hirohito das kaum glauben. »Ist es wirklich ein Prinz?«, fragte er einen Berater. Als dieser dann auf ein körperliches Merkmal verwies, »das es nur bei Jungen gibt«, lachte Hirohito schallend.[16] Er zog sich eine Militäruniform an und machte sich auf den Weg, um das Neugeborene in Augenschein zu nehmen. In Tokio heulten die Sirenen. Auf dem Platz vor dem Palast strömten die Menschen zusammen, schwenkten Fähnchen und schrien »Banzai« – »Zehntausend Leben«.

Bei Hirohitos bürgerlicher Schwiegertochter Michiko dauerte es zwar weniger als ein Jahr, bis sie einen Thronfolger zur Welt brachte. Doch bei einer erneuten Schwangerschaft, drei Jahre später, erlitt sie Komplikationen; sie musste sich einer Abtreibung unterziehen.[17] Schon davor machte die Eingeheiratete bei Hof einiges durch.[18] Von ihrer Schwiegermutter, Kaiserin Nagako, und führenden Hofdamen wurde sie eifrig gemobbt. Die Kaiserin hatte sich eine adlige Schwiegertochter gewünscht, keine bürgerliche. Auch neidete sie Michiko die Aufmerksamkeit, die diese damals auf sich zog. Nagako bemängelte, dass die Hochzeitskutsche von Michiko und Akihito von sechs Pferden gezogen wurde – statt der nur vier Pferde, die es noch bei ihrer eigenen Hochzeit gewesen waren.[19] Noch Jahre später, kurz bevor sie mit Hirohito von Tokio zu einer Reise in die USA flog, ging Nagako grußlos an Michiko vorbei, obwohl diese eigens zur Verabschiedung des Kaiserpaares an den Flughafen gekommen war.[20]

Im Vergleich zu Masako hatte Michiko es viel schwerer. Sie durfte ihre bürgerliche Familie anfangs kaum noch treffen. Hirohito behandelte Michiko zwar freundlich, aber einmal kanzelte er sie ab. Die Episode ist als »Bibel-Vorfall« in die Geschichte des Kaiserhauses eingegangen. Der Tenno erregte sich darüber, dass sein zweiter Sohn, Prinz Hitachi, das heilige Buch las und angeregt darüber sprach. Hinter Hitachis Interesse vermutete er den Einfluss Michikos, die katholisch erzogen war, wenn auch nicht getauft. Hirohito war alarmiert: Ein bibelbegeisterter Kaisersohn – das schien unpassend für eine Institution, die sich von shintoistischen Mythen herleitet.[21] Daran änderte auch die Tatsache nichts, dass Hirohito während der Besatzungszeit selbst Interesse am Christentum gezeigt hatte.[22]

Der Tadel durch den Tenno soll Michiko zutiefst verletzt haben, zumal sie damals körperlich und nervlich am Ende war. Sie zog sich dann nach Hayama, dem kaiserlichen Feriendomizil am Pazifik bei Tokio, zurück, wo sie ohne Ehemann und Sohn lebte. Allerdings besuchte sie ihr Vater dort, und auch eine enge Freundin, eine Nervenärztin, stand ihr bei. Acht Monate lang trat Michiko nicht mehr öffentlich auf.[23] Und als sie sich wieder zeigte, waren ihr die Leiden ins Gesicht geschrieben. Sie sah blass und abgemagert aus. Die einst sportliche junge Frau glich einer Grazie, die plötzlich um Jahre gealtert war.

Seither waren rund drei Jahrzehnte vergangen. Man hätte erwarten können, dass der Hof aus den Leiden der ersten bürgerlichen Prinzessin Lehren gezogen und versucht hätte, Masako das Leben zu erleichtern. Und tatsächlich gab es einen, der das tat: Kronprinz Naruhito. Er war sich der Qualen seiner Mutter zweifellos bewusst, als er Masako den Heiratsantrag machte – mit Worten, die sie später dann vor der Presse wiedergab, als wolle sie ihn darauf festnageln: »Wenn Sie in das Kaiserhaus eintreten, haben Sie vermutlich allerlei Sorgen und Ängste, aber ich werde Sie, Frau Masako, mit allen Kräften beschützen.«[24] Dieses ritterliche Versprechen wird oft zitiert in Japan – so außergewöhnlich finden es viele Landsleute nach wie vor, dass ein Ehemann sich gegenüber seiner Frau so fürsorglich zeigt.

Vor allem damals waren Ehen oft Zweckverbindungen, sie wurden arrangiert durch Vorgesetzte, Kollegen oder Nachbarn. Frauen, die mit Ende zwanzig noch nicht verheiratet waren, wurden als »Ladenhüter« und übrig gebliebene »Weihnachtstorten« verspottet. Sobald sie heirateten, wurde von ihnen erwartet, dass sie ihre Jobs aufgaben und sich um den Nachwuchs kümmerten. Und wenn eine den ältesten Sohn einer Familie zum Mann bekam, musste sie oft auch noch die betagten Schwiegereltern pflegen. Der stereotype Ehemann lebte dagegen den Tag über in der Firma, nach Feierabend ging er mit Vorgesetzten und Kollegen in die Kneipe oder zum Karaoke. Seine Familie sah er selten; Eheleute lebten in Japan nebeneinanderher.

Dagegen waren sowohl Naruhito als auch Masako mit Eltern aufgewachsen, die ein eher partnerschaftliches Verhältnis pflegten, wie es im Idealfall für westliche Kleinfamilien gilt. Als umso demütigender müssen sie es empfunden haben, dass ihre junge Ehe jetzt fast ausschließlich an einem biologischen Maßstab, dem der Fortpflanzung, gemessen wurde. Als sie fünf Jahre nach ihrer Hochzeit noch immer kein Baby bekommen hatten, begannen sie eine Unfruchtbarkeitsbehandlung. Darüber drangen nur Gerüchte nach außen, ohne dass auch nur andeutungsweise klar wurde, welche Belastungen so eine Behandlung für ein Paar mit sich bringen kann. Inzwischen geht die japanische Gesellschaft offener mit Nachwuchssorgen um. Laut dem Ministerium für Gesundheit, Arbeit und Wohlfahrt fürchtet durchschnittlich eines von drei Paaren schon mal, unfruchtbar zu sein.[25] Seit 2022 werden gängige Behandlungen zur künstlichen Befruchtung von der Krankenkasse bezahlt.

Masako und Naruhito aber standen unter gnadenloser Beobachtung. Die Details ihrer Familienplanung faszinierten ein ganzes Land. Im Dezember 1999 sorgte die führende Tageszeitung *Asahi* für Aufregung mit der exklusiven Nachricht, dass Masako schwanger sei. Wenige Tage später folgte die Enttäuschung: Das mit der Schwangerschaft stimmte zwar, aber die Prinzessin erlitt dann eine Fehlgeburt. Dafür gaben einige der Zeitung die Schuld, weil sie die Schwangerschaft enthüllt und publik gemacht hatte.

Die Nachwuchssorgen am Kaiserhaus waren zum Medienspektakel geworden. Auch das Ausland nahm sich des Themas an. Anfang 2001 sorgte das *SZ-Magazin* der *Süddeutschen Zeitung* für einen diplomatischen Eklat zwischen Japan und Deutschland: Zum 41. Geburtstag des Kronprinzen brachte es eine Titelgeschichte über die älteste Monarchie der Welt, die dem Bericht zufolge vor dem Aus stand. Auf dem Magazincover prangte ein Foto des Prinzen, über seinen Unterleib waren die Worte gedruckt: »Tote Hose«.[26] Die Story war ein Musterbeispiel der Geschmacklosigkeit, in Tokio hätte man sie ignorieren können, aber man entschied sich, eine Staatsaktion daraus zu machen. Die Regierung bestellte den deutschen Botschafter ein und erklärte, der Artikel verletze die Gefühle des japanischen Volkes. Die deutsche Redaktion entschuldigte sich daraufhin.

Westliche Regierungen scheren sich eher selten darum, was Journalisten irgendwo auf der Welt über ihr Land schreiben. Sie haben vermutlich Dringenderes zu tun. In Tokio aber reagiert man empfindlich, wenn man das eigene Land in ausländischen Medien nicht so postkartenreif abgebildet sieht, wie man es gerne hätte. Für offizielle Einsprüche und Ermahnungen scheut man weder Zeit noch Mühen. Einige Jahre später nahm die japanische Regierung den australischen Journalisten Ben Hills ins Visier. Dieser hatte ein Buch mit dem Titel *Princess Masako: Prisoner of the Chrysanthemum Throne* geschrieben.[27] Die amtlichen Wächter der kaiserlichen Würde glaubten in dem Werk »respektlose Beschreibungen, Verdrehungen von Tatsachen und wertende Behauptungen mit kühnen Vermutungen und plumper Logik« zu entdecken.[28] Tatsächlich enthüllte das Buch nicht viel mehr, als in Japan längst bekannt war. Doch das Kaiserliche Hofamt und das Außenministerium fürchteten offenbar, dass die Diskussion über Masako neu an Fahrt aufnehmen könnte. Also schritt man zu Gegenmaßnahmen, auch inoffiziell. Eine für Japan typische Welle des vorauseilenden Gehorsams und der Selbstzensur setzte ein: Ein heimischer Verlag, der das Buch des Australiers auf Japanisch veröffentlichen wollte, zog seine Zusage plötzlich zurück. Und als stattdessen ein Konkurrenzverlag einsprang, weigerten sich führende Tageszeitungen, Anzeigen für das Buch zu drucken.[29] Später gaben Hofbeamte dem australischen Masako-Buch teilweise auch noch die Schuld daran, dass Kaiserin Michiko unter stressbedingter Ermüdung litt.[30]

Doch zurück zum Mai 2001: Nach ihrer Fehlgeburt wurde Masako einige Zeit später erneut schwanger. In Tokio herrschte Nervosität. Die Medien wagten kaum noch, über kaiserlichen Nachwuchs zu spekulieren. Kein Journalist wollte sich dem Vorwurf aussetzen, eine erneute Fehlgeburt verschuldet zu haben. Als die Entbindung näher rückte, hielt man bei Hof die nötigen Riten ab: Jeweils am »Tag des Hundes« – im Tierkreis verheißt dieses Zeichen eine sichere Geburt – musste Masako sich traditionelle Seidengürtel umlegen. Shinto-Priester hatten die Tücher zuvor gesegnet.[31]

Am 1. Dezember 2001 hatte das Warten ein Ende: Acht Jahre nach der Hochzeit, im Alter von 37 Jahren, brachte Masako ein Mädchen zur Welt. Es wurde Aiko genannt, was man mit »Kind der Liebe« übersetzen kann.

Einige Monate später stellte Masako sich mit Naruhito den Hofreportern, die Erleichterung über die Geburt war ihr anzusehen. Sie sprach über ihre Gefühle, als sie ihr Kind nach der Entbindung zum ersten Mal sah und es ihr an die Brust gelegt worden war. In jenem Moment, so Masako, »war ich wirklich voller Dankbarkeit, dass es geboren worden war«.[32] Dann kamen der Prinzessin die Tränen, sie konnte kaum noch sprechen vor Rührung. Naruhito klopfte ihr liebevoll auf den Rücken. In diesem Augenblick konnte man erahnen, wie oft er sie wohl auf ähnliche Weise getröstet hatte, ganz privat, in den vielen Jahren dieses so brutal öffentlich ausgetragenen dynastischen Fortpflanzungsdramas.

Die »negierte« Persönlichkeit

Die Nation freute sich über den Nachwuchs des Kronprinzenpaares. Im Kaiserlichen Hofamt aber war man längst nicht zufrieden. Aus Sicht der beamteten Traditionswächter hatte Masako ihre eigentliche Aufgabe – einen männlichen Thronfolger zur Welt zu bringen – längst nicht erfüllt. Zwar durfte sie ihren Mann im Dezember 2002 endlich wieder auf einer Reise ins Ausland begleiten – rund ein Jahr nach Aikos Geburt und das erste Mal seit acht Jahren wieder. Es ging nach Neuseeland und Australien. Doch kurz davor ließ Masako durchblicken, dass es um das Thema Reisen Spannungen bei Hof gegeben hatte. Auf einer Pressekonferenz gestand sie, wie sie das Reisen vermisst habe. Sie erinnerte daran, dass sie vor ihrer Ehe häufig ins Ausland geflogen sei: »Das war ein Teil meines Lebens geworden.«[33] Sich dann aber in einen Zustand zu fügen, in dem solche Reisen nicht mehr möglich waren, habe ihr »ehrlich gesagt« eine »ziemlich hohe Anstrengung abverlangt«. Es klang wie eine verspätete Anklage, und die anwesenden Hofreporterinnen und -reporter wunderten sich darüber, wie die japanische Autorin Naoko Tomono in ihrer Biografie der Prinzessin berichtet.[34] Auch der Chef des Kaiserlichen Hofamts zeigte sich vor den versammelten Reportern erstaunt: Er gab sich überrascht, dass es Masako so wichtig sei, ins Ausland zu reisen.[35]

Damit war offiziell, was viele vermutet hatten: Es gab ein Zerwürfnis zwischen der Kronprinzessin und dem Hofamt. Dass es dazu gekommen war, lag nicht nur an Masako, der weltoffenen Japanerin, der es schwerfiel, sich in ihre Rolle zu fügen. Es lag auch am Hofamt, in dem sture ältere Männer das Sagen hatten. Männer, denen es an jeglichem Einfühlungsvermögen mangelte – und die daraus auch keinen Hehl machten.

Der Chef der Behörde hieß Toshio Yuasa. Er war ein Elitebürokrat, er hatte an der Spitzen-Uni des Landes, der Universität Tokio, Rechtswissenschaften studiert. Später stieg er im damaligen Ministerium für die Selbstverwaltung auf und machte sich als Experte für Steuern und Finanzen einen Namen. Nun, bereits im pensionsreifen Alter und nur zwei Jahre jünger als der Tenno, leitete er also eine Organisation, der nicht nur die Verwaltung des Kaiserhauses obliegt, sondern auch das Wohlergehen der Prinzen und Prinzessinnen, die dort leben. Dass er für diesen Job menschlich ungeeignet war, bewies er bald mit weiteren Wortmeldungen. Sie ließen ganz Japan aufhorchen – und das zu einer Zeit, in der das Bewusstsein für die Benachteiligung von Frauen und überhaupt von gesellschaftlich schwächer gestellten Menschen und Minderheiten in dem Land noch vergleichsweise unterentwickelt war.

Auf einer Pressekonferenz im Juni 2003 drängte Yuasa das Kronprinzenpaar unverblümt, ein zweites Kind zu zeugen: »Natürlich wünsche ich mir noch ein weiteres«, sagte er und verwies darauf, dass viele im Volk so dächten wie er.[36] Ein halbes Jahr später unternahm der Beamte einen neuen Vorstoß. Diesmal appellierte er an den jüngeren Bruder des Kronprinzen und an dessen Ehefrau, einzuspringen und ihren Beitrag für das dynastische Fortpflanzungsprojekt zu leisten. Die Angesprochenen, Prinz Akishino und Prinzessin Kiko, hatten bereits zwei Mädchen – die eine im Teenageralter, die andere knapp darunter. Yuasa sagte: »Zwar glaube ich, dass Prinz Akishino seine eigenen Gedanken hegt, aber wenn ich an das Gedeihen des Kaiserhauses und der Familie Akishino denke, möchte ich stark auf ein drittes (Kind) hoffen.«[37]

Dass der leitende Hofbeamte sich um die Zukunft der Dynastie sorgte, kann man verstehen; es gehörte zu seinem Job: Kaiser Akihito war fast siebzig, im Januar 2003 musste er sich wegen Prostatakrebs operieren lassen.[38] Falls sich beim Kronprinzenpaar kein männlicher Nachwuchs mehr einstellte, ruhte die letzte Hoffnung also tatsächlich auf Prinz Akishino und dessen Frau. Nur: So staatspolitisch bedeutsam die Frage des kaiserlichen Nachwuchses war, so handelte es sich für die direkt Betroffenen doch auch um eine höchst private, intime Angelegenheit. Im japanischen Alltag kommt es zwar selbst heute noch vor, dass Eltern, Tanten oder Onkel jungen Menschen ungefragte Ratschläge erteilen, wenn es ums Heiraten oder ums Kinderkriegen geht. Doch dass der ranghöchste Hofbeamte die beiden Prinzenpaare vor der ganzen Nation drängte, ihren ehelichen Pflichten nachzukommen, das war beispiellos.

Die höfischen Nachwuchssorgen spiegelten einen Trend wider, der bekannterweise auch die übrige Gesellschaft plagt. In kaum einer führenden Industrienation werden so wenig Kinder geboren wie in Japan. Brachte eine Frau kurz nach dem Krieg in ihrem Leben durchschnittlich noch 4,54 Kinder zur Welt, war dieser statistische Wert zur Zeit der Geburt von Prinzessin Aiko bereits auf 1,32 gesunken – um danach noch tiefer zu fallen.[39] Bald darauf begann die Bevölkerung zu schrumpfen, und 2022 rutschte die Zahl der Neugeborenen erstmals unter die demografisch kritische Marke von 800 000 pro Jahr, zehn Jahre früher als vorhergesagt.[40]

Experten hatten früh vor den sozialen und wirtschaftlichen Folgen der gesellschaftlichen Überalterung gewarnt. Im Jahr 2000 führte Japan daher eine Pflegeversicherung nach deutschem Vorbild ein. Doch führende Politiker – und offenbar auch der Chef des kaiserlichen Hofamts – suchten die Ursachen für den Geburtenschwund weniger im strukturellen Wandel von Wirtschaft und Gesellschaft. Sie gaben den Frauen die Schuld. Yoshiro Mori, ein früherer Premier, sagte: »Das Argument, dass Steuergeld verwendet werden soll, um für Frauen zu sorgen, die kein einziges Kind gebären, ist komisch.«[41] Ein Minister für Gesundheit, Arbeit und Wohlfahrt bezeichnete Frauen einige Jahre später sogar als »Gebärmaschinen«.[42]

Aus der frauenfeindlichen Politik zogen immer mehr Japanerinnen ihre eigenen Konsequenzen. Sie weigerten sich, die traditionellen Erwartungen zu erfüllen, und blieben Single. In wirtschaftlicher Hinsicht blieb ihnen ohnehin häufig keine Alternative, und ähnlich galt das auch für junge Männer. Da es an festen Jobs mangelte, fehlte ihnen oft schlicht das Geld, um zu heiraten und Familien zu gründen.

Doch Masako konnte sich ihrem vorgezeichneten Schicksal als Kronprinzessin nicht verweigern. Sie lebte in einer Welt, die nach uralten Gesetzen funktioniert. Und nun hatte der Chef des Hofamtes den Druck also drastisch erhöht, indem er den jüngeren Tenno-Sohn, Prinz Akishino, und dessen Frau als alternatives Elternpaar ins Spiel brachte. Die Frage lag nahe, ob er Masako und Naruhito vielleicht schon abgeschrieben hatte, was die Zeugung eines männlichen Thronfolgers betraf.

Auf jeden Fall war die Atmosphäre zwischen Masako und führenden Hofbeamten spürbar vergiftet. Bald nachdem sie Aiko zur Welt gebracht hatte, wurde ihr Kalender von den Beamten so voll gepackt mit offiziellen Terminen, dass sie intern gedroht haben soll, als Prinzessin hinzuschmeißen.[43] Schließlich erkrankte sie an einer Gürtelrose, einer Krankheit, die im Allgemeinen auf Stress zurückgeführt wird. Bei Hof schien sie zunehmend isoliert. Anfang 2004 nahm sie sich eine Auszeit, um sich auf ihre Genesung zu konzentrieren. Es ging ihr so schlecht, dass sie morgens oft nicht aufstehen konnte.[44] Mit Töchterchen Aiko zog sich Masako in das Ferienhaus ihrer Eltern in den Bergort Karuizawa zurück – es sah aus, als fliehe sie vor der Welt. Und wieder hatte das Heer der Hofbeobachterinnen und -beobachter Anlass, sich zu wundern: Einige sorgten sich um die Sicherheit der Prinzessin und ihrer Tochter; andere fanden es unziemlich, dass der Kronprinz nun das Ferienhaus seiner bürgerlichen Schwiegereltern besuchen musste, um Frau und Tochter zu treffen.[45]

Wie miserabel es Masako ging, konnte man ahnen, als es hieß, Naruhito würde ohne sie zu einer Reise nach Dänemark, Portugal und Spanien aufbrechen. Praktisch bis zur letzten Minute war gerätselt worden, ob Masako in der Lage sein würde, mitzufahren und ihrer lieben Beschäftigung, dem Reisen ins Ausland, nachzugehen. Vor seiner Abreise gab der Prinz eine Pressekonferenz. Die Veranstaltung fing harmlos an, wie immer, wenn ein Mitglied der Kaiserfamilie sich zu einer bevorstehenden Reise äußert. Naruhito zählte auf, was ihm so einfalle, wenn er an Dänemark denke: der Märchenerzähler Hans Christian Andersen, die Meerjungfrau in Kopenhagen, der Shakespeare-Held Hamlet und der dänische Wohlfahrtsstaat.[46] Dann fragten die Reporter ihn nach Masako, und plötzlich verdüsterte sich die Stimmung: In den vergangenen zehn Jahren, antwortete der Prinz, habe seine Frau sich angestrengt, sich im Kaiserhaus anzupassen. »Aber was ich sehe, ist, dass sie sich bei diesem Versuch völlig erschöpft hat.« Dann sagte er: »Es stimmt, dass es Entwicklungen gab, die die einstige Karriere von Prinzessin Masako negiert haben sowie ihre Persönlichkeit, auf der diese Karriere beruhte.«[47]

Was der Kronprinz da aussprach, hatten viele geahnt, es war ein offenes Geheimnis. Aber jetzt, da es ihm über die Lippen kam, wurde das Schockierende zur Gewissheit: dass eine junge Frau, der die Welt weit offen gestanden hatte, mit all ihren Türen und Toren, innerlich zerbrochen war. Wie ein Geschöpf, das man aus freier Wildbahn heraus eingefangen und eingepfercht hatte in das verrostete Gehege einer veralteten Institution. In ein unerbittliches Räderwerk von Formen und Formalitäten, das um seiner selbst willen existierte, nicht aber um der Menschen willen, die dort lebten. Welche junge bürgerliche Japanerin hätte es vermocht, in so einer düsteren Umgebung ungezwungen und unbeschwert zu bleiben?

Nur waren das nicht die Fragen, die sich viele in Japan jetzt stellten. Was das Land erschütterte, war, dass der Kronprinz das Leid seiner Frau unverhohlen ausgesprochen und indirekt andere dafür verantwortlich gemacht hatte. Dass er ein Tabu brach, indem er eine höfische Kontroverse gleichsam über die Palastmauern hinweg in die Sphäre der Öffentlichkeit schleuderte. Hätte seine Frau nicht froh und dankbar sein müssen, dass sie Prinzessin geworden war und im Glanz des Hofes leben durfte? Warum trauerte sie da immer noch irgendeiner früheren Karriere hinterher? Aber selbst wenn sie es so empfand und selbst wenn Naruhito sich ärgerte über die Behandlung, die seiner Frau bei Hof widerfuhr, so hätte er dies nicht sagen dürfen! So etwas tut man nicht, und zwar nicht nur bei Hof, sondern in ganz Japan. Eine Organisation – eine Behörde, eine Firma oder eben das Kaiserhaus – trägt interne Konflikte nicht nach außen; sie tritt geeint und geschlossen auf, egal wie sehr es knarrt und knirscht. Das ist ein ungeschriebenes Gesetz. Und das gilt erst recht für die Institution, die in Japan über allem steht, weil sie die Harmonie an und für sich vorleben und verkörpern muss: das Kaiserhaus.

Entsprechend groß war die Aufregung in den Medien über den Satz des Prinzen, über seine für Japan beispiellose Indiskretion. Etwas schien zutiefst verkehrt zu laufen am Hof. Und was die interne Zerrüttung dann noch greller ins Licht zerrte, war die trotzige Reaktion, die der Chef des Hofamtes zeigte. Eigentlich hätte man erwarten können, dass er, der Untergebene, auf den öffentlichen Vorwurf des Kronprinzen hin zurückgetreten wäre. Oder sich zumindest entschuldigt hätte. Doch er dachte nicht einmal daran. Er war ein sturer Beamter, für ihn war das Kaiserhaus in erster Linie eine Verwaltungsangelegenheit. Er behauptete nur, dass er sich nicht vorstellen könne, was Naruhito mit seiner Äußerung gemeint haben könnte.[48] Mit seiner Unverfrorenheit bestätigte der Beamte im Grunde, was der Prinz enthüllt hatte: Wer von solchen Mitarbeitern umgeben war, brauchte keine Feinde.

Die Krise, die der Prinz öffentlich gemacht hatte, ließ sich jetzt nicht mehr einfangen und in die Gemächer des Palastes verbannen. Masakos seelische Pein war nun amtlich. Die Nation hatte Anspruch auf eine weitere Erklärung des Kaiserhauses. Eine offizielle Sprachregelung für den Zustand der Prinzessin musste her. Im Juli 2004 rückte der Palast schließlich mit einer ärztlichen Diagnose heraus: Masako leide unter einer »Anpassungsstörung«.

Im Laufe der Jahre gab der Hof dann noch einige ärztliche Bulletins über Masako bekannt. Demnach handelte es sich in ihrem Fall um ein kompliziertes Krankheitsbild, hervorgerufen und verschlimmert durch Stress.[49] Wie es ihr konkret ging, darüber musste man außerhalb des Hofes allerdings oft rätseln. Der Begriff »Anpassungsstörung« klang für japanische Ohren befremdlich, erst recht, wenn sie ihn, stark verkürzt, durch den Filter der Medien vernahmen. In einer Gesellschaft, die ihren Mitgliedern von klein auf Anpassung anerzieht als hohe Tugend, musste der Befund Kopfschütteln hervorrufen. »Anpassungsstörung« – das hörte sich so an, als trage die bürgerliche Prinzessin an allem die Schuld. Als passe sie eben nicht an den Hof, als habe sie die in sie gesetzten Erwartungen nicht erfüllt. Dabei litt das Kaiserhaus insgesamt unter einer »Störung«. Es bedurfte der Heilung.

Nicht nur das Vertrauen des Kronprinzenpaares zu den Hofbeamten war dahin. Auch in der kaiserlichen Familie waren Naruhito und Masako isoliert. Das bestätigte ein halbes Jahr später indirekt Naruhitos jüngerer Bruder, Prinz Akishino. Er sagte, er sei »nicht wenig überrascht« worden durch die Äußerung des Kronprinzen, wonach Masakos Persönlichkeit seit ihrem Eintritt in die Kaiserfamilie negiert worden sei.[50] Und wie er höre, sei auch Seine Majestät, der Tenno, »außergewöhnlich überrascht« gewesen. Akishino bedauerte, dass Naruhito seine Äußerung zuvor nicht wenigstens mit dem Tenno abgestimmt habe.

Es ließ sich nicht länger verheimlichen: In der Kaiserfamilie redeten sie nicht miteinander, nur noch übereinander und aneinander vorbei. Auf der einen Seite stand das Kronprinzenpaar, auf der anderen Seite der Tenno und sein jüngster Sohn, der manchmal wie ein Pressesprecher seines Vaters auftrat und dessen Unmut über den Kronprinzen nun öffentlich zu Protokoll gab. Es ging längst nicht mehr nur um die kranke Masako. Der Konflikt hatte sich ausgeweitet zu einem Bruderzwist zwischen Naruhito und Akishino und zu einer Entfremdung zwischen dem Tenno und seinem Thronerben. In dieser Situation hätte man dem Tenno und seinen Söhnen am liebsten eine Familientherapie verschrieben. Doch die kaiserliche Familie funktionierte eben nach eigenen Regeln, sie kommunizierte auf Umwegen. Statt sich untereinander zu verständigen und dann nach außen mit einer Stimme zu sprechen, ließen sie jeweils ihre Hofdiener und Kämmerer für sich reden. Die Krise, in der sie alle gemeinsam steckten, trat immer dramatischer zutage.

Was das Kaiserhaus vor den Augen und Ohren der Landsleute zum Besten gab, war eine typisch japanische Art der Kommunikationsstörung. Sie war bezeichnend für eine Gesellschaft, die sich auch im normalbürgerlichen Alltag an Floskeln und Formeln klammert. Die japanische Gesellschaft kennt keine Debattenkultur, Konflikte werden möglichst vermieden oder verdeckt. Gefühle – ob Ehepartnern, Verwandten oder Freunden gegenüber – werden oft nur vage angedeutet, fast wie in den traditionellen Gedichten, mit denen der Tenno und seine Familie ihre Befindlichkeiten poetisch verschlüsseln.

Kein Wunder also, dass im Kaiserhaus niemand auf die Idee kam, die institutionellen Ursachen von Masakos »Anpassungsstörung« offenzulegen – oder die Situation der Frauen bei Hof einmal grundsätzlich aufzuarbeiten, einschließlich der auffallend ähnlichen Leidensgeschichte von Kaiserin Michiko. Für so eine Offenheit war das Kaiserhaus nicht bereit. Erst Jahre später, als der gealterte Kaiser Akihito sich in eigener Sache und aufgrund seiner

Abdankungswünsche an das Volk wandte, schlug er einen neuen, freimütigeren Ton an. Da wurde er fast schon persönlich. Doch so weit war man am kaiserlichen Hof im Jahr 2004 noch nicht.

Und so wurde Masakos »Anpassungsstörung« in der Öffentlichkeit vorerst auf der Ebene des Familienzwists verhandelt. Langfristig kam Japan indes nicht darum herum, nach Lösungen für die strukturellen Ursachen der Masako-Krise zu suchen und sich die eigentlichen Fragen zu stellen: Was durfte eine Nation im 21. Jahrhundert von einer eingeheirateten bürgerlichen Prinzessin erwarten? War es noch zeitgemäß, Frauen in erster Linie auf ihre biologische Funktion, das Kinderkriegen, zu reduzieren? Und überhaupt: War es nicht endlich Zeit, die weibliche Thronfolge einzuführen und höfische Paare so von dem Druck zu befreien, männliche Erben zu zeugen?

Darüber hinaus hätte man auch allgemein über die Rolle der Frauen bei Hof diskutieren können. Nicht nur Prinzessinnen, die aus dem Bürgertum eingeheiratet hatten, wurden diskriminiert. Auch adlige Frauen, die bei Hof geboren und aufgewachsen waren, wurden gegenüber Männern benachteiligt. Da war zum Beispiel Prinzessin Sayako, die Tochter von Tenno Akihito: Sie musste den Hof verlassen und auf ihre Privilegien verzichten, als sie 2005 ihren bürgerlichen Partner Yoshiki Kuroda heiratete. Das war so vorgesehen laut Hofgesetz. Aber es war ungerecht, denn im Gegensatz zu Prinzessinnen durften Prinzen ja weiter am Hof bleiben, wenn sie eine Bürgerliche heirateten.

Hätte der Kaiser den Fall Masako zum Anlass genommen, die Lage der Prinzessinnen grundsätzlich zu thematisieren, dann hätte er Japans Frauen insgesamt einen Dienst erwiesen. Zwar besaßen sie seit 1945 das Wahlrecht, laut der Nachkriegsverfassung waren sie Männern gleichgestellt.[51] Überdies hatte das Parlament 1985 ein Gesetz verabschiedet, das Frauen gleiche Chancen am Arbeitsplatz garantieren sollte. Doch in der Praxis wurden sie benachteiligt.

Von den 456 Abgeordneten des Unterhauses, das im Oktober 2021 neu gewählt wurde, waren 45 Frauen – das waren nur sechs Frauen mehr als im ersten Nachkriegsparlament 1946.[52]

Auch in der Arbeitswelt hatten Frauen es viel schwerer. Oft kamen sie von den gleichen Universitäten wie ihre männlichen Kollegen, aber sie machten viel seltener Karriere. Zwar sind die oft ausgewälzten Japan-Klischees mittlerweile veraltet, wonach Frauen in Büros nur Tee servieren oder Kopiergeräte bedienen dürfen. Und auch nach Feierabend hat sich für das weibliche Geschlecht die Lage ein bisschen entspannt: Gemeinsame Kneipenausflüge mit Chefs und Kollegen gehören zwar nach wie vor zur Arbeitskultur, sie bieten ein Ventil für eine Gesellschaft, die sich tagsüber strikten Regeln und Riten unterwirft. Bei Bier und Sake ist dann auch unverblümte Kritik an Vorgesetzten erlaubt. Aber wenn Männer – wie lange üblich – anzügliche Witze über Kolleginnen machen oder gar körperlich zudringlich werden, müssen sie heutzutage auch in Japan fürchten, wegen Mobbings oder sexueller Belästigung juristisch belangt zu werden. Das ändert allerdings nichts daran, dass Frauen nach wie vor nicht gleich behandelt werden. Und sobald sie heiraten und schwanger werden, erwarten viele Bosse auch heute noch, dass sie kündigen.

Prinzessin Masako ist also ein prominentes Beispiel für das, was Frauen in Japan auch sonst widerfährt. Und nicht nur ihnen: Auf der Gesellschaft insgesamt lastet ein kollektiver Anpassungsdruck. Bereits in Kindergärten und Schulen lernen Kinder, in Reih und Glied zu marschieren und strammzustehen. Wer sich nicht einfügen will oder kann, wird isoliert oder gehänselt. Betroffene Kinder bleiben dem Unterricht oft fern, sie kapseln sich in ihren häuslichen Zimmern ab. »Hikikomori« nennt man sie, womit in Japan Menschen bezeichnet werden, die sich »in sich zurückziehen«, wie in ein Schneckenhaus. Viele bleiben auch als Erwachsene weiter bei ihren Eltern wohnen; mittlerweile ist die erste Generation der

»Hikikomori« bereits über fünfzig, und ihre hochbetagten Eltern sind oft über achtzig – Soziologen sprechen auch vom »8050-Problem«.

Vergleicht man Prinzessin Masako mit vielen ihrer Landsleute, litt sie bei Hof auf luxuriösem Niveau. Tatsächlich aber stand sie viel gnadenloser unter Druck, denn sie wurde nicht nur innerhalb des Hofes schikaniert, sondern auch von außen, von den Medien und einem Heer berufsmäßiger Kaiser- und Adelsexperten. Diese schnappten nach jedem neuen Gerücht über die bürgerliche Prinzessin, weideten es aus und trieben die Kampagne gegen sie weiter voran. Vergleicht man Japan mit einem Klassenzimmer, so war Masako die Schülerin, die gehänselt wurde. Sie kapselte sich in der Folge mehr und mehr ab und zog sich zurück in das Innere der Kronprinzen-Residenz in Tokio. Ohne allzu große Übertreibung kann man sagen: Eine Zeit lang war Masako die ranghöchste »Hikikomori« des Landes.

Der unverhoffte Thronerbe

Bei all der Aufregung über die bürgerliche Prinzessin ging es letztlich um den Fortbestand des Kaiserhauses. Lange hatten die Politiker weggeschaut und den Tenno allein gelassen mit den Sorgen um die Dynastie. Doch nach dem sensationellen Schlagabtausch zwischen dem Kronprinzen und dem Chef des Kaiserlichen Hofamtes ließ die Krise sich nicht länger ignorieren. Die Regierung musste handeln. Im Januar 2005 setzte der damalige Premier Junichiro Koizumi einen Arbeitskreis von Experten ein. Sie sollten Vorschläge erarbeiten, um die »kaiserliche Thronfolge stabil zu halten«.[53] Unter Ausschluss der Öffentlichkeit berieten sie insgesamt 17-mal; im November des Jahres legten sie dann ihren Bericht vor. Sie sprachen sich dafür aus, auch Frauen zu erlauben, den Thron zu besteigen. Das war nur folgerichtig, denn ein männlicher Erbe war nicht in Sicht, und in der nächsten Generation kam nur Aiko, die kleine Tochter von Naruhito und Masako, als Thronerbin infrage. Und doch war es kaum zu glauben, dass Japan diesen Schritt in die Moderne zu wagen schien: Künftig sollte das Geschlecht des Tennos keine Rolle mehr spielen, das älteste Kind des Kaisers oder des Kronprinzen sollte grundsätzlich das Recht bekommen, den Thron zu besteigen. Das Kaiserhaus folgte damit anderen Monarchien, wie der britischen und der niederländischen.

Anfang 2006 kündigte Premier Koizumi an, dem Parlament Vorschläge für eine Reform des kaiserlichen Hofgesetzes unterbreiten zu wollen. Er wollte den Experten folgen.[54] Allein die Ankündigung befreite das Kronprinzenpaar von dem Druck, einen Jungen zur Welt bringen zu müssen. Umfragen zufolge befürwortete auch die Mehrheit der Landsleute die weibliche Thronfolge. Doch in Koizumis eigener Partei, der konservativen LDP, war der Widerstand gegen Frauen auf dem Thron heftig. Einige dachten wie Prinz Tomohito von Mikasa, ein Cousin des Kaisers. Der hatte zuvor die Wiederbelebung des Konkubinats in die Debatte geworfen, um die männliche Thronfolge zu erhalten.[55]

Gleichwohl: Koizumi schien zu einer Reform entschlossen, und wenn einer über das nötige politische Kapital verfügte, dann er. Der Premier mit der grauen Lockenmähne wurde wie ein Pop-Idol verehrt. Er redete wie ein Volkstribun. Er war dabei, ein Tabu nach dem anderen zu brechen und Japan umzuwälzen, etwa durch die Privatisierung der Post. Seiner Partei, der LDP, drohte er gar, sie notfalls zu »zerstören«. Wer hätte diesen Reformer stoppen können?

Doch plötzlich, aus heiterem Himmel, zeigte sich, dass in Sachen Kaiserhaus selbst ein hartgesottener Koizumi an unüberwindliche Grenzen stieß. Denn kurz nachdem er die weibliche Thronfolge in Aussicht gestellt hatte, berichteten große Tageszeitungen, dass Masakos Schwägerin, Prinzessin Kiko, Anzeichen einer Schwangerschaft zeige. Damit wurde auf wundersame Weise wahr, was der Chef des Kaiserlichen Hofamtes so drastisch angemahnt hatte. Ob Prinzessin Kiko und Prinz Akishino der Aufforderung des Beamten unmittelbar Folge geleistet oder ob sie aus eigenem Antrieb die Planung eines dritten Kindes in Angriff genommen hatten – das wird die Öffentlichkeit wohl nie erfahren. Aus Sicht der Traditionalisten eröffnete sich jedenfalls mit einem Mal die Aussicht, dass sich am Kaiserhof doch noch männlicher Nachwuchs einstellen könnte – erstmals seit über vier Jahrzehnten.

Und tatsächlich, der dynastische Traum wurde wahr. Am 6. September 2006 brachte Prinzessin Kiko einen Jungen zur Welt, zwanzig Tage vor dem vorhergesagten Entbindungstermin, per Kaiserschnitt. Das Neugeborene war gesund. Und die Hauptsache: Es war männlich. Der Prinz wurde auf den Namen Hisahito getauft.

Mit der Geburt des männlichen Erben war die Welt für eingefleischte Monarchisten wieder in Ordnung. Als Prinz Akishino und Kiko – ihr Baby in den Armen – das Krankenhaus in Tokio verließen, empfingen Fotografen sie mit einem Blitzlichtgewitter. Und weil die Szene so unglaublich schön war, musste das Paar den Auftritt noch einmal wiederholen.[56] Als sie dann zu ihrem Prinzenpalais fuhren, drängten sich die Menschen an den Straßenrändern, jubelten und schwenkten Sonnenbanner. Im Fernsehen, wo die Ankunft des kleinen Prinzen ausgestrahlt wurde, überschlug sich die Stimme einer Ansagerin fast vor Rührung.

Vergessen schien das Drama um Prinzessin Masako. Und auch der Plan der Regierung, die weibliche Thronfolge einzuführen und so der kleinen Prinzessin Aiko langfristig den Weg auf den Thron zu ebnen, als erster Frau in der Neuzeit, löste sich in Luft auf. Er verschwand so abrupt aus den Vorlagemappen der Beamten und den Schlagzeilen der Zeitungen, wie er dort aufgetaucht war. Premier Koizumi ließ das Thema einfach fallen. Was ihn im Einzelnen zu der Kehrtwende bewog, ob und welche Beratungen dazu intern abgehalten wurden – das wüssten viele Kaiserexperten heute gerne. Aber über diesen Vorgang existierten keine Akten, teilte die Regierung im März 2022 auf eine parlamentarische Anfrage hin mit.[57]

Erst Jahre nach Koizumi wagte wieder ein Premier, sich mit den höfischen Nachwuchssorgen zu befassen. Er hieß Yoshihiko Noda, er gehörte der Demokratischen Partei an, dem Gegenpol zur LDP. An die weibliche Thronfolge traute zwar auch er sich nicht heran. Aber als ersten zaghaften Schritt ließ er 2012 eine Neuregelung prüfen, die Prinzessinnen den Verbleib bei Hof erlaubt hätte, auch wenn sie einen Bürger heirateten.[58] Doch Noda fehlte die nötige Mehrheit, sein Vorstoß zerbröselte im Mahlwerk der parlamentarischen Routine.

Mit der Geburt von Hisahito stiegen dessen Eltern, Prinz Akishino und Prinzessin Kiko, zu Lieblingen der Medien auf. Denn schließlich waren sie es, die ihre patriotische Pflicht erfüllt und den Fortbestand des Kaiserhauses fürs Erste gesichert hatten. Dagegen standen Naruhito und Masako ungünstig da. Was dachten und fühlten sie damals wohl, wie wirkte der ganze Rummel um den neugeborenen Hisahito auf das Paar? Darüber kann man nur spekulieren. Klar ist: Bis zur Geburt des männlichen Erben hatten Naruhito und Masako damit rechnen können, dass ihre eigene Tochter Aiko – sie war inzwischen fast fünf Jahre alt – eines Tages den Kaiserthron besteigen würde. Doch durch die Geburt von Hisahito waren sie abgehängt worden, in letzter Minute, wie Marathonläufer vor dem bereits sichtbaren Ziel.

Von einem Tag auf den anderen waren sie für die Öffentlichkeit nur noch die Eltern eines kleinen Mädchens, dessen höfische Karriereaussichten alles andere als attraktiv erschienen: Sobald Aiko erwachsen war und einen Bürgerlichen heiratete, würde sie ihre Privilegien verlieren und den Hof verlassen müssen. Oder dachten Naruhito und Masako vielleicht ganz anders? Atmeten sie gar auf, weil ihrer Tochter all der Druck erspart bleiben würde, der Masako widerfahren war und dem sie als künftiger weiblicher Tenno erst recht ausgesetzt worden wäre? Auch darüber kann man nur rätseln.

Was aber feststeht: In der dynastischen Welt, in der die männlich gesicherte Blutlinie zählt und sonst nichts, standen Naruhito und Masako mit ihrer Tochter wie eine Familie zweiter Klasse da. Zwar hatte Hisahitos Geburt tatsächlich auch Vorteile für sie: Endlich war das Paar den Erwartungsdruck los, selbst für männlichen Nachwuchs sorgen zu müssen. Und fast sah es so aus, als könnte Masako sich nun voll auf ihre Genesung konzentrieren. Doch so einfach war die Sache nicht. Die Wochenmagazine, die das Tempo der Hofberichterstattung vorgeben, ließen die Kronprinzenfamilie nicht in Ruhe. Sie hatten die Verschiebung der Gewichte zwischen Naruhito und seinem Bruder Akishino instinktiv erfasst und witterten nun ihr nächstes aufregendes Thema. Ständig auf der Suche nach kleineren oder größeren Skandalen, sahen sie in Naruhito, Masako und der kleinen Aiko eine Problemfamilie, einen höfischen Sozialfall sozusagen – und der ließ sich ideal mit den mustergültigen Akishinos kontrastieren.

Das Kronprinzenpaar wurde von den Gazetten immer mehr in die Außenseiterrolle gedrängt. Anonyme Hofbeamte wurden mit der Ansicht zitiert, dass Naruhito sich von seiner kränkelnden Frau scheiden lassen solle, um das Kaiserhaus vor Schaden zu bewahren.[59] Zwar hielt der Kronprinz zu Masako, getreu seinem berühmten Versprechen, sie »mit allen Kräften zu beschützen«. Doch gerade dieser Satz stieß Konservativen übel auf, sie führten ihn als Beweis dafür an, was ihrer Meinung nach alles grundfalsch lief im Kaiserhaus der Nachkriegszeit. Es zeigte sich: Längst ging es nicht mehr nur um Masako, um die »Anpassungsstörung« einer bürgerlichen Prinzessin. Es ging um das Wesen der Monarchie. Die Masako-Krise drohte zur Krise des Kaiserhauses, ja fast zu einer Staatskrise zu werden.

Die Attacken auf das Kronprinzenpaar wurden angeführt von Kanji Nishio. Er war ein prominenter Literaturwissenschaftler, ein führender Übersetzer von Nietzsche und Schopenhauer. Er hatte sich auch als Deutschland-Experte einen Namen gemacht. Er war ein Idol der Rechten, weil er Japan in Zeitungen und im Fernsehen unermüdlich gegen den Vorwurf verteidigte, dass es seine Kriegsverbrechen leugne – im Gegensatz zur Bundesrepublik Deutschland, die sich ihrer historischen Verantwortung angeblich vorbildlich stellte. Mit der Autorität des Germanisten verwarf Nishio insbesondere die berühmte Rede, in der Bundespräsident Richard von Weizsäcker 1985 gemahnt hatte, nicht die Augen vor der Vergangenheit zu verschließen. Für Nishio waren die Deutschen Heuchler, die mit taktischen Reuebekundungen von ihrer besonderen Schuld ablenken wollten.[60] Und nun nahm sich der streitbare Experte also den heimischen Kronprinzen vor – und dessen Versprechen, Masako zu »beschützen«. Nishio verfasste ein Buch von über zweihundert Seiten, der Titel lautete *Ratschlag an den*

Kronprinzen.[61] Er hätte es auch *Abrechnung mit dem Kronprinzen* nennen können, denn er sprach Naruhito darin die Eignung zum Thronfolger ab. Er stellte ihm die rhetorische Frage, wovor er Masako denn »beschützen« wolle. Etwa vor dem Volk, zu dessen Schutz er doch verpflichtet sei?[62]

Aus Nishios gestriger Weltsicht betrachtet, offenbarte der Kronprinz mit seinem Versprechen an Masako ein verqueres Verständnis von den Pflichten eines künftigen Kaisers. Die Schuld daran gab Nishio der liberalen Nachkriegserziehung, die der Prinz durchlaufen habe. Er legte dar, was der Kronprinz seiner Meinung nach verstehen müsse: »Der Tenno und der Kronprinz selbst sind die Tradition, sie sind der Staat.«[63] Sie seien keine normalen Individuen, die sich und andere vor etwas in Schutz nehmen müssten. Nishio äußerte den Verdacht, dass »Seine Hoheit der Kronprinz von der Prinzessin kontrolliert«[64] werde, und das sei ganz im Sinne der Gegner der Monarchie. Denn die würden nur darauf warten, »dass das Problem um Prinzessin Masako immer größer wird und zur Zerstörung des Tennosystems führt«.[65]

Und was sagten Naruhito und Masako zu solchen Vorwürfen? Sie schwiegen. Etwas anderes blieb ihnen kaum übrig. Sie hatten ohnehin genug zu tun mit Masakos Krankheit: Bereits 2006 hatten sie Japan vorübergehend verlassen, begleitet von Masakos Ärzten, und eine Auszeit auf Schloss Apeldoorn in den Niederlanden verbracht. Die damalige Königin Beatrix hatte Masako eingeladen. Beatrix, deren verstorbener Ehemann Prinz Claus einst unter Depressionen litt, konnte sich in das Leid der Prinzessin hineinversetzen. In Japan sorgte die Reise dagegen für Unverständnis.

Auch Masakos weitere Therapie rief Kritik hervor. Um ihre Genesung zu befördern, hatten die Ärzte ihr empfohlen, sich Abwechslung außerhalb des höfischen Alltags zu verschaffen. So fuhr sie mit Naruhito und Aiko in den Skiurlaub und besuchte das Disneyland bei Tokio. Auch traf sie sich wieder häufiger mit ihrer

Familie und mit Freunden. Darauf hatten einige Magazine nur gewartet: Minutiös listeten sie auf, welchen Aktivitäten Masako abseits des Hofes so nachgehe. Für Kritiker handelte es sich um reine Vergnügungen: So hatte Masako beispielsweise im Tokioter Luxushotel Mandarin Oriental mit Freunden zu Mittag gegessen. Das Treffen habe über zwei Stunden gedauert, und von draußen habe man Lachen gehört, berichtete ein Magazin – als handele es sich um etwas Anstößiges.[66] Zwei Tage danach habe Masako ihre Tochter Aiko mitgenommen, um mit Freunden chinesisch essen zu gehen. Und so weiter.

Auch mit einer weiteren Freizeitbeschäftigung zog Masako Angriffe auf sich. Offenbar ebenfalls auf ärztlichen Rat belegte sie Vorlesungen an der Universität der Vereinten Nationen in Tokio. Angesichts ihres einstigen Studiums an ausländischen Eliteuniversitäten machte es Sinn, ihr geistige Anregungen zu verschaffen und sie auf andere Gedanken zu bringen. Doch Nishio, der besagte Literaturwissenschaftler, sowie andere Konservative witterten in der Uni der Vereinten Nationen einen Hort japanfeindlicher Aktivitäten. Sie empörten sich, dass dort über das Schicksal von Wanderarbeitern, asiatischen Zwangsprostituierten und anderen benachteiligten Gruppen diskutiert werde.[67]

Für Masakos Widersacher lag die Diagnose auf der Hand: Die Kronprinzessin hatte zu viel Zeit. Süffisant fragten sie, wie es denn um die öffentlichen Pflichten bestellt sei, die Masako als Gattin des Kronprinzen oblägen? Da falle sie durch häufige Abwesenheit auf. Bei den Riten, die der Tenno am Palastschrein zelebrierte, lasse sie sich gar nicht blicken. Und statt das wichtige Neujahrsfest mit ihren kaiserlichen Schwiegereltern zu verbringen, wie es höfischer Brauch sei, habe sie mit ihrer eigenen, bürgerlichen Familie gefeiert.

In den Medien wurde der Name Masako zu einem anderen Wort für die Krise, in die das Kaiserhaus immer tiefer schlitterte.

Zwar gaben Masakos Ärzte Jahr für Jahr ähnlich klingende Stellungnahmen heraus, in denen sie wolkig erklärten, die Prinzessin befinde sich auf dem Wege der Genesung. Aber wer mochte darauf noch ernsthaft hoffen?

Nicht nur verbohrte Nationalisten wie Nishio, auch gemäßigte Landsleute, die sich von Berufs wegen für die Kaiserfamilie interessierten, verloren die Geduld mit Masako. Selbst wenn die Prinzessin offiziell irgendwo auftrat, was selten genug vorkam, konnte sie es den Hofberichterstattern nicht recht machen. Mal wurde bemängelt, dass sie ein paar Schritte vor dem Kronprinzen gegangen sei, als sie einen Sumo-Wettkampf verließ; mal trug sie Schuhe mit angeblich viel zu hohen Absätzen, und zu allem Übel hatte sie auch ihre Frisur so hoch aufgetakelt, dass sie ihren etwas kleineren Ehemann noch höher überragte als sonst.[68]

Aber auch Naruhito selbst wurde erneut ermahnt – diesmal von allerhöchster Instanz, von seinem Vater: Ende 2006 beklagte Tenno Akihito auf seiner jährlichen Geburtstags-Pressekonferenz, dass er seine Enkelin Aiko nur selten zu sehen bekomme.[69] Diese Äußerung wurde allgemein so verstanden, dass der Tenno auch den Kronprinzen kaum noch traf, geschweige denn dessen Gattin. Offenbar redeten Vater und Sohn kaum noch miteinander. Im Februar 2008 bestätigte der Chef des Hofamts diesen Eindruck. Er sagte, der Tenno bekomme seine Enkelin leider nach wie vor nicht häufiger zu sehen.

Im Herbst des Jahres erkrankte der Tenno, er litt unter anderem an Magenbluten und einer Entzündung des Zwölffingerdarms. Sein Leibarzt führte dies auf »psychisch bedingten Stress« zurück.[70] Der Chef des Hofamtes griff das Argument prompt auf. Er enthüllte, dass der Tenno sich seit Jahren über die Zukunft der kaiserlichen Linie und andere Probleme des Kaiserhauses sorge.[71] Die Medien brauchten nicht lange zu suchen, um die Verantwortlichen zu finden, die ihrer Meinung nach Schuld trugen an der Unpässlichkeit des Tennos: Naruhito und Masako. Eine anonyme Quelle – sie konnte nur aus dem Hofamt stammen – wurde mit der Ansicht zitiert, dass es am besten wäre, wenn die kranke Prinzessin von ihrer bürgerlichen Familie wieder zurückgenommen werde.[72] Doch leider, so hieß es weiter, könne man darauf nicht hoffen, denn dem Kronprinzen sei die Zukunft des Kaiserhauses offenbar egal.

Die Debatte lief aus den Gleisen, ihr Tenor lautete jetzt: Für Naruhito existiere nur noch seine eigene kleine Familie. Das Volk interessiere ihn nicht.

Ein Ehemann, der in seinem Familienleben aufgeht – dieses Konzept widersprach allem, was in der japanischen Gesellschaft bis dahin als erstrebenswert galt. Naruhito hatte den Eindruck der Häuslichkeit selbst befördert, indem er selbst gedrehte Videos von Aiko veröffentlichte – mit Ton, was für das Kaiserhaus ein Novum war.[73] Da konnte man sehen, wie Aiko in einem Bilderbuch blätterte und mit ihrem Vater plauderte, dessen Stimme aus dem Off zu hören war. Naruhitos Kritiker fanden das gar nicht niedlich. Aus ihrer Sicht stellten Naruhito und Masako ihre kleinfamiliäre Idylle über ihre monarchischen Pflichten. Der Vorwurf wog schwer in einer Nation, die das Kaiserhaus und dessen Angehörige als eine Art Staatseigentum betrachtet.

Dazu passte auch ein Vorfall, der sich im März 2010 in Aikos Grundschule ereignete. Die kleine Prinzessin ging auf das Gakushuin, die einstige Adelsschule in Tokio. Dort hatten rauflustige Mitschüler sie angeblich so eingeschüchtert, dass sie sich nicht mehr in die Schule traute. Nach einiger Zeit ging sie zwar wieder hin, aber nur noch in Begleitung ihrer Mutter. Tag für Tag saß Masako dann im Klassenzimmer mit dabei und verfolgte das Geschehen. Mittags speiste sie mit ihrer Tochter in einem eigenen Raum, getrennt von den übrigen Schülern.[74] Offenbar wollte Masako ihrer Tochter über eine schwierige Entwicklungsphase hinweghelfen, aber von außen sah ihre Anwesenheit nach übertriebener Elternliebe aus. Und viele fragten sich: Hatte die Gemahlin eines Kronprinzen nichts Wichtigeres zu tun? Zog diese problembeladene Prinzessin ihre Tochter gar mit in die eigene Isolation hinein?

Der Fall Masako brachte die Hofreporterinnen und Hofreporter der Magazine zunehmend an die Grenzen ihres Metiers. Zu ihrer journalistischen Jobbeschreibung gehörte es, kleine oder größere Sticheleien in der Kaiserfamilie zu kolportieren oder die neueste Kleidermode einer Prinzessin zu begutachten. Doch bei Masako stießen sie auf ein Phänomen, das sich mit dem herkömmlichen Handwerkszeug der Hofchronisten kaum noch begreifen ließ. Die dürren Verlautbarungen des Kaiserlichen Hofamtes über die »Anpassungsstörung« der Prinzessin verschleierten die Sache eher, statt sie zu erhellen. Auf der Suche nach griffigen Erklärungen suchten Redaktionen schließlich Rat bei heimischen Psychologen – bei einer Profession also, die man mit dem Kaiserhaus bis dahin eher nicht in Verbindung gebracht hatte.

Zu den Befragten gehörte Tamaki Saito. Er war Japans prominentester Experte für die »Hikikomori«, also für jene Landsleute, die sich zu Hause vom Rest der Gesellschaft abkapseln. Er vermutete, die Prinzessin sei an einer Depression erkrankt, wie viele japanische Frauen in ihrem Alter. Die Betroffenen litten häufig unter Müdigkeit, besonders morgens, sowie unter Essstörungen und Panikzuständen, sagte er dem Magazin *Bungei Shunju*.[75] Auch das Konkurrenzblatt *Aera* versuchte sich an einem Psychogramm der Prinzessin. Das Fazit: Masako hatte wohl einen Vaterkomplex. Denn schaue man sich ihren Lebenslauf mal genauer an, erkenne man, dass Masako stets ihrem Vater, dem Karrierediplomaten Hisashi Owada, nachgeeifert habe. »So wie Prinzessin Masako von ihrem Vater hinter sich hergezogen wurde, möchte sie jetzt auch vom Kronprinzen gezogen werden.«[76] Ein Vaterkomplex – lag hier der Schlüssel, um Masako zu verstehen? Wer so simpel dachte und schrieb, wurde der unvergleichlichen Zwangssituation einer aus dem Bürgertum eingeheirateten Prinzessin bestimmt nicht gerecht.

Aus Sicht der Medien entwickelte sich das Kronprinzenpaar zu einem klinischen Fall – mit Masako als Krankheitsherd. Naruhito und seine Frau konnten höchstens noch mit Mitleid rechnen, nicht mit Respekt. Der Respekt galt nun der Familie von Prinz Akishino, dem jüngeren Kaisersohn. Mit Hisahito, dem kleinen Thronfolger, stiegen die Akishinos zu Lieblingen der Nation auf. Genüsslich spielten die Medien die glücklose Masako gegen ihre beliebte Schwägerin Kiko, die andere bürgerliche Prinzessin, aus. Nicht nur, dass Kiko der Nation den männlichen Thronerben beschert hatte. Auch sonst erschien sie als perfekte Schwiegertochter: Sie kapselte sich nicht ab, sondern absolvierte mit Prinz Akishino einen Auftritt nach dem anderen.

Und dann waren da noch ihre bildhübschen Töchter, Mako und Kako. Die beiden eroberten der Monarchie sogar eine neue Fangemeinde im Internet. Der Boom um Mako und Kako war ein speziell japanisches Phänomen. Die damals noch minderjährigen Prinzessinnen wurden von der sogenannten »Otaku-Szene« als kindliche Idole vereinnahmt. Mit »Otaku« bezeichnet man Nerds, die bei sich zu Hause in die Welt der Computerspiele und der Animekultur eintauchen. Oft, wenn auch nicht immer, handelt es sich dabei um Männer, die als kontaktscheu gelten. Ein Teil dieser Otaku-Szene entdeckte nun also die jungen Prinzessinnen als Kultobjekte. Mako und Kako wurden zu kleinen Stars – ähnlich wie die Heldinnen von Mangas und Animefilmen oder die Sängerinnen der in Japan populären Mädchenbands. Auf Fanseiten im Internet wurden Mako und Kako in knapp geratenen Badeanzügen und Schuluniformen abgebildet – und für ihre Niedlichkeit und Weiblichkeit bewundert.[77]

Die Rollenverteilung bei Hof hatte sich verkehrt: Einst war Kronprinz Naruhito der Mustersohn gewesen; nun eroberte Prinz Akishino, der einstige Playboy der Familie, diese Position. Aufmerksam registrierten die Magazine, wie viel häufiger das Kaiserpaar die Akishinos traf als die Kronprinzenfamilie. Das einflussreiche Magazin *Bungei Shunju*, das schon manche Karriere in Japan beendet oder befördert hat, sorgte im Februar 2009 für Aufsehen mit einem Beitrag des angesehenen Autors und Kaiserexperten Masayasu Hosaka. Der Titel lautete: »Der Tag, an dem Prinz Akishino Tenno wird«.[78] Darin kritisierte der Veteran, dass Kronprinz Naruhito zwar gerne von den Aufgaben des Kaiserhauses rede, dabei aber stets vage bleibe. Konkret werde er nur, wenn es um Masako und Aiko gehe, um die eigene kleine Familie also. Dem jüngeren Bruder Akishino attestierte der Experte dagegen die nötige »Anspannung und Berufung«, um seinen Sohn Hisahito zum Thronerben zu erziehen. Und nicht nur dies. Hosaka befand: »Prinz Akishino hat die Möglichkeit, Tenno zu werden.« Im Klartext: Dem Erstgeborenen, Kronprinz Naruhito, konnte man das höchste Amt im Staate nicht länger zutrauen. Und das lag eben an Masako. Die Nation hatte sich daran gewöhnt, dass Tenno Akihito und Kaiserin Michiko stets als Paar auftraten. Umso weniger konnte man sich vorstellen, wie Naruhito als Tenno reüssieren sollte – ohne eine gesunde tatkräftige Partnerin an seiner Seite.

Diese Debatte zog sich über Jahre hin, sie drohte Naruhito zeitweise gefährlich zu werden. Keiji Emori, der mit Prinz Akishino befreundete Journalist, sprach vieldeutig von Akishinos »Bereitschaft als Zweitgeborener« – als warte der jüngere Bruder nur darauf, als Thronfolger einzuspringen.[79] Und auch der Tenno schien seinem Ältesten nicht mehr ganz zuzutrauen, die Dynastie eines Tages allein führen zu können. Er sagte: »Was die künftige Art des Kaiserhauses angeht, halte ich es für wichtig, die Vorstellungen des Kronprinzen und des ihn unterstützenden Prinzen Akishino zu respektieren.«[80] Das klang fast schon nach einer höfischen Teamlösung, einer Art Doppelspitze, wie man sie sich vielleicht für eine Firma vorstellen kann – aber für das Kaiserhaus?

Im Frühjahr 2013 erreichte die Krise um das Kronprinzenpaar ihren vorläufigen Höhepunkt. Prinzessin Masako befand sich seit über zehn Jahren in medizinischer Behandlung. Zwar ließen die Ärzte in ihren Bulletins Signale der Hoffnung aufblitzen. Masakos Zustand habe sich »stark verbessert«, hieß es. Aber dann war auch wieder von »Wellen« die Rede, die ihr Befinden kennzeichnen. Sie ermüde leicht und sei nur eingeschränkt einsatzfähig.[81] Die Hofreporter verloren die Geduld, die offizielle Diagnose der »Anpassungsstörung« überzeugte sie nicht. Auf der jährlichen Geburtstagspressekonferenz des Kronprinzen fragten sie ihn keck, ob es nicht sinnvoll wäre, eine »zweite Meinung« über Masakos Zustand einzuholen.[82] Nein, beschied Naruhito sie, das habe er nicht vor. »Ich glaube, dass die Ärzte der Kronprinzessin sehr gute Arbeit getan haben.«[83]

Doch die Zweifel an Naruhito und seiner Eignung für den Thron wuchsen. Ein weiterer Kritiker meldete sich zu Wort. Er hieß Tetsuo Yamaori und hatte sich als Religionswissenschaftler einen Namen gemacht. Im Magazin *Shincho 45* legte er Naruhito nahe, als Kronprinz »abzudanken«.[84] Im Internet fand der beispiellose Appell viel Zustimmung. Der Autor galt als Autorität, wenn es darum ging, den Landsleuten ihre ethnischen und kulturellen Eigenarten zu erklären. Als Zentrum der japanischen Identität verortete er die Monarchie. Doch die sei in Gefahr: »Das Wesen des Kaiserhauses wankt«, schrieb Yamaori. Er empfahl Naruhito, auf den Thron zu verzichten, zugunsten von Prinz Akishino. Als historisches Vorbild führte er den britischen König Edward VIII. an, der 1936 abdankte, um seine amerikanische Geliebte Wallis Simpson zu heiraten. Auch für Naruhito, Masako und Aiko sei nun der richtige Zeitpunkt, um »ein zweites Leben« zu beginnen. Auf diese Weise könnten sie sich von der Last befreien, die »Symbolfamilie« der Nation sein zu müssen. Gönnerhaft empfahl der Gelehrte dem Kronprinzen, sich nach Kyoto zurückzuziehen, in die einstige Kaiserstadt. Dort, umgeben von waldigen Bergen und historischen Tempeln, könne er mit seiner Familie endlich Frieden finden.

Das Erstaunliche: Von den Politikern in Tokio hörte man so gut wie kein Wort über die Kritik, die auf das Kronprinzenpaar eintrommelte. Sie klammerten sich an ihre Tabus und sahen zu, wie das Kaiserhaus immer tiefer in die Malaise schlitterte. Dabei hätte man den Kritikern einiges entgegenhalten können: Was war das für eine Gesellschaft, die danach rief, eine Kranke vom Hof zu vertreiben? Eignete sich nicht gerade ein Kronprinzenpaar, das – wie viele andere im Volk auch – mit persönlichen und familiären Sorgen kämpfte, zum »Symbol« der Nation? Tenno Akihito und Kaiserin Michiko bekundeten öffentlich stets Mitgefühl für Hilfsbedürftige und Schwache – das gehörte zum Markenkern ihrer Kaiserschaft. Musste dieses Mitgefühl nicht auch für eine leidende Prinzessin am eigenen Hof gelten?

Das mediale Mobbing gegen Naruhito, Masako und Aiko sollte erst drei Jahre später aufhören. Als Tenno Akihito 2016 seinen Wunsch signalisierte, abzudanken, beendete er damit indirekt auch die Debatte um seinen Nachfolger. Der Weg auf den Thron war nun endlich frei für Naruhito; und auch die Sticheleien gegen seine kränkelnde Frau legten sich. Masako war jetzt die designierte Kaiserin und daher nicht mehr so leicht angreifbar.

Aus Sicht der Medien musste das höfische Dauerdrama von Gut und Böse gleichwohl weitergehen, denn sie wollten ja weiter Stoff für ihr Publikum produzieren. Und es dauerte nicht lange, bis sie die Rollen neu verteilt hatten: Schon bald mussten die Akishinos als höfische Fehlbesetzungen herhalten – als kaiserliche Skandal-Familie, die angeblich ihre Pflichten vernachlässigte und den Untergang der Dynastie durch eigennütziges Verhalten beschleunigte.

Heirat mit Hindernissen

Prinzessin Mako trug ein schlichtes hellblaues Kleid und eine Perlenkette, ihre glänzenden schwarzen Haare hatte sie zu einem Dutt gebunden. Neben ihr saß ihr bürgerlicher Freund, Kei Komuro; er trug einen dunklen Anzug und eine dezent gestreifte Krawatte. Er wirkte knabenhaft brav und mustergültig erzogen. Mako und Komuro hatten die Hofreporter in das Palais von Makos Vater, Prinz Akishino, dem jüngeren Sohn des Tennos, geladen. Beide waren fast 26 Jahre alt, hin und wieder lächelten sie sich verliebt an, manchmal kicherten sie. Der Anlass ihres Auftritts war ein glücklicher: Sie gaben ihre inoffizielle Verlobung bekannt. Die Prinzessin berichtete, sie hätten sich etwa fünf Jahre zuvor an der Univer-

Prinzessin Mako und Kei Komuro kündigen ihre Verlobung an. Die Debatte um das Paar rief bei Mako posttraumatische Störungen hervor.

sität kennengelernt. Was sie zu Komuro sogleich hingezogen habe, sei sein lächelndes Gesicht, es leuchte »wie die Sonne«.[85] Und er sagte: »Die Prinzessin ist jemand, die wie der Mond still und schützend auf mich blickt.«

Das war im September 2017. Die Hochzeit wurde für das folgende Jahr anvisiert. Mit einer Mischung aus Wohlwollen und Wehmut nahm das Land die Neuigkeit zur Kenntnis. Einerseits gönnte man Mako ihre Liebe. Andererseits bedauerte man ihren Wechsel ins Bürgertum, den ihre Hochzeit mit Komuro zur Folge haben würde. Mako war nicht nur hübsch, sie war auch hochgebildet. Als eine der fleißigsten Prinzessinnen des Palastes nahm sie regelmäßig an den höfischen Riten teil und empfing ausländische Diplomaten. Kurz zuvor hatte sie das Königreich Bhutan besucht. Sie hatte sich dort im Kimono gezeigt und ihr Land und dessen Kultur so elegant repräsentiert, wie sich das viele Japanerinnen und Japaner einst von ihrer kränkelnden Tante, Prinzessin Masako, erhofft hatten. Dreimal pro Woche arbeitete Mako als »spezielle Forscherin« an einem Museum in Tokio. Seit ihrer Geburt war zwar stets klar gewesen, dass sie den Hof eines Tages würde verlassen müssen. Aber erst jetzt wurde vielen Landsleuten bewusst, was sie an ihr verlieren würden: eine Frau, die von klein auf für ihre einzigartig schwierige Aufgabe trainiert worden war – nur um nach ihrer Heirat plötzlich aus dem Rampenlicht in die Hausfraulichkeit zu verschwinden. Ähnlich erging es zwar vielen Japanerinnen, die studiert hatten. Auch sie mussten oft ihre Jobs aufgeben, sobald sie heirateten und Kinder bekamen – vor allem auch weil Ehemänner und Firmenbosse sie nicht ausreichend unterstützten, Familie und Beruf miteinander zu vereinbaren. Aber im prominenten Fall Mako fiel besonders krass auf, wie verschwenderisch und unfair Japan mit weiblichen Talenten und Frauen im Allgemeinen umgeht. Zwar gab es bei Hof noch andere Prinzessinnen, insbesondere Makos jüngere Schwester Kako und natürlich Aiko, die Tochter des Kronprinzenpaares. Aber auch die beiden würden voraussichtlich irgendwann heiraten und dem Kaiserhaus dann abhandenkommen.

Offiziell überwog indes die Vorfreude für das junge Glück, und die Zeremonienmeister des Hofes begannen, Makos Verlobung zu planen, sie sollte im folgenden März stattfinden. Wäre alles der Tradition gemäß gelaufen, hätte Komuros Mutter – sie war verwitwet – schon bald einen Boten zu Mako und ihren Eltern, Prinz Akishino und Prinzessin Kiko, geschickt. Dieser Abgesandte hätte der Familie der Braut dann vor laufenden Kameras feierlich ein hölzernes Tablett überreicht, auf dem sich eine gefaltete Liste der Verlobungsgeschenke befand. Die Geschenke selbst wären in einem Nebenraum ausgelegt worden, darunter eine Meerbrasse – das ist ein Fisch, der Glück verheißen soll – und edler Reiswein. Mako hätte dann ihr Einverständnis mit dem Antrag des Bräutigams erklärt, und dann hätten sie und ihre Eltern sich höflich verneigt. Mit dieser Zeremonie wäre die Verlobung von Mako und Komuro offiziell besiegelt worden. Danach hätte es noch eine ganze Reihe höfischer Riten gegeben – bis zur eigentlichen Hochzeit. Und die hätte dann in einem Tokioter Luxushotel stattgefunden – nicht am Hof, wie bei Prinzen. So läuft es normalerweise ab, wenn Prinzessinnen ins Bürgertum wechseln.

Doch diesmal kam alles ganz anders. Und aus dem Liebesglück der Prinzessin und Komuros wurde eine Staatsaffäre, die das Kaiserhaus zeitweilig bis in die Fundamente erschütterte.

Was war passiert? Fleißige Reporter hatten das getan, was man eigentlich von den Beamten des kaiserlichen Hofamtes hätte erwarten können: Sie hatten Makos bürgerlichen Freund und seine Familienverhältnisse genauer unter die Lupe genommen. Sie machten einen Ex-Verlobten von Komuros Mutter ausfindig; in ihren Berichten nannten sie ihn »Herrn X« oder »Herrn A«. Der Mann behauptete, die Mutter von Prinzessin Makos Auserwähltem, Kayo

Komuro, schulde ihm umgerechnet rund 30 000 Euro. Das Geld sei unter anderem dafür ausgegeben worden, Komuros Ausbildung zu finanzieren. Die Vorwürfe wurden von Komuros Seite bestritten: Es habe sich um ein Geschenk gehandelt, die Mutter sei dem Ex-Verlobten nichts schuldig.

Doch die Medien hatten nun ihr Thema gefunden. Sie folgten Makos Bräutigam in spe und seiner Mutter Kayo auf Schritt und Tritt. Die Berichterstattung eskalierte zu einer Hexenjagd, wie sie gang und gäbe ist im japanischen Journalismus: Die Großen und Mächtigen werden verschont, umso gnadenloser zerrt man jene an den Pranger, die sich nicht wehren können – vom Verkehrssünder bis eben zur vermeintlich bösen künftigen bürgerlichen Schwiegermutter einer Prinzessin. Komuro und seine Mutter kamen in den Berichten zunehmend als kleinbürgerliche Hochstapler rüber. Und solch zwielichtige Leute wollten in die kaiserliche Familie einheiraten?

Komuro wohnte mit seiner Mutter und seinem Großvater in einem Apartment in Yokohama, es verfügte über drei Zimmer, eine Küche und eine Essecke. Seine Mutter arbeitete als kleine Beschäftigte in einem Konditoreibetrieb. Die Medien wunderten sich: Wie konnte sie es sich trotzdem leisten, ihren Sohn auf teure private Schulen und Universitäten zu schicken, wie die angesehene International Christian University in Tokio?[86] Zwischendurch hatte Komuro gar in den USA studiert. Der Verdacht machte die Runde, dass die Komuros über ihre Verhältnisse lebten. Er selbst hatte es nur zum Anwaltsgehilfen in einer Tokioter Kanzlei gebracht. Damit fiel er unvorteilhaft ab von den bürgerlichen Ehemännern anderer Ex-Prinzessinnen – die stammten meist aus dem einstigen Adel oder zumindest aus wohlhabenden Familien. Oder sie hatten ihre Ausbildung an der Gakushuin-Universität absolviert, wie Yoshiki Kuroda, der mit Ex-Prinzessin Sayako, der Tochter von Tenno Akihito, verheiratet war. Kuroda arbeitete als Stadtplaner in der Stadtverwaltung von Tokio; er war außerdem ein Studienfreund von Prinz Akishino.

Dagegen kam Makos Auserwählter aus einer Welt, die den meisten Japanerinnen und Japanern allzu vertraut war, weil sie selbst in ihr lebten. Es war die Welt der engen Apartments, der überfüllten Pendlerzüge, der endlos langen Arbeitszeiten, der stagnierenden Löhne. Und nun maßten sich Komuro und seine Mutter an, diesem kollektiven Schicksal zu entfliehen und in die höfische Traumwelt aufzusteigen. Hoch hinaus, in eine Institution, die von allen Japanerinnen und Japanern gemeinsam finanziert wird, aus Steuergeldern. Doch wer brauchte überhaupt noch ein Kaiserhaus, wenn dieses einfache Leute aus dem Volk wie Komuro und seine Mutter zu seiner engeren Verwandtschaft zählte?

Die Vorfreude auf die Verlobung von Mako und Komuro verflog. Stattdessen machten sich Neid und Missgunst unter den Fans der Prinzessin breit, die ihre enttäuschten Gefühle nun in unzähligen Tweets und Blogeinträgen zum Ausdruck brachten. Plötzlich schien alles gegen den bürgerlichen Freund von Mako zu sprechen: Dass er als Student einst bei einem Tourismuswettbewerb mitgemacht hatte und sich zum »Meeresprinzen« einer Stadt nahe Tokio hatte küren lassen, wirkte wie die Vermessenheit eines kleinbürgerlichen Spießers. Auch dass er eine Schule zur Ausbildung zu seinem früheren Traumberuf als Fernsehansager besucht hatte, schien den unvorteilhaften Eindruck zu bestätigen: Da drängte einer ins Rampenlicht, hielt sich für etwas Besseres als der Rest der Nation. Komuro erschien als der sprichwörtliche Nagel, der herausragen will aus dem übrigen Japan und daher eingeschlagen gehört. Er wurde als »Angeber«, als sogenannter »Medachigariya« abgestempelt.[87]

Auch längst Bekanntes über Komuro wärmten Artikel und Internet-Postings neu auf und führten es als Argumente gegen die geplante Hochzeit ins Feld: Als er zehn Jahre alt war, hatte sich sein

Vater, ein Kommunalbeamter in Yokohama, das Leben genommen. Am Fluss Tsurumi soll er sich selbst verbrannt haben. Der Ort des Geschehens wurde im Zuge der Verlobungsdebatte zu einem makabren Ausflugsziel; ein Youtuber filmte dort und stellte seinen Beitrag über den »vergnüglichen« Spaziergang rund um das Apartment der Komuros ins Netz.[88] Journalisten holten auch bei einer Bank, bei der Komuro nach dem Studium gearbeitet hatte, Erkundigungen über ihn ein.[89] Den Job hatte er nach nur zwei Jahren wieder hingeschmissen. Ein Ex-Kollege wurde mit der Vermutung zitiert, Komuro sei nicht sehr motiviert gewesen. Er sei einer, der nicht mit anderen verkehre. »Wenn ich ihm zum Beispiel auf der Toilette oder auf dem Gang begegnete, grüßte er nicht und versuchte offenbar bewusst, den Blickkontakt zu vermeiden.«

Kein Detail aus dem Lebenslauf des Bräutigams schien den Neiderinnen und Neidern zu weit hergeholt, um ihn zu disqualifizieren. Prinzessin Mako war die älteste Enkelin von Tenno Akihito; ihr jüngerer Bruder Hisahito würde einmal den Thron besteigen. Nicht auszudenken, wenn einer wie Komuro dann der Schwager des künftigen Tennos wäre.

Der Wirbel um Komuro drohte auch die Abdankung von Tenno Akihito zu überschatten, die für das Frühjahr 2019 angesetzt war. Schließlich machte Prinzessin Mako dem Drama ein vorläufiges Ende: Die Verlobung und die für die Hochzeit geplanten Zeremonien würden auf ihren Wunsch um zwei Jahre verschoben, teilte der Hof Anfang 2018 mit.[90] Dazu gab es eine schriftliche Erklärung von Mako: »Wir glauben, dass wir allerlei Dinge übereilt haben«, schrieb sie.[91] Beide wollten sich nun »genügend Zeit« nehmen, um die Hochzeit vorzubereiten. Dass sie dies nicht getan hätten, bevor sie ihre inoffizielle Verlobung bekannt gaben, begründete Mako mit ihrer beider »Unreife«.

Die Hochzeit, so glaubten damals viele, war geplatzt. In der Regierungspartei, die sich liberaldemokratisch nennt, aber gerade in

Fragen der Monarchie äußerst konservativ denkt, machte sich Erleichterung breit. Mako würde dem Hof vorerst erhalten bleiben. Und bestimmt würde sich für sie ein junger Mann aus besserem Hause finden. Ohnehin hatten konservative LDP-Politiker ja bereits eigene Vorschläge gemacht, wie sich der Personalmangel des Kaiserhauses lindern ließe: Sie drängten darauf, männliche Nachfahren des Ex-Adels wieder in ihre Privilegien einzusetzen und ihnen per Adoption die Aufnahme in die kaiserliche Familie zu ermöglichen.

Und wie ging es nach der abgesagten Verlobung für Prinzessin Mako und ihren Freund weiter? Für das Paar folgten nun über drei Jahre der räumlichen Trennung. Doch die Anfeindungen gegen Komuro ließen nicht nach. Im Nachhinein wundert man sich, wie die beiden diese Zeit seelisch durchstanden. Im Sommer 2018 ging Komuro zum Jurastudium nach New York. Nicht einmal Makos Vater, Prinz Akishino, war in die Pläne eingeweiht. Er sei davon überrascht gewesen, verriet er später seinem Freund, dem Journalisten Emori.[92] Diese Äußerung lässt nur den Schluss zu, dass Akishino und seine Tochter damals kaum noch miteinander sprachen. Denn es war Mako, die Komuro darum gebeten hatte, in die USA zu gehen und dort für beide eine gemeinsame Zukunft vorzubereiten. So stellte sie es später nach ihrer Hochzeit zumindest öffentlich dar. Offenbar zog sich ein tiefer Riss durch die Familie Akishino – zwischen Makos Eltern, die nicht glücklich über die geplante Verlobung sein konnten, und Mako, die auf der Liebe zu ihrem Freund beharrte.

Die Medien ließen Komuro allerdings auch in New York nicht in Ruhe. Sie rätselten darüber, wie er wohl seine hohen Studiengebühren und den Unterhalt finanzierte. Als sich herausstellte, dass er ein Stipendium erhielt sowie Zuwendungen von seiner Tokioter Anwaltskanzlei, wurden Forderungen laut, er solle erst einmal die angeblichen Schulden zurückzahlen, auf die der Ex-

Verlobte seiner Mutter noch immer Anspruch erhob.[93] Und überhaupt sei Komuro den Landsleuten eine »Erklärung« für den Geldstreit schuldig. Auch der Hof geriet weiter unter Druck, denn die Verlobung war ja nur verschoben worden, nicht aufgehoben. Schließlich stellte Prinz Akishino klar: Die geplante Verlobung könne nicht stattfinden, solange Komuro die Geldaffäre seiner Mutter nicht geklärt habe. Erst müsse ein Zustand hergestellt werden, »dem viele Leute zustimmen und über den sie sich freuen«.[94]

Damit brachte der Prinz eine Instanz ins Spiel, ohne deren Wohlwollen eine Monarchie in einer Demokratie kaum existieren kann: das Volk. Doch wen genau meinte er damit? Die Hofreporter und die Paparazzi, die ihr Geld damit verdienen, jedes Gerücht über die kaiserliche Familie zu einer Sensation aufzublähen? Die zahllosen Expertinnen und Experten für höfische Angelegenheiten? Bei diesen handelte es sich häufig um Professoren, ehemalige Hofbeamte und Journalisten; sie wurden als vermeintliche Kronzeugen in die Fernsehstudios geladen und gaben sich mit ihrem betont würdevollen Auftreten oft kaiserlicher als der Kaiser. Auf jeden Fall hatte Prinz Akishino dem Volk mit seiner Äußerung praktisch ein Mitspracherecht bei der Verlobung seiner Tochter eingeräumt. Damit beflügelte er den Widerstand gegen seinen unpopulären Schwiegersohn in spe noch. Denn: Würden die Landsleute sich je darüber »freuen«, dass Komuro in die kaiserliche Verwandtschaft einheiratete? Und über seine in den Medien verteufelte Mutter? Das schien kaum vorstellbar.

Doch was machte der Wirbel mit Mako und ihrer Psyche? Zwar ging es um ihre Liebe und um ihr Leben, aber was sie für sich wollte und wünschte, schien niemanden am Hof oder in der Öffentlichkeit zu interessieren. Dabei war sie eine erwachsene Frau. Sie lebte in einer Zeit, in der normale Japanerinnen immer freier über ihre Zukunft entscheiden konnten – ohne Eltern, Onkel oder Tanten um Erlaubnis fragen zu müssen, wie dies lange üblich gewesen war. Doch die Prinzessin war eben keine normale Frau, sie befand sich in einer paradoxen Zwangslage: Sie sollte ihre höfischen Privilegien verlieren, sobald sie heiratete und ins Bürgertum wechselte. Und doch sollte sie weiter darauf Rücksicht nehmen, was die Leute »freute«. Auch als Privatperson, schien es, würde Mako wohl nie wirklich frei sein.

Dass viele Landsleute, zumindest in den Medien und im Internet, der Ansicht waren, über Makos Partnerwahl mitentscheiden zu dürfen, hatte einen finanziellen Hintergrund: Nach der Heirat erhalten Prinzessinnen eine Abfindung, die letztlich aus Steuergeldern finanziert wird. Dieses Geld – umgerechnet etwa eine Million Euro – soll es ihnen ermöglichen, auch nach dem Abschied vom Hof ein respektables Leben zu führen. Doch Komuro wurde unterstellt, er wolle Makos Abfindung missbrauchen, um die angeblichen Schulden seiner Mutter zu begleichen. Ein häufiger Vorwurf lautete, Komuro sei ein »Himo« – so nennt man in Japan einen »Schmarotzer«, der sich von einer Frau aushalten lässt.[95] Die Diskussion um die Abfindung war indes völlig überzogen. Der Geldbetrag hätte kaum gereicht, um für Mako in Tokio ein Apartment zu kaufen, das angemessen war für die Schwester eines künftigen Tennos und über die nötigen Sicherheitsvorkehrungen verfügte.

Mako musste also hilflos zuschauen, wie das Land über ihr Schicksal debattierte – über eine hochgebildete Frau, die ihre eigenen Pläne und Vorstellungen hegte. Sie war mit Freiheiten aufgewachsen, von denen frühere Prinzessinnen nur träumen konnten. Als erstes Mitglied der Kaiserfamilie war sie nicht auf die einstige Adelsschule, die Gakushuin-Universität, gegangen, sondern auf die International Christian University in Tokio, wo sie Kunstwissenschaft studierte. Für eine Zeit ging sie auch zum Auslandsstudium nach Edinburgh und Leicester. In Tokio lebte sie zwar in der väterlichen Prinzenresidenz. Doch bisweilen wurde sie in der U-Bahn gesichtet, zum Beispiel 2016, als sie und Komuro sich bei einem Date gemeinsam in ihre Handys vertieften.[96] Mako trug damals eine große Hornbrille, die Haare hingen ihr lose über die Schultern – man hätte sie auf den ersten Blick kaum als die Prinzessin erkannt.

In gewisser Hinsicht lebte Mako in Tokio freier als beispielsweise die niederländische Prinzessin Amalia, die mit Angriffen auf ihr Leben und Entführungen bedroht wurde und deshalb im Herbst 2022 ihren Plan wieder aufgeben musste, in einem eigenen Haus in Amsterdam mit anderen Studierenden zusammenzuwohnen. Was Mako jedoch fürchten musste und was ihr ein normales Leben in Japan unmöglich machte, waren weniger die Sorgen um ihre Sicherheit als die übermenschlichen Erwartungen, die viele Landsleute an eine kaiserliche Prinzessin hatten.

Doch Mako besaß eine Verbündete am Hof, Prinzessin Kako, ihre drei Jahre jüngere Schwester. Kako hatte dieselbe Uni besucht, sie wirkte noch willensstärker als Mako. Schon früh fiel sie dadurch auf, dass sie Hofreportern kess Kontra gab – beispielsweise als sie ihre Mutter, Prinzessin Kiko, gegen Angriffe in den Medien in Schutz nahm. Auch die typische Reporterfrage, wie sie sich den Mann ihrer Träume vorstelle oder ob sie schon einen Freund habe, schmetterte sie gekonnt ab: »Ich habe nicht vor, solche Fragen zu beantworten, auch künftig nicht«, erklärte sie schriftlich anlässlich ihres Universitätsabschlusses 2019.[97] Bei dieser Gelegenheit nahm sie auch zum Wirbel um Mako und Komuro Stellung. »Was die Verschiebung der Hochzeit meiner Schwester betrifft, denke ich, dass es bei einer Heirat auf die Gefühle der Betroffenen ankommt.« Sie hoffe, »dass der Wunsch, den meine Schwester als Individuum hegt, erfüllt wird«.[98]

Als »Individuum«! Kako benutzte tatsächlich dieses Wort, obwohl es im Alltag der japanischen Kollektivgesellschaft negativ besetzt ist, weil man auch Selbstsucht und Eigennutz damit verbindet. Selbst das Personalpronomen »ich« wird im Japanischen möglichst vermieden – als Zeichen der Bescheidenheit. Für eine Prinzessin, die nach Ansicht vieler Landsleute in erster Linie für Volk und Nation zu existieren hat, äußerte Kako sich geradezu rebellisch. Und dann nutzte sie die Gelegenheit wieder mal für eine Abrechnung mit den Reporterinnen und Reportern: »Ich glaube, wenn man von Medien und so weiter Informationen empfängt, ist es wichtig, deren Glaubwürdigkeit gut zu bedenken sowie die Absichten, die sich dahinter verbergen.«[99] Dabei denke sie nicht nur an ihre Schwester, sondern auch an sich selbst.

Was für ein frischer Ton. Hier meldete sich eine neue Generation von Prinzessinnen zu Wort. Kako und auch Mako waren nicht länger bereit, sklavisch alle Spielregeln zu befolgen, die altbackene Beamte und Hofreporter ihnen vorgaben. Sie weigerten sich, aristokratische Püppchen zu sein. Sie wollten keine ähnlich traurigen Schicksale erleiden wie ihre Großmutter Michiko, ihre Tante Masako und teilweise auch ihre eigene Mutter Kiko. Statt sich brav in ihre Gemächer zu verkriechen und dort still ihre Tränen zu vergießen, wehrten sie sich. Höflich in der Form, aber eisern im Willen.

Zwei Jahre später ergriff Prinzessin Kako dann für die Frauen insgesamt Partei. In einer Online-Rede vor heimischen Pfadfinderinnen beklagte sie, dass Japan im Ranking des Weltwirtschaftsforums zur Gleichberechtigung der Geschlechter nur Platz 120 belegte – direkt hinter Angola und weit hinter Deutschland, das auf Platz 11 kam.[100] Auf Twitter erntete die Prinzessin dafür prompt Kritik. Ein Nutzer, der sich @nekonohuku nannte, unterstellte ihr, für die Einführung der weiblichen Thronfolge zu sein. Er schrieb, das würde dann auch zu den sonstigen Äußerungen der Familie Akishino passen, die offenbar den »Zusammenbruch des Kaiserhauses« herbeiwünsche. Für japanische Verhältnisse muteten die Ansichten der Prinzessin fast feministisch an. Entsprechend ungnädig wurde über sie berichtet. Man unterstellte ihr, sie drücke sich vor ihren höfischen Pflichten – was eindeutig den Tatsachen widersprach.[101] Und als im Frühjahr 2023 bekannt wurde, dass sie nicht mit in das frisch renovierte und erweiterte Palais ihrer Eltern zog, sondern fortan allein wohnte – in einem Gebäude, das auf demselben kronprinzlichen Grundstück lag, nur einen Steinwurf entfernt –, ereiferten sich Wochenmagazine dann monatelang über die nächste angebliche Krise der Monarchie. Als dürfte eine 28-Jährige nicht mal für sich sein.[102]

Aber vielleicht hätte Kako mit den Reporterinnen und Reportern doch lieber über deren Lieblingsthemen reden sollen? Also darüber, wie sie sich ihren idealen Ehemann vorstellte? Dann hätte man sie vielleicht nachsichtiger beurteilt. Und wieder blieb die bedrückende Erkenntnis: Weder das Kaiserhaus noch viele, die sich fast täglich über diese Institution äußern, wussten zu schätzen, was Japan an Prinzessin Kako besaß. Eine junge Frau nämlich, die versuchte, das Unvereinbare zu vereinbaren. Indem sie einerseits uralten Traditionen treu blieb, andererseits aber die Rechte von Frauen in der Gegenwart einforderte. Sie hätte Beifall verdient. Stattdessen versuchte man um jeden Preis, sie und ihre Schwester Mako in uralte Rollen zu zwängen, die schon längst nicht mehr zeitgemäß sind.

Flucht aus dem goldenen Käfig

Im November 2020 meldete sich dann jene Prinzessin zu Wort, die mit ihrer Liebe all die Aufregung verursacht hatte: Mako. Viele Landsleute hatten die Möglichkeit längst abgeschrieben, dass sie Komuro heiraten würde. Doch das Paar hatte sich über die Kontinente hinweg die Treue gehalten. Und nun überraschte Mako mit einer schriftlichen Erklärung, aus der Verzweiflung und Trotz sprachen. Lange habe die Öffentlichkeit nicht erfahren, wie sie und Komuro über ihre Angelegenheit dächten, schrieb sie. »Ich weiß, dass es Menschen gibt, die aus verschiedenen Gründen negativ über diese Heirat denken.« Aber für sie und Komuro sei die Ehe »eine notwendige Entscheidung, um zu leben und unsere Herzen zu ehren«.[103] Sie berief sich dabei ausdrücklich auf ihren Onkel Tenno Naruhito und die Kaiserin, die ihre Gefühle respektierten und sie wohlwollend begleiteten.

Makos Willensbekundung traf die Gegner ihrer Partnerwahl unvorbereitet, für eine Weile stellten sie ihre persönlichen Angriffe ein. Auch Makos Vater, Prinz Akishino, gab seinen Widerstand gegen die Heiratspläne der Tochter auf. Er bezog sich auf die Verfassung, die garantiere, dass eine Ehe auf dem »Einverständnis beider Geschlechter« beruhe. Doch bald ging die Debatte wieder von vorn los. Den Anstoß gab diesmal der Tenno, eher indirekt und vermutlich unfreiwillig. Denn eigentlich wiederholte er nur die frühere Äußerung seines Bruders, dass ein Zustand entstehen müsse, »dem viele Menschen zustimmen und über den sie sich freuen«.[104] Aber Freude? Davon war nach wie vor nichts zu spüren im Land. Das einflussreiche Magazin *Bunshun* nahm die Äußerung des Tennos zum Anlass, um die Debatte um Mako und Komuro neu anzuheizen, und schlussfolgerte eigenmächtig: Der Tenno habe der Heirat seiner Nichte ein »Nein« entgegensetzt.[105]

Und dann lieferte der umstrittene Bräutigam den Widersachern des Paares neue Munition: Komuro gab eine 28-seitige Erklärung heraus, in der er Punkt für Punkt die Vorwürfe wegen der Geldstreitigkeiten seiner Mutter zu entkräften versuchte. Dabei berief er sich auf seine »Ehre«. Doch seine Kritiker überzeugte er damit nicht, im Gegenteil. Sie beschuldigten ihn nun, sich zu ausführlich erklärt zu haben. Sein Text lasse menschliche Wärme vermissen, er lese sich wie eine »Gerichtsakte«.[106] Auch Prinzessin Mako geriet nun in die Schusslinie. Denn sie hatte die Hoffnung geäußert, Komuros Erklärung würde dafür sorgen, dass die Landsleute den Schuldenstreit zwischen Komuros Mutter und deren Ex-Verlobtem verständen. Masayasu Hosaka, der altgediente Hofbeobachter und Kaiser-Biograf, zeigte sich schockiert, dass die Prinzessin sich auf diese Weise in die »profanen« Angelegenheiten normaler Bürger einmischte. Etwas »Heiliges« sei verloren gegangen, beklagte er im Fernsehen.[107]

Hosaka sprach einen wunden Punkt des Kaiserhauses an: Über 75 Jahre nachdem Ex-Kaiser Hirohito seiner Göttlichkeit entsagt hatte, verstrickte sich dessen Urenkelin in den Geldstreit einer Kleinbürgerin mit deren Ex-Verlobtem. Die »Yamato«-Dynastie, angeblich einst von der Sonnengöttin vom Himmel gesandt, war endgültig auf ein zutiefst irdisches Niveau gefallen. Wer im Volk mochte noch ehrfürchtig aufschauen zu Prinzen und Prinzessinnen, die sich mit Kleinbürgern gemein machten? Zu Mitgliedern des Kaiserhauses, die nicht bereit waren, ihre Liebe dem Dienst am Volk unterzuordnen? Für einen großen Teil der Medien handelte Mako egoistisch. Die Kritik an der Prinzessin spiegelte ein traditionelles Frauenbild wider, das in der Gesellschaft allgemein fortlebte. Aber bei Hof trat es eben in besonders altertümlicher Form zutage. Es war, als stünde die Zeit still in Japan.

Die Stimmung war gereizt. Mototsugu Akashi, ein einst treuer Schulfreund von Ex-Tenno Akihito, meldete sich ebenfalls zu Wort. Er nahm die Mako-Affäre zum Anlass, öffentlich mit dem Kaiserhaus zu brechen, weil es ihm zu bürgerlich geworden war. Wie enttäuscht er war, sah man daran, dass er seine Abrechnung ausgerechnet einem der Klatschblätter anvertraute, dem Frauenmagazin *Shukan Josei*.[108] Andere im Volk, vor allem jüngere Menschen, fanden es dagegen romantisch und völlig okay, dass Mako gegen alle Widerstände an ihrer Heirat mit Komuro festhielt. Aber kaum jemand kam der Angefeindeten öffentlich zur Hilfe. Eine prominente japanische Feministin, die für sie hätte Partei ergreifen können, war weit und breit nicht in Sicht. Zwar gab es Chizuko Ueno, eine emeritierte Soziologieprofessorin, die sich regelmäßig zu Genderfragen äußerte. Mit dem Thema Kaiserhaus konnte sie indes herzlich wenig anfangen. Per Twitter bemitleidete sie die Prinzessin zumindest, die am Hof »gefangen« sei, »ohne Privatsphäre«.[109] Künftig werde keine Frau mehr bereit sein, sich auf ein Leben als Hofadlige einzulassen. Im Klartext: Aus feministischer Sicht war das Kaiserhaus ein hoffnungsloser Fall; da halfen auch keine Reformen.

Indes gab es eine Japanerin, die über die Zukunft der Monarchie nachdachte. Sanae Takaichi gehörte zum äußersten rechten Flügel der regierenden LDP. Sie war 60 Jahre alt und eine frühere Ministerin für Innere Angelegenheiten und Kommunikation. Im Herbst 2021, fast genau zu der Zeit, als der Streit um Mako und Komuro tobte, kandidierte sie für den Vorsitz der LDP – und damit automatisch auch für den Posten der Premierministerin, der ersten, die es in Japan je gegeben hätte. Sie unterlag und hatte es danach politisch schwer, gleichwohl lehrt ihr Beispiel etwas über die heutige Stellung der Frauen in Japan. Wenn Takaichi ihre reaktionären Ansichten verkündete, konnte man kaum glauben, dass sie in jungen Jahren auf dem Motorrad durchs Land gebraust war, mit rosa gefärbten Haaren, und dass sie einst in einer Heavy-Metal-Band Schlagzeug gespielt hatte. Doch als LDP-Abgeordnete beherzigte sie eine der Überlebensregeln für konservative Politikerinnen: Um in der Männerwelt der Partei erfolgreich zu sein, müssen sie sich noch chauvinistischer gebärden als ihre Kollegen. Als Frau nur Frau zu sein – damit wäre sie nicht weit gekommen.

Und so pilgerte Takaichi besonders eifrig zum Yasukuni-Schrein, dem Shinto-Heiligtum in Tokio, an dem die 1948 hingerichteten Hauptkriegsverbrecher des Zweiten Weltkrieges als Gottheiten verehrt werden. Sie lehnte eine Gesetzesreform ab, die es Paaren ermöglichen sollte, nach der Heirat weiter getrennte Familiennamen zu führen. Vor allem aber sprach sie sich gegen die weibliche Thronfolge aus. In Ausnahmefällen wollte sie Frauen zwar erlauben, den Thron zu besteigen, aber nur, wenn deren Vater ein Tenno war. Nur so ließ sich ihrer Meinung nach die männliche kaiserliche Blutlinie wahren, die angeblich nie unterbrochen worden war.[110]

Die rechte Politikerin war eine Verbündete von Ex-Premier Abe. Der hatte in seiner Amtszeit versprochen, eine Gesellschaft zu schaffen, in der Frauen »glänzen«. Für einen LDP-Politiker klang er dabei fast wie ein Frauenrechtler, doch auch unter Abe behielten Männer das Sagen. Im Vorfeld der Olympischen Sommerspiele, die 2021 mit einem Jahr Verspätung in Tokio stattfanden, erlebte Japan dann zwar einen verspäteten Me-too-Moment, doch der kam unfreiwillig zustande. Yoshiro Mori, der Chef des Organisationskomitees und ehemalige Premier, hatte sich dagegen ausgesprochen, mehr Frauen in Sportgremien zuzulassen. Seine Begründung lautete: Frauen reden zu viel. Ein Shitstorm in den sozialen Medien brach daraufhin los. Plötzlich diskutierte Japan über die Benachteiligung von Frauen – dank Mori. Der unverbesserliche Olympia-Boss musste schließlich zurücktreten.

In der olympischen Frauen-Debatte schimmerte immerhin durch, dass die japanische Gesellschaft längst vielfältiger war, als führende Politiker dies wahrhaben wollten. Fast ebenso lebhaft diskutierte das Land dann auch über die Benachteiligung von anderen Minderheiten und über die Ehe von Schwulen und Lesben, die Japan als einziges führendes Industrieland gesetzlich nicht anerkennt. Ein Hauch von Freiheit wehte auf.

Möglicherweise war es nur ein Zufall, aber im Windschatten des olympischen Trubels ging das Kaiserhaus dann systematisch daran, das lästige Thema Mako und Komuro aus der Welt zu schaffen: Anfang Herbst 2021 sickerte durch, dass das Paar bald heiraten werde und dass beide dann gemeinsam in New York leben wollten. Sie würden nur standesamtlich heiraten und auf die üblichen höfischen Feiern verzichten. Auch ihrer Abfindung wolle Mako entsagen. Schon in ihrer Jugend, hieß es, habe sie darunter gelitten, dass sie von Mitschülern auf ihre künftige Mitgift angesprochen worden sei. Mit dem Verzicht wolle sie klarmachen, dass es ihr nicht ums Geld gehe.

An diesem Punkt lohnt noch einmal ein Seitenblick auf das niederländische Königshaus: Dort verzichtete Prinzessin Amalia auf eine jährliche Millionen-Zulage, die ihr die Regierung für ihr Studium zahlen wollte. Sie begründete das in einem Brief an Premier Mark Rutte unter anderem damit, dass andere Studierende es oft viel schwerer hätten als sie selbst.[111] Sowohl für Amalia als auch für Mako diente der Verzicht auf staatliche Zuwendungen also dazu, sich ein bisschen innere Freiheit und Normalität zu erobern.

Aber zurück nach Tokio, zum ereignisreichen Herbst 2021: Kurz nachdem Makos Heiratsplan bekannt geworden war, kehrte Komuro aus New York heim. Der Bräutigam, der sich über vier Jahre zuvor noch brav und jungenhaft gegeben hatte, war kaum wiederzuerkennen. Er hatte seine Haare wachsen lassen und zu einem Pferdeschwanz gebunden, wie ein aufständischer Samurai, als wollte er seinen Gegnern allein durch sein Aussehen Kampfgeist vermitteln. Tagelang kriegte sich die Nation kaum ein über den

Pferdeschwanz. Über alle Fernsehkanäle flimmerten Filmsequenzen von Komuro und seiner Haartracht. Nach seiner Rückkehr belagerten Reporter das Apartment seiner Mutter in Yokohama, bei der Komuro sich einquartiert hatte. Als er die Wohnung nach Tagen verließ, um nach Tokio zu seiner Prinzessin zu fahren, verfolgten TV-Teams das Auto sogar live von Hubschraubern aus.

Anfang Oktober gab das kaiserliche Hofamt dann offiziell bekannt, dass die Hochzeit am 26. desselben Monats stattfinden solle. Es war eine Pressekonferenz, die Japan nicht so schnell vergessen sollte. Mako und Komuro selbst nahmen daran nicht teil, sondern Beamte des Hofes, der Chefleibarzt von Mako und ein Psychiater. Sie verkündeten, dass die Prinzessin an einer posttraumatischen Belastungsstörung (engl.: PTSD) leide. Die Verleumdungen, denen Mako, ihr Freund und dessen Familie ausgesetzt seien, würden bei der Prinzessin Ängste auslösen; sie fürchte, dass ihr Leben »zerstört« werde.[112] Mako leide zutiefst unter den Vorwürfen, dass Komuro sie mit der Absicht heiraten wolle, an ihre Abfindung heranzukommen. »Wenn sie bestimmte Schriftzeichen liest, kommt ihre Furcht in Form von Flashbacks zurück«, erklärten die vom Hof bestellten Experten.[113]Aber sie sandten auch ein Signal der Hoffnung aus. Mako sei durchaus in der Lage, ihre Hochzeit vorzubereiten. Ihre posttraumatische Störung werde sich voraussichtlich bessern, sobald die Anschuldigungen, die sie als Verleumdungen empfinde, aufhörten. »Und falls die Menschen in ihrer Umgebung die Hochzeit warm begleiten, ist es denkbar, dass sich ihre Gesundheit sogar noch schneller wieder erholt.«[114]

Die Ärzte hätten auch sagen können: Lasst Mako und Komuro endlich in Frieden, lasst sie heiraten, und alles wird wieder gut!

Inwieweit die medizinische Diagnose wissenschaftlichen Kriterien standhielt, ließ sich nicht unabhängig beurteilen. Die Absicht dahinter schien jedenfalls klar. Der Hof drehte den Spieß um – und richtete die Kritik nun gegen die Widersacher von Mako und

Komuro. Und diese Strategie ging zunächst auf: Eine kollektive Schrecksekunde lang duckten sich die Kritiker weg. Die Nation glich einer geschockten Schulklasse, die gerade einen Mitschüler verprügelt hat und nun vom Lehrer erfährt, dass das Opfer mit Gehirnerschütterung im Krankenhaus liegt. In den Fernsehstudios machte sich kollektive Zerknirschung breit. Anhand von Schautafeln erläuterten Moderatoren dem Publikum, welche Symptome sich im Allgemeinen hinter dem englischen Kürzel »PTSD« verbergen.

Würde Japan die ärztliche Mahnung beherzigen und Komuro endlich als Makos Bräutigam akzeptieren? Wenn das Kaiserliche Hofamt dies gehofft hatte, täuschte es sich. Denn bald gingen die Angriffe wieder von vorn los, sie richteten sich vor allem gegen Makos künftige Schwiegermutter, Kayo Komuro. Erneut wurde ihr unterstellt, dass sie ihrem Ex-Verlobten Geld schulde; ihr Privatleben wurde in allen Facetten ausgebreitet. Zwar gab es nun vermehrt Stimmen, die zur Besonnenheit mahnten: »Ist es in Ordnung, das Leben einer einzigen Frau aufgrund der einseitigen Behauptungen eines anonymen Mannes runterzumachen?«, fragte die Autorin Minori Kitahara.[115] Hier werde auf eine alleinstehende Frau und Mutter eingedroschen, weil sie »geschlechtlich aktiv« gewesen sei. Die Diskussion entlarve eine frauenfeindliche Gesellschaft, die sich um die Wünsche und Begierden des weiblichen Geschlechts nicht schere. Doch die Äußerung der Autorin war eine Ausnahme. Weitaus mehr Aufmerksamkeit fand ein Journalist, der eine Anzeige gegen Komuros Mutter erstattete. Er warf ihr vor, zu Unrecht Hinterbliebenenrente und Krankengeld bezogen zu haben.[116] Mit seiner Klage wollte er die Hochzeit von Mako und Komuro in letzter Minute verhindern. Denn der Sohn einer Frau, die unter Anklage stand, so das Kalkül hinter dem Manöver, käme als Bräutigam einer kaiserlichen Prinzessin nicht länger infrage. Doch der Plan des Journalisten scheiterte.

Fast konnte man glauben, ganz Japan hätte den Verstand verloren. Gab es nichts Wichtigeres auf der Welt, als die Heirat einer Prinzessin so haarklein und öffentlich zu zerreden? Die Nation schien dreifach gespalten: in jene, die wütend dagegen protestierten; in jene, die insgeheim mit dem umstrittenen Paar sympathisierten; und in jene, die schwiegen, weil sie sich ohnehin nicht für die Prinzessin und ihre Hochzeit interessierten. Doch aus welchem Blickwinkel man die Sache auch betrachtete, das Kaiserhaus, das eigentlich über allen Kontroversen stehen sollte, war wieder einmal zum Streitobjekt geworden. Und wenn es die entgleiste Debatte nicht schleunigst beendete, drohte es aus Sicht der Landsleute seine Daseinsberechtigung zu verlieren.

Ein amerikanischer Traum?

Für den Hof blieb nur der Blick nach vorn. Bevor der Streit um Mako und Komuro weiter eskalierte, musste die Trauung irgendwie über die Bühne gebracht werden. Was dann folgte, dürfte die freudloseste Hochzeit gewesen sein, die je stattfand am Kaiserhof – und in Japan überhaupt. Der einzig berührende Moment bestand aus einer letzten öffentlichen Umarmung, mit der Prinzessin Kako, die jüngere Schwester, sich morgens von der angefeindeten Braut verabschiedete. Es war eine trotzige Demonstration der schwesterlichen Zuneigung, der Solidarität und der Menschlichkeit, wie man sie in der stocksteifen Welt des Hofes nicht erwartet hätte. Ansonsten aber beschränkte sich die Eheschließung auf einen standesamtlichen Rechtsakt, der ausschließlich schriftlich vollzogen wurde. Mako war danach keine kaiserliche Prinzessin mehr, sie war jetzt Frau Mako Komuro.

Wenige Stunden nach der Trauung gaben die Frischvermählten eine Pressekonferenz in einem Tokioter Hotel. Genau genommen war Mako jetzt zwar eine Privatperson und der Öffentlichkeit keine Erklärung mehr schuldig. Und erst recht galt das natürlich für ihren Ehemann, den Bürger Komuro, der ohnehin nie eine offizielle Position bekleidet hatte. Aber der Druck auf die beiden war zu stark: Die Medien verlangten ein Statement, einen gemeinsamen Auftritt. Auch mit Rücksicht auf die Kaiserfamilie blieb dem Paar nichts anderes übrig, als ihren Widersachern dieses letzte Zugeständnis zu gewähren. Mako trug ein helles türkises Kleid und eine Perlenkette; Komuro erschien in Anzug und Krawatte. Den Pferdeschwanz hatte er sich mittlerweile abschneiden lassen – zu diesem Zweck hatte er sich eigens einen Modecoiffeur aus Tokio ins mütterliche Apartment in Yokohama kommen lassen.

Mako und ihr Gemahl Kei saßen nebeneinander wie einst, als sie ihre Verlobung ankündigten. Doch aus ihren Gesichtern war die Glückseligkeit verflogen. Sie wirkten angespannt, als habe man sie vor Gericht geladen; es fehlte nur der Staatsanwalt. Zunächst ließen sie den anwesenden Reportern schriftliche Erklärungen verteilen. Darauf standen ihre Redetexte sowie die Antworten auf Fragen, welche die Journalisten vorher eingereicht hatten. Mit Rücksicht auf Makos Trauma waren mündliche Fragen nicht erlaubt. Dann verlasen die beiden ihre kurzen Statements. Mako begann als Erste, indem sie sagte, dass sie wisse, dass es über ihre Hochzeit verschiedene Ansichten gebe. Sie bitte um Verzeihung für die Unannehmlichkeiten, die sie anderen Menschen durch ihre Heirat verursacht habe.[117] Wie bitte? Sich beim Volk für die eigene Liebe entschuldigen? Diese Worte sagten alles über die Art und Weise, wie Japan mit seinen Prinzessinnen umgeht.

In den folgenden Tagen war das Ehepaar Komuro damit beschäftigt, seine Abreise in die USA vorzubereiten. Sie wohnten in einem Serviceapartment in Tokio. Auch wenn Mako rechtlich gesehen eine Bürgerin war – was man zum Beispiel daran erkennen konnte, dass sie nur noch mit dem Taxi fuhr statt mit einer Luxuslimousine aus dem kaiserlichen Fuhrpark –, war sie noch lange keine normale Japanerin. Sie war eine Ex-Prinzessin und die Schwester eines künftigen Tennos. Jeder Schritt, den sie tat, wurde registriert und dokumentiert. Die Polizei kümmerte sich nach wie vor um ihre Sicherheit, wenngleich weniger auffällig als früher. Doch selbst das stieß Gegnern des Paares übel auf; im Internet prangerten sie die staatliche Fürsorge für die Ex-Prinzessin als »Verschwendung von Steuergeldern« an.[118]

Umso mehr bemühte sich das Paar zu demonstrieren, dass es niemandem in Japan mehr etwas schuldig war. Mako hatte ja bereits auf ihre Abfindung verzichtet. Und Komuro ging nun daran, die leidige Geldangelegenheit zwischen dem Ex-Verlobten und sei-

Die wohl traurigste Hochzeit, die es je gab in Japan: Das frisch vermählte Ehepaar Komuro stellt sich der Presse.

ner Mutter aus der Welt zu schaffen. Kurz vor der Abreise in die USA traf er den Mann, der als anonymer Ankläger durch so viele Zeitschriftenartikel gegeistert war, in einer Anwaltskanzlei in Tokio. Sie einigten sich darauf, dass Komuro ihm rund 30 000 Euro zahlen sollte, um den Streit beizulegen.[119]

An einem Sonntag Mitte November 2021 fuhren Mako und Kei Komuro zum Flughafen in Tokio. Wortlos hasteten sie durch das Gedränge der Reporterinnen und Reporter, sie sahen wie verwandelt aus. Alle höfische Abgehobenheit und Artigkeit waren von der Prinzessin gewichen. Makos Haare, die sie sonst sittsam hochgesteckt hatte, fielen ihr lässig über Stirn und Schultern. Statt der steifen Kostüme einer Hofadligen trug sie einen lockeren Pulli und eine bequeme Hose. Komuro fiel mit einer Strickjacke auf, unter der ein weißes T-Shirt hervorlugte – darauf war die *Star-Wars*-Figur Darth Vader aufgedruckt. So provozierend lässig hatte sich bisher noch keine Ex-Prinzessin öffentlich mit ihrem Ehemann gezeigt. Den beiden schien jetzt alles egal zu sein. Was hätte es auch geändert an ihrem negativen Image, wenn sie sich jetzt noch zurückhaltend und bescheiden gegeben hätten, wie man es von Verwandten des Kaisers erwartet? Spätestens jetzt musste allen klar sein: Mako gehörte nicht mehr dem Volk, sie gehörte nur noch Komuro. Und sich selbst.

Oder doch nicht? Normale Bürger waren die beiden selbst jetzt noch nicht: Zwar legten sie beim Check-in am Flughafen Economy-Tickets vor, doch die Airline buchte sie in die Business Class um, wie später bekannt wurde. Auch diese Tatsache machte man ihnen dann zum Vorwurf – nach dem Motto: Schon wieder so eine Sonderbehandlung! Und als sie bei ihrer Ankunft am Flughafen in New York von Beamten des japanischen Konsulats durch die Einreisekontrollen gelotst wurden, schien offensichtlich: Ein normales bürgerliches Paar würden Mako und Komuro nie werden.

Die Ironie: Gerade weil die Medien der Prinzessin keine Ruhe ließen und sie nach wie vor heftig für die Wahl ihres Ehepartners kritisierten, war es für sie dann selbst in New York fast unmöglich, in einen halbwegs normalen bürgerlichen Alltag abzutauchen. Insofern unterschied sie sich von ihren Vorgängerinnen, dem halben Dutzend Prinzessinnen, die vor ihr das Kaiserhaus verlassen hatten und dann als Bürgerliche ein eher unauffälliges Leben führten. Wobei aber auch jene Ex-Prinzessinnen nicht alle glücklich wurden: Shigeko Higashikuni, die älteste Tochter von Kaiser Hirohito, hatte einen Ex-Prinzen geheiratet. Sie starb mit 35 Jahren an Krebs. Prinzessin Kazuko, die dritte Tochter von Hirohito, ehelichte 1950 den Ex-Aristokraten Toshimichi Takatsukasa, der im Eisenbahnmuseum in Tokio arbeitete. Er wurde 1966 tot aufgefunden – in der Wohnung einer Bardame aus der Ginza, dem Vergnügungsviertel in Tokio; die Frau lag tot neben ihm. Beide waren offenbar infolge einer Kohlenmonoxid-Vergiftung durch einen defekten Ofen gestorben.[120] Aber die genaue Ursache – war es tatsächlich ein

Unfall? – konnte der nun verwitweten Ex-Prinzessin egal sein. Dass ihr Ehemann ihr untreu geworden war, in einem so zwielichtigen Milieu, das war der eigentliche Skandal.

Vergleichsweise unbeschwert lebte dagegen Takako Shimazu, die jüngste Tochter von Hirohito. Als sie ihre Verlobung mit Hisanaga Shimazu, einem Banker und Ex-Adligen, bekannt gab, überraschte sie die Landsleute mit dem fröhlichen Ausspruch: »Schauen Sie sich bitte den Mann an, den ich erwählt habe!«[121] Der Satz wurde zum geflügelten Wort, man zitierte ihn seither als Beweis dafür, dass so etwas wie eine Liebesheirat durchaus möglich sei in Japan. Die Ex-Prinzessin lebte mit ihrem Mann dann zeitweise in den USA, wo man die beiden Mr and Mrs Shimazu nannte und sonst kaum weiter beachtete.

Aus Sicht vieler Hofbeobachterinnen und -beobachter gab es eine Ex-Prinzessin, deren Heirat mit einem Bürgerlichen vorbildlich geglückt war. Es handelte sich um Sayako Kuroda, die Tochter von Ex-Tenno Akihito, und ihren Ehemann Yoshiki Kuroda. Beide führten ein Leben, das an Schlichtheit kaum zu überbieten schien. Sie bewohnten ein Apartment in Tokio – dafür soll Sayako einen Teil ihrer Abfindung verwendet haben. Ab und zu sah man das Paar, wenn es mit einem Mittelklassewagen zu Empfängen im Palast fuhr. Sayako oder ihr Mann saßen selbst am Steuer. Vor einigen Jahren wurde die Ex-Prinzessin dann zur höchsten Priesterin des Ise-Schreins, an dem die Sonnengöttin Amaterasu verehrt wird, ernannt. Dieses eher bescheidene Ehrenamt hatte zuvor ihre Tante, Ex-Prinzessin Atsuko Ikeda, ausgeübt.

Und wie ging es weiter mit dem frischgebackenen Ehepaar Mako und Kei Komuro? In New York zogen sie in ein Apartment in »Hell's Kitchen«, dem angesagten Stadtteil im Westen von Manhattan; er grenzt an den Hudson River und ist bekannt als Anziehungspunkt für Künstler und für die LGBTQIA+-Szene. Dort blieben die Medien den Komuros weiter auf den Fersen. Auf Paparazzi-Fotos sah man, wie das Paar gemeinsam durch Hochhäuserschluchten schlenderte, lächelnd und Händchen haltend. Alle Anspannung schien von ihnen abgefallen. Auch noch so kleine Einzelheiten aus ihrem neuen Alltag wurden in der fernen Heimat begierig notiert und aufbereitet: Als Mako ein Geschäft namens »Bed Bath & Beyond« aufsuchte und dort Handtücher und Kleiderbügel einkaufte wie ein normaler Mensch, war das gleich mehrere Magazingeschichten wert. Und dann sorgte auch der Pferdeschwanz wieder für Beachtung, den Komuro sich neu hatte wachsen lassen.

Um es vorwegzunehmen: Das Desaster, das viele Hofexperten in Japan vor Makos Umzug nach New York prophezeit hatten, blieb aus. Was hatten sie sich nicht alles ausgemalt: Chinesische Spione könnten sich an das Paar heranmachen, um Geheimnisse über das Kaiserhaus zu erfahren, wurde gemutmaßt. Und was wäre, wenn Mako und Kei dem Vorbild von Meghan und Harry folgten? Doch anders als das aufsehenerregende Paar aus dem britischen Königshaus lebten die beiden aus Japan geflohenen Verliebten unauffällig. Sie gaben kein Exklusivinterview für Oprah Winfrey, um sich in der Heimat erlittene Verletzungen von den Seelen zu reden. Sie unterzeichneten keinen Millionen-Vertrag für eine Netflix-Doku. Anders als Harry schrieb Mako auch keine Autobiografie, um mit den heimischen Medien abzurechnen und ihr Leben in Amerika zu finanzieren. Zumindest hörte man bisher nichts von solchen Plänen. Zu den wenigen Berührungspunkten zwischen der Ex-Prinzessin und der New Yorker Celebrity-Szene, die der Öffentlichkeit bekannt wurden, zählte ein Besuch bei Catherine Kennedy, der ehemaligen US-Botschafterin in Tokio und Tochter des früheren Präsidenten.[122]

Von Japan aus betrachtet, entpuppte sich der Alltag von Mako und Kei als enttäuschend ereignislos. Komuro verließ regelmäßig das Haus, um seinem Job als Anwaltsgehilfe in der New Yorker Kanzlei nachzugehen. Mako ging hin und wieder einkaufen. Mal soll sie – »höchst geheim«, wie berichtet wurde – eine Klinik aufgesucht haben, was in Japan sogleich Spekulationen anheizte: War die Ex-Prinzessin schwanger? Oder ließ sie sich wegen möglicher Folgen ihrer posttraumatischen Störung behandeln? Oder quälten sie Zukunftssorgen, weil ihr Ehemann bereits zweimal durch die Prüfung für das New Yorker Anwaltsexamen gefallen war?[123]

Vor allem die Sache mit der Anwaltsprüfung ließ vielen in der Heimat keine Ruhe. Zwar war es in New York normal, dass Kandidaten mehrere Anläufe für dieses schwierige Examen nahmen. Doch in Japan, wo für fast jede Tätigkeit Prüfungen verlangt werden, selbst für Reinigungskräfte, stand Komuro mit seinen gescheiterten Versuchen schon als Versager da.[124] Reporter wollten gar entdeckt haben, dass Mako bereits graue Haare wuchsen.[125] Es schien, als könnte man es in der Heimat kaum erwarten, dass ihr amerikanischer Traum platzte.

Dass Komuro die Ex-Prinzessin glücklich machen könnte – daran wollte zu Hause in Japan kaum jemand glauben. Vieles, was über ihn geschrieben wurde, beruhte auf der Überzeugung, dass es stets der Ehemann ist, der für die Frau zu sorgen hat. Doch als Anwaltsgehilfe, so rechneten die Magazine und Klatschblätter immer wieder vor, verdiente Komuro schätzungsweise gerade mal genug, um die Miete für das gemeinsame Apartment der beiden zu bestreiten. Langfristig würde er also auf Makos Vermögen zurückgreifen müssen – als »Himo« eben, als »Schmarotzer«, schlussfolgerten sie. In ihrer Zeit als Prinzessin, so wurde vermutet, hatte Mako umgerechnet über eine Million Euro gespart. Das hörte sich nach einer Menge Geld an für eine Frau Anfang dreißig. Aber nicht für eine Ex-Prinzessin, die mit ihrem Mann in Manhattan lebt. Zwar gab es Gerüchte, dass sie einen Job beim Metropolitan Museum bekommen könnte, doch allzu viel Geld würde sie dort kaum verdienen.[126] Allein der Personenschutz für das Paar koste umgerechnet 6,4 Millionen Euro jährlich, schätzten Hofbeobachter.[127] Oder wurde Mako insgeheim von ihrem Vater, Prinz Akishino, und von ihrem Großvater, Ex-Tenno Akihito, finanziell unterstützt, wie das Frauenmagazin *Josei Seven* vermutete?[128]

Eine böse Vorahnung machte bald im Internet die Runde: Am Ende würden die heimischen Steuerzahler für das amerikanische Exil von Mako und Komuro aufkommen müssen. Denn dass sie nach Japan zurückkehren könnten, sobald ihnen das Geld ausging, schien ausgeschlossen. Der dann zu erwartende Wirbel würde Makos Bruder Hisahito, den künftigen Tenno, in eine peinliche Lage bringen. »Sie behaupten, sie seien normale Leute«, schimpfte ein Youtuber, der sich Masa nannte, über Mako und Komuro. »Aber gleichzeitig nehmen sie für sich eine Sonderbehandlung in Anspruch.«[129]

Der Vielgescholtene triumphierte schließlich über alle, die ihm nichts – oder nur Schlechtes – zutrauten: Im dritten Anlauf bestand Komuro die New Yorker Anwaltsprüfung. Das wurde Ende Oktober 2022 in Tokio bekannt, im Fernsehen war es die Top-Nachricht. Komuros Widersacher nahmen den Erfolg zähneknirschend zur Kenntnis; einige äußerten gar Zweifel, ob es bei der Prüfung mit rechten Dingen zugegangen sei.[130] Die Medien hofften, dass Mako ihnen jetzt endlich Interviews gewähren würde. Doch sie wollte nicht. Und sie bat auch ihren Vater, Kronprinz Akishino, nicht mehr öffentlich über sie zu sprechen, wie dieser dann Journalisten gegenüber erklärte.[131]

Der Hof wollte das Thema Mako vergessen machen, das war nur verständlich. Doch was konnten der Tenno und seine Berater tun, um das Kaiserhaus nach dem Hochzeits-Debakel wieder in ein positives Licht zu rücken? Sie brauchten dringend eine neue Erzählung, um die Herzen des Volkes zurückzugewinnen. Und dabei sollte ausgerechnet jener Frau die Rolle der Sympathieträgerin zukommen, die jahrelang für ihre Abwesenheit bei traditionellen Riten angeprangert worden war: Kaiserin Masako, der Ehefrau des Tennos.

Die Seidenraupen-Strategie

Kaiserin Masako betrat einen schmalen Raum mit einem einfachen Holzfußboden, von der Decke über ihr strahlte eine schlichte Neonleuchte. Das Fenster war teilweise mit Schiebetüren aus Papier verschlossen. Masako beugte sich über einen Tisch, auf dem ein grünes Drahtgeflecht lag. Darin befanden sich Seidenraupen-Kokons. Aufmerksam begutachtete die Kaiserin die kleinen weißen Gespinste, dann hob sie eines nach dem anderen mit den Fingern auf und legte sie in ihre linke Hand, die sie offen und leicht gewölbt hielt. An den Wänden des Raumes befanden sich Holzborde; in den Regalen lagen bereits zahlreiche Kokons ausgebreitet. Der Raum gehörte zur kaiserlichen Seidenraupenzuchtanstalt »Momijiyama Goyosanjo« – sie befand sich auf dem Grundstück des Palastes in Tokio.

Über den Auftritt der Kaiserin im Juni 2022 berichteten das Fernsehen, die Zeitungen und die Zeitschriften in Japan ausführlich.[132] Masako hatte die Oberaufsicht über die Seidenraupenzucht von ihrer Schwiegermutter, Ex-Kaiserin Michiko, übernommen. Es handelte sich um eine Beschäftigung, die traditionell dem weiblichen Hofadel vorbehalten war. Für eine Frau, die sich als junge Diplomatin mit US-japanischen Handelsstreitigkeiten befasst hatte, war die Seidenraupenzucht gewiss ein ungewöhnliches Hobby. Aber nun war Masako die Kaiserin, der diese Tätigkeit im Rahmen der höfischen Arbeitsteilung traditionell oblag. Ein ähnliches Beispiel für die geschlechtstypische Rollenzuweisung war die Ehrenpräsidentschaft der Roten-Kreuz-Gesellschaft, die Masako ebenfalls von ihrer Vorgängerin, Ex-Kaiserin Michiko, übernommen hatte. Indes besaß die Seidenraupenzucht für den Hof eine besondere, kultisch-rituelle Bedeutung, ähnlich wie der Reisanbau, dem der Tenno sich auf dem Palastgrundstück widmete.

Als Masako noch Kronprinzessin war und durch ihre Abwesenheit bei höfischen Riten aneckte, bezweifelten viele, dass sie die Seidenraupenzucht weiterführen würde. Doch Masako widerlegte die Skeptiker. Zwar hatte sie den Termin für die Entnahme der Kokons zunächst verschieben müssen, weil Hüftbeschwerden sie plagten. Doch nun war sie ganz bei der Sache. Bei verschiedenen Gelegenheiten wies der Hof darauf hin, wie beflissen Masako sich der Seidenraupenzucht widme. Fast konnte man glauben, es gäbe nichts Erfüllenderes und Erbaulicheres in ihrem Leben.

Das Kaiserhaus und die Seidenraupenzucht – das ist eine lange Geschichte, die bis ins Altertum zurückreicht. In der Moderne wurde die kaiserliche Seidenraupenzucht von der Gattin des »Meiji«-Kaisers neu belebt.[133] Sie – oder genauer gesagt: die Regierung – sandte damit ein politisches Signal aus. Denn der Export von Seide diente damals als zentraler Devisenbringer, um die Industrialisierung und die Aufrüstung des Landes zu finanzieren. Allenthalben wurden Seidenfabriken eröffnet, aus den Dörfern wurden Töchter meist verarmter Bauern massenweise als Seidenspinnerinnen rekrutiert. Unter welch unmenschlichen Bedingungen Frauen auch in japanischen Fabriken malochten, erzählt der Spielfilm *Ah, Nomugi Toge,* der sich auf wahre Begebenheiten bezieht und auch die Verbindungen des Kaiserhauses zur Seidenindustrie berührt.[134] Um den wichtigen Wirtschaftszweig zu fördern, ging die »Meiji«-Kaiserin nicht nur bei Hof mit einer eigenen Raupenzucht voran, sie besichtigte auch die größte Seidenspinnerei des Landes in Tomioka, in der Präfektur Gunma, die heute ein Museum ist und zum Weltkulturerbe der Vereinten Nationen gehört. Spätere Kaiserinnen setzen diese Tradition fort.

Heute spielt die Seidenraupenzucht so gut wie keine Rolle für die japanische Wirtschaft. Wenn Kaiserin Masako vor laufenden Kameras Kokons einsammelt oder Seidenraupen mit Blättern aus der kaiserlichen Maulbeerplantage füttert, unterstreicht sie damit vor allem die Rolle der Monarchie als Hüterin der Tradition.[135] Ähnlich fördert das Kaiserhaus auch andere vom Untergang bedrohte Handwerke. Diese Art Aktivität spiegelt indes ein Dilemma des Kaiserhauses wider: Unterstützte es in der »Meiji«-Zeit hochmoderne, aufstrebende Industrien, so droht es mittlerweile zu einem Museum für aussterbende Fertigkeiten zu werden. Ob die Monarchie auf diese Weise jüngere Landsleute für sich begeistern kann, muss bezweifelt werden.

Gleichwohl, die heimischen Medien berichteten überschwänglich über Masakos Seidenraupenzucht, und der Ärger um Mako und Komuro geriet vorübergehend in Vergessenheit. Die Botschaft schien klar: Das Kaiserhaus nimmt seine traditionellen Pflichten ernst. Doch hinter der höfischen Seidenraupen-Strategie verbarg sich noch eine tiefere Absicht. So tauchten an einem Tag plötzlich auch Tenno Naruhito und Tochter Aiko in der höfischen Seidenraupenzuchtstation auf, um die Kaiserin bei ihren Pflichten zu unterstützen. Damit wagte die Tenno-Familie etwas völlig Neues, wie der Kaiserexperte und Shinto-Wissenschaftler Akinori Takamori vermutet: Mit dem so öffentlich gezeigten Teamwork bei der Seidenraupenzucht wollten sie die starre Rollenverteilung von Mann und Frau bei Hof aufbrechen.[136]

Um die Symbolik kaiserlicher Gesten zu enträtseln, braucht man einen geübten Blick. Und auch in diesem Fall musste man schon genau hinschauen, um den tieferen Sinn des kaiserlichen Seidenraupen-Teamworks zu erahnen. Wenn der Gelehrte Takamori recht hatte, dann benutzte Tenno Naruhito hier also eine zutiefst traditionelle Aktivität, um ein höchst modernes politisches Signal auszusenden. Ähnlich wie er Masako in den Jahren des Leidens, der Anfeindungen und der gemeinsam durchgestandenen Isolation treu unterstützt hatte und ähnlich wie er Masako erstmals einen eigenen Part bei seiner Neujahrsansprache eingeräumt hatte, demonstrierte er demnach auch jetzt, dass er und die Kaiserin eine

Beziehung auf Augenhöhe miteinander führten. Sie gedachten, ihre Pflichten gleichberechtigt wahrzunehmen.

Und Aiko, die Tenno-Tochter, die in ihrer Kindheit fast schon als verhaltensauffällig abgestempelt worden war, gehörte mit zu diesem höfischen Team. Schon als Schülerin habe sie Seidenraupen gezüchtet, erfuhr die Nation aus dem Kaiserhaus. Für eine junge Japanerin war das eine ausgefallene Freizeitbeschäftigung, mit der sich Aiko zudem positiv von ihren Cousinen, den häufig als eigennützig kritisierten Prinzessinnen Mako und Kako, abhob. Aber dass der Tenno und Aiko der Kaiserin bei der Seidenraupenzucht zur Hand gingen, ließ sich für Hofbeobachter wie Takamori eben auch politisch deuten. Und zwar auf eine Weise, die angeblich weit in die Zukunft wies: »Mit Blick darauf, dass künftig ein weiblicher Tenno den Thron besteigen könnte, wird hier versucht, die starre Trennung von Mann und Frau zu durchbrechen«, schrieb Takamori.[137]

Mit anderen Worten: Der Tenno versuchte, seiner Frau die Anerkennung zu verschaffen, die sie bei Hof so lange und so bitter entbehrt hatte. Und gleichzeitig wollte er seiner Tochter die Möglichkeit geben, sich im höfischen Rahmen zu entfalten – womöglich gar mit Blick auf eine weibliche Thronfolge. Naruhito zog also seine Konsequenzen aus dem Leid, das so vielen Prinzessinnen widerfahren war. Zugleich sandte er ein ermutigendes Signal auch an die Frauen in der übrigen Gesellschaft.

Dass der Tenno hier tatsächlich ein höfisches Reformprojekt verfolgte, schien sich zu bestätigen, als er sich ein Jahr später, 2023, erneut mit der Kaiserin und Prinzessin Aiko bei der gemeinsamen Seidenraupenzucht filmen ließ. Nur bei wem kamen solche schwer durchschaubaren Gesten überhaupt an? Wer interessierte sich im Japan des 21. Jahrhunderts schon für die tieferen Bedeutungsebenen der höfischen Seidenraupenzucht? Es half alles nichts: Um die jahrtausendealte Benachteiligung der Frauen bei Hof aufzubrechen, brauchte es ganz andere Reformen. Es brauchte die Einführung der weiblichen Thronfolge. Solange die konservative Elite in Tokio sich aber dagegen sträubt, wird das Leid der Prinzessinnen weitergehen. Und so lange ist auch die Zukunft der ältesten Monarchie der Welt keinesfalls sicher.

AUSBLICK: DER LETZTE KAISER?

Der Wettbewerb um die Thronfolge

Die Fuzokuyoko Zaka ist eine Straße in Tokio, sie windet sich einen Hang hinauf, beschattet von Ginkgobäumen. Ihren Namen hat sie von einer Oberschule, die sich hier befindet und zu den renommiertesten Lehranstalten des Landes zählt. Manchmal sieht man hier einen Jugendlichen, wie er die Straße hinaufgeht. Sein Gesicht hat weiche, fast noch kindliche Züge. Er trägt dann einen dunklen Rucksack, prall gefüllt, vermutlich mit Büchern und Heften. Der Junge fällt nicht weiter auf, dabei ist er der berühmteste Schüler, der je an dieser Schule unterrichtet wurde: Prinz Hisahito, die Nummer zwei in der Thronfolge.

Im April 2022, im Alter von 15 Jahren, wurde Hisahito in die Schule aufgenommen. Schon Wochen vorher fieberten Japans Medien dem Ereignis entgegen. Doch die Tatsache, dass Hisahitos Eltern, Kronprinz Akishino und Prinzessin Kiko, den künftigen Tenno nicht auf die traditionelle Adelsschule Gakushuin schickten, sorgte bei einigen Beobachtern für Irritationen. Auch wenn Hisahitos neue Schule auf eine ehrwürdige Geschichte zurückblickt, ihr Motto – »Selbstständigkeit, Unabhängigkeit, Freiheit«[1] – passt nicht so ganz zu der Opferbereitschaft, die konservative Landsleute noch immer vom Hofadel erwarten. Es klingt zu sehr nach individueller Selbstverwirklichung – wie Hisahitos ältere Schwester Mako sie sich mit ihrer umstrittenen Heirat herausnahm.

Auch über die Umstände, unter denen Hisahito einen der hochbegehrten Plätze in der Eliteschule erhielt, wurde gestritten. Im

Internet rätselten Nutzer, ob der Prinz womöglich bevorzugt behandelt und durch die »Hintertür« in die Schule bugsiert worden sei.[2] Die Erregung war nicht verwunderlich für die konfuzianisch geprägte japanische Bildungsgesellschaft, in der oft schon die Wahl des Kinderhorts Weichen dafür stellt, wer in eine Eliteuniversität aufsteigt und wer nicht. Ungewöhnlich war indes, dass hier ein künftiger Tenno zum Objekt der Missgunst wurde – als sei er ein Junge von nebenan und nicht ein ohnehin privilegierter Nachfahre der Sonnengöttin Amaterasu. Der zänkische Ton, in dem über den Prinzen geredet und geschrieben wurde, machte erneut deutlich: Das Kaiserhaus büßt seine geheimnisvolle Aura zunehmend ein.

Das kann man bedauern. Aber man kann es auch als ermutigendes Zeichen dafür werten, dass die japanische Gesellschaft freizügiger wird und dass sie angeborene Vorrechte nicht länger fraglos akzeptiert.

Indes: Im Fall des jungen Prinzen nahmen die Anfeindungen beunruhigend aggressive Züge an. So wurde Hisahito auch noch eines Plagiats beschuldigt. Was nur erregte die Gemüter so – und warum ließ das alles nichts Gutes ahnen für die Zukunft des Kaiserhauses und seine Akzeptanz in der Bevölkerung?

Im Jahr zuvor hatte Hisahito einen Aufsatz über eine Ferienreise nach Ogasawara – eine heimische Inselgruppe im Pazifik – geschrieben. Der Text wurde bei einem Aufsatzwettbewerb der Stadt Kitakyushu in Südwestjapan ausgezeichnet. Hinterher fiel einigen Leuten jedoch auf, dass sich Passagen des Aufsatzes wie Formulierungen aus einer Tourismus-Broschüre über die Inseln lasen. Der Prinz hatte sie offenbar benutzt, aber nicht als Quelle zitiert. Als die Sache herauskam, witterten manche einen Skandal. Journalisten sezierten den Schüleraufsatz fast so akribisch wie Plagiatsjäger, die sich in Deutschland Doktorarbeiten prominenter Politiker vornehmen.[3] Die Aufregung legte sich erst, nachdem der Prinz die fragliche Broschüre nachträglich als Quellenangabe in den Aufsatz aufgenommen hatte.[4] Aber schon bald fingen Gazetten an, seine Leistungen an der neuen Schule zu bemängeln, allerdings ohne nachprüfbare Belege zu liefern. Im Fach »Modernes Japanisch« habe er so schlechte Noten, wurde behauptet, dass Mitschüler überrascht gewesen seien.[5]

Der Junge konnte einem leidtun. Offenbar musste er dafür büßen, dass er zur Familie Akishino gehörte, also zu dem Teil der Kaiserfamilie, der wegen der umstrittenen Hochzeit von Prinzessin Mako mit Komuro bei vielen in Ungnade gefallen war. Und der nun, in dem endlosen höfischen Rollenwechsel von Gut und Böse, von den Medien negativ mit dem Tenno und seiner Familie verglichen wurde. Denn im Grunde ging es hier um etwas anderes, um etwas Politisches: Es ging wieder einmal um die Thronfolge – also darum, ob Prinz Hisahito eines Tages den Chrysanthemen-Thron besteigen sollte oder doch lieber Prinzessin Aiko, die Tochter des Tennos.

Zwar hat die Regierung in Tokio die politische Diskussion über die Einführung der weiblichen Thronfolge im Januar 2022 auf Eis gelegt. Dass die Mehrheit der Bevölkerung Umfragen zufolge dafür ist, Frauen auf den Thron zu lassen, interessiert sie nicht. Sie hört auf die rechtsnationalen Anhänger der LDP, die – im Gegensatz zu vielen anderen Landsleuten – bei Wahlen verlässlich an die Urnen gehen und treu für die Partei stimmen. Die Abneigung dieser Klientel gegen Frauen auf dem Thron ist bekanntlich tief verwurzelt.

Gleichwohl werfen Medien immer wieder die Frage auf, ob statt Hisahito nicht doch eher Aiko die geeignete Tenno-Kandidatin sei. So rief das Magazin *Bungei Shunju* im Sommer 2022 eine Gesprächsrunde prominenter Adelsexperten zusammen, die dann eine »dringende Empfehlung« zugunsten einer künftigen »Tenno Aiko« aussprachen.[6] In anderen Ländern gehe der Trend längst Richtung weiblicher Thronfolge, betonten sie. Japan dürfe keine

Zeit verlieren, es müsse seine Monarchie ebenfalls reformieren. In der konservativen Tageszeitung *Sankei* sah ein Kolumnist namens Terusa Se das jedoch völlig anders und warnte davor, Aiko zur Kaiserin zu machen. Sonst würden jene keine Ruhe geben, die nicht Prinzessin Aiko, sondern Prinz Akishino oder Prinz Hisahito für die legitimen Thronfolger hielten.[7] So oder so: Der Streit um den Thron, das ist klar vorhersehbar, wird sich wohl nie restlos befrieden lassen.

Im Internet spinnen einige Landsleute die Geschichte des Kaiserhauses bereits weiter in die ferne Zukunft. Auf der Literaturplattform »Kakuyomu« sorgt ein gewisser OjohmbonX mit einem Roman für Gesprächsstoff. Der Titel klingt seltsam, übersetzt lautet er: *AA Goldenes Zeitalter*. Die Handlung spielt im Jahr 2050 und nimmt vorweg, wogegen sich viele Politiker in der Gegenwart sträuben: eine Kaiserin auf dem Thron. Sie heißt – welch Zufall – Aiko und ernennt dann ihrerseits eine Frau zur ersten und bislang jüngsten Regierungschefin in der japanischen Geschichte.[8] Auch die Zukunft von Prinz Hisahito malt der Roman aus. Eines Tages – Hisahito ist bereits Student – verschwindet er plötzlich spurlos aus der Öffentlichkeit; erst sieben Tage später taucht er wieder auf – mit einer 18-minütigen Erklärung auf Youtube. Er kündigt an, den Hof verlassen zu wollen. Künftig wolle er »als einer aus dem Volk arbeiten«. Der fiktive Prinz entschuldigt sich dafür, dass er durch sein Verhalten vielen Menschen »Unannehmlichkeiten und Sorgen« bereitet habe.

Was der Roman da skizziert, ist gar nicht so abwegig, wie es sich bei der ersten Lektüre liest. Wer kann schon ausschließen, dass Hisahito eines Tages die Lust verliert auf ein Leben hinter Palastmauern? Dass er das Erbe des Tennos ausschlägt? Und dass er dem Beispiel seiner ältesten Schwester Mako folgt, die sich auf ihrer letzten Pressekonferenz ja mit ähnlichen Worten vom Volk verabschiedet hat – mit der Bitte um Verzeihung?

Prinz Hisahito (Mitte) und sein Vater, der heutige Kronprinz Akishino (2. v. rechts), bei einem Besuch im Königreich Bhutan 2019.

Anders gesagt: Der Fortbestand des Kaiserhauses erscheint alles andere als sicher. Und daher könnte auch die Debatte um die weibliche Thronfolge jederzeit wieder voll aufbrechen – so gerne konservative Politiker in Tokio das heikle Thema auch zugunsten von Hisahito abhaken oder zumindest aufschieben möchten.

Denn der unterschwellige Dissens um den Spitzenjob im Kaiserhaus spiegelt die sich vertiefende Spaltung der Gesellschaft wider, das Ringen um Japans Zukunft: Was soll aus der größten Demokratie in Ostasien werden? Eine bunte, vielfältige Gesellschaft, die auch die Gleichbehandlung von Frauen, Minderheiten und gar Immigranten einschließt? Oder eher ein vermeintlich homogenes Staatswesen, das sich noch stärker an den Mythos der nationalen Einzigartigkeit klammert, der traditionell mit dem Kaiserhaus verknüpft wird?

Dass die Diskussion um die Frage nach einem weiblichen Tenno nicht zur Ruhe kommt, liegt auch an der Art, wie Hisahito und Aiko von ihrer jeweiligen Umgebung auf die höfische Bühne geschoben und gegeneinander in Szene gesetzt werden. Mitunter drängt sich der Eindruck geradezu auf, dass hier zwischen Cousine und Cousin ein Kandidatenwettbewerb geschürt und ausgetragen wird.

Aus Anlass von Hisahitos 15. Geburtstag zeigte das Fernsehen im September 2021, wie Kronprinz Akishino seinem Sohn am häuslichen Wohnzimmertisch Lehrbücher vorlegte und ihn auf einzelne Passagen hinwies.[9] Der Vater trug eine dunkle Hornbrille, er sah aus wie der gestrenge Hauslehrer. Der Ton war abgeschaltet, wie bis dahin in den Videos des Kaiserlichen Hofamtes üblich, aber die Botschaft war eindeutig: Akishino nahm seine Aufgabe ernst, er wollte seinen Sohn zum künftigen Tenno erziehen.

Ein Jahr später, vor Hisahitos 16. Geburtstag, veröffentlichte der Hof dann eine neue filmische Botschaft.[10] Diesmal durfte der Junge erstmals allein auftreten, er schritt am Rande eines Reisfeldes entlang; ab und zu ließ er eine der fast reifen Ähren durch seine Finger gleiten. Das Video war diesmal mit Ton unterlegt – das war neu und wurde von den Medien entsprechend bestaunt. Allerdings sagte Hisahito kein Wort, man hörte nur das Zirpen der Zikaden im Hintergrund. Doch die Symbolik der Bilder verfehlte ihre Wirkung nicht: Beim Anblick eines Reisfeldes denken viele japanische Zuschauer zwangsläufig an den Kaiser, der auf seinem Palastgrundstück das Getreide pflanzt und erntet. Zusätzlich gab der Palast eine schriftliche Erklärung heraus, wonach der Prinz sich außerhalb der Schule besonders für die Insektenart der Libellen interessiere sowie für den Gemüse- und Reisanbau.[11] Demnach eiferte er also auch mit seinen naturwissenschaftlichen Hobbys seinem Großvater und seinem Urgroßvater, den früheren Tennos, nach. Hisahito, so sollte das Publikum diese Inszenierung zweifellos ver-

Prinz Hisahito pilgert zum Ise-Schrein, an dem seine kaiserliche Urahnin, die Sonnengöttin Amaterasu, verehrt wird.

stehen, wuchs unaufhaltsam in die exklusive Rolle eines Thronfolgers hinein. Er wurde mit diesem Video zum rechtmäßigen männlichen Erben stilisiert.

Über alldem hätte man fast vergessen können, dass Hisahito ein Jugendlicher ist. In der Schule spielt er in der Badminton-Gruppe, und vermutlich surft er zu Hause viel lieber im Internet, als vor der laufenden Kamera des Kaiserlichen Hofamtes tiefsinnig über ein Reisfeld zu schauen. Und wäre er kein Prinz, würde er sich an seinen Wochenenden höchstwahrscheinlich mit Gleichaltrigen in Shibuya oder Harajuku verabreden, den angesagten Vergnügungsvierteln von Tokio.

Doch Hisahito ist eben kein normaler Teenager. Er ist der voraussichtlich künftige »Erhabene des Himmels«. Anders als normale Gleichaltrige trägt er an Wochenenden oft Anzug und Krawatte. An einem Samstag wenige Wochen nach seinem 16. Geburtstag besuchte er ohne seine Eltern den Ise-Schrein in Westjapan, an dem die Sonnengöttin Amaterasu verehrt wird. Mit einem Gefolge todernst dreinschauender Beamter und Leibwächter trottete er langsam über einen breiten Kiesweg. In seinem Gesicht konnte man keine Begeisterung entdecken. Am Eingang des Heiligtums blieb er vor einem hohen Holztor stehen, dann vollführte ein weiß gewandeter Shinto-Priester eine Reinigungszeremonie an ihm. Mit einem Zweig grüner Blätter, der auf kunstvolle Weise geflochten war, wedelte er mehrmals über dem gebeugten Haupt des Prinzen. Dann eilte ein weiterer Priester herbei und streute Salz auf den Kiesboden vor Hisahito, was ebenfalls der Reinigung dienen sollte.

Aber es gibt ja auch noch Aiko, seine Cousine, die als Tochter des Tennos die Rolle der unerklärten Gegenkandidatin für den Thron einnimmt. Mit ihrer ersten Pressekonferenz wurde Aiko für manche Japanerinnen und Japaner zu einer Kaiserin der Herzen. Dass ihr gelungener Auftritt Teil eines höfischen Duells mit Hisahito um die Sympathien des Volkes war, konnte man auch aus den Worten des Chefs des Kaiserlichen Hofamtes schließen. Er bat öffentlich um Verzeihung dafür, dass Aikos Pressekonferenz auf denselben Tag gelegt worden war, an dem auch Hisahitos Abschlussfeier an dessen früherer Schule stattfand.[12] Die terminliche Überschneidung hatte dazu geführt, dass die Medien ihre Aufmerksamkeit vorübergehend von Hisahito auf Aiko lenkten. In der Konkurrenz zwischen Cousin und Cousine gerät Aiko jedoch nicht nur zum Nachteil, dass sie weiblich ist. Ihr wird auch vorgeworfen, dass sie – anders als Hisahito – der Sonnengöttin am Ise-Schrein noch nie ihre Aufwartung gemacht habe.[13] Der altgediente Hofbeobachter Katsumi Iwai listete zudem auf, was die Prinzessin sonst noch so alles versäumt habe an traditionellen Pflichten, darunter Pilgerfahrten zu den Tenno-Gräbern von Jimmu und Hirohito.[14] Im Sommer 2023, als diese Zeilen geschrieben wurden, wuchs der mediale Erwartungsdruck auf Aiko, die rituellen Besuche endlich nachzuholen.

Prinzessin Aiko gibt ihre erste Pressekonferenz – und begeistert viele Landsleute mit Intelligenz und Humor.

Der Wirbel um den potenziellen Thronfolger und die potenzielle Thronfolgerin drängt zeitweilig sogar die Neugierde gegenüber der nach Amerika entflohenen Ex-Prinzessin Mako und ihrem Ehemann Kei Komuro in den Hintergrund. Doch was macht das alles mit Hisahito und Aiko, zwei jungen Menschen, die ihre Persönlichkeiten erst noch finden und entwickeln müssen? Auf der menschlichen Ebene dürften beide am Ende nur verlieren. Sie und ihre Familien werden für eine Frage instrumentalisiert, bei der das Kaiserhaus kein Mitspracherecht besitzt und die nur vom Parlament in Tokio beantwortet werden kann. Sie werden gegeneinander ausgespielt, weil die Politiker sich scheuen, ein für alle Mal eine klare Entscheidung über die Thronfolge zu treffen.

Indes ändert das Geplänkel um Cousin und Cousine nichts an der aktuellen Lage: Solange Japan sich nicht zu einer Reform des

Kaiserhauses durchringt, sondern am Prinzip der männlichen Thronfolge festhält, ist Hisahito als künftiger Tenno gesetzt. Er ist der einzige Junge in der Generation von Höflingen, die auf Tenno Naruhito und Kronprinz Akishino folgt. Auf ihm lasten fast übermenschliche Erwartungen. Er ist nicht zu beneiden.

Sobald Hisahito erwachsen ist, wird er sich eine Ehefrau suchen müssen. Allein das ist eine Herausforderung. Denn welche junge Japanerin wird bereit sein, in den Hof einzuheiraten – angesichts der Qualen und der Benachteiligungen, die Generationen von Frauen dort erlitten haben? Welche Braut wird es ertragen, dass ihre persönlichen und familiären Angelegenheiten im Zuge der Verlobung vor der Nation ausgebreitet werden? Nach all den Anfeindungen, die Komuro und seine Mutter über sich ergehen lassen mussten?

Der Verlust der Privatsphäre dürfte für eine künftige Braut nur der Anfang eines Lebens unter permanenter Beobachtung sein. Und schließlich werden sie und Hisahito die vornehmste aller dynastischen Pflichten erfüllen müssen – einen Sohn zu zeugen, um den Fortbestand des Kaiserhauses zu sichern. Dafür werden sie keine Lehrbücher benötigen, wie Hisahitos Vater sie seinem Sohn in dem Geburtstagsvideo zu lesen gab; sie werden vielmehr auf den biologischen Zufall vertrauen müssen – von dem hängt es am Ende ab, ob die älteste Monarchie der Welt fortbesteht. Oder ob sie untergeht – mit Hisahito als letztem Kaiser Japans.

Der seidene Faden

Versucht man, sich Hisahitos Zukunft auszumalen, kann man sich nur wundern über die Tatenlosigkeit der Politiker in Tokio. Gerne beschwören sie die Geschichte und die Tradition des »Landes der Götter«, wie Japan von einem Ex-Premier gerühmt wurde. Und doch lassen sie das Kaiserhaus mit seinen Zukunftssorgen allein.

Hisahito ist der seidene Faden, an dem die Zukunft der viel beschworenen männlichen Linie hängt. Wie ungewiss sie ist, zeigte sich im November 2016. Damals verursachte ein Fahrzeug des kaiserlichen Fuhrparks einen Unfall auf einer Autobahn nahe Tokio. An Bord befanden sich Hisahito, seine Mutter und weitere Personen, die zum gemeinsamen Wandern in die Berge fahren wollten. Plötzlich staute sich der Verkehr, ihr Wagen kollidierte mit einem anderen Fahrzeug. Verletzt wurde niemand, doch viele im Land sorgten sich: Wurde der Thronanwärter ausreichend beschützt?[15]

Spätestens seit dem Attentat auf Ex-Premier Abe im Juli 2022 weiß man, dass Japan keineswegs so sicher ist, wie eine vergleichsweise niedrige Kriminalitätsrate glauben macht. Immer wieder kommt es vor, dass Einzelne auch das Kaiserhaus bedrohen oder zumindest eine unheilvolle Obsession mit dieser Institution entwickeln. Im April 2019 – Hisahito war zwölf – verschaffte sich ein Unbefugter Zutritt zu der Schule in Tokio, die der Prinz damals besuchte.[16] Der Mann war 56 Jahre alt, er trug eine Arbeitsmontur und gab sich als Klempner aus. Ungehindert begab er sich in den Klassenraum des Prinzen, in dem sich zu dieser Zeit offenbar sonst niemand aufhielt. Dort deponierte er zwei Messerklingen auf Hisahitos Tisch, sie waren rosa angemalt und an einem Stock befestigt. Im Internet fühlten sich Nutzer später an *Evangelion*, einen beliebten japanischen Animefilm, erinnert: Dort kommt so ein

Doppelspieß vor, wer ihn besitzt, verfügt über die Kraft zu herrschen.[17] Ursprünglich bezog sich die Sache mit dem Spieß offenbar auf die Legende von der heiligen Lanze, mit der ein römischer Soldat einst den Tod des gekreuzigten Jesus Christus überprüft haben soll. Doch warum kam jemand überhaupt auf die Idee, dem japanischen Thronerben so eine skurrile Waffe auf den Schultisch zu legen? Wollte er ihn bedrohen? Oder wollte er ihn umgekehrt dazu anspornen, den Thron zu besteigen, wie manche im Internet mutmaßten?

Vielleicht wusste der Überbringer der Lanze das selbst nicht so genau. Vor Gericht entschuldigte er sich später dafür, dass er der Gesellschaft »Unannehmlichkeiten« bereitet habe. Sich zerknirscht zu zeigen und um Verzeihung zu bitten – das ist in Japan fast immer eine ratsame Verteidigungsstrategie, um mit milder Strafe davonzukommen. Der Richter befand, der Täter habe aus einem »eigentümlichen Interesse am System des Hofadels« gehandelt und öffentliches Aufsehen erregen wollen, er verurteilte ihn zu einer Gefängnisstrafe auf Bewährung.[18]

Im Frühsommer 2022 wurde dann bekannt, dass ein anderer Landsmann unerlaubt auf das kaiserliche Grundstück vorgedrungen war – erst nach einer Stunde wurde er angeblich entdeckt.[19] Ein anderes Mal schickte jemand einen Protestbrief an das Kaiserliche Hofamt; ein Messer lag dem Schreiben bei.[20] Das sind nur zwei jüngere Vorfälle dieser Art, und es dürften nicht die letzten gewesen sein.

Doch abgesehen von den Sorgen um die Unversehrtheit der Kaiserfamilie und ihres einzigen männlichen Sprösslings: Was wäre, wenn Hisahito – ähnlich wie in dem Online-Roman beschrieben – eines Tages tatsächlich für sich entschiede, dass er keine Lust hat auf ein Leben als künftiger Tenno? Immerhin hat er den Streit um die Hochzeit seiner ältesten Schwester hautnah miterlebt. Er hat gesehen, was für einem gnadenlosen Mobbing Mako ausgesetzt wurde. Was mag er als 11- bis 15-Jähriger wohl in dieser Zeit gefühlt und gedacht haben? Verstörende Nachrichten über den jungen Prinzen drangen damals nach außen, sie deuten darauf hin, dass er unter Stress litt. Bei einem familiären Abendessen habe er sich übergeben, wurde unter Berufung auf höfische Insider berichtet.[21]

Ja, was hieße es für Japan, wenn Hisahito – getreu dem Motto seiner Oberschule – für sich ein Leben in »Selbstständigkeit, Unabhängigkeit, Freiheit« beanspruchte? Wenn er also dem Thron entsagte? Zumindest theoretisch haben Prinzen die Möglichkeit, den Hof zu verlassen. Nach Artikel 11, Absatz 2 des Hofgesetzes können sie dies tun, wenn »unvermeidliche, besondere Gründe« vorliegen und sie das 15. Lebensjahr erreicht haben. Und solange sie noch kein Kronprinz sind.[22] Über das konkrete Gesuch hätte dann der zehnköpfige Rat des Kaiserlichen Haushalts zu befinden, der unter dem Vorsitz des Premiers zusammentritt.

Die Gedankenspiele um die Thronfolge könnte man endlos weitertreiben. Und je konkreter man sich die Zukunft des Kaiserhauses ausmalt, desto ungewisser erscheint sie. Das gilt auch für die Gesellschaft insgesamt, der Hisahito in einigen Jahren oder Jahrzehnten voraussichtlich als »Symbol« dienen wird. Japan hat den Gipfel seines Aufstiegs überschritten, auf fast allen Gebieten; es muss sich auf schmerzhafte Umwälzungen einstellen – politisch, wirtschaftlich, militärisch, klimatologisch, demografisch.

Und aktuell schwebt die Frage über dem Land, was aus der pazifistischen Verfassung wird, die Ex-Kaiser Akihito und auch der aktuelle Tenno Naruhito treu befolgten und befolgen. Angesichts aggressiver Drohgebärden seitens Chinas und Nordkoreas scheint es nur eine Frage der Zeit, bis Japan das umstrittene Dokument revidiert und die Stellung der Streitkräfte formell aufwertet. Das wäre aber nur der erste Schritt zu einer politischen Neuausrichtung. Als Nächstes könnte auch die Stellung des Tennos wieder neu definiert werden.

Hisahitos Urgroßvater, der Kriegskaiser Hirohito, hatte die Demokratie und den Nachkriegspazifismus nach der Niederlage von 1945 akzeptiert, um mit seiner Institution zu überleben. Letztlich war er es, der seinem Volk auf amerikanischen Druck die Demokratie überstülpte – einem Volk, das von sich aus nicht auf die Idee gekommen war, sich zum Souverän zu erklären. Bis heute ist Japan keine gelebte Demokratie im westlichen Sinn. Dass diese Gesellschaft einem gleichwohl erstaunlich stabil vorkommt, in sich geschlossener und harmonischer als viele andere auf der Welt, liegt sicher auch daran, dass sie den Tenno hat, das Symbol der Einheit und der Kontinuität.

Vor allem Ex-Kaiser Akihito, diesem wahren Hüter des Volkes, ist es gelungen, die große Lücke zu füllen, welche die gewählten Politiker nicht füllen können oder wollen. Er war in seiner Zeit als Tenno das Gewissen der Nation, er repräsentierte sein Land mit Anstand und Würde, er kümmerte sich um die Verlorenen und Vergessenen, er bereiste die Katastrophengebiete der Gegenwart und die Schlachtfelder der Vergangenheit. Er nahm die demokratische Verfassung so ernst, wie es fast kein Politiker tat; und dann begann er mit dem Volk eben auch noch eine Art Gespräch über seine Abdankung und die Zukunft des Kaisertums.

Der heutige Tenno Naruhito bemüht sich, seinem Vater nachzueifern – sowohl inhaltlich, was die Bewältigung der kriegerischen Vergangenheit betrifft, als auch äußerlich, in Sachen Volksnähe. Doch im Vergleich zu Akihito reißt er die Landsleute bislang kaum mit – trotz seines Machtwortes vor den Olympischen Spielen. Das liegt nicht nur an der langen Zwangspause während der Coronapandemie, sondern auch an seiner Frau, der leidenden Masako. Ex-Tenno Akihito gewann das Volk auch deshalb für das Kaiserhaus, weil er unermüdlich als Zweiergespann mit Kaiserin Michiko durchs Land reiste – beide nahmen keine Rücksicht auf sich selbst, sie fungierten als Einheit. Dagegen muss Naruhito darauf achten, dass er seine ruhebedürftige Frau nicht überfordert. Auf Dauer dürfte das aber nicht reichen: Ein großer Kaiser muss mehr sein als ein fürsorglicher Ehemann und Vater. Er muss die ganze Nation ansprechen und erreichen – mit ihren Sorgen und der Verunsicherung, unter der viele in Japan zunehmend leiden.

Und was kann man von einem möglichen Tenno Hisahito erwarten? Welche Rolle wird er spielen? Und überhaupt: Wird auch er noch einem demokratischen Japan vorstehen? Daran kann man zweifeln. Je komplexer und krisenhafter die Welt erscheint, desto lauter beschwören japanische Vordenker überlieferte Mythen. Die Monarchie dient ihnen als zentraler Bezugspunkt, auch wenn sie erstaunlich wenig tun, um sie zu festigen und zu erhalten: Der Tenno – und nicht die flüchtige Demokratie – spiegelt für sie die Ewigkeit wider, die nationale Identität.

Wenn Monarchisten in Tokio sich auf die Geschichte berufen, dann oft mit dem Ziel, die Demokratie zu relativieren: »Der ›Wille des Volkes‹ besteht nicht nur aus dem Willen des japanischen Volkes, das zu einer bestimmten Zeit lebt«, schreibt Terusa Se, der Kommentator der Zeitung *Sankei*, unter Bezug auf die Debatte über die weibliche Thronfolge. »Dazu gehört auch der Wille all der Japaner, die in der Vergangenheit lebten.«[23] Soll das etwa heißen, auch tote Japanerinnen und Japaner besäßen ein Mitspracherecht über die Gegenwart? Einer, der sich gerne auf die Geschichte berief und mit der Vergangenheit Politik machte, war Shinzo Abe, der im Juli 2022 ermordete Ex-Premier. Tatsächlich verkam die Nachkriegsdemokratie in seiner Amtszeit zu einer Fassade, hinter der korrupte Praktiken gang und gäbe wurden. Kaum ein Regierungschef hat die Grundprinzipien der Verfassung, wie das Recht auf freie Meinungsäußerung und die Unabhängigkeit der Justiz, so ausgehöhlt wie er. Falls seine Nachfolger diesen Trend fortsetzen, könnte ein künftiger Tenno Hisahito wieder in die Lage kommen, über einem autoritären Staatswesen thronen zu müssen. Dann erginge es Hisahito wie vielen seiner oft ohnmächtigen kaiserlichen Urahnen.

Indes gibt es einen Trost: Ein Tenno kann auch als Hemmblock gegen autokratische Machtgelüste wirken. Er ersetzt, wenn auch nur zu einem gewissen Grad, die politische Gewaltenteilung, die in Japan zwar auf dem Papier steht, aber im Alltag oft nicht gelebt wird. Solange die Institution des Kaiserhauses existiert, dürfte es einem einzelnen Politiker kaum gelingen, dem Land einen Personenkult aufzuzwingen, wie ihn der Chinese Xi Jinping oder der Nordkoreaner Kim Jong-Un in den Nachbarländern praktizieren. Auch liberale Japanerinnen und Japaner haben es schätzen gelernt, dass Tenno Akihito sich seinerzeit populistischen Tendenzen entgegenstemmte, die westliche Demokratien bedrohten und bedrohen – man denke nur an eine erneute Präsidentschaft von Donald Trump in den USA, wo 2024 die nächsten Wahlen stattfinden.

Doch wie lange wird es das Kaiserhaus noch geben? Das dürfte auch von der demografischen Entwicklung abhängen. Im Mai 2023 gab die Regierung in Tokio bekannt, dass die Zahl der unter 15-Jährigen – also jener Japanerinnen und Japaner, die eines Tages voraussichtlich unter einem möglichen Tenno Hisahito leben und arbeiten werden – gegenüber dem Vorjahr um rund 300 000 Personen geschrumpft war, auf ein neues Rekordtief.[24] Ihr Anteil an der Gesamtbevölkerung betrug nur noch 11,5 Prozent. Dagegen ist der Anteil jener, die 65 Jahre alt oder älter sind, auf rund ein Drittel gewachsen.

Die Vergreisung der japanischen Gesellschaft verändert den Alltag von Grund auf: Die Menschen vereinzeln und vereinsamen zunehmend. In zentralen Bezirken von Tokio, also dort, wo auch der Kaiserpalast liegt, ist die Dystopie zum Teil bereits Realität. Dort bestehe fast die Hälfte aller Haushalte aus nur einer Person, schätzt die Soziologin Chizuko Ueno.[25] Die meisten Japanerinnen und Japaner würden ihr Leben lang Single bleiben. Sie rät den Landsleuten, sich künftig auf ihre individuellen Stärken zu besinnen – statt auf die Gemeinschaft, in der sich die Vorfahren noch überwiegend geborgen fühlten.

Noch fällt es schwer, sich diese Zukunft auszumalen: Wird ein Tenno Hisahito eines Tages gar mutterseelenallein auf der Veranda seines Palastes stehen, um den Landsleuten an Neujahr zuzuwinken? Oder wird er sich nur noch virtuell an das Volk wenden, um die wachsende Zahl jener Einzelwesen in Japan, die sich in ihre Zimmer verkriechen und höchstens noch über soziale Medien und Computerspiele miteinander kommunizieren, zu erreichen?

Ein weniger harmonisches, ungemütliches Japan scheint da am Horizont auf. In der hergebrachten gesellschaftlichen Ordnung – das wurde auf den vorangegangenen Seiten immer wieder deutlich – haben die meisten Bewohner dieses Landes jeweils ihren angestammten Platz. Und der Ranghöchste, der diese Wir-Gesellschaft auch heute noch verkörpert, als »Symbol der Einheit des Staates und des Volkes«, ist eben der Tenno. Dass Japan dieses zentrale Bindeglied besitzt, über alle politischen Machtverhältnisse und Zeitläufe hinweg, hat für viele etwas Beruhigendes. Es enthebt sie oft der Aufgabe, zu der sie kaum ein Kindergarten, kaum eine Schule und kaum eine Universität konsequent erzieht: von sich aus die Initiative zu ergreifen, als Individuen, und Verantwortung zu übernehmen für sich und die Nation.

Doch wenn Japan immer schneller altert und schrumpft und in eine Gesellschaft von Einzelnen auseinanderfällt, wozu braucht es dann noch einen Tenno? Und wäre es überhaupt so schlimm, wenn das Land ohne den »Herrscher des Himmels« auskommen müsste? Oder könnte man darin gar ein Zeichen des Fortschritts sehen?

Kanichi Asakawa war ein japanischer Historiker, der vor und während des Zweiten Weltkrieges in den USA lebte und auch in der dortigen Politik Gehör fand. Er sah aus der Ferne manches klarer als seine in der Heimat verbliebenen Kollegen. Er prophezeite:

Eine Zeit, in der das Tenno-System in Japan als Anachronismus angesehen wird, werde erst dann kommen, »wenn das Volk seine Fähigkeit voll entwickelt hat, sich selbst zu verwalten«.[26] Auf die heutige Gesellschaft bezogen kann man den Gedanken fortführen: Erst wenn die Japanerinnen und Japaner von ihrer Nachkriegsdemokratie voll Besitz ergreifen, als souveräne Bürgerinnen und Bürger, und die Geschicke des Landes nicht länger passiv einer feudalistisch anmutenden Kaste von Politikern überlassen – erst dann können sie vielleicht auf ihr Kaiserhaus verzichten.

Ein Japan ohne Tenno? Eine Republik? Das wäre ein anderes Japan, ein Land, das einem sicherlich weniger geheimnisvoll vorkäme. Ein Land mit neuen Risiken, aber auch mit neuen Chancen. Ein Japan, das man dann ganz neu kennenlernen und beschreiben müsste.

ANHANG

DANKSAGUNG

Dieses Buch hätte ich nicht schreiben können ohne die zahlreichen Japanerinnen und Japaner, die sich oft sehr viel Zeit nahmen, um mit mir über das Kaiserhaus zu sprechen. Einige habe ich in der Einleitung vorgestellt. Andere, die mir vertraulich Informationen gaben, müssen leider ungenannt bleiben. Sie haben meine Sicht der Dinge oft wesentlich beeinflusst.

Dankbar bin ich auch meinen Kolleginnen und Kollegen vom SPIEGEL in Hamburg, die mir über die Jahre so viele Möglichkeiten gewährt haben, Japan, sein Kaiserhaus und seine Gesellschaft zu erkunden. Angelika Mette und ihre Kolleginnen vom SPIEGEL-Buchverlag haben sich früh für dieses Buch interessiert und es auf ihre freundliche und professionelle Weise betreut.

Ganz besonders danke ich Julia Kompe von DVA für ihren unermüdlichen Einsatz, ihre klugen und wertvollen Hinweise und ihre Begeisterung für dieses Buch. Sie und ihr Team haben mich auf jeder Etappe des gemeinsamen Weges spüren lassen, dass das »Erbe des Tennos« auch ihr Projekt ist – wobei die Verantwortung für mögliche verbliebene Unzulänglichkeiten und Fehler selbstverständlich allein bei mir liegt.

Folgende Personen halfen mir großzügig, indem sie das Manuskript ganz oder in Teilen lasen, fachkundigen Rat oder Kritik gaben, Kontakte vermittelten oder mich durch Gespräche über Japan, sein Kaiserhaus und Vergleiche mit westlichen Monarchien inspirierten: Kyoko Higashiyama, Yukio Hiyama, Hiroshi Ishikawa, Harumi Iwasaki, Atsuro Kurashige, Bernd Martin, Toshimichi Muroi, Erich Röhrich, Kenichi Shimamura, Toru Takenaka und Kai Wagner. Und ich danke Yumiko, meiner lieben Ehepartnerin, die mich seit fast vier Jahrzehnten bei meinen Versuchen unterstützt und ermutigt, ihre faszinierende japanische Heimat und deren Menschen besser zu verstehen.

Tokio im Frühsommer 2023

SCHREIB- UND ZITIERWEISEN

Auf Japanisch werden Familiennamen normalerweise vor den Vornamen genannt, so hieß der frühere Premier Abe in seiner Heimat Abe Shinzo. Dieses Buch richtet sich nach der in Deutschland gebräuchlichen Schreibweise und nennt ihn: Shinzo Abe. Die Kaiser tragen jeweils mehrere Namen, ihre Geburtsnamen, Prinzennamen und die Ära-Namen, die ihnen nach dem Tod verliehen werden: Hirohito, der Kriegskaiser, wird in seiner Heimat posthum »Showa-Tenno« genannt. Auch Kaiserinnen erhalten nach dem Tod andere Namen: Hirohitos Gattin Nagako heißt »Kojun«. Dieser Text bezeichnet das höfische Personal indes so, wie es aus der jeweiligen Situation sinnvoll erscheint und dem Verständnis dient.

Die Kaiser Jimmu, Temmu und Kammu werden in lateinischer Umschrift auch als »Jinmu«, »Tenmu« oder »Kanmu« wiedergegeben. Dieses Buch schreibt ihre Namen so, wie man sie ausspricht: »Jimmu«, »Temmu«, »Kammu«. Um den Lesefluss zu erhalten, verzichtet der Text bei japanischen Namen und Begriffen auf Längenstriche über den Vokalen. Statt »Shinzō Abe« wird also »Shinzo Abe« geschrieben; statt »Tōkyō« heißt es verdeutscht »Tokio«. Nur in den Fußnoten und im Literaturverzeichnis werden die Striche verwendet.

Wo nicht anders vermerkt, stammen die deutschen Übersetzungen japanischer Zitate und Begriffe vom Autor.

ZEITTAFEL: DAS KAISERHAUS UND DAS MODERNE JAPAN

1853
Ein amerikanisches Flottengeschwader unter Commodore Matthew Perry taucht in der Bucht von Tokio auf. Die Öffnung des Landes beginnt.

1867
Kaiser Mutsuhito (»Meiji«-Tenno) besteigt den Thron.

1868
»Meiji«-Restauration: Das Militärregime des Shoguns wird gestürzt, die kaiserliche Herrschaft wiederhergestellt.

1889
Verkündung der »Meiji«-Verfassung. Ein neues Kaiserliches Hofgesetz schreibt die männliche Thronfolge fest.

1912
Kaiser Yoshihito (»Taisho«-Tenno) besteigt den Thron.

1921
Kronprinz Hirohito übernimmt die Regentschaft für seinen erkrankten Vater.

1926
Kaiser Hirohito (»Showa«-Tenno) besteigt den Thron.

1937
Japan nutzt ein Scharmützel an der Marco-Polo-Brücke in Peking, um seinen Krieg gegen China auf das übrige Land auszuweiten (Juli).

1941
Japan greift den US-Flottenstützpunkt Pearl Harbor in Hawaii an; der Pazifische Krieg bricht nun voll aus (7. Dezember).

1945
Hirohito nimmt die japanische Niederlage im Zweiten Weltkrieg an (Radioansprache am 15. August).

1946
Hirohito widerruft auf Druck der US-Besatzer de facto seine Göttlichkeit.

1947
Die Nachkriegsverfassung tritt in Kraft. Elf Adelsfamilien müssen das Kaiserhaus verlassen und auf ihre Privilegien verzichten.

1959
Kronprinz Akihito heiratet die Unternehmertochter Michiko Shoda.

1989
Tenno Hirohito stirbt. Akihito besteigt den Thron, die »Heisei«-Ära beginnt.

1993
Kronprinz Naruhito heiratet die Diplomatin Masako Owada.

1995
Die Aum-Sekte des Gurus Shoko Asahara verübt einen Giftgasanschlag im Tokioter Regierungsviertel.

2001
Geburt von Prinzessin Aiko.

2006
Geburt von Prinz Hisahito, des ersehnten männlichen Thronfolgers. Der Plan für die Einführung der weiblichen Thronfolge wird stillschweigend auf Eis gelegt.

2011
Ein Erdbeben mit anschließendem Tsunami verwüstet weite Teile Nordostjapans und löst den Super-GAU im Kernkraftwerk Fukushima Daiichi aus (11. März).

2012
Shinzo Abe wird zum zweiten Mal Premier.

2016
Akihito signalisiert per Videobotschaft an das Volk den Wunsch abzudanken.

2019
Kaiser Naruhito besteigt den Thron.

2021
Prinzessin Mako heiratet ihren bürgerlichen Studienfreund Kei Komuro und zieht mit ihm nach New York.

2022
Ex-Premier Shinzo Abe wird bei einem Wahlkampfauftritt erschossen (8. Juli).

2022
Kaiser Naruhito verlässt im Herbst erstmals seit der Coronapandemie Tokio.

2023
Kaiser Naruhito und Kaiserin Masako reisen zu ihrem ersten Staatsbesuch nach Indonesien.

STAMMBAUM: KAISERLICHE LINIE

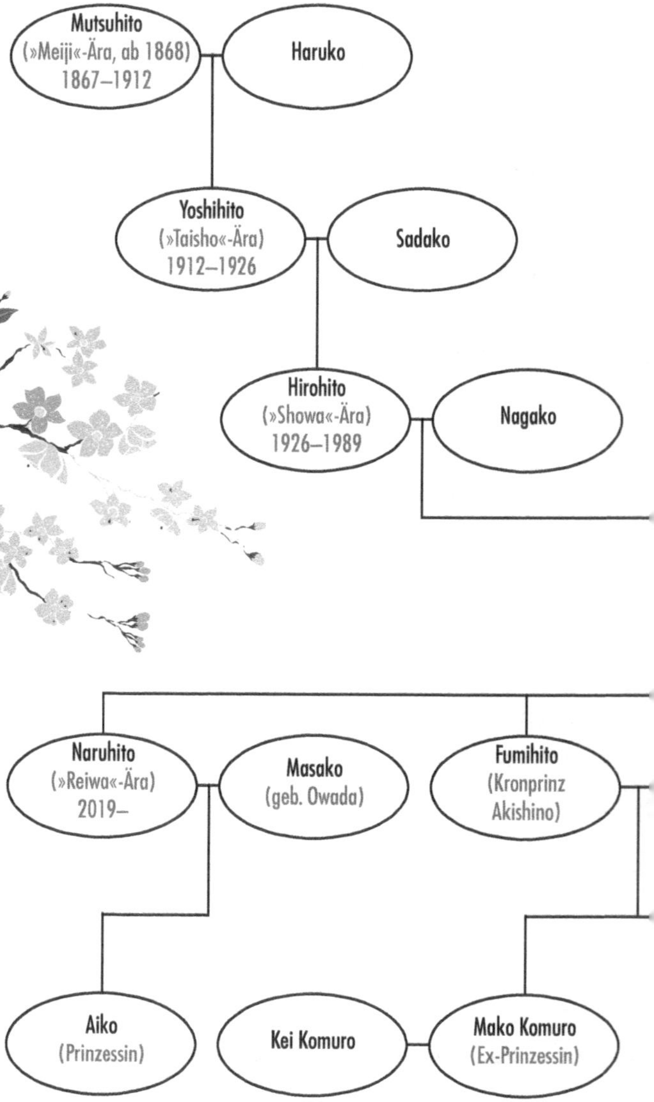

SEIT 1867 (VEREINFACHT)

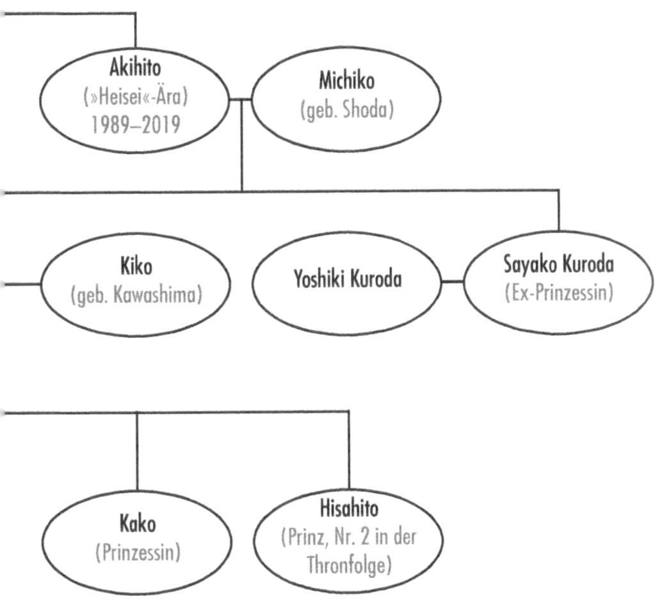

ANMERKUNGEN

Einleitung: »Der Tenno und ich«

1 Vgl. Kaiserliches Hofamt, www.kunaicho.go.jp/.
2 Vgl. »Wir wollen keine Dauerparty«, Interview von Wieland Wagner, 28.11.1999, in: DER SPIEGEL 48/1999.
3 Vgl. Wagner, Wieland: »Des Kaisers alte Garde«, 12.09.1999, in: DER SPIEGEL 37/1999.
4 Mishima, Yukio: *Bunka Bōeiron*. Tokio 2022 (11. Auflage), S. 75.

I. Der Online-Kaiser

1 2,443 Mrd. Yen, vgl. Nishikawa, Megumi: »Doko made kōhi? Igaito shiranai ›kōshitsu no saifu jijō‹«, 20.08.2021: https://toyokeizai.net/articles/-/448898.
2 »Rekidai no tennō ga mananda ›teiō-gaku‹ wa jidai ya seido ni yotte ōkiku kawatta«, 24.04.2022, Nikkan Gendai Digital: www.nikkan-gendai.com/articles/view/geino/304377.
3 Naruhito Shinnō: *Temuzu to tomo ni. Igirisu no ni nenkan*. Tokio 1993 (= Gakushūin kyōyō shinsho 7).
4 Vgl. Kaiserliches Hofamt: »Kōshitsu kaigi«: www.kunaicho.go.jp/about/seido/seido07.html.
5 Barthes, Roland: *Das Reich der Zeichen*. Frankfurt a. M. 1981 (= edition suhrkamp, Neue Folge, Bd. 77), S. 47 ff.
6 Vgl. »Kōkyo mae hiroba chiku«, Ministry of the Environment: www.env.go.jp/garden/kokyogaien/1_intro/his_03.html.
7 »Marunouchi no shinboru ›Tōkyōkaijōnichidō biru‹ kaitai e«, 04.04.2021, Tōkyō Shimbun Tokyo Web: www.tokyo-np.co.jp/article/95654.
8 Vgl. Kadoi, Yoshinobu: *Tōkyō no misuterī. Kono machi wo tsukutta senkusha-tachi*. Tokio 2021 (E-Book), S. 64.
9 Vgl. Meinungsumfrage des Senders NHK vom 28.09.2019: https://www3.nhk.or.jp/news/special/japans-emperor6/opinion_poll/#mokuji0.
10 Film von 2015; der englische Titel lautet: Three Stories of Love.
11 Vgl. Wagner, Wieland: »Götter für alle Gelegenheiten«, in: SPIEGEL SPECIAL 9/2006.
12 Satō, Naoki: »Nihon no kōzoku ni wa ›kihonteki jinken‹ ga nai …«, 25.05.2022, President Online: https://president.jp/articles/-/57714.
13 Dazu ausführlich: Doi, Takeo: *Amae. Freiheit in Geborgenheit. Zur Struktur japanischer Psyche*. Frankfurt 1982.
14 Vgl. Kaiserliches Hofamt: »Genealogy of the Imperial Family«: www.kunaicho.go.jp/e-about/genealogy/koseizu.html.

15 Vgl. »Tennō heika zenritsusen no kensa e«, 03.10.2022, NHK: https://www3.nhk.or.jp/news/html/20221003/k10013846581000.html.

16 Naruhito auf Pressekonferenz am 21.02.2023: »Tennō heika o tanjōbi ni saishi (Reiwa 5-nen)«. Kaiserliches Hofamt: www.kunaicho.go.jp/page/kaiken/show/60.

17 Vgl. Wagner, Wieland: *Japan. Abstieg in Würde. Wie ein alterndes Land um seine Zukunft ringt.* München 2018.

18 Vgl. »Sangiin senkyo 2022 tōhyō-ritsu rankingu«, 12.07.2022, NHK: https://www3.nhk.or.jp/news/html/20220712/k10013713101000.html.

19 Vgl. Mikuriya, Takashi (Hg.): *Tennō taii. Nani ga ronjirareta no ka. Okotoba kara daijōsai made.* Tokio 2020, S. 109.

20 Vgl. Pressekonferenz 21.02.2022, Kaiserliches Hofamt: www.kunaicho.go.jp/page/kaiken/show/51.

21 Vgl. Rede auf BBC, 05.04.2020: www.youtube.com/watch?v=2klmuggOElE.

22 Hara, Takeshi; Yoshida, Yutaka: *Tennō kōshitsu jiten*, Tokio 2017, 3. Auflage, S. 114; s. auch: »Shokuin«, Kaiserliches Hofamt: www.kunaicho.go.jp/kunaicho/kunaicho/shokuin.html.

23 Vgl. »Wir wollen keine Dauerparty«.

24 Vgl. »Hataraku josei no jisatsu ga zōka«, in: Nihon Keizai Shimbun, 02.11.2021.

25 »Nagabiku koronaka demo … naze tennō to Masako kōgō wa ›chinmoku‹ wo tsuranuite iru no ka?«, in: Bungei Shunjū, 2020/8.

26 Kan, Takayuki: »Koronaka to tennō gensō. Detekonai tennō, dasanai seifu«, 02.07.2020, in: Ronza: https://webronza.asahi.com/national/articles/2020070100004.html.

27 Zit. n. Takahashi, Fumiya: »Abe shushō danwa zenbun«, 01.04.2019, in: Huffpost: www.huffingtonpost.jp/entry/reiwa-abe_jp_5ca17f54e4b0474c08d0b676; vgl. auch: Abe, Shinzō; Hashimoto, Gorō (u. a.): *Abe Shinzō kaiko-roku.* Tokio 2023 (E-Book), S. 303 ff.

28 Vgl. Abe, Shinzō: *Utsukushī kuni e.* Tokio 2006 (3. Auflage); Abe, Shinzō: *Atarashī kuni e. Utsukushī kuni e kanzenban.* Tokio 2013.

29 Zit. n. Wagner, Wieland: »Japan leidet, der Tenno schweigt«, 30.07.2020, in: DER SPIEGEL 31/2020; vgl. auch Abe: *Abe Shinzō kaiko-roku,* S. 313.

30 Pressekonferenz 21.02.2017, Kaiserliches Hofamt: www.kunaicho.go.jp/page/kaiken/show/9.

31 Vgl. »Shuyō saigi ichiran«, Kaiserliches Hofamt: www.kunaicho.go.jp/about/gokomu/kyuchu/saishi/saishi01.html.

32 Watanabe, Makoto: *Heisei no kōshitsu. Ryō heika ni o tsukae shite.* Tokio 2008, S. 118.

33 Takaya, Asako: *Kōshitsu no saishi to ikite. Naishōten, 57-nen no hibi.* Tokio 2017.

34 »7-nenburi ni kyūchū saishi no Masako-sama tomadoi wo idaita riyū wa«, 12.04.2016, News Postseven: www.news-postseven.com/archives/20160412_401944.html?DETAIL.

35 Vgl. die Veranstaltung im Januar 2022 auf Youtube: www.youtube.com/watch?v=Qg-LP791at8.

36 Watanabe: *Heisei no kōshitsu,* S. 81.

37 Für den japanischen Originaltext s. Kaiserliches Hofamt: www.kunaicho.go.jp/culture/utakai/odai.html.

38 Vgl. »Tennō kōgō ryō heika zenkoku shokuju-sai ni rimōto de shusseki«, 05.06.2022, NHK: https://www3.nhk.or.jp/news/html/20220605/k10013658991000.html.

39 Vgl. Wagner, Wieland: »Japan und der Irrsinn mit Olympia«, 19.07.2021, in: DER SPIEGEL, 29/2021.

40 Abe: *Abe Shinzō kaiko-roku*, S. 109.

41 Vgl. Wagner, Wieland: »Japan und der Irrsinn«.

42 Vgl. »Abe zen shushō ›hannichi-tekina hito ga gorin kaisai ni tsuyoku hantai‹ gekkan-shi no taidan ni«, 03.07.2021, in: Mainichi Shimbun: https://mainichi.jp/articles/20210703/k00/00m/010/034000c.

43 Vgl. Wagner, Wieland: »Japans Angst vor China«, in: DER SPIEGEL, 12/2021.

44 »Gorin mukankyaku ni genjitsumi«, in: Asahi Shimbun, 30.06.2021.

45 Vgl. »Japan emperor appears concerned Olympics could spread COVID: official«, 24.06.2021, Kyodo News: https://english.kyodonews.net/news/2021/06/2da58f110573-breaking-news-emperor-concerned-olympics-may-cause-infections-to-rise-official-believes.html.

46 »›Tennō heika gorin kaisai de kansen kakudai go shinpai to haisatsu‹. Kunaichō chōkan«, 24.06.2022, NHK: https://www3.nhk.or.jp/news/html/20210624/k10013101951000.html.

47 »Tennō ›gorin kenen‹ VS. Suga ›kōshitsu wa kankō shigen‹ Kunaichō chōkan ›irei no haisatsu‹ zen shinsō«, 30.06.2021, Shūkan Bunshun Denshiban: https://bunshun.jp/denshiban/articles/b1310.

48 Vgl. »Kōkyo raien-sha ni kutsurogeru kūkan wo, higashi gyoen ni kafe heisetsu no daikibo kyūkeijo wo kensetsu e«, 13.05.22, Yomiuri Shimbun Online: www.yomiuri.co.jp/koushitsu/20220513-OYT1T50290/.

49 Vgl. Twitter-Eintrag »Aiko-sama kirei ni nattenai?«, 17.03.2022: https://twitter.com/hironosuke0422/status/1504345159974387713.

50 Wagner, Wieland: »Trinkfest, aber entscheidungsschwach«, 29.09.2021, spiegel.de: www.spiegel.de/ausland/fumio-kishida-kein-aufbruch-fuer-japan-a-ba51914c-2d81-41fb-9826-39bd68312f7e.

51 Wortlaut d. Pressekonferenz, 17.03.2022, Kaiserliches Hofamt: www.kunaicho.go.jp/activity/activity/02/activity02-r040317.html.

52 Takamori, Akinori: »Hikisakareta 20-nen … Tennō ni naru ›kamo shirenai‹ Aiko-sama wo tennōke wa dō sodatete kita ka«, 22.04.2022, President Online: https://president.jp/articles/-/56608?page=1.

53 Kaiserliches Hofamt, 21.02.2005: www.kunaicho.go.jp/okotoba/02/kaiken/kaiken-h17az.html.

54 Takamori: »Hikisakareta 20-nen«.

55 Vgl. Motoki, Asahiko: »›Naze Aiko tennō de wa damena no ka‹. Kokumin no shiji ga nai shōchō tennōsei wa zettai ni iji dekinai«, 18.01.2022, President Online: https://president.jp/articles/-/53868?page=1.

56 Vgl.: »Dankei kōi keishō wo kenji«, 23.10.2019, The Sankei News: www.sankei.com/article/20191023-WM4KTT4DMRIDZCUK3LDCJGKIKM/.

57 »›Kei-kun‹ ni kawaru ›Mako-sama‹ no o aite mo? Josei kōzoku ›o aite kōho risuto‹ ni aru namae«, 13.11.2018, Daily Shinchō: www.dailyshincho.jp/article/2018/11130800/?all=1.

58 Vgl. »Kyū fujō shita Aiko-sama no ›muko kōho kyōdai‹ dankei ronsha wa zessan mo chichioya to tennō heika no kankei ni fuan yōso«, 01.02.2022, in: Josei Jishin: https://jisin.jp/domestic/2062966/.

59 Vgl. Takamori, Akinori: »›Kyū miyake puran‹ shiji-sha ga makikaeshi neratta ka … kōshitsu kenkyū-ka ga shiteki suru Aiko-sama o aite hōdō no usan kusa-sa«, 06.04.2023, President Online: https://president.jp/articles/-/68202?page=1.

60 Vgl. Takamori, Akinori: »Kōi keishō jun'i wa dai 1-i demo ›Akishinonomiya-sama wa sokui suru tsumori wa nai‹ to ieru kore dake no riyū«, 29.04.2022, President Online: https://president.jp/articles/-/56836?page=1.

61 Vgl. »Akishinonomiya-sama, kōrei de sokui wa ›dekinai‹ tabū no jitai-ron«, 20.04.2019, Asahi Shimbun Digital: https://digital.asahi.com/articles/ASM4N5FF-4M4NUTIL013.html.

62 Vgl. »Jōkō heika no 80-nenrai no go gakuyū ga ›zetsuen sengen‹ Komuro Kei-san mondai no kongen to ›koeta issen‹«, 20.07.2021, Shūkan Josei Prime: www.jprime.jp/articles/-/21326.

63 »Jōkō heika no 80-nenrai no go gakuyū …«

64 Yabe, Makiko: »Akishinonomiya-sama ›baobabu heya‹ no oriai«, 26.05.2022, Aeradot.: https://dot.asahi.com/aera/2022052400050.html.

65 Emori, Keiji: *Akishinomiya-sama*. Tokio 1998, S. 157.

66 Vgl. Hosaka, Masayasu: »Akishino-miya ga tennō ni naru hi«, in: Bungei Shunjū (Hg.): *Kōtaishi to Masako-hi no unmei. Heisei kōshitsu no dai ronsō*. Tokio 2010, S. 51–88.

67 Emori, Keiji: *Akishinomiya*. Tokio 2022 (E-Book).

68 Emori: *Akishinomiya*, S. 161; vgl. auch Yabe: »Akishinonomiya-sama ›baobabu heya‹«.

69 Emori: *Akishinomiya*, insb. S. 17, 166.

70 Zit. n. Emori: *Akishinomiya*, S. 103.

71 Pressekonferenz 25.11.2021: Kaiserliches Hofamt: www.kunaicho.go.jp/page/kaiken/show/48.

72 Webseite des Kaiserlichen Hofamts: »Kōshitsu kanren hōdō ni tsuite«: www.kunaicho.go.jp/kunaicho/koho/taio/taio.html.

73 »Akishinonomiya kōshi denka o tanjōbi ni saishi (Reiwa 4-nen)«, 25.11.2022, Kaiserliches Hofamt: www.kunaicho.go.jp/page/kaiken/show/57.

74 Geburtstags-Pressekonferenz am 21.02.2023: »Tennō heika o tanjōbi ni saishi (Reiwa 5-nen)«. Kaiserliches Hofamt: www.kunaicho.go.jp/page/kaiken/show/60.

75 »Tennō heika ga tsuini fukaikan wo shimesareta to iu zenrei no nai shoseki ›Akishinomiya‹«, 03.06.2022, Daily Shinchō: www.dailyshincho.jp/article/2022/06030600/?all=1.

76 Takamori, Akinori: »Akishinonomiya no ›honne‹ ga zenzen kakarete inai …«, 23.05.2022, President Online: https://president.jp/articles/-/57753?page=t1.

77 Vgl. »Kunaichō no inpei taishitsu no haikei ni Kiko-sama no ›go shidō‹ ka«, 04.05.2023, Daily Shinchō: www.dailyshincho.jp/article/2023/05040556/?all=1.

78 Vgl.: »Masako kōgō ›honkaku fukuchō‹ no kage de Akishinonomiya-sama ga go meisō? Iyōna go kōmu ›rimōto shokuju‹ sankasha no koe wa«, 02.06.2022, Daily Shinchō: www.dailyshincho.jp/article/2022/06020557/.

II. Der Auftrag der Sonnengöttin

1 Zu den japanischen Schöpfungsmythen vgl. Florenz, Karl: *Japanische Mythologie. Nihongi. »Zeitalter der Götter«*, Tokio 1901; Naumann, Nelly: *Die Mythen des alten Japan*. München 1996; Antoni, Klaus (Hg. u. Übers.): *Kojiki – Aufzeichnung alter Begebenheiten*. Berlin 2012.

2 Zit. n. Florenz: *Japanische Mythologie*, S. 186.

3 Posonby Fane, Richard: *The Imperial House of Japan*. Kyoto 1959, S. 28.

4 Vgl. Antoni, Klaus: »›Kojiki‹ – Das Heilige Buch des Shintō?«, in: Ders. (Hg. u. Übers.): *Kojiki*, S. 460 ff., vgl. auch Buchumschlag.

5 Vgl. Yoshimura, Takehiko: *Shinpan. Kodai tennō no tanjō*. Tokio 2019 (E-Book auf Grundlage d. Ausgabe von 1998); Antoni, Klaus: »Der ›Erste Tennō‹ – Aktueller Thronwechsel und Politische Mythologie der ›Reichsgründung‹ im modernen Japan«, in: Schley, Daniel (Hg.): *Japans moderne Monarchie. Beiträge japanologischer Forschung zur Wahrnehmung und Geschichte der Tennō*. Berlin 2022, S. 13-61, hier: S. 25.

6 Vgl. Yamamoto, Hirofumi: *Tennō 125-dai to Nihon no rekishi*. Tokio 2017, S. 26.

7 Vgl. Hara, Takeshi: *Kōgōkō*. Tokio 2017.

8 Fairbank, John K.; Reischauer, Edwin O.: *East Asia. Tradition & Transformation*. Rev. Edition. Boston 1989, S. 324 ff.; Schwentker, Wolfgang: *Geschichte Japans*. München 2022 (E-Book), S. 79 ff.

9 Vgl. Yamamoto: *Tennō 125-dai*, S. 28 ff.

10 Vgl. Yoshimura: *Kodai tennō*, S. 7 ff.; Schwentker: *Geschichte*, S. 212 ff.

11 Vgl. Brown, Delmer: »Commentary. Kojiki«, Japanese Historical Text Initiative. University of California at Berkeley: https://jhti.berkeley.edu/Kojiki.html.

12 Brown, Delmer: »Commentary. Nihon Shoki«, Japanese Historical Text Initiative. University of California at Berkeley: https://jhti.berkeley.edu/Nihon%20shoki.html.

13 Vgl. Yabuki, Susumu: *Tennō-sei to nihonshi. Asakawa Kanichi kara manabu*. Fukuoka 2021, S. 3.

14 Vgl. Fairbank; Reischauer: *East Asia*, insb. S. 32, 52.

15 Vgl. Yabuki: *Tennō-sei*; Fairbank; Reischauer: *East Asia*, S. 411.

16 Vgl. Takahashi, Hiroshi; Tokoro, Isao: *Kōi keishō*. Tokio 1998, S. 24 ff.; Yamamoto: *Tennō 125-dai*, S 57 ff.

17 Kawahara, Toshiaki: *Michiko kōgō*, Tokio 1990, S. 183f.

18 Yamamoto: *Tennō 125-dai*, S. 61 ff.

19 Vgl. Takahashi; Tokoro: *Kōi keishō*, S. 29 ff.

20 Vgl. Hiroshi Takahashi, Expertenanhörung vor jap. Unterhaus, 06.02.2003: www.shugiin.go.jp/internet/itdb_kenpou.nsf/html/kenpou/chosa/156-02-06saikou.htm.

21 Vgl. Wagner, Wieland: »Großes Ding«, in: DER SPIEGEL 13/1996; Seki, Yuji: »Okiniiri no sōryo wo tennō ni shiyou to shita … josei tennō ga nipponshi kara patari to kieta wake«, 29.07.2022, President Online: https://president.jp/articles/-/59247?page=1.

22 Vgl. Yoshimura: *Kodai tennō*, S. 21; Terasawa, Kaoru: *Himiko to Yamato ōken.* (= Chūkō sensho 134). Tokio 2023, S. 340 ff.

23 Vgl. Mitsuoka, Maria-Laura: »Himiko von Yamatai – Die erste Herrscherin Japans«, 20.04.2021, Japandigest: www.japandigest.de/kulturerbe/geschichte/geschichte/himiko-von-yamatai/.

24 Vgl. Hara; Yoshida: *Tennō kōshitsu jiten*, S. 14.

25 Masahige Kusonoki (1294–1336); er beging angeblich Seppuku (rituellen Selbstmord).

26 Vgl. Tsuge, Noriko: *Tennō ke 250 nen no ketsumyaku.* Tokio 2021 (E-Book), Pos. 113 ff.

27 Fairbank; Reischauer: *East Asia*, S. 414.

28 Wagner, Wieland: *Japans Außenpolitik in der frühen Meiji-Zeit (1868–1894). Die ideologische und politische Grundlegung des japanischen Führungsanspruchs in Ostasien.* Diss. phil., Stuttgart 1990.

29 Vgl. Keene, Donald: *Emperor of Japan: Meiji and his World, 1852–1912.* New York 2002 (E-Book), Pos. 2403.

30 Vgl. Mayama, Tomoyuki: »Dokusatsu setsu mo aru ijin. ›Kōmei tennō‹ ga bakumatsu ni nokoshita shōgeki«, 22.08.2021, Toyo Keizai Online: https://toyokeizai.net/articles/-/449456.

31 Keene, *Emperor of Japan*, Pos. 3906.

32 Mohl, Ottmar von: *Am japanischen Hofe.* Kaarst 2013, S. 39.

33 Wagner: *Japans Außenpolitik*, S. 48, Anm. 110.

34 Vgl. Gluck, Carol: *Japan's Modern Myths. Ideology in the Late Meiji Period.* Princeton, NJ 1985.

35 Vgl. Wagner: »Götter«.

36 Gluck, *Japan's Modern Myths*, S. 74.

37 Vgl. Satow, Ernest: *A Diplomat in Japan. An Inner History of the Japanese Reformation.* Rutland, VT und Tokio 1983, S. 391.

38 Vgl. TV Tokyo BIZ, 20.09.2021: www.youtube.com/watch?v=Tu71N9xToYY&list=PLWHwNlba4tsbt4cdnHa9c1Vjam05n7mm9&index=66.

39 Mohl, *Am japanischen Hofe*, S. 48.

40 Hosaka, Masayasu: *Hōgyo to sokui. Kyūchū de nani ga okotte ita no ka.* Tokio 2009, S. 351.

41 Iwata, Masakazu: *Ōkubo Toshimichi. The Bismarck of Japan.* Berkeley 1964.

42 Zit. n. Wagner: *Japans Außenpolitik*, S. 79f.

43 Martin, Bernd: »Japans Weg in die Moderne und das deutsche Vorbild: Historische Gemeinsamkeiten zweiter ›verspäteter Nationen‹ (1860–1960)«, in: Ders. (Hg.): *Japans Weg in die Moderne. Ein Sonderweg nach deutschem Vorbild?* Frankfurt/M. 1987, S. 17–44; hier: S. 27.

44 Vgl. Mohl, *Am japanischen Hofe.*

45 Mohl, *Am japanischen Hofe*, S. 45f.

46 Brandt, Max von: *Dreiunddreissig Jahre in Ost-Asien. Erinnerungen eines deutschen Diplomaten.* Leipzig 1901, Bd. 2, S. 297.

47 Mohl: *Am japanischen Hofe*, S. 49.

48 Mohl: *Am japanischen Hofe*, S. 116.

49 Bälz, Toku (Hg.): *Erwin Bälz. Das Leben eines deutschen Arztes im erwachenden Japan.* Stuttgart 1930, S. 84.
50 Vgl. Schenck, Paul-Christian: *Der deutsche Anteil an der Gestaltung des modernen japanischen Rechts- und Verfassungswesens.* Diss. Phil., Stuttgart 1997, S. 150 ff.
51 Vgl. Verfassungstext: www.ndl.go.jp/constitution/e/etc/c02.html.
52 Martin: »Japans Weg«, S. 26.
53 Mohl: *Am japanischen Hofe*, S. 182.
54 Vgl. Fujitani, Takashi: *Splendid Monarchy. Power and Pageantry in Modern Japan.* Berkeley, Los Angeles, London 1998 (E-Book), insb. Pos. 1170.
55 Bälz (Hg.): *Erwin Bälz*, S. 73f.
56 Bälz (Hg.): *Erwin Bälz*, S. 73.
57 Mohl: *Am japanischen Hofe*, S. 29.
58 Mohl: *Am japanischen Hofe*, S. 29.
59 Mohl: *Am japanischen Hofe*, S. 105.
60 Sakamoto, Kazuto: *Itō Hirobumi to Meiji kokka keisei. ›Kyūchū‹ no seido-ka to rikken-sei no dōnyū.* Tokio 2014 (E-Book), S. 241.
61 Zit. n. Fairbank; Reischauer: *East Asia*, S. 669.
62 Vgl. Wagner: *Japans Außenpolitik*, S. 257.
63 Vgl. Hiyama, Yukio: *Nisshin sensō no kenkyū.* 3 Bde. Tokio 2022-23, hier: Bd. 2, S. 325 ff.
64 Vgl. Hiyama: *Nisshin sensō*, Bd. 1, S. 488 ff.
65 Hiyama: *Nisshin sensō*, Bd. 1, S. 493.
66 Deutsche Übersetzung zit. n. Wetzler, Peter: »Kaiser Hirohito und der Krieg im Pazifik«, in: Vierteljahrshefte für Zeitgeschichte 37 (1989), H. 4, S. 611–644, hier: S. 631.
67 Hiyama: *Nisshin sensō*, Bd. 1, S. 493.
68 Vgl. Gluck: *Japan's Modern Myths*, S. 88.
69 Keene: *Emperor of Japan*, Pos. 16441.
70 Vgl. Keene: *Emperor of Japan*, Pos. 18729.
71 Hosaka: *Hōgyo to sokui*, S. 346.
72 Bälz (Hg.): *Erwin Bälz*, S. 272.
73 Hosaka: *Hōgyo to sokui*, S. 230.
74 Bälz (Hg.): *Erwin Bälz*, S. 102f.
75 Tsuge: *Tennō ke*, Pos. 2229.
76 Vgl. Hosaka: *Hōgyo to sokui*, S. 264.
77 Bälz (Hg.): *Erwin Bälz*, S. 248.
78 Vgl. Yamamoto: *Tennō 125-dai*, S. 303.
79 Vgl. Hosaka, Masayasu: *Akihito tennō to Hirohito tennō.* Tokio 2009, S. 254.
80 Yamamoto: *Tennō 125-dai*, S. 304.
81 Hosaka: *Akihito tennō*, S. 243; vgl. auch: Wetzler, Peter: *Hirohito and War. Imperial Tradition and Military Decision Making in Prewar Japan.* Honolulu 1998; Bix, Herbert: *Hirohito and the Making of Modern Japan.* New York, NY 2000.
82 Vgl. Hosaka: *Akihito tennō*, S. 273; Kajita, Akihiro: »Showa tennō wo sasaeta ›eikoku-ō no supīchi‹«, in: Bungei Shunjū 2021/05 (E-Book).
83 Bälz (Hg.): *Erwin Bälz*, S. 117.

84 Vgl. Kawamura, Noriko: *Emperor Hirohito and the Pacific War.* Seattle, London 2015 (E-Book), S. 54.

85 Zit. n. Bandō, Tarō: »›Haietsu-ki‹ no Chō Sakurin bakusatsu jiken ni okeru Shōwa tennō hatsugen to teisetsu to no chigai«, 26.8.2019, Yahoo! Japan nyūsu: https://news.yahoo.co.jp/byline/tarobando/20190826-00139853 (Link in Deutschland nur mit VPN abrufbar).

86 Vgl. Handō, Kazutoshi: *Shōwa-shi 1926–1945.* Tokio 2013 (E-Book), Pos. 2516 f.

87 Vgl. Yamada, Akira: *Shōwa tennō no sensō. »Shōwa tennō jitsuroku« ni nokosareta koto, kesareta koto.* Tokio 2017, S. 75 ff.

88 Schwentker: *Geschichte*, Pos. 14050; vgl. auch Kawamura: *Emperor Hirohito*, S. 19 f.

89 Vgl. Martin, Bernd: *Japan and Germany in the Modern World.* Providence, RI 1995, S. 165 ff.

90 Zit. n. Bix, *Hirohito*, S. 436.

91 Am 25. Dez. 1941, zit. n. Gripentrog, John: *Prelude to Pearl Harbor: Ideology and Culture in US-Japan Relations*, 1919–1941. London 2021 (E-Book), S. 307.

92 Yamada: *Shōwa tennō no sensō*, S. 124.

93 Yamada: *Shōwa tennō no sensō*, S. 124.

94 Vgl. Yamada: *Shōwa tennō no sensō*, S. 139 ff.

95 Vgl. »(Nichibei kaisen 80-nen). Shōwa tennō, kaisen ›kakugo‹ no aki«, in: Asahi Shimbun, 05.12.2021.

96 Es handelte sich um Kōichi Kido, den langjährigen Lord-Siegelbewahrer; vgl. Asahi Shimbun, 05.12.2021.

97 Vgl. Bix: *Hirohito.*

98 Vgl. Yamada: *Shōwa tennō no sensō*, S. 207 ff.

99 Kunaichō (Hg.): *Shōwa tennō jitsuroku.* Bde. 1–17. Tokio 2015–2018.

100 Yamada: *Shōwa tennō no sensō*, S. ix.

101 Zit. n. Handō: *Shōwa-shi 1926–1945*, Pos. 7026; vgl. auch: Yamada: *Shōwa tennō no sensō*, S. 218 ff.

102 Bix: *Hirohito*, S. 481 ff.

103 Vgl. Wagner, Wieland: »Der Mann, der weiterlebte«, 13.08.2015, spiegel.de: www.spiegel.de/politik/der-mann-der-weiterlebte-a-cac171df-0002-0001-0000-000138148092.

104 Wagner, Wieland: »Das nukleare Inferno: Hiroshima und Nagasaki«, in: Salewski, Michael (Hg.): *Das Zeitalter der Bombe, Die Geschichte der atomaren Bedrohung von Hiroshima bis heute.* München 1995, S. 72–94, hier: S. 79 f.

105 Vgl. Wagner, Wieland: »Tokio und die Stunde Null«, in: Timmermann, Heiner (Hg.): *Potsdam 1945. Konzept, Taktik, Irrtum?* Berlin 1997 (= Dokumente und Schriften der Europäischen Akademie Otzenhausen), S. 181–191, hier: S. 185 ff.

106 Vgl. Hara; Yoshida: *Tennō kōshitsu jiten*, S. 15.

107 Vgl. Hosaka: *Akihito tennō*, S. 17.

108 Vgl. Wagner: »Tokio und die Stunde Null«, S. 189.

109 Deutsche Übersetzung zit. n. »Gyokuon Hōsō«, Wikipedia: https://de.wikipedia.org/wiki/Gyokuon-h%C5%8Ds%C5%8D.

110 Zit. n. MacArthur, Douglas: *Reminiscences*. Annapolis, MD 2001 (1. Ausgabe 1964) (E-Book), S. 288.

111 MacArthur: *Reminiscences*, S. 288.

112 Vgl. Higashino, Makoto: *Shōwa tennō. Futatsu no ›dokuhaku-roku‹*. Tokio 1998, S. 21 f.

113 Handō, Kazutoshi: *Shōwa-shi, sengo-hen, 1945–1989*. Tokio 2009, S. 575.

114 Vgl. Dower, John W.: *Cultures of War*. Pearl Harbor/ Hiroshima/ 9–11/ Iraq. New York, London 2010, S. 116.

115 Zit. n. Toland, John: *The Rising Sun. The Decline and Fall of the Japanese Empire*. New York, NY 1970, S. 987.

116 Vgl. Otabe, Yūji: *Kōzoku. Tennō-ke no kingendai-shi*. Tokio 2009.

117 Vgl. Otabe: *Kōzoku*, S. 324f.

118 Vgl. Kawahara: *Michiko kōgō*, S. 209.

119 Vgl. Kawahara, Toshiaki: *Nagako kōtaigō*. Tokio 1993, S. 243.

120 Vgl. Handō: *Shōwa-shi, sengo-hen*, S. 203.

121 Vgl. Handō: *Shōwa-shi, sengo-hen*, S. 344.

122 Vgl. »›Jūshoku‹ ni natta kōzoku mo …, katsute no tennō wa taii-go ni nani wo shite ita? Kyōto Ninna-ji ›tennō no inkyo-sho‹ wo meguru misuterī«, in: Friday Digital, 02.05.2019: https://friday.kodansha.co.jp/article/46072; Takahashi, Hiroshi; Suzuki, Kunihiko: *Tennō-ke no misshi-tachi: Senryō to kōshitsu*. Tokio 1989, S. 11 ff.; Krebs, Gerhard: *Spannungen im japanischen Kaiserhaus: Prinzen und Oppositionelle in Krisen-, Kriegs- und Besatzungszeit 1930-1951*. München 2021, S. 129.

123 Vgl. Higashino: *Shōwa tennō*.

124 Zit. n. Higashino: *Shōwa tennō*, S. 132.

125 Vgl. Inose, Naoki: »Wareware ni ano kioku wo kanki suru shukujitsu«, 20.11.2009, Interview in: »Hon no hanashi«: https://books.bunshun.jp/articles/-/2560.

126 Vgl. Handō: *Shōwa-shi, sengo-hen*, S. 232.

127 Vgl. Higashino: *Shōwa tennō*, S. 175.

128 Vgl. »A kyū senpan, taiheiyō ni sankotsu beigun shōkō no hōkoku bunsho hakken«, in: Nihon Keizai Shimbun, 07.06.2021.

129 Vgl. Toyoshita, Narahiko: *Shōwa tennō, Makkāsā kaiken*. Tokio 2015 (E-Book), S. 65 ff.

130 Vgl. Aufzeichnungen von Michiji Tajima, Ex-Chef des Kaiserliches Hofamts, zusammengefasst in: »Shōwa tennō ›haietsu-ki‹«, NHK: https://www3.nhk.or.jp/news/special/emperor-showa/?tab=1&diary=1.

131 Vgl. Halberstam, David: *The Coldest Winter. America and the Korean War*. Hyperion ebook 2007 (E-Book); Brands, H.W.: »The Redacted Testimony That Fully Explains Why General MacArthur Was Fired«, 28.09.2016, in: Smithonian Magazine: www.smithsonianmag.com/history/redacted-testimony-fully-explains-why-general-macarthur-was-fired-180960622/.

132 Halberstam: *The Coldest Winter*, S. 593.

133 Zit. n. Dower, John W.: *Embracing Defeat. Japan in the Wake of World War II*. New York, London 1990, S. 549; vgl. auch: Katō, Kyōko: *Shōwa tennō to Michiko-hi. Sono kiki ni. ›Tajima Michiji nikki‹ wo yomu*. Tokio 2010, S. 101 ff.

134 Vgl. Dower: *Embracing Defeat*, S. 549.

135 Vgl. Dower: *Embracing Defeat*, S. 551.

136 Vgl. »Shōwa tennō ›haietsu-ki‹«, NHK: https://www3.nhk.or.jp/news/special/emperor-showa/articles/diary-repentance-03.html.

137 Zit. n. Handō: *Shōwa-shi, sengo-hen*, S. 347.

138 Zit. n. Vining, Elizabeth Gray: *Windows for the Crown Prince Akihito of Japan*. Tokio 1990 (3. Auflage), S. 49.

139 Vgl. Ogawara, Masamichi: *Koizumi Shinzō. Tennō no shi toshite, jiyūshugisha toshite.* Tokio 2018.

140 Vgl. Yamada, Masahiro: »›Sengo kazoku no risō-zō‹ toshite no kōshitsu to suitai suru Nihon no kazoku«, 11.10.2016, nippon.com: www.nippon.com/ja/currents/d00254/.

141 Ishii, Taeko: »Shirasu Masako. ›Konaya no musume‹ wo kabatta kazoku reijō«, in: Sentaku 2019.10, S. 96f.

142 Vgl. Watanabe, Midori: *Michiko kōgō no ›inochi no tabi‹*. Tokio 1991, S. 150 ff.

143 Vgl. Tsuge: *Tennō ke*, Pos. 3504.

144 Vgl. Gotō, Muneto: *Naisō. Tennō to seiji no kingendai.* Tokio 2010.

145 Vgl. Gotō: *Naisō*, S. 172.

146 Vgl. Wagner, Wieland: »Modell Japan?«, in: Wild, Dieter (Hg.): *Spiegel des 20. Jahrhunderts.* Hamburg 1999, S. 491–502.

147 Fukazawa, Shichirō: *Fūryū mutan*. (Nachdruck Shiki Digital Books 2011, E-Book); vgl. auch: Handō: *Shōwa-shi, sengo-hen*, S. 481; Ruoff, Kenneth J.: *Japan's Imperial House In the Postwar Era, 1945–2019*. Cambridge (Mass.), London 2020, S. 255.

148 Vgl. Nathan, John: *Mishima. A Biography*. Da Capo Press Edition 2000, S. 270 ff.

149 25.11.1970, auf Youtube: www.youtube.com/watch?v=bprGPmEwiw0.

150 Zit. n. Nathan: *Mishima*, S. 279.

151 Vgl. Rankin, Andrew: *Mishima. Aesthetic Terrorist. An Intellectual Portrait.* Honolulu 2018 (E-Book), S. 145.

152 Vgl. Rankin: *Mishima*, S. 847 ff.; Nathan: *Mishima*, S. 210 f.

153 Zit. n. Nathan: *Mishima*, S. 210.

154 Mishima, *Bunka Bōeiron*, S. 75; vgl. auch Kan, Takayuki: *Mishima Yukio to tennō.* Tokio 2018 (E-Book), Pos. 2670, 2689.

155 Hara: *Kōgōkō*, S. 619.

156 Mishima: *Bunka Bōeiron*, S. 80.

157 Rankin: *Mishima*, S. 847 ff.

158 Dazu ausführlich: Miyadai, Shinji; Fujii, Satoshi: *Kami naki jidai no Nihon sosei puran.* Tokio 2022 (E-Book).

159 Vgl. Hara, Takeshi: *›Shōwa tennō jitsuroku‹ wo yomu*. Tokio 2018, 4. Auflage, S. 252.

160 Zit. n. Hara: *›Shōwa tennō jitsuroku‹*, S. 245.

161 Vgl. Lee, John M.: »Former P.O.W. Shouts Abuse At Hirohito During London Ride«, 07.10.1971, in: New York Times: www.nytimes.com/1971/10/07/archives/former-pow-shouts-abuse-at-hirohito-during-london-ride.html; »Medusen im Meer«, in: DER SPIEGEL 43/1971.

162 Zit. n. Lee, John M.: »Queen and Quiet Crowds Greet Hirohito in London«, 06.10.1971, in: New York Times: www.nytimes.com/1971/10/06/archives/queen-and-quiet-crowds-greet-hirohito-in-london-queen-elizabeth.html.

163 Zit. n. Lee: »Queen and Quiet Crowds«.

164 Vgl. »Medusen im Meer«.
165 Zit. n. Bix: *Hirohito*, S. 674.
166 Vgl. Kitano, Ryūichi: »›Naze kanryō no watashi ga …‹ Tennō hōchū, taishi wa hoshuha wo settoku shita«, 22.12.2018, Asahi Shimbun Digtal: https://digital.asahi.com/articles/ASLCZ6550LCZUTIL04V.html?pn=13.
167 Auf Youtube: Diz Avenue: www.youtube.com/watch?v=8ATG4IsY1mE.
168 Vgl. Nagaki, Takako: »›Ashi ga hairanai yo‹. 40-nenkan tsukaeta udoneri-ra ga katatta ningen Shōwa tennō no sugao. ›Shōwa no hi‹«, 29.04.2022, Aeradot.: https://dot.asahi.com/dot/2022042800061.html.
169 Vgl. Kitano: »Naze kanryō no watashi ga«.
170 Zit. n. Hosaka: *Akihito tennō*, S. 251.
171 Zit. n. Hosaka: *Akihito tennō*, S. 251.

III. Akihito, der Krisentherapeut

1 Zit. n. Shiroyama, Hidemi: *Mao to Mikado. Nitchū kankei no naka no ›tennō‹*. Tokio 2021, S. 18.
2 Zit. n. »Sokui-go chōken no gi«, 09.01.1989, Kaiserliches Hofamt: www.kunaicho.go.jp/okotoba/01/okotoba/okotoba-h01e.html.
3 Vgl. Hosaka: *Akihito tennō*, S. 290.
4 Vgl. »Gishiki, tōshū to henka to ›kenpō-jō no gigi‹ nokotta mama sokui no rei«, 23.10.2019, Asahi Shimbun Digital: https://digital.asahi.com/articles/DA3S14228283.html?iref=pc_ss_date_article.
5 Ca. 2,2 Mrd. Yen; vgl. »Akishinonomiya-sama ga kōhi shishutsu ni gimon daijōsai no higi to hiyō«, 13.11.2019, in: Mainichi Shimbun: https://mainichi.jp/premier/politics/articles/20191113/pol/00m/010/004000c; Nishikawa: »Doko made kōhi?«.
6 Zit. n. »Sokui no rei. Daijōsai wo meguru saiban«. NHK: https://www3.nhk.or.jp/news/special/japans-emperor6/articles/articles_ceremony_07.html.
7 Vgl. Pressekonferenz 22.11.2018: Kaiserliches Hofamt: www.kunaicho.go.jp/page/kaiken/show/23.
8 Zit. n. Katz, Richard: *Japan. The System that Soured. The Rise and Fall of the Japanese Miracle*. Armonk, NY 1998, S. 9.
9 Vgl. Funabashi, Yōichi: *Kenshō. Nihon no ›ushinawareta 20-nen‹*. Tokio 2015 (3. Auflage).
10 Vgl. OECD Data, Average Wages: https://data.oecd.org/earnwage/average-wages.htm.
11 Am 10. Juli, vgl.: Kaiserliches Hofamt: www.kunaicho.go.jp/activity/gonittei/01/h03/gonitei-h03-03.html#G0710.
12 Vgl. »Heisei no kioku, Unzenfugendake, ryō heika hatsu no hisaichi hōmon«, 08.04.2019, Youtube: www.youtube.com/watch?v=zV5xDI_kn6E.
13 Yamamoto: *Tennō 125-dai*, S. 266.
14 Vgl. »Hisai-chi o mimai«, Kaiserliches Hofamt: www.kunaicho.go.jp/joko/pages/about/gokomu/odemashi/saigai.html; Besuch d. Kaiserpaares auf Okushiri, s. Youtube: »›Heisei dokyumento‹. Hisai-sha ni yorisou tennō kōgō ryō heika Hokkaidō Iburi tōbu«: www.youtube.com/watch?v=mLqW8dNc36w.
15 Vgl. Wagner, Wieland: »Einsamer Tod«, in: DER SPIEGEL 3/1996.

16 Vgl. Serikawa, Yōichi: *Heisei seiken-shi.* Tokio 2018, S. 99.

17 Vgl. »Dai 81-dai sōri daijin Murayama Tomiichi (rekidai sōri retsuden)«, auf Youtube: www.youtube.com/watch?v=rz33vspgUrQ.

18 Vgl. Gotō: *Naisō,* S. 194.

19 Vgl. Gotō: *Naisō,* S. 198.

20 Zit. n. »Kōgō heika o tanjōbi ni saishi«, Kaiserliches Hofamt: www.kunaicho.go.jp/okotoba/01/kaiken/gokaito-h07sk.html.

21 Zit. nach »Ōmu jiken ›Heisei‹ shūmaku ishiki«, 06.07.2018, in: Nihon Keizai Shimbun: www.nikkei.com/article/DGXMZO32707920W8A700C1MM8000/; vgl. auch Abe: *Abe Shinzō kaiko-roku,* S. 274.

22 Vgl. Nihon Keizai Shimbunsha Shakai-bu: *Akihito jōkō to Michiko jōkōgō no 30-nen.* Tokio 2019, S. 73.

23 Zit. n. »Kōshitsu jānarisuto ga yomu Aiko-sama seinen kaiken to ›go kekkon‹ e no kitai«, 31.03.2022, Friday Digital: https://friday.kodansha.co.jp/article/236792.

24 Zit. n. »Tennō kōgō ryō heika go kekkon man 50-nen ni saishite«, 08.04.2009, Kaiserliches Hofamt: www.kunaicho.go.jp/okotoba/01/kaiken/kaiken-h21-gokekkon50.html.

25 Zit. n. Nihon Keizai Shimbunsha Shakai-bu: *Akihito jōkō,* S. 153.

26 Vgl.: »Michiko-sama, Nagano para de miseta uēbu sanka to tennō heika no kiten«, 28.10.2018, News Postseven: www.news-postseven.com/archives/20181028_788836.html?DETAIL.

27 Vgl. »Kōgō heika o tanjōbi ni saishi (Heisei 10-nen)«, Kaiserliches Hofamt: www.kunaicho.go.jp/okotoba/01/kaiken/gokaito-h10sk.html.

28 Zit. n. »Kōgō heika o tanjōbi ni saishi (Heisei 10-nen)«.

29 Vgl. »Tanaka Shōzō no tennō e no choku sojō 113-nen-go ni ›todoita‹«, 22.05.2014, Tōkyō Shimbun: https://rief-jp.org/ct12/43936; Mori, Tatsuya: *Chiyoda-ku ichiban ichi-gō no rabirinsu.* Tokio 2022 (E-Book), S. 180 ff.

30 Vgl. Asahi Shimbun Shakai-bu: *Inori no tabi. Tenno kōgō, hisai-chi e no omoi.* Tokio 2018, S. 209.

31 Vgl. »Higashi Nihon daishinsai to wa. Fukushima, saidai 16-man nin chō ga hinan«, 11.03.2021, in: Nihon Keizai Shimbun: www.nikkei.com/article/DGXZQODG105PF0Q1A310C2000000/.

32 »Die Frage war, ob Japan untergeht«, Interview von Wieland Wagner, 09.10.2015, spiegel.de: www.spiegel.de/politik/ausland/ex-premier-ueber-fukushima-die-frage-war-ob-japan-untergeht-a-1056836.html.

33 Vgl. Nihon Keizai Shimbunsha Shakai-bu: *Akihito jōkō,* S. 169 ff.

34 Vgl. »Tōhoku chihō taiheiyō oki jishin ni kansuru tennō heika no o kotoba«, 16.03.2011: Kaiserliches Hofamt: www.kunaicho.go.jp/okotoba/01/okotoba/tohokujishin-h230316-mov.html.

35 Vgl. Wagner, Wieland: »Kaiser Akihito. Japans letzte Hoffnung in Krisenzeiten«, 25.03.2011, spiegel.de: www.spiegel.de/panorama/gesellschaft/kaiser-akihito-japans-letzte-hoffnung-in-krisenzeiten-a-753072.html.

36 Vgl. Nachruf auf Shintaro Ishihara, in: DER SPIEGEL, 6/2022.

37 Vgl. Ikegami, Akira: *Tennō to wa nan desuka?* Tokio 2018 (E-Book), Pos. 1915.

38 Vgl. Asahi Shimbun Shakai-bu: *Inori no tabi,* S. 87.

39 Vgl. Kitano: »Naze kanryō no watashi ga«.
40 Vgl. He, Yinan: »The Bitter Legacies of the 1972 Sino-Japanese Normalization Talks«, 13.03.2017, Wilson Center, Blog Post: www.wilsoncenter.org/blog-post/the-bitter-legacies-the-1972-sino-japanese-normalization-talks.
41 Vgl. »Tennō kōgō ryō heika chūka jinmin kyōwakoku go hōmon-ji no o kotoba«, 23.10.1992: Kaiserliches Hofamt: www.kunaicho.go.jp/okotoba/01/speech/speech-h04e-china.html.
42 Vgl. »Tennō kōgō ryō heika chūka jinmin kyōwakoku go hōmon-ji no o kotoba«; Sanger, David E.: »Japan's Emperor Tells China Only of His ›Sadness‹ on War«, 24.10.1992, in: New York Times: www.nytimes.com/1992/10/24/world/japan-s-emperor-tells-china-only-of-his-sadness-on-war.html.
43 Vgl. He: »The Bitter Legacies«; Yabuki: *Tennō-sei*, S. 493 ff.
44 Vgl. »Official Who Denied Japan WWII Aggression Resigns«, 13.05.1988, in: Los Angeles Times: www.latimes.com/archives/la-xpm-1988-05-13-mn-3513-story.html.
45 Zit. n. »Der 8. Mai war ein Tag der Befreiung«, 08.05.2015: www.tagesschau.de/inland/rede-vonweizsaecker-wortlaut-101.html.
46 Vgl. Nishio, Kanji: *Kotonaru higeki. Nihon to Doitsu.* Tokio 1997; Wagner, Wieland: »Eine Nation als Opfer. Die Neubewertung des Pazifischen Kriegs in Japan nach 1945«, in: Kuß, Susanne; Schwendemann, Heinrich (Hg.): *Der Zweite Weltkrieg in Europa und Asien: Grenzen. Grenzräume. Grenzüberschreitungen.* Freiburg i. Br. 2006, S. 219–231.
47 Vgl. Kawanishi, Hideya: *Heisei no tennō to sengo Nihon.* Kyoto 2019, S. 141 ff.; Han-Tennōsei Undō Renraku-kai (Hg.): *Michiko no gyakushū.* Tokio 1994, S. 126 ff.
48 Vgl. »Shōwa tennō ga aishita kōkyo shizen-rin ga marubōzu«, in: Shūkan Bunshun, 23.09.1993.
49 Zit. n. »Kōgō heika o tanjōbi ni saishi (Heisei 5-nen)«, Kaiserliches Hofamt: www.kunaicho.go.jp/okotoba/01/kaiken/gokaito-h05sk.html.
50 Vgl. Motegi, Kennosuke: *SNS tennō-ron. Poppu karuchā = Supirichuariti to gendai Nihon.* Tokio 2022 (E-Book).
51 Vgl. »Statement by Prime Minister Tomiichi Murayama ›On the occasion of the 50th anniversary of the war's end‹«, 15.08.1995: www.mofa.go.jp/announce/press/pm/murayama/9508.html.
52 Vgl. Serikawa: *Heisei seiken-shi*, S. 148.
53 Vgl. Iwai, Katsumi: *Kyūchū shuzai yowa. Kōshitsu no kaze.* Tokio 2018 (E-Book), Pos. 688.
54 Zit. n. Nihon Keizai Shimbunsha Shakai-bu: *Akihito jōkō*, S. 115; vgl. auch Akashi, Mototsugu: *Kinjō tennō tsukurazaru songen. Kyūyū ga tsuzuru Akihito shinnō.* Tokio 2013, S. 97.
55 Zit. n. Hosaka: *Akihito tennō*, S. 20.
56 Zit. n. Hosaka: *Akihito tennō*, S. 224f.
57 Zit. n. »Tennō heika o tanjōbi ni saishi (Heisei 27-nen)«, 18.12.2015, Kaiserliches Hofamt: www.kunaicho.go.jp/okotoba/01/kaiken/kaiken-h27e.html.
58 Zit. nach Watanabe, Makoto: »Tennō no shitsuji, III«, Interview von Katsumi Iwai, in: Sentaku 2022.5.

59 Vgl. »Tennō hōkan jitsugen ni shinchō shisei 90-nen, shōsei wa ›girei-teki‹«, 15.04.2022, in: Kyōto Shimbun: www.kyoto-np.co.jp/articles/-/772663.

60 »Nikkan Kyōdō Sengen«, 08.10.1998, s. Ministry of Foreign Affairs of Japan: www.mofa.go.jp/mofaj/a_o/na/kr/page1_001262.html.

61 Kim Dae-jung: *Conscience in Action. The Autobiography of Kim Dae-jung*. Singapur 2019, S. 520 ff.

62 Vgl. Kim: *Conscience in Action*, S. 519.

63 Vgl. »Tennō heika o tanjōbi ni saishi (Heisei 13-nen)«, 18.12.2001, Kaiserliches Hofamt: www.kunaicho.go.jp/okotoba/01/kaiken/kaiken-h13e.html.

64 Vgl. Motegi: *SNS tennō-ron*, S. 185 ff.

65 Vgl. Watanabe: *Heisei no kōshitsu*, S. 156.

66 Vgl.: »Sensō no higeki wasurenu shōchō tennō to tabi (5)«, 14.11.2017, Nihon Keizai Shimbun: https://www.nikkei.com/article/DGXMZO23464070U7A111C1CR8000/.

67 Vgl. Kudō, Miyoko: *Kenrantaru shūbun. Kishi Nobusuke den*. Tokio 2014; Matsuda, Kenya: *Zetchō no ichizoku purinsu Abe Shinzō to roku-nin no ›famiri‹*. Tokio 2015.

68 Jiyūminshutō: »Kenpō kaisei sōan«, 27.04.2012: www.jimin.jp/policy/policy_topics/pdf/seisaku-109.pdf.

69 Vgl. Wagner, Wieland: »Der pazifische Nationalist«, in: DER SPIEGEL 21/2016.

70 Vgl. Jackson, David: »U.S. ›disappointed‹ in Japanese leader«, 26.12.2013, in: USA Today: https://eu.usatoday.com/story/theoval/2013/12/26/obama-japan-shinzo-abe-war-shrine-china-and-south-korea/4205441/.

71 Vgl. Sugano, Tamotsu: *Nihon Kaigi no kenkyū*. Tokio 2016 (2. Auflage).

72 Vgl. Katayama, Morihide: *Heisei seishin-shi. Tennō saigai nashonarizumu*. Tokio 2018 (E-Book), Pos. 1889.

73 Vgl. »Abe shushō, A kyū senpan-ra hōyō ni ›sokoku no ishizue‹. 4 gatsu, Jimin sōsai-mei de aitō messēji«, 27.08.2014, in: Asahi Shimbun.

74 Zit. n. »Kōgō heika o tanjōbi ni saishi (Heisei 26-nen)«, 20.10.2014, Kaiserliches Hofamt: www.kunaicho.go.jp/okotoba/01/kaiken/gokaito-h26sk.html.

75 Zit. n. »Tennō o tanjōbii ni saishi (Heisei 25-nen)«, 18.12.2013, Kaiserliches Hofamt: www.kunaicho.go.jp/okotoba/01/kaiken/kaiken-h25e.html.

76 Zit. n. Tokuyama, Yoshio: »Abe seiken no kenryoku wo kanshi dekinakatta media. Towareru ›kenryoku to hōdō no kyori‹«, 02.09.2020, in: Ronza: https://webronza.asahi.com/national/articles/2020090200011.html?iref=pc_ss_date_article.

77 Vgl. »Hasegawa Michiko-shi, uyoku katsudō-ka Nomura Shūsuke-shi no jisatsu wo raisan. NHK keiei iin ga tsuitō bun«, 05.02.2014, Huffpost: www.huffingtonpost.jp/2014/02/05/nhk_n_4728020.html; »Japanese broadcaster's board member praised ritual suicide of rightwinger«, 05.02.2014, in: The Guardian: www.theguardian.com/world/2014/feb/05/japanese-broadcaster-praised-ritual-suicide-rightwinger-nhk-hasegawa.

78 Vgl. »Japanese broadcaster's board member«.

79 Wagner: *Japan. Abstieg in Würde*, S. 214.

80 Vgl. Wagner, Wieland: »Können Japan und Südkorea noch Freunde werden?«, 06.05.2023, spiegel.de: www.spiegel.de/ausland/japan-und-suedkorea-annaeherung-zweier-zerstrittener-nachbarn-kann-das-gelingen-a-1a064600-7249-4950-a97a-e35bb86f6d4d.

81 Vgl. Satō, Akira: »Abe shushō to Akihito jōkō (jō)«, 09.05.2019, in: Ronza: https://webronza.asahi.com/politics/articles/2019050700008.html; ders.: »Abe shushō to Akihito jōkō (ge)«, 17.05.2019, in: Ronza: https://webronza.asahi.com/politics/articles/2019051500001.html.

82 Vgl. Satō: »Abe shushō to Akihito jōkō (jō)«.

83 Auf Youtube: »Kiro no 70-nen, chikau heiwa shūsen no hi, senbotsu-sha tsuitō-shiki«, 15.08.2015: www.youtube.com/watch?v=YbKs4PMv-Dw.

84 Zit. n. Lill, Felix: »70. Jahrestag der Kapitulation von Japan: Premierminister Shinzo Abe entschuldigt sich indirekt für Kriegsverbrechen«, 14.08.2015, in: Tagesspiegel: www.tagesspiegel.de/politik/70-jahrestag-der-kapitulation-von-japan-premierminister-shinzo-abe-entschuldigt-sich-indirekt-fuer-kriegsverbrechen/12190350.html.

85 Vgl. Wagner: »Der pazifische Nationalist«.

86 Vgl. Itō, Daichi: »Abe shushō, ›Hiroshima genbaku no hi‹ no aisatsu ›kyonen no kopipe‹ giwaku wo kenshō suru«, 07.08.2014, Huffpost: www.huffingtonpost.jp/2014/08/06/abe-speech-copy-or-not_n_5656776.html.

87 Abe: *Abe Shinzō kaiko-roku*, S. 207f.

88 Zit. n. »›Seizen taii‹ hōdō ni ›komento hikaetai‹. Abe shushō mo Suga chōkan mo dōyō no taiō«, 14.07.2016, Jcast News: www.j-cast.com/2016/07/14272489.html.

89 Vgl. »›Giron wa kokkai de‹. Kenpō kaisei wo meguri Abe sōri«, 11.07.2016, auf Youtoube: www.youtube.com/watch?v=YemIRSkSp0o.

90 Vgl. Mikuriya: *Tennō taii*, S. 198.

91 Zit. n. »Shōchō to shite no o tsutome ni tsuite no tennō heika no o kotoba«, 08.08.2016, Kaiserliches Hofamt: www.kunaicho.go.jp/page/okotoba/detail/12#41.

92 Vgl. Kawanishi, Hideya: »›Hoka no ningen to kawaranai de wa nai ka‹ Akishinomiya-ke basshingu no genryū, ›o kotoba‹ e no dōyō … kōshitsu ga ayunda ›itsutsu no bunkiten‹«, 01.05.2022, Bunshun Online: https://bunshun.jp/articles/-/53786.

93 Vgl. »The Constitution of Japan«, 03.11.1946: https://japan.kantei.go.jp/constitution_and_government_of_japan/constitution_e.html.

94 Vgl. Motegi, Kennosuke: »Komuro Mako-san no kekkon ga, netto-jō de are dake ›ōsōdō‹ ni natta ›kōzōtekina riyū‹«, 01.06.2022, Gendai Media: https://gendai.media/articles/-/95643; ders.: *SNS tennō-ron*.

95 Vgl. Watanabe, Osamu: *›Heisei no tennō‹ to gendaishi*. Tokio 2021.

96 Satō: »Abe shushō to Akihito jōkō (ge)«.

97 Vgl. »Michiko-sama senbotsu-sha tsuitō-shiki de tennō heika ni kakerareta ›o kotoba‹«, 25.08.2018, News Postseven: www.news-postseven.com/archives/20180825_746044.html?DETAIL.

98 »Tennō heika otanjōbi ni saishi (Heisei 27)«, 18.12.2015, Kaiserliches Hofamt: www.kunaicho.go.jp/okotoba/01/kaiken/kaiken-h27e.html.

99 Abe: *Abe Shinzō kaiko-roku*, insb. S. 207ff.

100 Vgl. Mikuriya: *Tennō taii*.

101 Vgl. »Tennō no seido to Nihon Kyōsantō no tachiba.« Interview von Yōji Kogiso mit KP-Chef Kazuo Shii, 04.06.2019: www.jcp.or.jp/web_policy/2019/06/post-807.html.

IV. Das Leid der Prinzessinnen

1 Vgl. »Shinnen bideo messēji«, 01.01.2021, Kaiserliches Hofamt: www.kunaicho.go.jp/page/okotoba/detail/86.

2 Vgl. z. B. Kawahara: *Michiko kōgō*, S. 232 ff.; Otabe, Yūji: Ri Masako. *Kankokujin toshite kui naku.* Kyoto 2011 (3. Auflage).

3 Zit. n. Kawahara: *Michiko kōgō*, S. 173.

4 Zit. n. Satō, Asako: »›Kochira ni senpai ga‹ to Masako-sama wo go shōkai – ›shin tennō‹ kōtaishi-sama no o hitogara wo monogataru o kotoba 7-sen«, 14.04.2019, Bunshun Online: https://bunshun.jp/articles/-/11420?page=2.

5 Zit. n. Satō: »›Kochira ni senpai ga‹«.

6 Vgl. Kawahara: *Michiko kōgō*, S. 70 ff.

7 Vgl. Tomonō, Naoko: *Kōgō Masako-sama monogatari.* Tokio 2019 (E-Book), Pos. 1902.

8 Zit. n. Tomonō: *Kōgō Masako-sama*, Pos. 1806.

9 Zit. n. Motoki, Masahiko: »Masako-sama no ›ikizura-sa‹ no gen'in wa kunaichō ni aru«, 17.12.2019, President Online: https://president.jp/articles/-/31570?page=1.

10 Vgl. Watanabe: *Michiko kōgō*, S. 126.

11 Zit. n. »Go kon'in ni kansuru kōshitsu kaigi shūryōgo no kisha kaiken kara 1-nen wo tatta koto ni atari (Heisei 6-nen)«, 09.02.1994, Kaiserliches Hofamt: www.kunaicho.go.jp/okotoba/02/kaiken/kaiken-h06-goseikon01.html.

12 Vgl. Tomonō: *Kōgō Masako-sama*, Pos. 3102 ff.

13 Vgl. Satō, Asako: »90-nendai no Masako-sama wa, utsukushiku kagayaite ita«, 28.04.2019, Bunshun Online: https://bunshun.jp/articles/-/11576?page=2.

14 Vgl. Tomonō: *Kōgō Masako-sama*, Pos. 3107 ff.

15 Hara: ›*Shōwa tennō jitsuroku*‹, S. 116f.

16 Hosaka: *Akihito tennō*, S. 28.

17 Vgl. Kawahara: *Michiko kōgō*, S. 150.

18 Vgl. Katō: *Shōwa tennō to Michiko-hi*, S. 213 ff.

19 Vgl. Watanabe: *Michiko kōgō*, S. 56.

20 Vgl. Watanabe: *Michiko kōgō*, S. 177.

21 Vgl. Kawahara: *Michiko kōgō*, S. 150; Hara: ›*Shōwa tennō jitsuroku*‹, S. 247 f.

22 Vgl. Krebs: *Spannungen*, S. 202.

23 Vgl. Kawahara: *Michiko kōgō*, S. 150; Watanabe: *Michiko kōgō*, S. 150 ff.

24 Zit. n. Tsuge, Noriko: »Tennō heika 62-sai ni. Aiko-sama to no fushi 20-nenkan no ayumi wo furikaeru«, 24.02.2022, Yahoo! Japan nyūsu: https://news.yahoo.co.jp/byline/tsugenoriko/20220224-00283164 (Link in Deutschland nur über VPN abrufbar).

25 Ministry of Health, Labor and Welfare: *Funin chiryō to shigoto to no ryōritsu sapōto handobukku.* Fiskaljahr 2021: www.mhlw.go.jp/bunya/koyoukintou/pamphlet/dl/30l.pdf.

26 Vgl. »Entschuldigung wegen ›Tote Hose‹-Bild akzeptiert«, 27.02.2001, spiegel.de: www.spiegel.de/panorama/japan-entschuldigung-wegen-tote-hose-bild-akzeptiert-a-120008.html.

27 Hills, Ben: *Princess Masako. Prisoner of the Chrysanthemum Throne*. New York, NY 2006 (E-Book).

28 Zit. n. »Japan protests over princess book«, 14.02.2007, BBC: http://news.bbc.co.uk/2/hi/asia-pacific/6360401.stm; vgl. auch: Watanabe, Makoto: »A letter from the Imperial Household Agency«, 01.02.2007: Kaiserliches Hofamt: www.kunaicho.go.jp/e-kunaicho/taio-20070202-1.html.

29 Vgl. »Biographer accuses Japanese government of censorship«, 21.09.2007, in: The Guardian: www.theguardian.com/world/2007/sep/21/japan.justinmccurry.

30 Vgl. Tomonō: *Kōgō Masako-sama*, Pos. 5108.

31 Vgl. Wagner, Wieland: »Tag des Hundes«, in: DER SPIEGEL 46/2001.

32 Zit. n. »Aiko naishinnō denka o tanjō ni tsuki (Heisei 14-nen)«, 02.04.2002, Kaiserliches Hofamt: www.kunaicho.go.jp/okotoba/02/kaiken/kaiken-h14-gotanjo.html.

33 Zit. n. »Nyūjirando Osutoraria go hōmon ni saishi (Heisei 14-nen)«, 05.12.2002, Kaiserliches Hofamt: www.kunaicho.go.jp/okotoba/02/gaikoku/gaikoku-h14-nz-australia.html.

34 Tomonō: *Kōgō Masako-sama*, Pos. 3842.

35 Vgl. Tomonō: *Kōgō Masako-sama*, Pos. 3872.

36 Zit. n. »Sokui parēdo de ›Masako-sama no ashiato‹ wo furikaeru masukomi ga furenakatta danshi wo umanai kōgō e no kakokuna atsuryoku to shinkokuna jiken!«, 12.11.2019, Litera: https://lite-ra.com/2019/11/post-5085_3.html.

37 Zit. n. »Sokui parēdo de«.

38 Vgl. »Tennō heika no go nyūin, go shujutsu, go taiin ni tsuite«, Kaiserliches Hofamt: www.kunaicho.go.jp/activity/gonittei/01/h15/gonyuin-h15.html.

39 Vgl. Cabinet Office: »Heisei 15-nendo nenji keizai zaisei hōkoku«, Fiskaljahr 2003: https://www5.cao.go.jp/j-j/wp/wp-je03/03-00301.html.

40 Vgl. Ministry of Health, Labor and Welfare: »Kōsei rōdō hakusho«, 2008: www.mhlw.go.jp/wp/hakusyo/kousei/08/; »2022-nen no shusshōsū, hatsu no 80 man-nin ware sōtei yori 10-nen hayaku …«, in: Tōkyō Shimbun, 01.03.2023: www.tokyo-np.co.jp/article/233787.

41 Zit. n. »Mori takes turn at insulting women«, 02.07.2003, in: Japan Times: www.japantimes.co.jp/news/2003/07/02/national/mori-takes-turn-at-insulting-women/.

42 Vgl. Sieg, Linda: »›Birth-giving machine‹ gaffe hits nerve in Japan«, 02.02.2007, Reuters: www.reuters.com/article/us-japan-politics-idUST16444120070202.

43 Vgl. Tomonō: *Kōgō Masako-sama*, Pos. 4082.

44 Vgl. Orihara, Mito: »Masako-hi wo mamoru tame«, 23.12.2019, Gendai Media: https://gendai.media/articles/-/69329?imp=0.

45 Vgl. »Masako-sama, Owada-ke no ryōshin kikoku to imōto no rikon de sasayakareru fuan«, 22.06.2018, News Postseven: www.news-postseven.com/archives/20180622_703789.html/2.

46 Vgl. »Denmāku Porutogaru Supein go hōmon ni saishi (Heisei 16-nen)«, 10.05.2004, Kaiserliches Hofamt: www.kunaicho.go.jp/okotoba/02/gaikoku/gaikoku-h16az-europe.html.

47 Zit. n. »Denmāku Porutogaru Supein go hōmon«.

48 Zit. n. »Masako-sama ›jinkaku hitei‹ no genkyō wa ›Yuasa chōkan de wa nai?‹«, 13.08.2021, Imperial News: https://imperialnews.net/archives/484.

49 Vgl. »Kōtaishi hidenka no go byōjō ni kansuru tōgū shiki ishi-dan no kenkai«, 05.02.2010, Kaiserliches Hofamt: www.kunaicho.go.jp/kunaicho/koho/kohyo/d-kenkai-h220205.html.

50 Vgl. »Fumihito shinnō dōhi ryō denka no kisha kaiken«, 25.11.2004, Kaiserliches Hofamt: www.kunaicho.go.jp/okotoba/03/kaiken/kaiken-h16.html.

51 Vgl. »The Constitution of Japan«, 03.11.1946, Art. 14, 24, 44: https://japan.kantei.go.jp/constitution_and_government_of_japan/constitution_e.html.

52 Vgl. »Shūgiin senkyo 2021 tokusetsu saito«, NHK: www.nhk.or.jp/senkyo/database/shugiin/2021/; und: »›Sekai 147-i‹. Fuenai Nihon no josei giin ›saitei reberu‹ nukedasu ni wa?«, 12.04.2022, Tereasa nyūsu: https://news.tv-asahi.co.jp/news_politics/articles/000251292.html.

53 Vgl. Bericht des Expertengremiums: »Kōshitsu tenpan ni kansuru yūshikisha kaigi: kōshitsu tenpan ni kansuru yūshikisha kaigi hōkoku-sho«, 24.11.2005: https://warp.da.ndl.go.jp/info:ndljp/pid/998223/www.kantei.go.jp/jp/singi/kousitu/houkoku/houkoku.pdf.

54 Regierungserklärung von Premier Koizumi: »Koizumi naikaku sōridaijin no shisei hōshin enzetsu«, 20.01.2006: www.shugiin.go.jp/internet/itdb_annai.nsf/html/statics/ugoki/h18ugoki/02honkai/64honkai.htm.

55 Vgl. Ohnishi, Norimitsu: »A Font of Commentary Amid Japan's Taciturn Royals«, 20.10.2007, in: New York Times: www.nytimes.com/2007/10/20/world/asia/20tomohito.html; Hosaka, Masayasu: »Zoku. Heisei no tennō kōgō ryō heika ōini kataru«, in: Bungei Shunjū 2023/2.

56 Auf Youtube: »Kōshitsu. 2006-nen Hisahito-sama tanjō. Kōzoku 41-nen-buri no otokonoko«, 15.09.2006, ANN News: www.youtube.com/watch?v=hK3W6k8WfT8.

57 Vgl. »Tenpan kaisei dannen no kōbunsho nashi. Koizumi seiken-ji, josei tennō yōnin«, 14.03.2022, The Sankei News: www.sankei.com/article/20220314-FFE4DSVTGZMDJEUOWGOEZBDJRM/.

58 Vgl. Mori, Yōhei: »Noda moto shushō ga uchiaketa kunaichō chōkan no ›kakyū anken‹«, 31.01.2022, Ekonomisuto Online: https://weekly-economist.mainichi.jp/articles/20220131/se1/00m/020/003000d.

59 Vgl. Tomonō: *Kōgō Masako-sama*, Pos. 4787; vgl. auch: »Dokyumento yureru kōshitsu. Shinsō tsuikyū. Masako-hi rikon wa aru no ka«, 17.12.2011, Gendai Media: https://gendai.ismedia.jp/articles/-/30234?page=4.

60 Vgl. u. a.: Nishio: *Kotonaru Higeki*.

61 Nishio, Kanji: *Kōtaishi-sama e no gochūgen*. Tokio 2008.

62 Nishio: *Kōtaishi-sama*, S. 207 ff.

63 Zit. n. Nishio: *Kōtaishi-sama*, S. 208.

64 Zit. n. Nishio: *Kōtaishi-sama*, S. 209.

65 Zit. n. Nishio: *Kōtaishi-sama*, S. 216.

66 »(Motto shiritai!) Masako-sama ryōyō 4-nen, kaifuku wa? Taichō fuantei, mitōshi tatazu«, in: Asahi Shimbun, 04.12.2007.

67 Vgl. Nishio: *Kōtaishi-sama*, S. 213 ff.

68 Vgl. Takahashi, Junko: »Kōtaishi fusai ›hontō no naka‹. ›Iyashi-kei‹ kōtaishi-sama to ›tsuyoi chichi‹ Owada Hisashi-shi no hazama de«, in: Aera, 05.02.2007.

69 Vgl. Bungei Shunjū (Hg.): *Kōtaishi to Masako-hi no unmei. Heisei kōshitsu no dai ronsō.* Tokio 2010, S. 13.

70 Vgl. Bungei Shunjū (Hg.): *Kōtaishi to Masako-hi*, S. 52f.

71 Bungei Shunjū (Hg.): *Kōtaishi to Masako-hi*, S. 52f.

72 Bungei Shunjū (Hg.): *Kōtaishi to Masako-hi*, S. 104.

73 Auf Youtube: »Tennō heika ga satsuei Aiko-sama no hohoemashī sugata wo utsushita hōmubideo (2004-nen)«: www.youtube.com/watch?v=5cwUmYTQQ5A.

74 Vgl. Tomonō: *Kōgō Masako-sama*, S. 407 ff.

75 Vgl. Bungei Shunjū (Hg.): Kōtaishi to Masako-hi, S. 108 ff.

76 Takahashi: »Kōtaishi fusai«.

77 Vgl. die Videobeiträge: »Mako naishinnō banzai«, 26.09.2007: www.nicovideo.jp/watch/sm1150984; »Mako-sama, Kako-sama, Hisahito-sama«, 20.04.2008: www.nicovideo.jp/watch/sm3049143; vgl. auch Motegi: »Komuro Mako-san no kekkon«.

78 Abgedruckt in: Bungei Shunjū (Hg.): *Kōtaishi to Masako-hi*, S. 51–88.

79 Vgl. Wagner, Wieland: »Patriotische Tat. Bruderzwist im Haus des Tennos: Prinz Akishino macht Thronfolger Naruhito das Erbe streitig«, in: DER SPIEGEL 13/2010.

80 Zit. n. Wagner: »Patriotische Tat«.

81 Vgl. »Kōtaishi hidenka no go byōjō ni kansuru tōgū shiki ishi-dan no kenkai«, 05.02.2010, Kaiserliches Hofamt: www.kunaicho.go.jp/kunaicho/koho/kohyo/d-kenkai-h220205.html.

82 Vgl. »Kōtaishi denka o tanjōbi ni saishi (Heisei 25-nen)«, 21.02.2013, Kaiserliches Hofamt: www.kunaicho.go.jp/okotoba/02/kaiken/kaiken-h25az.html.

83 Zit. n. Kōtaishi denka o tanjōbi ni saishi (Heisei 25-nen).

84 Yamaori, Tetsuo: »Kōtaishi denka, gotaii nasaimase«, in: Shinchō 45, 12.07.2013 (E-Book).

85 Vgl. »Mako naishinnō denka to Komuro Kei-shi no go konyaku naitei ni tsuite no kisha kaiken«, 03.09.2017, Kaiserliches Hofamt: www.kunaicho.go.jp/activity/activity/03/gokekkon/konyaku-kisyakaiken.html.

86 Vgl. »Komuro Kei-san, chūgaku kōkō no gakuhi wa 1200 man-en, 400 man-en mondai ga kaiketsu shite mo kienai ginen«, 12.05.2021, Daily Shinchō: www.dailyshincho.jp/article/2021/05210602/?all=1.

87 Vgl. »(Hihō) Komuro Kei-san, tada no medachitagariya datta …«, 19.05.2017, live door Blog: http://geinou.2chblog.jp/archives/21800115.html.

88 Vgl. »Komuro Kei-san jitaku manshon shūhen no machi aruki ga tanoshī«, 23.01.2021, auf Youtube: www.youtube.com/watch?v=LJ9pwIq-Tw4.

89 Vgl. »Mitsubishi Tōkyō UFJ ginkō no moto dōryō, shokuba de no Komuro Kei-san ni kanjita ›iwakan‹ wo kokuhaku«, 14.11.2017, Shūkan Josei Prime: www.jprime.jp/articles/-/10956?page=3.

90 »Mako naishinnō denka no go kekkon kankei gishiki to no go nittei no henkō ni tsuite«, 07.02.2018, Kaiserliches Hofamt: www.kunaicho.go.jp/activity/activity/03/gokekkon/konyaku-enki.html.

91 Zit. n.: »Mako naishinnō denka no go kekkon kankei gishiki«.

92 Emori: *Akishinomiya*, S. 42.

93 Vgl. »Komuro Kei-san ryūgaku, nenkan kei 1-sen-man-en chō no ›shien-kin‹ ni hihan sattō. ›Mazu shakkin kaesubeki‹. ›Hakaku no taigū‹«, 14.04.2019, in: Business Journal: https://biz-journal.jp/2019/04/post_27472.html.

94 Zit. n. »Fumihito shinnō denka o tanjōbi ni saishi (Heisei 30-nen)«, 22.11.2018, Kaiserliches Hofamt: www.kunaicho.go.jp/page/kaiken/show/23.

95 Vgl. Internet-Eintrag: »Komuro Kei oyako«: www.mirun.sctv.jp/~deus/News26 komurosagi.html.

96 Vgl. »Mako-sama, gatchiri taikei no ikemen to Yokohama dēto-go ni Tōyokosen de raburabuna go yōsu«, 01.11.2016, Shūkan Josei Prime: www.jprime.jp/articles/photo/8327.

97 Zit. n. »Kako naishinnō denka no Kokusai kirisutokyō daigaku go sotsugyō ni saishite no bunsho kaitō (Heisei 31-nen)«, Kaiserliches Hofamt: www.kunaicho.go.jp/page/kaiken/show/27.

98 Zit. n. »Kako naishinnō denka no Kokusai kirisutokyō daigaku go sotsugyō«.

99 Zit. n. »Kako naishinnō denka no Kokusai kirisutokyō daigaku go sotsugyō«.

100 Vgl. »Kako-sama, jendā shisū ›totemo zannen‹ shikiten ni onrain shusseki«, 11.10.2021, Asahi Shimbun Digital: https://digital.asahi.com/articles/ASPBC2D17PBBUTIL11R.html; Word Economic Forum: »Global Gender Gap Report 2021«, 30.03.2021: www.weforum.org/reports/global-gender-gap-report-2021/in-full.

101 Vgl. »Kako-sama wa ›kōmu-girai‹? Odemashi kaisū ni rekizen no sa … go seinen mae kara ›kōshitsu wo detai‹«, 25.05.2022, Daily Shinchō: www.dailyshincho.jp/article/2022/05250556/?all=1.

102 Vgl. »Kako-sama no bekkyo nado Akishinonomiya-ke nai no mondai ni kokoro wo itamerarete iru to iu tennō heika«, 16.03.2023, Daily Shincho: www.dailyshincho.jp/article/2023/03160600/.

103 »Mako naishinnō denka ga shirusareta go kekkon ni tsuite no o futari no o kimochi«, 13.11.2020, Kaiserliches Hofamt: www.kunaicho.go.jp/activity/activity/03/gokekkon/okimoti.html.

104 »Tennō heika o tanjōbi ni saishi (Reiwa 3-nen)«, 19.02.2021, Kaiserliches Hofamt: www.kunaicho.go.jp/page/kaiken/show/43.

105 »Tennō ga tsuini ›saidan‹. Mako-sama Komuro Kei-san kekkon ni ›NO‹«, 24.02.2021, Shūkan Bunshun Denshiban: https://bunshun.jp/denshiban/articles/b350.

106 Vgl. Satō, Asako: »Mako-sama ga Komuro-ke no mondai ni kore hodo fukaku kakawatte orareta to wa«, 12.04.2021, Bunshun Online: https://bunshun.jp/articles/-/44735?page=4.

107 Auf Youtube: »Shin kōshitsu-ron … sei to zoku no hazama de yureru kōi keishō«, 30.12.2012, TBS News Programm: Hōdō 1930: www.youtube.com/watch?v=9WF0dFHBfPc.

108 »Jōkō heika no 80-nenrai no go gakuyū ga ›zetsuen sengen‹«.

109 Tweet 19.09.2021: https://twitter.com/ueno_wan/status/1439520286118866951.

110 Vgl. »Takaichi Sanae ›josei tennō ni wa hantai shinai‹«. Interview von Taeko Ishii, 09.12.2021, Bungei Shunjū Digital: https://bungeiShunju.com/n/nf2cc5b3c362c.

111 Vgl. Moses, Claire: »Dutch Princess ›Can't Really Go Outside‹ After Threats«, 14.10.2022, in: New York Times: www.nytimes.com/2022/10/14/world/europe/netherlands-princess-threats-university.html?smid=nytcore-ios-share&referringSource=articleShare.

112 Vgl. »Mako-sama, ›fukuzatsu-sei PTSD‹ to shindan. Kunaichō ga happyō«, 01.10.2021, Asahi Shimbun Digital: https://digital.asahi.com/articles/ASPB15FXZPB1UTIL02F.html; auf Youtube: »Mako-sama ›fukuzatsu-sei PTSD‹ kōhyō hibō chūshō kara kyōfukan mo«, 01.10.2021: www.youtube.com/watch?v=n5NK6qf9TQ0.

113 Zit. n. »Mako-sama ›fukuzatsu-sei PTSD‹ seishinteki kutsū ōkī to kunaichō«, 01.10.2021, in: Nihon Keizai Shimbun: www.nikkei.com/article/DGXZQOUE016980R01C21A0000000/.

114 Zit. n. »Mako-sama, ›fukuzatsu-sei PTSD‹ to shindan«.

115 Kitahara, Minori: »Komuro Kayo-san wa jūzai wo okashita no darou ka. ›Seigi‹ no basshingu wa issen wo koeta«, 13.10.2021, Aeradot.: https://dot.asahi.com/dot/2021101200072.html?page=1.

116 Vgl. Mori, Yōhei: »Komuro-san haha ›fusei‹ giwaku rikken no kanōsei wa nai«, 08.11.2021, Ekonomisuto Online: https://weekly-economist.mainichi.jp/articles/20211108/se1/00m/020/001000d.

117 Auf Youtube: »Mako-sama to Komuro Kei-san ga kekkon kisha kaiken«, 26.10.2021: www.youtube.com/watch?v=22W1Q9Fiyps.

118 Vgl. »Komuro fusai no ›tokubetsu taigū‹ ni Chūgoku media mo odoroki ›kōkūgaisha ga bijinesu kurasu ni henkō‹«, 14.11.2021, Tōsupo Web: www.tokyo-sports.co.jp/entame/news/3796106/.

119 Vgl. Morikawa, Yūsaku: »Komuro Kei-san, hahaoya no moto konyakusha to wakai e«, 13.11.2021, in: Nikkan Spa!: https://nikkan-spa.jp/1793022; »Komuro Kei-san, ›kaiketsu-kin 400 man-en‹ de hahaoya no moto konyakusha to gōi … kinsen toraburu no kaishō kakunin«, 13.11.2021, in: Yomiuri Shimbun: www.yomiuri.co.jp/national/20211113-OYT1T50176/.

120 Vgl. Otabe: *Kōzoku*, S. 350 ff.; »Princess Widowed in Scandal Is Consoled by Japan's Royalty«, 30.01.1966, in: New York Times: www.nytimes.com/1966/01/30/archives/princess-widowed-in-scandal-is-consoled-by-japans-royalty.html?searchResultPosition=2.

121 Zit. n. Otabe: *Kōzoku*, S. 351.

122 Vgl. Ueda, Kōji: »Mako-san no NY mokugeki-dan aitsugu«, 30.12.2021, Aeradot.: https://dot.asahi.com/dot/2021122900033.html.

123 Vgl. »Mako-san ga Nyūyōku no byōin e gokuhi tsūin ›kanōsei wa 3tsu aru‹ to no shiteki«, 21.04.2022, Daily Shinchō: www.dailyshincho.jp/article/2022/04210601/.

124 Vgl. Webseite von Nihon Sōji Nōryoku Kentei Kyōkai: www.soujikentei.or.jp/.

125 Vgl. »Mako-san shiraga majiri no atama de Komuro-san to dēto e«, 15.06.2022, in: Josei Jishin: https://jisin.jp/domestic/2108128/?rf=2.

126 »Komuro fusai wo osou enyasu & infure. Yachin wa jisshitsu 5 man-en appu. Akishinonomiya-ke no enjo wa aru ka«, 19.05.2022, News Postseven: www.news-postseven.com/archives/20220519_1755257.html?DETAIL.

127 »Komuro-san fusai no keibi ni saidai de ›nenkan 8 oku-en‹ no gokuhi keikaku«, 09.03.2022, Daily Shinchō: www.dailyshincho.jp/article/2022/03091131/?all=1.

128 »Komuro fusai wo osou enyasu & infure«.

129 Zit. n. »Komuro Mako, Komuro Kei no sei de shiraga ga fueru!«, 15.06.2022, Masa Nyūsu Zatsudan: https://youtu.be/vWEytFignAo.

130 Vgl. z. B. »Kubota Kei to zadankai«, 21.10.2022, Kei Channel: www.youtube.com/watch?v=Y7vTBrOVzYU&t=1255s, oder: »Komuro Kei, Nyūyōku-shū, shihō shiken ni gōkaku!«, 21.10.2022: www.youtube.com/watch?v=ybrGN5foqdM.

131 »Akishinonomiya kōshi denka o tanjōbi ni saishi (Reiwa 4-nen)«, 25.11.2022, Kaiserliches Hofamt: www.kunaicho.go.jp/page/kaiken/show/57.

132 Vgl. auf Youtube: »Kōgō-sama ga yōsan sagyō no ›mayu kaki‹«, 11.06.2022, ANNnewsCH: www.youtube.com/watch?v=9yHNFft-DbU.

133 Vgl. Ausstellung des Kaiserliches Hofamts zur Seidenraupenzucht: www.kunaicho.go.jp/e-culture/sannomaru/zuroku-69.html; Takamori, Akinori: »Tennō heika mo Aiko-sama mo sanka … irei no yōsan ga ›josei tennō sokui e no fuseki‹ to ieru wake«, 24.06.2022, President Online: https://president.jp/articles/-/58811?page=1.

134 Film *Ah! Nomugi Tōge*, 1979, von Regisseur Satsuo Yamamoto.

135 Vgl. auf Youtube: »Kōgō-sama kōkyo de ›gokyūsō‹ shiiku no kaiko ni kuwa no ha ataeru«, 26.05.2021, ANNnewsCH: www.youtube.com/watch?v=vlYSLA7PEbk.

136 Takamori: »Tennō heika mo Aiko-sama mo sanka«.

137 Takamori: »Tennō heika mo Aiko-sama mo sanka«.

Ausblick: Der letzte Kaiser?

1 Vgl. Webseite der Senior High School at Otsuka, University of Tsukuba: www.high-s.tsukuba.ac.jp/shs/wp/.

2 Vgl. z. B. »H-sama shin ura rūto shingaku keikaku ka/ kaisei hakubutsukan-hō ni yoru M-ko shien?«, 11.04.2022, Minamo nyūsu: www.youtube.com/watch?v=xOsd57Koal8.

3 Vgl. Shinoda, Hiroyuki: »Akishinonomiya-ke chōnan meguru ›kōshitsu tokken‹ ›tōyō giwaku‹ to no shūkanshi hōdō wo meguru konsen«, 27.02.2022, Yahoo! Japan nyūsu: https://news.yahoo.co.jp/byline/shinodahiroyuki/20220227-00284007 (Link in Deutschland nur über VPN abrufbar).

4 Vgl. »Hisahito-sama, sankō bunken wo tsuiki nyūshō sakubun no fubi meguri«, 08.04.2022, Nihon Keizai Shimbun: www.nikkei.com/article/DGXZQOUE08B-0P0Y2A400C2000000/.

5 Vgl. »Hisahito-sama meimon Tsukufu de sasayakareru seiseki fushin … Kiko-sama no ›gakkō erabi‹ ga urame ni«, 11.11.2022, in: Josei Jishin: https://jisin.jp/koushitsu/2150059/.

6 »Kinkyū Teigen. Aiko tennō wo akiramenai«. In: Bungei Shunjū 2022/07 (E-Book), Pos. 498 ff.

7 Se, Terusa: »›Aiko tennō‹ taibō-ron no ayausa«, 29.08.2022, The Sankei News: www.sankei.com/article/20220829-PRW2SF53QNN7PPOVO5OTL7RPZM/.

8 OjohmbonX: *AA gōruden eiji.* (= Online-Roman), auf: Kakuyomu, abgerufen am 28.06.2022: https://kakuyomu.jp/works/1177354054888771609/episodes/1177354054888771633.

9 Auf Youtube: »Hisahito-sama 15-sai no o tanjōbi«, 05.09.2021, TBS News Dig: https://www.youtube.com/watch?v=fxjV6MHwyaA.

10 Auf Youtube: »Kunaichō ga hajimete onsei-iri tanjōbi eizō. Hisahito-sama 16-sai ni«, 05.09.2022, Teretō BIZ: www.youtube.com/watch?v=L_fImt4xiMg.

11 »Hisahito-shinnō denka 16-sai no o tanjōbi ni atari«, 06.09.2022, Kaiserliches Hofamt: www.kunaicho.go.jp/activity/activity/03/press-040906.html.

12 Vgl. »Aiko-sama kaiken to Hisahito-sama sotsugyōshiki ga dōjitsu. Kunaichō chōkan ›watashi no misu‹. Irei hatsugen haikei ni Kiko-sama no o-okori ka«, 26.03.2022, News Postseven: www.news-postseven.com/archives/20220326_1739234.html?DETAIL.

13 Auf Youtube: »Hisahito-sama hatsu no tandoku Ise sanpai (2022-nen 10-gatsu tsuitachi)«, 01.10.2022, Teretō BIZ: www.youtube.com/watch?v=VMvTj0NiO-Ik&list=PLWHwNlba4tsbt4cdnHa9c1Vjam05n7mm9&index=196.

14 Iwai, Katsumi: »›Kūkan no shiki‹ ryoku » (= Kyūchū shuzai yowa Kōshitsu no kaze. Rensai 174), in: Sentaku 2023.2.

15 Vgl. »Hisahito-sama wo nosete tsuitotsu jiko!«, 11.12.2016, Gendai Media: https://gendai.ismedia.jp/articles/-/50392.

16 Vgl. Motegi, Kennosuke: *SNS tennō-ron*, S. 152 ff.; »Hisahito-sama no tsukue ni hamono, yūzaihanketsu. ›Kōzoku e dokuji no kanshin‹«, 14.02.2020, Asahi Shimbun Digital: https://digital.asahi.com/articles/ASN2G3SL5N2GUTIL00F.html; Motoki, Masahiko: »Hisahito-sama ›hamono jiken‹ de otoko wo taiho dekita wake«, 28.05.2019, President Online: https://president.jp/articles/-/28815?page=1.

17 Vgl. »Yaramaika Hasshin«, Blogeintrag v. 03.03.2020: https://setsuhaji.com/post-6350/.

18 Vgl. »Hisahito-sama no tsukue ni hamono, yūzaihanketsu«.

19 Vgl. »Kōgūkeisatsu ga inpei shita ›chūgokujin kōkyo shinnyū jiken‹ 1-jikan ni watatte kōkyo-nai wo jiyū ni haikai«, 29.06.2022, Daily Shinchō: www.dailyshincho.jp/article/2022/06290557/.

20 Vgl. »Kunaichō ni hōchō to kōzoku hihan bun yōgi de Aichi no otoko taiho – kōgūkeisatsu«, 29.06.2022, Jiji.com: www.jiji.com/jc/article?k=2022062900494&g=soc.

21 Vgl. »Akishinomiya-ke ›hiroku‹. Kono san-nenkan ni nani ga okite ita ka«, in: Bungei Shunjū 2021/12 (E-Book), S. 78; »Hisahito-sama ›mirai no tennō‹ ›Ane no kekkon mondai‹ jūdo sutoresu kara nogareru ›kōseki ridatsu‹ no kanōsei«, 19.11.2021, Shūkan Josei Prime: www.jprime.jp/articles/-/22468?display=b.

22 Vgl. Gesetzestext »Kōshitsu Tenpan«: https://elaws.e-gov.go.jp/document?lawid=322AC0000000003.

23 Se: »›Aiko tennō‹ taibō-ron«.

24 Vgl. »Kodomo no kazu 1435 man-nin 15-sai-miman, 42-nen renzoku-gen«, 04.05.2023, in: Nihon Keizai Shimbun: www.nikkei.com/article/DGXZQOUA277ZT0X20C23A4000000/.

25 Vgl. »Toshin wa hansū ga tanshin, ›o hitori-sama‹ jinsei sekkei wo«, 27.06.2022, Asahi Shimbun Digital: https://digital.asahi.com/articles/ASQ6W3V9NQ6VUTIL001.html.

26 Zit n. Yabuki: *Tennō-sei*, S. 3.

AUSWAHLBIBLIOGRAFIE

Abe, Shinzō: *Atarashī kuni e. Utsukushī kuni e kanzenban.* Tokio 2013.

Abe, Shinzō; Hashimoto, Gorō (u. a.): *Abe Shinzō kaiko-roku.* Tokio 2023 (E-Book).

Abe, Shinzō: *Utsukushī kuni e.* Tokio 2006 (3. Auflage).

Akashi, Mototsugu: *Kinjō tennō tsukurazaru songen. Kyūyū ga tsuzuru Akihito shinnō.* Tokio 2013.

Akashi, Mototsugu; Otabe, Yūji: *Kimi wa tennō wo dō shitai no ka ne?* Tokio 2017.

Antoni, Klaus: *Der himmlische Herrscher und sein Staat. Essays zur Stellung des Tennō im modernen Japan.* München 1991.

Antoni, Klaus (Hg. u. Übers.): *Kojiki – Aufzeichnung alter Begebenheiten.* Berlin 2012.

Asahi Shimbun Shakai-bu: *Inori no tabi. Tennō kōgō, hisai-chi e no omoi.* Tokio 2018.

Asami, Masao: *Kōshitsu 150-nen-shi.* Tokio 2015 (E-Book).

Bälz, Toku (Hg.): *Erwin Bälz. Das Leben eines deutschen Arztes im erwachenden Japan.* Stuttgart 1930.

Barthes, Roland: *Das Reich der Zeichen.* Frankfurt a. M. 1981 (= edition suhrkamp, Neue Folge, Bd. 77).

Bix, Herbert: *Hirohito and the Making of Modern Japan.* New York, NY 2000.

Brandt, Max von: *Dreiunddreissig Jahre in Ost-Asien. Erinnerungen eines deutschen Diplomaten.* Leipzig 1901, Bd. 2.

Bungei Shunjū (Hg.): *Akishinomiya-ke to Komuro-ke.* Tokio 2022 (E-Book).

Bungei Shunjū (Hg.): *Kōtaishi to Masako-hi no unmei. Heisei kōshitsu no dai ronsō.* Tokio 2010.

Chrome, Peter: *Der Tenno. Japan hinter dem Chrysanthemenvorhang.* München 1988.

Doi, Takeo: *Amae. Freiheit in Geborgenheit. Zur Struktur japanischer Psyche.* Frankfurt 1982.

Dower, John W.: *Cultures of War. Pearl Harbor/ Hiroshima/ 9 – 11/Iraq.* New York, London 2010.

Dower, John W.: *Embracing Defeat. Japan in the Wake of World War II.* New York, London 1990.

Emori, Keiji: *Akishinomiya.* Tokio 2022 (E-Book).

Emori, Keiji: *Akishinomiya-sama.* Tokio 1998.

Fairbank, John K.; Reischauer, Edwin O.: *East Asia. Tradition & Transformation.* Rev. Edition. Boston 1989.

Florenz, Karl: *Japanische Mythologie. Nihongi. »Zeitalter der Götter«.* Tokio 1901.

Fritz, Martin; Kobayashi, Yoko: *Prinzessin Masako – Der gefangene Schmetterling. Das Drama am japanischen Kaiserhof.* Freiburg i. Br. 2005.

Fujitani, Takashi: *Splendid Monarchy. Power and Pageantry in Modern Japan.* Berkeley, Los Angeles, London 1998 (E-Book).

Fukazawa, Shichirō: *Fūryū mutan.* (Nachauflage Shiki Digital Books 2011, E-Book).

Funabashi, Yōichi: *Kenshō. Nihon no ›ushinawareta 20-nen‹.* Tokio 2015 (3. Auflage).

Furukawa, Takahisa: *Kōki, banpaku, orinpikku*. Tokio 1998.
Gluck, Carol: *Japan's Modern Myths. Ideology in the Late Meiji Period*. Princeton, NJ 1985.
Gotō, Muneto: *Naisō. Tennō to seiji no kingendai*. Tokio 2010.
Gripentrog, John: *Prelude to Pearl Harbor: Ideology and Culture in US-Japan Relations, 1919–1941*. London 2021 (E-Book).
Halberstam, David: *The Coldest Winter. America and the Korean War*. Hyperion ebook 2007.
Hamao, Minoru: *Denka to tomoni*. Tokio 2020 (E-Book).
Hamao, Minoru: *Kōgō Michiko-sama. Fureai no tabi*. Tokio 1997 (2. Auflage).
Handō, Kazutoshi: *Shōwa-shi, sengo-hen, 1945–1989*. Tokio 2009.
Handō, Kazutoshi: *Shōwa-shi 1926–1945*. Tokio 2013 (E-Book).
Hara, Takeshi; Yoshida, Yutaka: *Tennō kōshitsu jiten*. Tokio 2017.
Hara, Takeshi: *Heisei no shūen. Taii no tennō, kōgō*. Tokio 2019 (E-Book).
Hara, Takeshi: *Kōgōkō*. Tokio 2017.
Hara, Takeshi: *›Shōwa tennō jitsuroku‹ wo yomu*. Tokio 2018 (4. Auflage).
Hashimoto, Akira: *Shōwa no hōyō. Tennō atte no yasuragi*. Tokio 1998.
Hashizume, Daisaburō: *Kōkoku Nihon to Amerika taiken. Nihonjin no seishin wo nani ga shibatte iru no ka?* Tokio 2020 (E-Book).
Higashino, Makoto: *Shōwa tennō. Futatsu no ›dokuhaku-roku‹*. Tokio 1998.
Hills, Ben: *Princess Masako. Prisoner of the Chrysanthemum Throne*. New York, NY 2006 (E-Book).
Hiyama, Yukio: *Nisshin sensō no kenkyū*. 3 Bde. Tokio 2022–23.
Hongō, Kazuto: *Tennō wa naze ikinokotta no ka*. Tokio 2009.
Hosaka, Masayasu: *Akihito tennō to Hirohito tennō*. Tokio 2009.
Hosaka, Masayasu: *Kōgō yondai. Meiji kara Heisei made*. Tokio 2002.
Hosaka, Masayasu: *Hōgyo to sokui. Kyūchū de nani ga okotte ita no ka*. Tokio 2009.
Ikegami, Akira: *Tennō to wa nan desuka?* Tokio 2018 (E-Book).
Inose, Naoki: *Mikado no shōzō*. Tokio 2002 (= Nihon no kindai. Inose Naoki Chosaku-shū 5).
Iwai, Katsumi: *Kyūchū shuzai yowa. Kōshitsu no kaze*. Tokio 2018 (E-Book).
Kadoi, Yoshinobu: *Tōkyō no misuterī. Kono machi wo tsukutta senkusha-tachi*. Tokio 2021 (E-Book).
Kan, Takayuki: *Mishima Yukio to tennō*. Tokio 2018 (E-Book).
Kasahara, Hidehiko: *›Kōshitsu ga nakunaru hi‹. ›Seizen taii‹ ga tsukitsukeru kōi keishō no kiki*. Tokio 2017.
Katayama, Morihide: *Heisei seishin-shi. Tennō saigai nashonarizumu*. Tokio 2018 (E-Book).
Katō, Kyōko: *Shōwa tennō to Michiko-hi. Sono kiki ni. ›Tajima Michiji nikki‹ wo yomu*. Tokio 2010.
Katō, Yōko: *Kono kuni no katachi wo mitsumenaosu*. Tokio 2021 (E-Book).
Katz, Richard: *Japan. The System that Soured. The Rise and Fall of the Japanese Miracle. Armonk*, NY 1998.
Kawahara, Toshiaki: *Michiko kōgō*. Tokio 1990.
Kawahara, Toshiaki: *Michiko-sama no okotoba. Ai no yorokobi, kunō no hibi*. Tokio 1991.
Kawahara, Toshiaki: *Nagako kōtaigō*. Tokio 1993.

Kawamura, Noriko: *Emperor Hirohito and the Pacific War*. Seattle, London 2015 (E-Book).
Kawanishi, Hideya: *Heisei no tennō to sengo Nihon*. Kyoto 2019.
Kawashima, Yutaka: *Zuikōki. Tennō kōgō ryōheika ni otomo shite*. Tokio 2016 (E-Book).
Keene, Donald: *Emperor of Japan: Meiji and his World, 1852–1912*. New York 2002 (E-Book).
Kim Dae-jung: *Conscience in Action. The Autobiography of Kim Dae-jung*. Singapur 2019.
Koizumi, Shinzō: *Watashi no rirekisho*. (Nachauflage o. J., E-Book).
Kōshitsu Jiten Henshū Iinkai (Hg.): *Kōshitsu jiten Reiwa ban*. Tokio 2020 (E-Book).
Krebs, Gerhard: *Spannungen im japanischen Kaiserhaus: Prinzen und Oppositionelle in Krisen-, Kriegs- und Besatzungszeit 1930–1951*. München 2021.
Kudō, Miyoko: *Kenrantaru shūbun. Kishi Nobusuke den*. Tokio 2014.
Kunaichō (Hg.): *Shōwa tennō jitsuroku*. Bde. 1–17. Tokio 2015–2018.
Kunaishō Rinji Teishitsu Henshūkyoku (Hg.): *Meiji tennōki*. 12 Bde. Tokio 1968–1977.
Large, Stephen S.: *Emperors of the Rising Sun. Three Biographies*. Tokio, New York, London 1977.
Lokowandt, Ernst: *Der Tennō. Grundlagen des modernen japanischen Kaisertums*. München 2012.
MacArthur, Douglas: *Reminiscences*. Annapolis, MD 2001 (1. Ausgabe 1964) (E-Book).
Martin, Bernd: *Japan and Germany in the Modern World*. Providence, RI 1995.
Martin, Bernd (Hg.): *Japans Weg in die Moderne. Ein Sonderweg nach deutschem Vorbild?* Frankfurt/M. 1987.
Maruyama, Masao: *Maruyama Masao kōgi-roku*. (Dai yon-satsu). (= Nihon seiji shisō-shi 1964). Tokio 1998.
Matsuda, Kenya: *Zetchō no ichizoku purinsu Abe Shinzō to roku-nin no ›famirī‹*. Tokio 2015.
Matsuzaki, Toshiya: *Michiko-sama to Masako-sama no shinkōshitsu zukuri*. Tokio 1993.
Mikuriya, Takashi (Hg.): *Tennō taii. Nani ga ronjirareta no ka. Okotoba kara daijōsai made*. Tokio 2020.
Mishima, Yukio: *Bunka Bōeiron*. Tokio 2022 (11. Auflage).
Miyadai, Shinji; Fujii, Satoshi: *Kami naki jidai no Nihon sosei puran*. Tokio 2022 (E-Book).
Mohl, Ottmar von: *Am japanischen Hofe*. Kaarst 2013.
Mori, Tatsuya: *Chiyoda-ku ichiban ichi-gō no rabirinsu*. Tokio 2022 (E-Book).
Mori, Yōhei: *Tennō-ke no renai. Meiji tennō kara Mako naishinnō made*. Tokio 2022.
Mori, Yōhei: *Tennō-ke no saifu*. Tokio 2006 (12. Auflage).
Motegi, Kennosuke: *Hyōshō tennōsei-ron kōgi. Kōzoku, chiiki, media*. Tokio 2019.
Motegi, Kennosuke: *SNS tennō-ron. Poppu karuchā = Supirichuariti to gendai Nihon*. Tokio 2022 (E-Book).
Naruhito, Shinnō: *Temuzu to tomo ni. Igirisu no ni nenkan*. Tokio 1993 (= Gakushūin kyōyō shinsho 7).
Nathan, John: *Mishima: A Biography*. Da Capo Press Edition 2000.
Naumann, Nelly: *Die Mythen des alten Japan*. München 1996.
Nezu, Masashi: *Tennō-ke no rekishi*. 2 Bde. Tokio 1976.
Nihon Keizai Shimbunsha Shakai-bu: *Akihito jōkō to Michiko jōkōgō no 30-nen*. Tokio 2019.
Nishio, Kanji: *Kōtaishi-sama e no gochūgen*. Tokio 2008.
Ogawara, Masamichi: *Koizumi Shinzō. Tennō no shi toshite, jiyūshugisha toshite*. Tokio 2018.

Ogura, Shigeji; Yamaguchi, Teruomi: *Tennō to shūkyō*. Tokio 2018 (E-Book).
Ōhara, Yasuo: *Heisei no tennō-ron. Shōchō ni okeru sei to zoku to*. Tokio 1994.
OjohmbonX: *AA gōruden eiji* (= Online-Roman), auf: Kakuyomu, abgerufen am 28.06.2022: https://kakuyomu.jp/works/1177354054888771609/episodes/1177354054888771633).
Ōshima, Manabu: *Aiko-sama to Hisahito-sama. Honke no purinsesu to bunke no purinsu*. Tokio 2007.
Otabe, Yūji: *Kōzoku. Tennō-ke no kingendai-shi*. Tokio 2009.
Otabe, Yūji: *Nashimoto no miya Itsuko no nikki. Kōzoku-hi no mita Meiji, Taishō, Shōwa*. Tokio 2008 (E-Book).
Otabe, Yūji: *Ri Masako. Kankokujin toshite kui naku*. Kyoto 2011 (3. Auflage).
Ōtsuka, Eiji: *Kanjō tennō-ron*. Tokio 2019 (E-Book).
Posonby Fane, Richard: *The Imperial House of Japan*. Kyoto 1959.
Rankin, Andrew: *Mishima. Aesthetic Terrorist. An Intellectual Portrait*. Honolulu 2018 (E-Book).
Ruoff, Kenneth J.: *Japan's Imperial House in the Postwar Era, 1945–2019*. Cambridge, Mass., London 2020.
Sakamoto, Kazuto: *Itō Hirobumi to Meiji kokka keisei. ›Kyūchū‹ no seido-ka to rikken-sei no dōnyū*. Tokio 2014 (E-Book).
Satow, Ernest: *A Diplomat in Japan. An Inner History of the Japanese Reformation*. Rutland, VT, Tokio 1983.
Seagrave, Peggy; Seagrave, Sterling: *Herrscher im Reich der aufgehenden Sonne. Die geheime Geschichte des japanischen Kaiserhauses*. München 1999.
Schenck, Paul-Christian: *Der deutsche Anteil an der Gestaltung des modernen japanischen Rechts- und Verfassungswesens*. Diss. phil., Stuttgart 1997.
Schley, Daniel (Hg.): *Japans moderne Monarchie. Beiträge japanologischer Forschung zur Wahrnehmung und Geschichte der Tennō*. Berlin 2022.
Schwentker, Wolfgang: *Geschichte Japans*. München 2022 (E-Book).
Serikawa, Yōichi: *Heisei seiken-shi*. Tokio 2018.
Shillony, Ben-Ami (Hg.): *The Emperors of Modern Japan*. Leiden, Boston 2008 (= Handbook of Oriental Studies. Section 5 Japan).
Shiroyama, Hidemi: *Mao to Mikado. Nitchū kankei no naka no ›tennō‹*. Tokio 2021.
Stanzel, Volker: *Aus der Zeit gefallen. Der Tenno im 21. Jahrhundert*. Tokio 2016.
Sugano, Tamotsu: *Nihon Kaigi no kenkyū*. Tokio 2016 (2. Auflage).
Suzuki, Masayuki: *Kōshitsu seido. Meiji kara sengo made*. Tokio 1993.
Takahashi, Hiroshi; Suzuki, Kunihiko: *Tennō-ke no misshi-tachi. Senryō to kōshitsu*. Tokio 1989.
Takahashi, Hiroshi; Tokoro, Isao: *Kōi keishō*. Tokio 1998.
Takarajimasha Kōshitsu Shuzaihan: *Tennōke no kakeibo*. Tokio 2021.
Takaya, Asako: *Kōshitsu no saishi to ikite. Naishōten, 57-nen no hibi*. Tokio 2017.
Takeda, Tsuneyasu: *Tennō wa hontō ni tada no shōchō ni ochita no ka*. Tokio 2018.
Terasawa, Kaoru: *Himiko to Yamato ōken*. (= Chūkō sensho 134). Tokio 2023.
Toland, John: *The Rising Sun. The Decline and Fall of the Japanese Empire*. New York, NY 1970.

Tomonō, Naoko: *Kōgō Masako-sama monogatari*. Tokio 2019 (E-Book).

Toyoshita, Narahiko: *Shōwa tennō, Makkāsā kaiken*. Tokio 2015 (E-Book).

Tsuge, Noriko: *Tennō ke 250 nen no ketsumyaku*. Tokio 2021 (E-Book).

Vining, Elizabeth Gray: *Windows for the Crown Prince Akihito of Japan*. Tokio 1990 (3. Auflage).

Wagner, Wieland: *Japan. Abstieg in Würde. Wie ein alterndes Land um seine Zukunft ringt*. München 2018.

Wagner, Wieland: *Japans Außenpolitik in der frühen Meiji-Zeit (1868–1894). Die ideologische und politische Grundlegung des japanischen Führungsanspruchs in Ostasien*. Diss. phil., Stuttgart 1990.

Watanabe, Makoto: *Heisei no kōshitsu. Ryō heika ni o tsukae shite*. Tokio 2008.

Watanabe, Makoto: *Tennō-ke no shitsuji*. Tokio 2018 (2. Auflage).

Watanabe, Midori: *Michiko kōgō no ›inochi no tabi‹*. Tokio 1991.

Watanabe, Osamu: *›Heisei no tennō‹ to gendaishi*. Tokio 2021.

Wetzler, Peter: *Hirohito and War. Imperial Tradition and Military Decision Making in Prewar Japan*. Honolulu 1998.

Yabuki, Susumu: *Tennō-sei to nihonshi. Asakawa Kanichi kara manabu*. Fukuoka 2021.

Yamada, Akira: *Shōwa tennō no sensō. »Shōwa tennō jitsuroku« ni nokosareta koto, kesareta koto*. Tokio 2017.

Yamaguchi, Masao: *Tennō-sei no bunka jinruigaku*. Tokio 2013 (5. Auflage).

Yamamoto, Hirofumi: *Tennō 125-dai to Nihon no rekishi*. Tokio 2017.

Yamamoto, Masato: *Tennō heika no honshin. 25-man ji no »okotoba« wo yomu*. Tokio 2015 (E-Book).

Yamamoto, Masato: *Tennō heika no zenshigoto*. Tokio 2016 (E-Book).

Yoshie, Akiko: *Jotei no kodai ōken-shi*. Tokio 2021 (E-Book).

Yoshimura, Takehiko: *Shinpan. Kodai tennō no tanjō*. Tokio 2019 (E-Book auf Grundlage d. Ausgabe von 1998).

PERSONENREGISTER

T

U

V

W

X

Y

Z

BILDNACHWEIS

S. 10 The Asahi Shimbun / Getty Images
S. 17 Prisma by Dukas / Universal Images Group / Getty Images
S. 20 REUTERS / Handout / picture alliance
S. 23 Kurita KAKU / Gamma-Rapho / Getty Images
S. 31 Newscom / ddp images
S. 36 The Asahi Shimbun / Getty Images
S. 49 The Asahi Shimbun / Getty Images
S. 69 The Asahi Shimbun / Getty Images
S. 86 YUICHI YAMAZAKI / AFP / Getty Images
S. 117 Peter Newark Pictures / Bridgeman Images
S. 122 Uchida Kuichi creator QS:P170,Q509907 / Wikimedia / (https://commons.wikimedia.org/wiki/File:Meiji_tenno3.jpg), »Meiji tenno3«, als gemeinfrei gekennzeichnet, Details auf Wikimedia Commons: https://commons.wikimedia.org/wiki/Template:PD-Japan);
S. 126 Alfred Roussin (1839-1919) / Wikimedia (https://commons.wikimedia.org/wiki/File:MeijiJoukyou.jpg), »MeijiJoukyou«, als gemeinfrei gekennzeichnet, Details auf Wikimedia Commons: https://commons.wikimedia.org/wiki/Template:PD-Gallica-Scan);
S. 132 Adachi Ginko / Wikimedia (https://commons.wikimedia.org/wiki/File:Adachi_Ginkō_(1889)_View_of_the_Issuance_of_the_State_Constitution_in_the_State_Chamber_of_the_New_Imperial_Palace.jpg), »Adachi Ginkō (1889) View of the Issuance of the State Constitution in the State Chamber of the New Imperial Palace«, als gemeinfrei gekennzeichnet, Details auf Wikimedia Commons: https://commons.wikimedia.org/wiki/Template:PD-old);
S. 145 N.N. / Wikimedia (https://commons.wikimedia.org/wiki/File:Emperor_ Showa_in_dress.jpg), »Emperor Showa in dress«, als gemeinfrei gekennzeichnet, Details auf Wikimedia Commons: https://commons.wikimedia.org/wiki/Template:PD-Japan)
S. 151 Keystone-France / Gamma-Keystone / Getty Images
S. 156 Kyodo News / Getty Images
S. 163 Universal History Archive / Universal Images Group / Getty Images
S. 166 KYODO NEWS / action press
S. 175 Bettmann / Getty Images
S. 177 Sankei Archive / Getty Images
S. 183 JIJI PRESS / AFP / Getty Images
S. 189 ASSOCIATED PRESS / picture alliance
S. 195 Sankei Archive / Getty Images
S. 209 The Asahi Shimbun / Getty Images
S. 244 Pool / Getty Images News / Getty Images

S. 268 The Asahi Shimbun / Getty Images
S. 275 The Asahi Shimbun / Getty Images
S. 280 Handout / Getty Images Entertainment / Getty Images
S. 283 Kyodo News / Getty Images
S. 317 The Asahi Shimbun / Getty Images
S. 339 Kyodo News / Getty Images
S. 355 AP Images / Masahiro Sugimoto / picture alliance
S. 357 The Asahi Shimbun / Getty Images
S. 359 The Asahi Shimbun / Getty Images
Kirschblütenschmuckelement: S. 5, 7, 9, 31, 105, 191, 271, 351, 369, 374-379
Umaporn / stock.adobe.com